WOZ-Jurisprudentie 2009

WOZ-Jurisprudentie

editie 2009

Onder redactie van

Mr. P.J.J.M. van den Bosch

Prof.dr. J.A. Monsma

Reed Business bv
Doetinchem 2009
www.elsevier-woz.nl

Samengesteld door:	Mr. J.K. Lanser
Onder redactie van:	Mr. P.J.J.M. van den Bosch
	Prof.dr. J.A. Monsma
Eindredactie:	M. Scholten-Theessink
Uitgever:	V. de Bie

Opmerkingen, commentaar en suggesties worden bijzonder op prijs gesteld zodat de inhoud van dit zakboekje zo goed mogelijk op de alledaagse praktijk kan worden afgestemd.

Uw reacties kunt u zenden aan:
Reed Business bv
Afdeling Vakdocumentaire uitgaven
Postbus 4
7000 BA DOETINCHEM

telefoon: (0314) 35 82 70
fax:(0314) 35 82 59
e-mail: info@elsevier-woz.nl
internet: www.elsevier-woz.nl
           www.vakkennis.com
© 2009 Reed Business b.v.

ISBN: 978-90-6228-751-2   NUR 826

Voorwoord

Dit jurisprudentiezakboekje bundelt de belangrijkste jurisprudentie op het terrein van de Wet WOZ.

De jurisprudentie is eenvoudig toegankelijk door de registers op trefwoord en op datum. Voor de dagelijkse praktijk is dit zakboekje dus een praktisch hulpmiddel om snel na te gaan of er relevante jurisprudentie verschenen is over een bepaald onderwerp.

Door de verwijzing naar de belangrijkste vindplaatsen is het tevens bruikbaar voor verdieping van kennis.
Het WOZ-Zakboekje jurisprudentiezakboekje is samengesteld door mr. J.K. Lanser.

Voor opmerkingen over de inhoud en de samenstelling van dit zakboekje houden wij ons aanbevolen.
mr. J.K. Lanser mr. P.J.J.M. van den Bosch prof. dr. J.A. Monsma

Inhoud

1 Inleiding

In dit Jurisprudentiezakboekje zijn voor de praktijk relevante uitspraken opgenomen over procedures met betrekking tot de Wet WOZ.

In dit zakboekje treft u uitspraken aan die in Belastingblad, BNB of FED gepubliceerd zijn. De inhoud van de uitspraken is niet uitgebreid weergegeven, maar kort aangeduid. De opgenomen uitspraken zijn ingedeeld in rubrieken. Binnen de rubrieken kan een nadere onderverdeling zijn aangebracht. Binnen iedere rubriek of onderdeel van een rubriek zijn de uitspraken in chronologische volgorde opgenomen.

Het register maakt het mogelijk om op datum en op trefwoord te zoeken naar de relevante jurisprudentie.

De redactie staat open voor suggesties van lezers ter completering of verbetering van dit zakboekje.

2   Roerend/onroerend

Hoge Raad 10 december 1980, nr. 19 869, BNB 1981/45
Het begrip "onroerend" in de zin van de OGB moet worden opgevat als "onroerend" in de zin van het BW.

Hoge Raad 22 juli 1988, nr. 25 546, Belastingblad 1988, blz. 579
Het Hof heeft geoordeeld dat belanghebbende weliswaar de *woonark* bij zijn grond heeft afgemeerd om deze samen met zijn grond te gebruiken, maar dat geen concrete feiten of omstandigheden zijn gesteld of gebleken waaruit zou kunnen worden afgeleid dat de grond en de daarbij liggende ark zich door onderling met elkaar overeenstemmende eigenschappen zodanig onderscheiden van soortgelijke grond en soortgelijke arken dat de ark het kenmerk vertoont tot een blijvend gebruik aan de hoofdzaak, de grond, te zijn verbonden. Daarvan uitgaande heeft het Hof geoordeeld dat de woonark niet een zaak is die door bestemming onroerend is.

Hof 's-Gravenhage 18 augustus 1993, nr. 91/4165, M IV, V-N 1994, blz. 86
Het geschil betreft de vraag, of de *bovenloopkranen* terecht als onroerend zijn aangemerkt. Het Hof oordeelt dat deze zodanig zijn aangebracht, dat ze zonder noemenswaardige beschadiging van hun plaats verwijderbaar zijn en niet aard- of nagelvast met de hal verbonden zijn. Er is ook geen constructie aanwezig waaruit een als duurzaam beoogde verbinding af te leiden is. De bovenloopkranen zijn derhalve roerend.

Hof 's-Gravenhage 28 oktober 1994, nr. 92/4055, M II, Belastingblad 1995, blz. 82
Studentenpaviljoens die zijn opgebouwd uit geprefabriceerde elementen, geplaatst op betonnen poeren en aangesloten op riolering, gas en water en waaromtrent niet het voornemen bestaat ze op relatief korte termijn buiten gebruik te stellen en/of van het in erfpacht uitgegeven terrein te verwijderen zijn naar aard en inrichting bestemd om duurzaam ter plaatse te blijven en dus onroerend.

Hoge Raad 31 oktober 1997, nr. 16 404, Belastingblad 1998, blz. 252
Een *portacabin* van 10 bij 15 m, in gebruik als kantoorruimte, geplaatst naast een bedrijfsgebouw dat zich reeds op het perceel grond bevond, aangesloten op gas, water, elektriciteit, riolering en telefoonnet en rondom voorzien van een goed onderhouden tuin, is naar aard

en inrichting bestemd om duurzaam ter plaatse te blijven en dus on-roerend.

Hof Amsterdam 23 april 1999, nr. 98/0065, M IV, Belastingblad 2000, blz. 54
Een uit rond 1950 stammend *bouwwerk* voorzien van *ijzeren drijvers* met een houten opbouw en een bitumineuze dakbedekking ligt ruim 40 jaar ongewijzigd aan de walkant, gedeeltelijk boven de waterspie-gel. Het object staat op houten palen die in de ondergrond van het wa-ter zijn gefundeerd en waarmee het object onlosmakelijk verbonden is. Het beschikt over water, gas, elektriciteit, telefoon, kabeltelevisie en riolering en maakt deel uit van een samenstel van zaken, bestaande uit een tuin, omringd door een omheining en een oprit. Gelet op deze omstandigheden moet worden geoordeeld dat het object duurzaam met de ondergrond verenigd is. Het object is derhalve onroerend en kan als zodanig niet in de heffing van de roerende woon- en bedrijfs-ruimtebelasting worden betrokken.

Hoge Raad 5 januari 2000, nr. 34 974, Belastingblad 2000, blz. 559, BNB 2000/83
Zeecontainers hebben oorspronkelijk een functie in het vervoer van roerende zaken en zijn niet naar aard en inrichting bestemd om op de-zelfde plaats te blijven. De aansluiting van de containers op de stroomvoorziening van een naburige opstal is onvoldoende om te spreken van een duurzame verbinding. De bedoeling van belangheb-bende om de containers niet te verplaatsen is onvoldoende om tot een ander oordeel te komen. Naar het oordeel van het Hof zijn de contai-ners dan ook aan te merken als roerende zaken.

Hof Arnhem 20 juli 2000, nr. 98/02502, E VIII, Belastingblad 2001, blz. 994
Een bungalow, die in een folder van de fabrikant wordt aanbevolen als een tweede woning voor zomer- en winterrecreatie, bestaat uit drie tot één geheel samengevoegde units die elk zijn geplaatst op acht poe-ren op tegels. De fundering wordt blijkens de door belanghebbende meegezonden tekeningen beneden peil aangebracht. Het terrein om de bungalow is als tuin aangelegd en de tuin, de daarin aangebrachte be-strating en de plantenbakken sluiten zodanig op de bungalow aan dat niet (meer) te zien is of en op welke wijze de bungalow met de grond is verankerd. De bungalow is ingedeeld als een normale vakantiewo-ning met afzonderlijke (slaap)kamers, een keukenblok en sanitair. De bungalow is uitgevoerd op een wijze en met materialen die het moge-lijk maken om de woning in alle seizoenen te gebruiken. De bunga-

low kan vele jaren als zodanig ter plaatse functioneren en belanghebbende heeft de bungalow ook als zodanig bestemd. Deze bestemming blijkt ook uit de plaatsing van de bungalow op het terrein van het bungalowpark. Belanghebbende is gerechtigd, zij het onder voorwaarden en met toestemming van de exploitant van het park, de bungalow als zodanig te verkopen. De bungalow is duurzaam aangesloten op alle voorzieningen (gas, water, elektriciteit en riolering). Bij de fabricage van de units worden daartoe reeds alle voorzieningen voor aan- en afvoer getroffen. De bungalow heeft een eigen groepenkast. Alle vertrekken zijn van schakelaars en stopcontacten voorzien. Naar het oordeel van het Hof is de bungalow onroerend. Daaraan doet niet af dat de recreatiebungalow verplaatsbaar is, dat het erfpachtsrecht van de exploitant op de grond van het park afloopt in het jaar 2015, dat de bungalow is gebouwd op van de exploitant gehuurde grond, dat de huurperiode telkens voor slechts één jaar wordt verlengd en dat een eventuele verkoop van de bungalow is onderworpen aan beperkende voorwaarde die door de exploitant worden gesteld bij de verhuur van de grond.

Hoge Raad 20 september 2000, nr. 34 371, Belastingblad 2001, blz. 61, BNB 2000/382, FED 2000/523
Belanghebbende exploiteerde een *recreatieoord* en *sportpark* in de gemeente Maasbree, waartoe onder meer een *camping* met 81 vakantiebungalows behoorde. De percelen waarop deze bungalows zijn gebouwd, waren eigendom van belanghebbende, hij verhuurde deze percelen aan derden. Krachtens de huurovereenkomst zijn de huurders verplicht op het perceel een weekendhuisje te bouwen en dit in geval van ontruiming van het gehuurde af te breken en op te ruimen. De huurders mogen de bungalows zonder tussenkomst van belanghebbende verhuren en verkopen, waarbij de opbrengsten de huurders toekomen. De Hoge Raad oordeelt dat het Hof ten onrechte aan de stelling voorbij is gegaan of de bungalows duurzaam met de grond zijn verenigd. Indien die stelling juist is, zijn de bungalows immers door natrekking eigendom van belanghebbende geworden en in dat geval moet worden aangenomen dat de huurders van de ondergrond de daarop gebouwde bungalows houden krachtens hun rechtsverhouding met belanghebbende, te weten de huurovereenkomst met betrekking tot de ondergrond, die de huurders volgens 's Hofs vaststelling in de bestreden uitspraak tevens ertoe verplicht een weekendhuisje op het gehuurde te bouwen. Het bestaan van een dergelijke rechtsverhouding brengt met zich dat de huurders de bungalows voor de juridische eigenaar en niet voor zichzelf houden, zodat geen sprake is van 'bezit' in de zin van het burgerlijk recht en van de onderhavige verordeningen,

waarin 'bezit' in dezelfde betekenis wordt bedoeld. De uitspraak is derhalve onvoldoende met redenen omkleed en kan niet in stand blijven. Verwijzing moet volgen.

Hof 's-Gravenhage 19 oktober 2001, nr. 00/00994, E VII, Belastingblad 2002, blz. 278
Belanghebbende is eigenaar en gebruiker van een perceel grond van ongeveer 600 m^2 met daarop een *stacaravan*. De caravan is aangevoerd in twee gedeelten met een dieplader en heeft een afmeting van 6,5 bij 9,5 meter. Het geheel heeft het uiterlijk van een houten chalet. De stacaravan heeft wielen en staat met steunen en houten blokken op de grond. Zonder de wielen zou de stacaravan als woning moeten worden aangemerkt en had deze volgens de plaatselijk geldende voorschriften niet mogen worden verplaatst. De ruimte tussen de grond en de stacaravan is opgevuld met rechtopstaande grindtegels. De stacaravan is voorzien van telefoon, gas, elektriciteit, water en riolering. Aan twee zijden is een terras aangelegd. Het Hof is van oordeel dat de stacaravan bestemd is om duurzaam ter plaatse te blijven en aldus onroerend is in de zin van artikel 3:3, eerste lid, van het BW. Daaraan doet niet af, dat het object technisch gezien kan worden verplaatst naar een andere locatie.

Hof 's-Gravenhage 2 november 2001, nr. BK-00/02526, E VIII, Belastingblad 2002, blz. 631
Belanghebbende is eigenaar van een *stacaravan*. Voor het plaatsen van de caravan heeft belanghebbende in een recreatiepark een plaats gehuurd. In de huurovereenkomst is opgenomen dat bij verkoop de rechten inzake de huurovereenkomst niet automatisch op de koper overgaan. De stacaravan is aangesloten op het riool van het recreatiepark. Om te beoordelen wie eigenaar van de stacaravan is, moet worden bepaald of deze al dan niet duurzaam met de grond is verenigd. De huurovereenkomst is volgens de Recron-voorwaarden opgesteld. Dit houdt volgens de ambtenaar in, dat het niet de bedoeling van de eigenaar van het recreatiepark is geweest om door natrekking eigenaar van de stacaravan te worden. Tevens stelt de ambtenaar dat de caravan weliswaar 's winters op de plaats blijft staan, maar wel verplaatsbaar is. Het Hof concludeert dat de stacaravan een roerende zaak is.

Hof Arnhem 13 februari 2002, nr. 99/439, E IV, Belastingblad 2002, blz. 612
Belanghebbende heeft een perceel grond gekocht in een recreatiepark. Op dit perceel heeft belanghebbende een *stacaravanchalet* (hierna: *chalet*) laten plaatsen op houten bielzen. Aan de onderzijde van het

chalet bevinden zich wielen, waardoor het verplaatsbaar is. De onderzijde is aan de zijkanten dichtgemaakt met tegels. Het chalet is aangesloten op water, gas, elektra, het rioolstelsel, op de tv-kabel en op het
telefoonnet. De inhoud van het chalet is ongeveer 150 m^3. In geschil
is de vraag of het chalet is aan te merken als een onroerende zaak.
Voorts heeft belanghebbende aangevoerd dat de heffingsambtenaar,
bij het beoordelen van de vraag of de chalets die staan in de gemeente
zijn aan te merken als onroerende zaken, heeft gehandeld in strijd met
het gelijkheidsbeginsel. De chalets die zijn geplaatst op eigen grond
worden immers aangemerkt als onroerende zaken, terwijl soortgelijke
chalets die zijn geplaatst op grond die geen eigen grond is en die over
dezelfde voorzieningen beschikken, door de ambtenaar niet worden
aangemerkt als onroerende zaken. Naar het oordeel van het Hof is het
onderhavige chalet aan te merken als een onroerende zaak, omdat het
blijkens aard en inrichting bestemd is om duurzaam ter plaatse de
functie van woning te vervullen. Niet van belang is dat technisch de
mogelijkheid aanwezig is om het bouwsel te verplaatsen. De stelling
van de ambtenaar dat eigenaren – wier chalets zonder enig zakelijk
recht op gehuurde grond zijn geplaatst – niet de bedoeling hebben
hun chalets duurzaam ter plaatse te laten staan, wordt niet door het
Hof gevolgd. Ook die chalets zijn naar 's Hofs oordeel naar aard en
inrichting bestemd om daar duurzaam ter plaatse te blijven. De aansluiting op energievoorzieningen, riool, tv en telefoon duiden daar
ook op. Uit het voorgaande volgt dat de ambtenaar heeft gehandeld in
strijd met het gelijkheidsbeginsel.

Hoge Raad 7 juni 2002, nr. 36 759, Belastingblad 2002, blz. 806,
BNB 2002/283*, FED 2002/354*
Belanghebbende huurde een stuk grond in een bungalowpark en heeft
daarop een *recreatiebungalow* geplaatst. Het Hof heeft geoordeeld dat
de bungalow naar de verkeersopvatting moet worden beschouwd als
duurzaam met de grond verenigd en derhalve dient te worden aangemerkt als onroerend in de zin van artikel 3:3 van het BW. De Hoge
Raad verklaart het beroep van belanghebbende hiertegen ongegrond
nu het oordeel van het Hof geen blijk geeft van een onjuiste rechtsopvatting, waarbij tevens wordt opgemerkt dat de wetgever in de Gemeentewet geen ander onderscheid tussen onroerend en roerend voor
ogen heeft gestaan dan dat van artikel 3:3 van het BW. Het Hof heeft
voorts geoordeeld dat sprake is van een samenstel van twee of meer
gebouwde of ongebouwde eigendommen of gedeelten daarvan die bij
dezelfde belastingplichtige in gebruik zijn en die, naar de omstandigheden beoordeeld, bij elkaar horen. De Hoge Raad verklaart het beroep hiertegen eveneens ongegrond. De bungalow en de gehuurde

grond vormen een samenstel als bedoeld in artikel 16, eerste lid, letter d, van de Wet WOZ.

Hoge Raad 20 september 2002, nr. 37 128, Belastingblad 2002, blz. 1142, BNB 2002/374, FED 2002/551*
Tussen partijen is in geschil of de waarde van de *drijvende steigers* bij de waardering van de jachthaven dient te worden betrokken. De Hoge Raad oordeelt in navolging van Hof 's-Gravenhage dat drijvende steigers als werken moeten worden aangemerkt die naar hun aard en inrichting bestemd zijn om duurzaam ter plaatse te blijven, en dus als gebouwde eigendommen in de zin van artikel 16 Wet WOZ zijn aan te merken. Volgens de Hoge Raad is in de waardering van de jachthaven terecht de waarde van de steigers begrepen.

Hof 's-Gravenhage 23 december 2003, nr. 02/03829, E I, Belastingblad 2004, blz. 731
Belanghebbende is gebruiker van een jachthaven. Hij stelt dat de *drijvende steigers* ten onrechte zijn opgenomen in de WOZ-waarde, omdat deze roerend zijn. Het Hof oordeelt dat de drijvende steigers onroerend zijn. De steigers zijn naar hun aard bestemd om als aanlegplaats te dienen en brengen dus een vaste verbinding met de wal tot stand. Er is voldaan aan het vereiste van duurzaamheid van de plaatsing van de drijvende steigers. Dat technisch de mogelijkheid bestaat de drijvende steigers te verplaatsen is niet van belang. Dat gebeurt alleen als daartoe objectief bezien een noodzaak bestaat, bijvoorbeeld om de steeds groter wordende schepen, die meer diepgang hebben, te kunnen afmeren. Dat er een markt bestaat voor drijvende steigers is hooguit van bijkomstig belang. De constructie van de steigers is identiek aan die van het arrest BNB 2002/374.

Hoge Raad 9 juli 2004, nr. 39 827, Belastingblad 2004, blz. 860, BNB 2004/342
In geschil is of een *keuken* volgens verkeersopvatting *onderdeel uitmaakt van de woning*. Het Hof heeft geoordeeld dat de keuken geen bestanddeel van de woning vormt, daar belanghebbende heeft gesteld dat de door hem in zijn woning geplaatste nieuwe keuken hem in eigendom toebehoort en volledig demontabel en verhuisbaar is. Het middel betoogt onder meer dat een woning zonder keuken incompleet is; in de onderhavige woning maakt de keuken volgens verkeersopvatting onderdeel daarvan uit. De omstandigheden dat belanghebbende, huurder van de woning, de keuken zelf heeft aangeschaft en aangebracht, en dat de keuken demontabel en verhuisbaar is, staan niet eraan in de weg dat de keuken (geheel of gedeeltelijk) bestand-

deel kan zijn van de woning. Het oordeel van het Hof berust op een onjuiste rechtsopvatting dan wel is onvoldoende gemotiveerd, zodat de uitspraak wordt vernietigd met verwijzing naar Hof Amsterdam

Hof Arnhem 26 augustus 2004, nr. 03/02050, M II, Belastingblad 2004, blz. 1223
Belanghebbende is eigenaar van een perceel grond met water, oeverbescherming, waterkering en een schuur. In het water ligt zijn *woonark*, die is aangesloten op alle nutsvoorzieningen en het gemeenteriool. De woonark kan in één a twee uur vaarklaar worden gemaakt. Volgens het bestemmingsplan heeft het gebied een woonbestemming-met-woonboot. Het Hof oordeelt dat de woonark moet worden aangemerkt als een schip. De woonark is geen gebouw of werk en vormt geen wezenlijk bestanddeel van de grond waarbij zij is gelegen. De woonark is op grond van artikel 3:3, tweede lid, BW, dan ook geen onroerende maar een roerende zaak. Dat de woonark bestemd is om duurzaam ter plaatse te blijven, doet daaraan niet af.

Hoge Raad 13 mei 2005, nr. 39 429, Belastingblad 2005, blz. 641, BNB 2005/212, FED 2005/87*
In 1998 heeft belanghebbende gehuurde grond ingericht als *proefterrein* voor verschillende *funderingstechnieken* van aarden banen, ten behoeve van onderzoek naar zettingen en zettingstijden van aarden banen op een zachte ondergrond in het kader van de bouw van de hogesnelheidslijn. Daartoe heeft belanghebbende op die grond proefbanen, een brug, heipalen en een hekwerk (hierna: de werken) doen aanbrengen. Vanaf het begin is het de bedoeling geweest het proefterrein na afloop van het onderzoek te ontmantelen en terug te brengen in de oorspronkelijke agrarische staat. In de verstrekte vergunningen is bepaald dat de werken maximaal vijf jaar in stand gehouden mogen worden. In 2001 zijn de werken gesloopt. De Hoge Raad is van oordeel dat de bedoeling van de bouwer om gebouwen of werken al dan niet duurzaam met de grond te verenigen slechts relevant is indien en voorzover die bedoeling naar buiten kenbaar is uit bijzonderheden van aard en inrichting van die gebouwen of werken. Naar het oordeel van de Hoge Raad heeft het Hof geen toereikende motivering gegeven voor zijn oordeel dat de bedoeling van belanghebbende om de werken slechts tijdelijk met de grond te verenigen, naar buiten kenbaar was. Geen van de door het Hof vastgestelde feiten en omstandigheden betreffen naar buiten kenbare bijzonderheden van aard en inrichting van de werken. Daarnaast oordeelt de Hoge Raad dat het Hof ten onrechte niet ingegaan is op de stelling dat de werken bestanddeel van de grond geworden zijn omdat zij niet konden worden verwijderd

met behoud van de waarde ervan. Werken die bestanddeel van de grond zijn geworden en daarmee hun zelfstandigheid hebben verloren, zijn reeds daarom onroerend, ook als er geen sprake is van een bedoeling van de bouwer om de werken duurzaam met de grond te verenigen. Het geding wordt verwezen naar het Hof Amsterdam welke dient te beoordelen of de werken onroerend zijn, hetzij omdat zij in de zin van artikel 3:3 BW duurzaam met de grond zijn verenigd, hetzij omdat zij bestanddeel van de grond zijn ingevolge een verbinding als bedoeld in artikel 3:4, tweede lid, BW.

Hoge Raad 13 mei 2005, nr. 37 523, Belastingblad 2005, blz. 642, BNB 2005/211*

Belanghebbende exploiteert in de gemeente Rotterdam een onderneming die zich sinds 1986 bezig houdt met bodemsanering. Per jaar wordt circa 180.000 ton (ongeveer 150.000 m^3) verontreinigde grond verwerkt. Al deze grond wordt per vrachtauto van elders aangevoerd en ook weer afgevoerd. De installatie is aangesloten op het gasnet en het bedrijf is voorzien van alle overige openbare nutsvoorzieningen. De installatie staat los op een vloeistofdichte gewapende betonplaat en weegt ten minste 120 ton. De installatie is mobiel van opzet. Het Hof oordeelt op grond van een aantal volgens hem naar buiten kenbare feiten en omstandigheden dat de installatie bestemd is om duurzaam ter plaatse te blijven. Daaraan doet niet af dat belanghebbende bereid en in staat is om – zodra dat voor haar economisch interessant is – de installatie te verplaatsen naar een andere locatie en dat de keuze voor een mobiele versie van de installatie is gemaakt met het oog op de verplaatsbaarheid daarvan. De installatie moet worden aangemerkt als een onroerende zaak. De installatie maakt deel uit van 'het object waarmee belanghebbende haar onderneming ter plaatse exploiteert' en de installatie vormt zowel visueel als functioneel één geheel met de overige onderdelen van het bedrijfscomplex. De Hoge Raad is van mening dat het Hof dit mede redengevend mocht achten voor zijn oordeel dat de installatie bestemd is om duurzaam ter plaatse te blijven, nu in de door het Hof genoemde vaststaande feiten besloten ligt dat het bedrijfscomplex als geheel naar aard en inrichting bestemd is om duurzaam ter plaatse te blijven.

Het Hof stelt vast dat het bedrijfscomplex vanaf de inbedrijfstelling uitsluitend is bestemd en gebruikt voor het reinigen van grond die van elders is en wordt aangevoerd, en dat er geen sprake is van een tijdelijke aanwezigheid van de installatie op deze locatie in de zin dat zij daar slechts is geplaatst voor een bepaalde periode, die nodig is voor de reiniging van een aldaar aanwezige vervuilde bodem. De Hoge Raad is van mening dat het Hof dit mede redengevend mocht achten voor zijn oordeel dat de installatie bestemd is om duurzaam ter plaatse te blijven. De Hoge Raad oordeelt dat hieraan niet in de weg staat de omstandigheid dat de installatie conform de bedoeling van belanghebbende mobiel van opzet is en ontworpen is als een mobiele installatie. Dit sluit immers niet het oordeel uit dat de installatie toch duurzaam met de grond wordt verenigd. Het Hof is kennelijk tot het oordeel gekomen dat de bedoeling van belanghebbende onvoldoende naar buiten kenbaar was en dat uit de wél naar buiten kenbare feiten en omstandigheden afgeleid moet worden dat de installatie bestemd is om duurzaam ter plaatse te blijven. Het oordeel van het Hof is, gelet op het gewicht van ten minste 120 ton en de afmetingen van 16 meter lengte en 3,5 meter breedte van de installatie, alsmede de omstandigheid dat de installatie reeds vanaf 1986 ter plaatse stond, niet onbegrijpelijk.

Rechtbank Utrecht 18 november 2005, nr. 05/164, MK, Belastingblad 2006, blz. 289
Belanghebbende is eigenaresse van een *zendinstallatie*. Volgens belanghebbende is de zendinstallatie een roerende zaak. Het is nooit de bedoeling geweest deze duurzaam ter plaatse te laten blijven, hetgeen blijkt uit de aard en de constructie van de installatie. De Rechtbank oordeelt dat de draagmast en de zendinstallatie voor de Wet WOZ moeten worden aangemerkt als één zaak. De zendinstallatie zou zonder de draagmast onvoltooid zijn, omdat dan niet aan het hoogtevereiste wordt voldaan (HR 15 november 1991, NJ 1993, 316). Belanghebbende heeft volgens de Rechtbank geen andere mogelijkheid dan hoogte toe te voegen door middel van een draagmast. Volgens de Rechtbank is het hele object onroerend, omdat het naar de inrichting bestemd is om duurzaam ter plaatse te blijven.

Hof Amsterdam 12 mei 2006, nr. 05/00983, M IV, Belastingblad 2006, blz. 746
Voor de bouw van de *hogesnelheidslijn* is een *proefterrein* ingericht, met proefspoorbanen, een brug, heipalen en een hekwerk. De uitspraak van Hof 's-Gravenhage, waarin is geoordeeld dat de werken roerend zijn, is vernietigd door de Hoge Raad. Na verwijzing moet worden beoordeeld of (onderdelen van) de werken onroerend zijn, omdat zij duurzaam met de grond zijn verenigd, of omdat zij bestanddeel van de grond zijn. Het Hof oordeelt dat de werken onroerend zijn. Volgens het Hof zijn zij duurzaam met de grond verenigd. Het Hof leidt dit af uit de uiterlijke kenmerken en de afmetingen van de proefbanen, de toegangsbrug en de hekwerken. Hieruit blijkt dat zij naar aard en inrichting waren bestemd om duurzaam ter plaatse te blij-

ven en dat die bestemming naar buiten kenbaar was. De proefbanen zijn volgens het Hof niet aan te merken als banen voor openbaar vervoer per rail in de zin van artikel 2, eerste lid, onder d, van de Uitvoeringsregeling, omdat zij niet bestemd zijn om daarop vervoer per rail te doen plaatsvinden. Het zijn ook geen kunstwerken die dienstbaar zijn aan een bestaande baan voor openbaar vervoer per rail. Omdat het proefterrein slechts % van het WOZ-tijdvak hebben bestaan, past het Hof een correctie toe op de gecorrigeerde vervangingswaarde van 25%.

(Deze uitspraak is gedaan na verwijzing in het arrest van de Hoge Raad van 13 mei 2005, nr. 39 429, Belastingblad 2005, blz. 641, BNB 2005/212*, FED 2005/87)

Hoge Raad 17 november 2006, nr. 41 721, FED 2006/124
In geschil is de vraag of een *zendinstallatie voor mobiele telecommunicatiediensten* als *(on)roerende zaak* moet worden aangemerkt. De zendinstallatie geplaatst op, aan en nabij een voedersilo van een agrarisch bedrijf. Er is een huurovereenkomst afgesloten voor 15 jaar. Hof Leeuwarden heeft geoordeeld dat de zendinstallatie een roerende zaak is. Volgens de Hoge Raad heeft het Hof terecht getoetst of de zendinstallatie, mede gelet op de bedoeling van belanghebbende, naar aard en inrichting bestemd is om duurzaam ter plaatse te blijven. Dit oordeel is echter onvoldoende gemotiveerd. De bedoeling van belanghebbende moet naar buiten kenbaar zijn uit bijzonderheden van aard en inrichting van de betreffende zendinstallatie. De bestemming kan ook aanwezig zijn indien de zendinstallatie zonder grote technische en financiële inspanning kan worden verplaatst. De zaak wordt verwezen naar Hof Amsterdam.

Hof Arnhem 15 oktober 2007, nr. 06/00491, Belastingblad 2007, blz. 1263
De *woonark* bestaat uit een drijvende betonnen constructie met een houten opbouw. De constructie is bij de levering over het water verplaatst waarbij voor dat doel tijdelijk een dijk is doorgebroken. De woonark ligt vast door middel van twee metalen beugels die elk zijn bevestigd rond een meerpaal. De meerpalen zijn vast verankerd in de bodem van de waterkavel. De woonark is aangesloten op riolering en nutsvoorzieningen. De entree van het bovendek sluit aan op een wandelpromenade. De ark is gelegen in een water dat niet in open verbinding staat met andere wateren. Aan weerszijden van de ark liggen op korte afstand twee bruggen die niet beweegbaar zijn en zo laag zijn dat de woonark daar niet onderdoor kan worden gesleept. Het Hof stelt vast dat sprake is van vereniging met de grond. Op grond van de

feiten oordeelt het Hof dat de woonark naar aard en inrichting bestemd is om duurzaam ter plaatse te blijven. Deze omstandigheden en
kenmerken betreffen voor een groot deel ook als zodanig naar buiten
kenbare bijzonderheden van aard en inrichting. De woonark is niet
naar zijn aard bestemd om verplaatsbaar te zijn. De drijvende constructie van de woning is enkel bedoeld om het wonen op de uitgeko-
zen locatie mogelijk te maken, ook bij stijgende of dalende waterstan-
den. De woonark moet – gelijk de Rechtbank heeft geoordeeld –
worden aangemerkt als een onroerende zaak.

*Hof 's-Hertogenbosch 8 mei 2008, nr. 06/00433, M III, Belastingblad
2008, blz. 973*
In geschil is de WOZ-waarde van een restaurant met *bowlingcentrum*,
terras, ondergrond en terrein. Het Hof oordeelt dat de bowlingbanen,
die in 2003 gereed zijn gekomen, geen bestanddeel zijn van de onroerende zaak. De heffingsambtenaar heeft geen beroep gedaan op art.
3:3 BW. Gesteld noch gebleken is dat de bowlingbanen moeten worden aangemerkt als werken die duurzaam met de grond zijn verenigd
door vereniging met het gebouw. Het Hof beperkt zich tot de beoordeling van de vraag of art. 3:4 BW leidt tot de conclusie dat de bowlingbanen al dan niet onroerend zijn of zijn geworden. Zij maken naar
verkeersopvattingen beoordeeld geen onderdeel van de onroerende
zaak uit. Nu gesteld noch gebleken is dat de bowlingbanen zodanig
verbonden zijn met de onroerende zaak dat zij daarvan niet kunnen
worden afgescheiden zonder dat beschadiging van betekenis wordt
toegebracht aan een der zaken, moet geconcludeerd worden dat de
bowlingbanen ook niet op grond art. 3:4, tweede lid, BW bestanddeel
van de onroerende zaak zijn geworden.

3 Objectafbakening

3.1 Eigendomsgrens

Hof 's-Gravenhage 4 februari 1983, nr. 117/82, M III, Belastingblad 1984, blz. 10
Door belanghebbende wordt een aantal terreinen en percelen *haventalud* en water vanaf 1962 gehuurd voor een tijdvak van 25 jaren met recht van wederinhuur voor een of meer aansluitende tijdvakken van 25 jaren. Bij notariële akte, verleden in 1973, is aan belanghebbende voor onbepaalde tijd een *huurafhankelijk opstalrecht* (*harvo*) verleend. In deze situatie vormen ondergrond en opstallen afzonderlijke belastingobjecten.

Hoge Raad 21 oktober 1992, nr. 28 641, Belastingblad 1992, blz. 840, BNB 1993/9, FED 1993/37
Op een aan de gemeente toebehorend perceel is een *clubgebouw* c.a. gebouwd. Belanghebbende heeft van dit gebouw c.a. het genot krachtens een zelfstandig recht van opstal. In casu vormen grond en opstal geen afzonderlijke objecten. Van het totale grondoppervlak van ca. 344 m^2 is 229 m^2 bezet met het clubgebouw c.a. De grond is in die omstandigheden nodig voor het volle genot van het opstalrecht.

Hoge Raad 20 oktober 1993, nr. 29 464, Belastingblad 1994, blz. 174, BNB 1993/349, FED 1993/868
Twee panden vormen samen een geheel. Het geheel omvat een winkel, een stomerij en een werkplaats. De panden behoren echter in eigendom toe aan verschillende eigenaren. Daarom kan geen sprake zijn van *één onroerende zaak.*

Hof Arnhem 8 februari 1999, nr. 96/1205, E V, Belastingblad 2000, blz. 625
Belanghebbende is eigenaar van het *kampeerterrein.* Het terrein bestaat onder andere uit 27 voor de verhuur bestemde percelen, op de meeste waarvan recreatiewoningen zijn gebouwd door de huurders. Deze zijn naar hun aard en inrichting aan te merken als onroerend. Inzake de recreatiewoningen is geen recht van opstal gevestigd. Om die reden is de eigenaar van de grond door natrekking eigenaar geworden van de opstal. Dat belanghebbende toelaat dat aan de gebruikers van

de recreatiewoningen bepaalde rechten toekomen, doet aan de eigen-
domssituatie in de zin van het BW niet af.

*Rechtbank Maastricht 25 maart 1999, NJ Kort, nr. 48, Belastingblad
2000, blz. 1181*
De *mergel* onder een perceel is eigendom van de eigenaar van het perceel. Er ontstaat derhalve geen horizontale natrekking ten gunste van
de gemeente, die eigenaar is van het gangenstelsel in de mergel.

*Hof Amsterdam 20 december 1999, nr. P98/3610, M IV,
Belastingblad 2000, blz. 531*
De uitspraak op het bezwaarschrift is ten onrechte gedaan door het
college van burgemeester en wethouders. Het Hof neemt echter aan
dat een nieuwe uitspraak door de bevoegde ambtenaar in materieel
opzicht niet anders zal zijn. Derhalve vernietigt het Hof de uitspraak
(om proceseconomische redenen) niet op deze grond. De beschikking
is genomen betreffende één onroerende zaak (een *kerkgebouw met toren*). De toren is echter geen eigendom van belanghebbende, maar
van de gemeente, zodat de onroerende zaak dient te worden gesplitst
in twee objecten. De uitspraak en de beschikking worden vernietigd.

*Hof Arnhem 19 januari 2001, nr. 98/4231, M I, Belastingblad 2002,
blz. 456*
Het object is een *verkooppunt van motorbrandstoffen*, staande en gelegen op een aan de Provincie Overijssel in eigendom toebehorend
perceel in de gemeente Dalfsen. Voor het mogen hebben en exploiteren van het verkooppunt hebben gedeputeerde staten van Overijssel,
op grond van de Provinciale wegenverordening Overijssel 1978, ontheffing verleend aan de exploitant. Privaatrechtelijk is tussen de Provincie en de exploitant over het gebruik van het object niets geregeld.
De Provincie stelt, dat zij ten onrechte is aangemerkt als genothebb-
bende van het object krachtens eigendom, bezit of beperkt recht. In
dit verband stelt de Provincie dat zij ontheffingen voor verkooppunten
van motorbrandstoffen langs provinciale wegen in behoorlijk bestuur
enkel kan weigeren met het oog op de belangen die de Provinciale
wegenverordening Overijssel 1978 en de Wegenwet beogen te beschermen. De Provincie heft precariobelasting van de exploitant. Op
het wegperceel is juridisch geen recht van opstal gevestigd. De ver-
houdingen tussen het bestuursrecht en het privaatrecht (de tweewe-
genleer) dwingen haar in situaties als de onderhavige tot het kiezen
voor de bestuursrechtelijke weg. Het staat haar dan niet meer vrij een
en ander privaatrechtelijk te regelen. Als zij op bestuursrechtelijke
gronden een ontheffing niet kan weigeren, moet dat worden aange-

merkt als een onvrijwillige ontneming van de mogelijkheid haar ei-
gendomsrecht uit te oefenen. Het Hof oordeelt dat het standpunt van
de Provincie kennelijk berust op de opvatting dat de exploitant met de
hem verleende ontheffing voor gebruik en exploitatie genothebbende
van het object krachtens bezit is geworden in de zin van artikel 24,
derde lid, van de Wet WOZ en dat de Provincie niet langer kan worden aangemerkt als genothebbende. Die opvatting is onjuist. Overeenkomstig hetgeen daarover is geoordeeld in het arrest van de Hoge
Raad van 21 juni 2000 (BNB 2000/273*), is met 'bezit' in die wets-
bepaling het bezit in de zin van het burgerlijk recht bedoeld. Bij de
verlening van de voormelde ontheffing ontstaat naar burgerlijk recht
een rechtsverhouding krachtens welke de exploitant het object – in
zijn geheel, nu geen recht van opstal is gevestigd – houdt voor de eigenaar en niet voor zichzelf, zodat hij niet kan worden aangemerkt als
bezitter in de zin van artikel 3:107, eerste lid, van het BW. Met het
verlenen van die ontheffing heeft de Provincie als eigenares een beperking van haar gebruiksrecht aanvaard, die er niet toe leidt dat zij
niet langer zou kunnen worden aangemerkt als eigenaar (vgl. HR 29
november 1989, nr. 26 308, BNB 1990/43*). Daaraan doet niet af dat
de Provincie zich aan de aanvaarding van die beperking op grond van
de beginselen van behoorlijk bestuur, niet zou hebben kunnen onttrekken. Dat het object deel uitmaakt van een wegperceel brengt niet
mee dat publiekrechtelijke beperkingen op het eigendom op één lijn
zouden staan met een wederrechtelijke (en anders dan voorbijgaande)
ontneming van de mogelijkheid tot uitoefening van haar eigendoms-
recht, als bedoeld in de arresten van de Hoge Raad van 10 maart
1982, nr. 20 860, BNB 1982/115*, en van 4 juni 1986, nr. 23 764,
BNB 1986/240.

*Hof Leeuwarden 4 februari 2001, nr. 1443/98, E III, Belastingblad
2001, blz. 497*
In geschil is de waardering van een *melkveebedrijf*. Belanghebbende
verpacht een stuk grond, waarop door de pachter stallen zijn gebouwd. Ter zake van de stallen is geen opstalrecht of erfpachtrecht gevestigd. Belanghebbende stelt dat de stallen niet moeten worden meegenomen in de objectafbakening en in de waardebepaling. Hij stelt
dat de pachter de economische eigendom van de stallen heeft. Het
Hof oordeelt dat de stallen door natrekking eigendom zijn geworden
van belanghebbende. Om die reden zijn de stallen terecht in de objectafbakening en de waardebepaling betrokken. De overdracht van de
economische eigendom aan de pachter is een vrijwillige beperking
van het genot van belanghebbende dat niet wordt ingeschreven in de
kadastrale registers en dat voortvloeit uit artikel 31 van de Pachtwet.

Dit artikel regelt dat de door de pachter gedane investeringen door de
eigenaar aan hem wordt vergoed. Het taxatierapport van belanghebbende ziet slechts op een deel van de onroerende zaak, zonder de stallen. Tevens is ter zake van de vergelijkbare onroerende zaken niet
aangegeven in hoeverre deze vergelijkbaar zijn. Om deze redenen
moet aan het rapport van belanghebbende minder waarde worden toegekend dan aan dat van de gemeente. Het beroep van belanghebbende
is ongegrond.

*Hof Amsterdam 21 december 2001, nr. 00/2880, M IV, Belastingblad
2002, blz. 469*
Aan belanghebbende zijn – op één aanslagbiljet verenigd – ter zake
van 33 objecten die deel uitmaken van een gebouw aanslagen opgelegd, berekend naar een gezamenlijke waarde van ƒ 203.122.351 en
tot een gezamenlijk bedrag van ƒ 421.777,23. Belanghebbende bestrijdt de juistheid van de objectafbakening van de objecten met het
argument, dat een hoekje van het gebouw en een wat grotere hoek
van de parkeergarage zijn gelegen op een kadastraal perceel dat niet
aan haar, maar aan de gemeente toebehoort. Dit argument kan echter
de daaruit door belanghebbende getrokken conclusie niet dragen, omdat de over de grens gebouwde gedeelten bestanddelen zijn van het
gebouw, met gevolg dat de eigenaar van het gebouw tevens eigenaar
is van die gedeelten (artikel 5:3 van het BW), hoezeer deze ook duurzaam zijn verenigd met grond die aan een ander toebehoort (artikel
5:20, aanhef en onder e (slot), van het BW). Belanghebbende heeft te
gelden als eigenaar van het gebouw, aangezien het overgrote deel ervan op haar eigen grond staat en het door haar is gebouwd. Dat het
over de grens gebouwde gedeelte (parkeergarage) van het object bestanddeel is van het gebouw, baseert het Hof op de navolgende feiten:
de parkeergarage ligt voor het overgrote deel op eigen grond, de ligging van de kadastrale grens valt niet samen met enigerlei aanwezige
of denkbare bouwkundige tweedeling van de garage, de inrit alsmede
het trapportaal en de liftschacht die de garage verbinden met de hoger
gelegen etages bevinden zich in het gedeelte dat op eigen grond van
belanghebbende is gebouwd, en, afgezien van een nooduitgang, is het
gebouw als geheel noch het deel dat op de grond van een ander is gelegen, vanaf de grond van die ander toegankelijk. Het hele gebouw
behoort bovendien toe aan belanghebbende. Het Hof verklaart het beroep ongegrond. Dat het over de grens gebouwde hoekje van het gebouw geen zelfstandige zaak is, of zou kunnen zijn, leert een enkele
blik op de door belanghebbende zelf overgelegde tekening 'overschrijding bovenbouw'. Dat hoekje beslaat volgens belanghebbende
11,5% van het grondvlak van het gebouw, het vormt een bestanddeel

daarvan. Het gehele gebouw (inclusief parkeergarage) behoort dus toe aan één (rechts)persoon, te weten belanghebbende (in gemeenschap met een ander). De omstandigheid dat het gedeeltelijk staat op een kadastraal perceel dat aan de gemeente toebehoort is dus zonder belang voor de objectafbakening.

Hof 's-Gravenhage 2 oktober 2003, nr. 02/01291, E I, Belastingblad 2003, blz. 1357
De opstal is gebouwd op aan belanghebbende verhuurde grond. Ter zake van de opstal is geen recht van opstal of ander zakelijk recht gevestigd. De eigenaar van de ondergrond is daarom door natrekking ook eigenaar geworden van de opstal. Gezien de huurovereenkomst komt aan belanghebbende de economische eigendom van de opstal toe. De economisch eigenaar kan echter niet worden aangemerkt als bezitter van de opstal en dus ook niet als genothebbende krachtens eigendom, bezit of beperkt recht.

Hof Amsterdam 14 november 2003, nr. 01/03859, M IV, Belastingblad 2004, blz. 269
Belanghebbende is krachtens huurovereenkomst bij uitsluiting gerechtigd tot gebruik van de door hem bewoonde *maisonette-flatwoning met berging*. Hij is ook gerechtigd tot het medegebruik van een woongroepsruimte en de bij het complex behorende tuin. Hij heeft 12 m^2 van de tuin in alleengebruik. Het Hof oordeelt dat de gehanteerde objectafbakening in strijd is met artikel 16 Wet WOZ. Het object is gelegen op twee verschillende in erfpacht uitgegeven percelen, die bij verschillende eigenaren in eigendom zijn. Het Hof stelt de afbakening opnieuw vast: de in alleengebruik zijnde woning en berging, 12 m^2 tuin en het onverdeelde aandeel in de rest van de tuin.

Rechtbank Rotterdam 8 mei 2006, nr. 05/3688, EK, Belastingblad 2006, blz. 785
Belanghebbende is eigenaar van de Vlaardingse vaart, waar zich aanlegsteigers bevinden. De gemeente Vlaardingen heeft belanghebbende als eigenaar van deze steigers aangemerkt. In geschil is of belanghebbende terecht als eigenaar van de steigers is aangemerkt en of de steigers zijn aan te merken als 'kunstwerken' in de zin van artikel 2, eerste lid, aanhef en onder d, Uitvoeringsregeling uitgezonderde objecten Wet WOZ. De Rechtbank oordeelt dat, nu steigers met de bodem van de Vlaardingse vaart verbonden zijn, belanghebbende door natrekking ook eigenaar van de steigers is. Er is geen sprake van horizontale natrekking, omdat een steiger niet naar zijn aard een onzelfstandig bestanddeel is van een kade. Nu de steigers met name dienst-

baar zijn aan de (leden van) de watersportvereniging en niet aan het verkeer over de openbare waterweg, kunnen de steigers niet worden aangemerkt als kunstwerk bij de Vlaardingse vaart.

Rechtbank Amsterdam 7 augustus 2007, nr. 06/6254, EK, Belastingblad 2007, blz. 1047
Belanghebbende is eigenaar van een perceel grond van 11.220 m^2 met daarop een recreatiewoning, een tweede woning en een stal. Op de recreatiewoning rust een *bestuursdwangaanschrijving*, inhoudende dat de woning gesloopt moet worden. In 2005 wordt de woning daadwerkelijk gesloopt. De gemeente heeft de tweede woning en de stal niet in de waardering betrokken. Daarom is de onroerende zaak onvolledig gewaardeerd. Van een onjuiste objectafbakening is echter geen sprake. De Rechtbank concludeert dat de WOZ-waarde, mede gelet op de onvolledige waardering, niet te hoog is.

3.2   Gebouwd of ongebouwd eigendom

Hoge Raad 13 mei 1987, nr. 24 454, Belastingblad 1987, blz. 495, BNB 1987/219, FED 1987/271
Tennisbanen die zijn aangelegd doordat de bovenste laag grond is vervangen door zand, slakken en steengruis, terwijl er een drainagesysteem is aangebracht in de vorm van ingegraven buizen, zijn niet aan te merken als gebouwde eigendommen.

Hoge Raad 25 november 1998, nr. 33 944, Belastingblad 2000, blz. 387, BNB 1999/19, FED 1999/9
Een *opstal in aanbouw* (te weten een appartementencomplex) is geen gebouwd eigendom. De grond waarop wordt gebouwd is een ongebouwd eigendom, te weten een bouwterrein. (Zie voor dit arrest, dat de OZB betreft, ook hierna onder zelfstandig gedeelte.)

Hoge Raad 28 februari 2001, nr. 35 845, Belastingblad 2002, blz. 76, BNB 2001/170, FED 2001/187
Belanghebbende heeft in 1995 een *appartementsrecht* in een nog te bouwen appartementencomplex gekocht. De woning is in mei 1996 opgeleverd. Aan belanghebbende zijn door de gemeente Amsterdam aanslagen OZB 1996 opgelegd. Het Hof heeft geoordeeld dat belanghebbende terecht in de eigenarenbelasting is betrokken, omdat uit artikel 220 van de Gemeentewet in verbinding met de Verordening OZB 1995 van de gemeente Amsterdam blijkt dat de OZB wordt geheven ter zake van alle binnen de gemeente gelegen onroerende zaken,

waarbij niet van belang is of deze al dan niet in aanbouw zijn. Dat de Gemeentewet en de Verordening de gebouwde en ongebouwde eigendommen afzonderlijk vermelden, doet daaraan niet af. In cassatie betoogt belanghebbende dat sprake is van 'half gebouwd' eigendom dat niet in de heffing kan worden betrokken, omdat het noch gebouwd, noch ongebouwd is. Naar het oordeel van de Hoge Raad heeft het Hof met juistheid geoordeeld dat OZB ter zake van alle binnen de gemeente gelegen onroerende zaken wordt geheven. Dit brengt mee dat voor een buiten de heffing blijvende afzonderlijke categorie 'half gebouwde' eigendommen geen plaats is. In de Verordening is ook niet bepaald dat de waarde van een opstal in aanbouw gedurende de bouw of verbouw niet in aanmerking wordt genomen. Belanghebbende stelt tevens dat een onroerende zaak slechts in de heffing kan worden betrokken indien de verkrijger de zaak in de staat waarin deze zich bevindt, onmiddellijk en in volle omvang in feitelijk gebruik zou kunnen nemen. Naar het oordeel van de Hoge Raad vormt dit geen voorwaarde voor de heffing, maar een waarderingsvoorschrift dat bij de bepaling van de waarde in het economische verkeer van de onroerende zaak in acht moet worden genomen: de waarde moet worden bepaald alsof de zaak in de staat waarin deze zich bevindt, onmiddellijk en in volle omvang in feitelijk gebruik zou kunnen worden genomen. Naar het oordeel van de Hoge Raad is met 'gebruik' hier niet slechts bedoeld gebruik in overeenstemming met de uiteindelijke bestemming (in het onderhavige geval: de bestemming tot woning), maar ook het bezigen van een zaak voor verbouw.

3.3   Zelfstandig gedeelte

Hof 's-Gravenhage 6 januari 1987, nr. 4127/85, E II, Belastingblad 1987, blz. 668
In een *herenhuis* wordt een deel van de eerste etage verhuurd aan een onderhuurster. Zij heeft op die etage drie kamers en een toilet gehuurd en heeft het medegebruik van de gang en de badkamer. In die badkamer heeft zij een los gaskomfoor geplaatst waarop zij kookt. Het betreffende deel van de eerste verdieping vormt niet een gedeelte dat blijkens zijn indeling tot afzonderlijk gebruik is bestemd.

Hoge Raad 16 december 1987, nr. 25 015, Belastingblad 1988, blz. 121, BNB 1988/91, FED 1988/59
Voor een bevestigend antwoord op de vraag of een gedeelte van een *kantoor* blijkens zijn indeling is bestemd om als afzonderlijk geheel te worden gebruikt is ten minste vereist dat een zodanig gedeelte rede-

lijk afsluitbaar is en aldus kan worden gescheiden van de overige gedeelten van het gebouw. Hiervan is in casu geen sprake.

*Hoge Raad 9 september 1992, nr. 28 352, Belastingblad 1992, blz.
649, BNB 1992/341, FED 1992/821*
Voor een bevestigend antwoord op de vraag of een gedeelte van een
zusterhuis blijkens zijn indeling is bestemd om als een afzonderlijk
geheel te worden gebruikt is ten minste vereist dat zodanig gedeelte
redelijk afsluitbaar is en aldus kan worden afgescheiden van de overige gedeelten van het gebouw. De bovenste vier verdiepingen van het
zusterhuis zijn samen noch elk voor zich afsluitbaar. Van zelfstandige
gedeelten is dus geen sprake.

*Hoge Raad 8 juni 1994, nr. 29 859, Belastingblad 1994, blz. 659,
BNB 1994/222, FED 1994/491*
Belanghebbende bewoont een *ouderenwoning* die deel uitmaakt van
een complex soortgelijke woningen met een gemeenschappelijke tuin.
Het complex omvat tevens een gemeenschapsruimte. De gemeenschapsruimte heeft slechts nut en bestaansreden door haar betekenis
en bruikbaarheid voor de bewoners van de woningen. Zij is aan die
woningen dienstbaar. De gemeenschapsruimte kan in die omstandigheden niet worden aangemerkt als een gedeelte dat blijkens zijn indeling bestemd is om als een afzonderlijk geheel te worden gebruikt.

Hoge Raad 25 november 1998, nr. 33 944, BNB 1999/19, FED 1999/9
Een *appartementencomplex in aanbouw* is een ongebouwd eigendom,
te weten een bouwterrein. De in de akte van splitsing in appartementsrechten opgenomen nauwkeurige omschrijving van de *appartementen*
moet worden opgevat als een indeling van de (ongebouwde) eigendom in gedeelten die zijn bestemd om als een afzonderlijk geheel te
worden gebruikt. Elk aldus als afzonderlijk geheel bestemd gedeelte
moet voor de heffing van de OZB worden aangemerkt als een afzonderlijke onroerende zaak, ook al is het gebouw nog niet voltooid.

*Hof Arnhem 17 februari 1999, nr. 98/1265, E VI, Belastingblad 2000,
blz. 667*
Voor een bevestigend antwoord op de vraag of een gedeelte van een
gebouwd eigendom is bestemd om als afzonderlijk geheel te worden
gebruikt is in het algemeen vereist dat zodanig gedeelte redelijk afsluitbaar is (HR 9 september 1992, nr. 28 352, BNB 1992/341). Daaronder worden slechts gerekend die gedeelten die op 1 januari 1997
feitelijk afsluitbaar zijn en niet die gedeelten die, door het alsnog aanbrengen van een deurslot, afsluitbaar gemaakt kunnen worden.

Hof 's-Gravenhage 23 februari 1999, nr. BK-97/03179, E I, Belastingblad 1999, blz. 685

Gelet op de indeling van de woning is aannemelijk, dat de huurders ieder een kamer hebben met het gemeenschappelijk gebruik van de voorzieningen. Alsdan wordt de woning gebruikt door personen die ieder een onzelfstandig deel daarvan bewonen. Daaraan doet niet af dat een gemeenschappelijke kas wordt aangehouden, noch dat iedere huurder door belanghebbende kan worden aangesproken voor de gehele huur van de woning. De verhuurder is terecht als gebruiker aangemerkt.

Hof Amsterdam 3 december 1999, nr. P98/1032, M IV, Belastingblad 2000, blz. 202

Het pand is ingedeeld in een *bedrijfsruimte en een bovenwoning*, beide voorzien van de gebruikelijke voorzieningen. Hoewel de bovenwoning slechts via een trap in het bedrijfsgedeelte kan worden bereikt is de woning afsluitbaar en bevinden zich in het pand twee als afzonderlijke onroerende zaken aan te merken gedeelten. Deze twee gedeelten vormen alleen dan één onroerende zaak als ze moeten worden beschouwd als een samenstel in de zin van artikel 16 van de Wet WOZ. Nu op basis van de door verweerder overgelegde gegevens uit het bevolkingsregister blijkt dat geen sprake kan zijn van een zodanig samenstel, heeft verweerder in het pand terecht twee onroerende zaken onderscheiden.

Hof Amsterdam 30 juni 2000, nr. 98/2920, M IV, Belastingblad 2000, blz. 711

Het *recreatieterrein* is onderverdeeld in verhuurde percelen, welke met de daarop geplaatste stacaravans worden gebruikt door derden. Blijkens de in het taxatierapport opgenomen foto's worden de percelen ter plaatse ook feitelijk afzonderlijk onderscheiden, zodat de percelen als afzonderlijke onroerende zaken in de zin van de Wet WOZ dienen te worden aangemerkt. Dat de onroerende zaken feitelijk niet afzonderlijk verkoopbaar zijn doet, gelet op artikel 17, tweede lid, van de Wet WOZ, niet ter zake.

Hof 's-Hertogenbosch 5 juli 2000, nr. 98/00550, E III, Belastingblad 2001, blz. 155

Winkel en bovenwoning vormen ieder een afzonderlijke onroerende zaak. Hieraan doet niet af dat de winkel niet beschikt over een eigen toilet en een eigen meter voor gas, water en elektra. Tevens is niet van belang of een onroerende zaak voldoet aan de eisen van het bouwbesluit.

Hof 's-Gravenhage 31 januari 2001, nr. 98/00093, M III, Belastingblad 2002, blz. 160, FED 2001/213
Belanghebbende exploiteert een *ziekenhuis* en heeft aanslagen OZB ontvangen voor het belastingjaar 1996. Het geschil betreft de objectafbakening van dit object. De gemeente heeft het gehele ziekenhuis aangemerkt als één onroerende zaak. Belanghebbende stelt dat een tweetal verdiepingen permanent wordt verhuurd aan personeel van het ziekenhuis en aan derden. Beide verdiepingen zijn voorzien van kookgelegenheden, toiletten en doucheruimten. Tevens zijn de verdiepingen afgesloten van het centrale lift- en trapportaal van het gebouw en hebben alleen de bewoners van de kamers toegang tot die verdiepingen. Het Hof beslist dat de verdiepingen, gelet op hun afsluitbaarheid en wezenlijke voorzieningen, naar hun inrichting bestemd zijn om als afzonderlijk geheel te worden gebruikt. Daaraan doet volgens het Hof niet af dat de verdiepingen geen eigen huisnummer, bel, brievenbus en naambordjes hebben. Nu verder vaststaat dat de kamers permanent worden verhuurd, kan ook niet worden gezegd dat deze kamers bij belanghebbende in gebruik zijn. De verdiepingen zijn ten onrechte in afbakening van het object betrokken.

Hoge Raad 28 september 2001, nr. 36 224, Belastingblad 2001, blz. 1212, BNB 2001/403, FED 2001/533, FED 2001/548
In geschil zijn de op één aanslagbiljet *verenigde aanslagen OZB* opgelegd door de gemeente Maarssen. De aanslagen betreffen een aan belanghebbende in eigendom behorend stuk grond en water met opstallen. Niet in geschil is dat de opstallen als onroerend zijn aan te merken. De opstallen bestaan uit op de kavels gebouwde zomerhuisjes en geplaatste stacaravans. De kavels worden door belanghebbende verhuurd. Nu de onroerende zomerhuisjes en stacaravans door de huurders van de kavels zijn gebouwd op de aan belanghebbende in eigendom toebehorende grond, zonder dat daartoe een recht van opstal of enig ander zakelijk recht is gevestigd, is belanghebbende door natrekking eigenaar geworden van die zomerhuisjes en stacaravans. Het Hof heeft geoordeeld dat de kavels met de huisjes en stacaravans elk zijn aan te merken als een zelfstandig gedeelte van een gebouwd of ongebouwd eigendom in de zin van artikel 220a, derde lid, Gemeentewet (tekst 1996; overeenstemmend met artikel 16, letter c, van de Wet WOZ). Het middel dat zich tegen dit oordeel richt is terecht voorgesteld, maar kan niet tot cassatie leiden. De kavels vormen immers samenstellen in de zin van artikel 220a, vierde lid, Gemeentewet (overeenstemmend met artikel 16, letter d, van de Wet WOZ) die als afzonderlijke onroerende zaken zelfstandig in de heffing dienen te worden betrokken, tenzij zij op hun beurt weer als samenstel zijn aan

te merken. Daartoe is echter wel vereist dat de bedoelde eigendommen bij dezelfde belastingplichtige in gebruik zijn. Zij zijn echter in gebruik bij de huurders en niet bij belanghebbende. Het beroep in cassatie is ongegrond.

Hoge Raad 26 oktober 2001, nr. 36 217, Belastingblad 2001, blz. 1128, BNB 2001/424

De coöperatieve vereniging X is genothebbende krachtens eigendom, bezit of beperkt recht van achtentachtig *flatwoningen* in serviceflat A (hierna: het flatgebouw). Het flatgebouw omvat achtentachtig woningen, waarvan er 87 in gebruik zijn bij verschillende bewoners en 1 flat in gebruik is bij belanghebbende, met daarnaast diverse ruimten voor centrale voorzieningen. Deze ruimten zijn dienstbaar aan alle bewoners van de flatwoningen. Iedere flatwoning beschikt over een woonkamer, een of meer andere kamers, badkamer, toilet, eenvoudige keuken en balkon. Daarnaast behoort bij iedere flatwoning een berging in het souterrain van het flatgebouw. Het lidmaatschap van belanghebbende geeft de bewoner(s) van een flatwoning recht op het uitsluitend gebruik van die woning en het recht op medegebruik van de gemeenschappelijke ruimten. Het Hof heeft geoordeeld dat de flatwoningen zelfstandige wooneenheden zijn, die als zodanig binnen het flatgebouw duidelijk en herkenbaar worden onderscheiden, dat deze flatwoningen blijkens hun indeling bestemd zijn om als afzonderlijk geheel te worden gebruikt en dat deze flatwoningen gezien het bepaalde in artikel 16, aanhef en letters a, b, en c, van de Wet WOZ voor de toepassing van die wet ieder afzonderlijk moeten worden aangemerkt als een onroerende zaak. Het Hof heeft daartoe onder meer redengevend geoordeeld dat de flatwoningen over alle voor bewoning noodzakelijke voorzieningen beschikken, en dat daaraan niet afdoet dat – kort samengevat – sommige van die voorzieningen beperkt zijn.

De Hoge Raad acht dit oordeel van het Hof juist en kan dit oordeel, als verweven met waarderingen van feitelijke aard, voor het overige in cassatie niet op zijn juistheid toetsen. Het is ook niet onbegrijpelijk of onvoldoende gemotiveerd. Anders dan het middel betoogt, heeft het Hof het flatgebouw terecht niet als een samenstel van twee of meer gedeelten van een gebouwd eigendom als bedoeld in artikel 16, aanhef en letter d, van de Wet WOZ en daarmee als één onroerende zaak aangemerkt, reeds omdat de flatwoningen niet bij dezelfde belastingplichtige in gebruik zijn. Het middel faalt derhalve.

*Hoge Raad 14 februari 2003, nr. 37 679, Belastingblad 2003, blz.
311, BNB 2003/114*, FED 2003/128, FED 2003/228*
Belanghebbende heeft het *eeuwigdurend recht van erfpacht* met opstalrecht van 59 percelen grond met een totale oppervlakte van
68.836 m^2, tezamen vormend een recreatiepark. Belanghebbende
heeft 56 van deze percelen, met een totale oppervlakte van 3.032 m^2,
uitgegeven in ondererfpacht met opstalrecht aan eigenaren van op die
percelen gestichte recreatiewoningen. De ondererfpachters hebben
krachtens dit recht het exclusieve gebruiksrecht van de aan hen in ondererfpacht uitgegeven percelen. Daarnaast hebben zij een gebruiksrecht van de aan de recreatiewoningen toe te rekenen gronden en mogen zij gebruik maken van de door belanghebbende in het
recreatiepark getroffen voorzieningen, zoals parkeerplaatsen en speel-
plaatsen. Hieruit volgt dat belanghebbende genothebbende krachtens
beperkt recht is van het recreatiepark voorzover dat niet in ondererfpacht is uitgegeven (hierna aan te duiden als: het terrein) en dat de ondererfpachters genothebbenden krachtens beperkt recht zijn van de recreatiewoningen. Het Hof heeft hieraan het oordeel verbonden dat het
terrein en de recreatiewoningen niet tezamen één onroerende zaak
kunnen vormen in de zin van artikel 16 van de Wet WOZ. Belanghebbende stelt in de eerste plaats dat het terrein niet voldoet aan de twee
vereisten waaraan volgens haar een WOZ-object moet voldoen, te weten dat het object zelfstandig exclusief wordt gebruikt en dat het object een redelijke mate van afsluitbaarheid heeft. Naar het oordeel van
de Hoge Raad faalt deze klacht. Omdat het terrein en de recreatiewoningen verschillende genothebbenden krachtens beperkt recht hebben,
kan het terrein niet tezamen met de recreatiewoningen één onroerende
zaak vormen in de zin van artikel 16 van de Wet WOZ (vgl. Hoge
Raad 20 september 2000, nr. 35444, BNB 2000/361), zodat het terrein niet een gedeelte – in de zin van artikel 16, letter c, van de Wet
WOZ – van het recreatiepark kan zijn. Aldus is zonder betekenis of
het terrein al dan niet een redelijke mate van afsluitbaarheid ten opzichte van de in ondererfpacht uitgegeven percelen heeft en dat op het
terrein aangebrachte gemeenschappelijke voorzieningen mede worden
gebruikt door de genothebbenden krachtens beperkt recht van de recreatiewoningen. Belanghebbende klaagt voorts dat de waarde van
het terrein moet worden toegerekend aan de recreatiewoningen, omdat het een gemeenschappelijke voorziening voor de recreatiewoningen zou vormen. De Wet WOZ biedt echter geen ruimte voor toereke-
ning van de waarde van een WOZ-object aan een ander WOZ-object.
Dat is niet anders indien, zoals in dit geval, het ene WOZ-object (het
terrein) mede gebruikt wordt door de genothebbenden krachtens be-

perkt recht van de andere WOZ-objecten (de recreatiewoningen). Het beroep is ongegrond.

Hoge Raad 28 mei 2004, nr. 38 665, Belastingblad 2004, blz. 723, BNB 2004/233*, FED 2004/310, FED 2004/327
De Hoge Raad oordeelt dat de waarde van een *appartementencomplex*, waarvan de woningen niet in appartementsrechten mogen worden gesplitst, moet worden bepaald alsof die woningen afzonderlijk in eigendom kunnen worden overgedragen. Bij de waardering van de objecten mag geen rekening worden gehouden met de onmogelijkheid van overdracht van de eigendom. De objecten moeten worden gewaardeerd alsof het afzonderlijke onroerende zaken zijn. Het gelijkheidsbeginsel is niet geschonden, ondanks de omstandigheid dat werkelijk gesplitste gebouwen in werkelijkheid wellicht meer waard zijn dan niet splitsbare gebouwen.

Hoge Raad 8 oktober 2004, nr. 38 443 / 38 444, Belastingblad 2004, blz. 1263, BNB 2005/7*, FED 2004/642
Belanghebbende gebruikt de vijf kamers op de eerste verdieping van een *kantoorgebouw*. Ook bevinden zich op deze verdieping gemeenschappelijke ruimten. De verdieping is niet in haar geheel afsluitbaar; de afzonderlijke kamers zijn dat wel. Het Hof heeft uit de omstandigheid dat de kamers elk afzonderlijk afsluitbaar zijn, afgeleid dat die kamers elk bestemd zijn om als een afzonderlijk geheel te worden gebruikt in de zin van artikel 16, letter c, Wet WOZ. De Hoge Raad overweegt dat de enkele omstandigheid dat een kamer in een gebouw afsluitbaar is, niet mee brengt dat die kamer blijkens zijn indeling bestemd is om als een afzonderlijk geheel te worden gebruikt. De Hoge Raad verwijst de zaak.

Hof 's-Hertogenbosch 4 mei 2005, nr. 02/03429, E VI, Belastingblad 2005, blz. 857
Belanghebbende woont in een *pastorie*, die bouwkundig verbonden is met een *rijksmonumentale kerk*. De gemeente heeft de waarde van de kerk vastgesteld op €1. Belanghebbende vindt dat de waarde van de pastorie ook op €1 moet worden vastgesteld. Het Hof oordeelt dat de gemeente de pastorie en de kerk terecht heeft aangemerkt als twee onroerende zaken. Dit is in overeenstemming met de regels van artikel 16 Wet WOZ. De pastorie wordt gebruikt als woning en kan, anders dan de kerk, worden gebruikt voor andere dan religieuze doeleinden. Daarom moet de waarde van de pastorie worden vastgesteld op basis van de vergelijkingsmethode. Dat de eigendomsoverdracht (mede) wordt bepaald door kerkelijk recht van de Nederlands Hervormde

Kerk, en dat de eigendomsrechten van de kerk en de pastorie niet kunnen worden gescheiden doet daaraan niet af.

Rechtbank Middelburg 21 april 2006, nr. 05/930 en 05/934, EK, Belastingblad 2006, blz. 1363
Belanghebbende is eigenaar van *twee objecten* op één *kadastraal perceel*. Op dit perceel is een woning met tuinhuis aanwezig, welk bij belanghebbende in gebruik is. Bij de woning bevindt zich een oorspronkelijk als garage bedoelde aanbouw, verbouwd tot afzonderlijke woonruimte, welke in gebruik is bij belanghebbendes moeder. De aangebouwde woning heeft een reguliere pui en een eigen voordeur. Inpandig is een aan weerszijden afsluitbare doorgang tussen de objecten aanwezig. De aanbouw is voorzien van nutsvoorzieningen via de oorspronkelijke woning. Nu vaststaat dat de woonruimte van de aangebouwde woning zelf alle basale voorzieningen heeft die nodig zijn om in de gebruiksbehoeften van een bewoner te voorzien, is sprake van een zelfstandig bruikbare eenheid. Het gestelde beoogde tijdelijke karakter is daarbij een subjectieve en derhalve niet relevante omstandigheid. De gedeelde aansluiting op de nutsvoorzieningen doet hier evenmin aan af. De stelling dat bedoelde omstandigheid van invloed is op de courantheid van deze woonruimte, ziet niet zozeer op de afbakening van objecten, als wel op de waardering ervan.

Rechtbank Middelburg 4 juli 2006, nr. 05/928, MK, Belastingblad 2006, blz. 1127
In geschil is de vraag of een onroerende zaak terecht als één geheel is afgebakend, nu een deel niet wordt gebruikt door belanghebbende, maar door een B.V. De Rechtbank overweegt dat de omstandigheid dat een deel van de onroerende zaak in gebruik is bij een ander bedrijf er op wijst dat de twee percelen niet als één onroerende zaak moeten worden aangemerkt. De voorkeur van de gemeente om de percelen zoveel mogelijk geclusterd te waarderen leidt niet tot een ander oordeel.

Rechtbank Arnhem 21 augustus 2006, nr. 06/535, EK, Belastingblad 2007, blz. 745
De WOZ-waarde van twee onroerende zaken (een woning en tot woning verbouwde smederij) zijn afzonderlijk bepaald. De Rechtbank overweegt dat, aangezien woning en smederij apart afsluitbaar zijn en eigen sanitair en kookgelegenheid hebben, sprake is van twee WOZ-objecten. Dat de bewoners van de woning met regelmaat gebruik maken van een ruimte in de smederij en dat de parkeerplaats en het toe-

gangspad gezamenlijk worden gebruikt, is onvoldoende om te kunnen spreken van een samenstel als bedoeld in art. 16 Wet WOZ.

Rechtbank Arnhem 13 februari 2007, nr. 06/2976, EK, Belastingblad 2007, blz. 472
De schoonouders van belanghebbende gebruiken het achterste deel van de begane grond van de woning van belanghebbende. Volgens de Rechtbank vormt dit gedeelte geen afzonderlijk WOZ-object, omdat het niet als afzonderlijk geheel kan worden gebruikt. De Rechtbank verwijst naar de arresten van 16 december 1987, nr. 25 015, BNB 1988/91* en van 9 september 1992, nr. 28 352, BNB 1992/341. In deze arresten oordeelt de Hoge Raad over kantoorgebouwen dat op zijn minst is vereist dat zodanig gedeelte redelijk afsluitbaar is. Dit geldt ook voor woningen. Er is alleen sprake van een afsluitbaar gedeelte als het gedeelte op 1 januari feitelijk afsluitbaar is. Dit is niet zo als het gedeelte, door het alsnog aanbrengen van een deurslot, afsluitbaar kan worden gemaakt (Hof Arnhem 17 februari 1999, nr. 98/1265, Belastingblad 2000, blz. 667). De Rechtbank gelooft de verklaring van belanghebbende dat de tussendeur niet afsluitbaar is.

Rechtbank 's-Gravenhage 13 juni 2007, nr. 06/5262, EK, Belastingblad 2007, blz. 1163
Belanghebbende is eigenaar van drie woonruimten. De gemeente heeft deze afgebakend als afzonderlijke objecten. Dit is volgens de Rechtbank terecht. De Rechtbank verwerpt de stelling van belanghebbende dat de onmogelijkheid van kadastrale splitsing in appartementsrechten of de onmogelijkheid om als woonruimte in de zin van de Huisvestingswet te kunnen worden aangemerkt, er aan in de weg staat om de woningen als zelfstandige onroerende zaken in de zin van art. 16 Wet WOZ aan te merken.

Hof Amsterdam 29 juni 2007, nr. 06/00147, M I, Belastingblad 2007, blz. 1159
De heffingsambtenaar van de gemeente Zaanstad heeft het woonhuis met grond en twee percelen grasland van belanghebbende als één object aangemerkt. Het Hof overweegt dat voor een samenstel noodzakelijk is dat een zekere uit de omstandigheden voortvloeiende en voor derden waarneembare samenhang tussen de eigendommen aanwezig is. De heffingsambtenaar heeft niet aannemelijk gemaakt dat sprake is van een samenstel. Volgens het Hof kan men net zoals in de situatie van BNB 2002/376 in redelijkheid van mening verschillen over de juiste objectafbakening. De algehele vernietiging van de beschikking door de Rechtbank staat daarom niet in verhouding tot de ernst van de

gemaakte fout. De beschikking dient te worden aangepast tot een beschikking die uitsluitend betrekking heeft op het woonhuis.

*Rechtbank Zwolle-Lelystad 5 juli 2007, nr. 06/1391, EK,
Belastingblad 2007, blz. 1045*
In zijn arresten van 16 december 1987, nr. 25 015, BNB 1988/91 en 9
september 1992, nr. 28 352, BNB 1992/341 overweegt de Hoge Raad
in verband met kantoorgebouwen, dat voor een bevestigend antwoord
op de vraag of een gedeelte daarvan blijkens zijn indeling is bestemd
om als een afzonderlijk geheel te worden gebruikt, op zijn minst is
vereist dat zodanig gedeelte redelijk afsluitbaar is en aldus kan worden afgescheiden van de overige delen van het gebouw. De Rechtbank ziet geen goede grond om deze eis niet aan woningen te stellen.
Een redelijke uitlegging van die eis brengt met zich mee onder een afsluitbaar gedeelte slechts te rekenen die gedeelten die op 1 januari
2003 feitelijk afsluitbaar zijn en niet ook die delen die, door het alsnog aanbrengen van een deurslot, afsluitbaar kunnen worden gemaakt
(vergelijk Hof Arnhem 17 februari 1999, nr. 98/1265, Belastingblad
2000, blz. 667). De heffingsambtenaar heeft aangegeven dat op de
bouwtekening uit het gemeentelijk archief de verschillende delen gescheiden zijn door een muur en er geen tussendeur aanwezig is. Daarnaast heeft de taxateur verklaard dat hem de toegang tot bepaalde delen is geweigerd, waardoor hij niet heeft kunnen vaststellen of een
niet-afsluitbare deur tussen de verschillende delen is aangebracht. Belanghebbende heeft geen duidelijkheid kunnen verschaffen over de
aanwezigheid van een niet-afsluitbare tussendeur. De Rechtbank overweegt dat de heffingsambtenaar met de bouwtekening aannemelijk
heeft gemaakt dat de verschillende delen afsluitbaar zijn. Belanghhebb-
bende is niet erin geslaagd het tegendeel aannemelijk te maken. De
Rechtbank verklaart het beroep ongegrond.

*Hof Amsterdam 24 augustus 2007, nr. 06/00257, M I, Belastingblad
2007, blz. 1083*
Belanghebbende stelt dat *twee panden* met een *interne doorgang*, gelegen in de gemeente Utrecht, een samenstel vormen in de zin van art.
16d Wet WOZ. Het Hof oordeelt dat het ontbreken van voorzieningen
op een adequaat niveau in één eigendom er op zichzelf niet toe leidt
dat dat eigendom een samenstel vormt met een ander eigendom waarin die voorzieningen wel aanwezig zijn. Het Hof verwerpt het beroep
van belanghebbende op jurisprudentie die ziet op een gedeelte van
een eigendom en niet op een samenstel. Er is volgens het Hof geen
zekere voor derden waarneembare samenhang. Het ontbreken van een
erfafscheiding in de achtertuin, de doorlopende bouwkundige con-

structie van de dakkapellen aan de achterzijde en de gelijkvormige modernisering van de voorgevel op de benedenverdieping maken naar het oordeel van het Hof niet dat een waarnemende buitenstaander de panden als bij elkaar behorend zal aanmerken.

Rechtbank Almelo 20 augustus 2008, nr. 07/1188 en 07/1189, EK, Belastingblad 2008, blz. 1307
In geschil is of de heffingsambtenaar van de gemeente Twenterand twee woningen juist heeft afgebakend. Naar het oordeel van de Rechtbank zijn beide woningen zelfstandig bruikbare eenheden, omdat ze onderling afsluitbaar zijn en alle essentiële voorzieningen hebben. Het feit dat tussen de woningen een niet afgesloten deur is geplaatst maakt niet dat de ruimten niet afsluitbaar zijn, omdat middels het aanbrengen van een slot dan wel het voor die deur plaatsen van een meubel op eenvoudige wijze afsluiting kan plaatsvinden. Dat slechts één adres over de aansluiting voor gas, water, elektra beschikt, doet aan het voorgaande niet af; een extra aansluiting is immers in beginsel eenvoudig te realiseren en het ontbreken daarvan is minder zwaarwegend voor de objectafbakening dan de eerdergenoemde mogelijkheid tot afsluiting en eigen sanitaire voorzieningen.

3.4 Samenstel

Hof Amsterdam 17 november 1999, nr. P98/1979, E XIV, Belastingblad 2000, blz. 303
De gemeente heeft ter zake van drie onroerende zaken, zijnde een laboratorium, een productiehal en een bovenwoning, afzonderlijke beschikkingen genomen.
Het laboratorium en de productiehal zijn eigendom van de aandeelhouder van belanghebbende en zijn in gebruik bij belanghebbende. Ter zitting stellen partijen dat sprake is van een samenstel in de zin van artikel 16, onderdeel d, van de Wet WOZ. Dit wordt door het Hof bevestigd, waarna het Hof de twee afzonderlijke beschikkingen vernietigt.
Voor de bovenwoning is belanghebbende aangemerkt als gebruiker, daar belanghebbende in 1996 het gehele complex in gebruik nam en uit het bevolkingsregister bleek dat de bovenwoning op 1 januari 1997 nog leegstond. Volgens belanghebbende werd de onroerende zaak op 1 januari 1997 verhuurd aan een werknemer. In dit verband heeft belanghebbende een kopie van de huurovereenkomst, ingaande op 19 december 1996, overgelegd. Het Hof oordeelt dat belangheb-

bende niet als gebruiker van de bovenwoning kan worden aangemerkt.

Hof Arnhem 19 januari 2000, nr. 98/01101, E II, Belastingblad 2000, blz. 819
De gemeente stelt dat sprake is van twee onroerende zaken in de zin
van artikel 22 van de Wet WOZ, maar maakt dit naar het oordeel van
het Hof niet aannemelijk met het betoog dat het *woon- en het winkel-
gedeelte* blijkens hun aard en hun inrichting als afzonderlijke eenheden zijn aan te merken en met een (kennelijk abusievelijk) verwijzing
naar artikel 16, lid d, van de Wet WOZ. Belanghebbende stelt dat de
feitelijke indeling van bovenwoning en winkel aldus is dat deze gedeelten niet los van elkaar als een afzonderlijk geheel kunnen worden
gebruikt, maar integendeel feitelijk zodanig op elkaar zijn afgestemd
dat ze alleen in samenhang met elkaar kunnen worden gebruikt. Weliswaar betoogt de gemeente terecht dat in een winkel op zich niet een
toilet aanwezig behoeft te zijn, maar daarmee is niet duidelijk gemaakt op welke wijze personen die de gehele dag aanwezig zijn in de
winkel, magazijn en opslag voorzien in elementaire sanitaire en zelf-
verzorgende functies. Ook de omstandigheid dat de meterkast en de
kelder uitsluitend via de winkel bereikbaar zijn en dat de c.v.-ketel in
de garage staat, wijst erop dat een afzonderlijk gebruik/verhuur van
de boven- en benedenruimten in de huidige toestand niet mogelijk is.
Gelet op onder meer het arrest van de Hoge Raad van 16 juni 1999,
nr. 34 500, Belastingblad 1999, blz. 593, dienen de beschikkingen die
uitgaan van twee objecten te worden vernietigd.

Hof Amsterdam 29 februari 2000, nr. 98/1851, M IV, FED 2000/164
In geschil is of een *sportcomplex*, bestaande uit een clubgebouw,
velden, een oefenveldje en verharding, terecht als één onroerende
zaak (samenstel) in de zin van artikel 16, onderdeel d, van de Wet
WOZ moet worden aangemerkt.
De gemeente heeft de velden aan belanghebbende ter beschikking gesteld en belanghebbende maakt ook feitelijk gebruik van de velden.
Daaraan doet niet af dat één van de velden van dermate slechte kwaliteit is dat dit niet kan worden gebruikt voor wedstrijden.
Aan gebruik gedurende het jaar door anderen dan belanghebbende,
zijnde een school en buurtbewoners, kent het Hof geen betekenis toe.
Nu voorts vaststaat dat het clubgebouw uitsluitend bij belanghebbende in gebruik is, moet worden geoordeeld dat beide eigendommen
bij dezelfde belastingplichtige in gebruik zijn en derhalve terecht als
een samenstel in de zin van artikel 16, onderdeel d, van de Wet WOZ
zijn aangemerkt.

Hoge Raad 20 september 2000, nr. 35 444, BNB 2000/361, FED 2000/530
Een *clubhuis* is gebouwd op een perceel dat eigendom is van de gemeente en waarop ten behoeve van belanghebbende een *recht van opstal* is gevestigd. Op het belendende perceel staat een verenigingsgebouw, dat samen met het clubhuis één bouwwerk vormt. Partijen zijn beiden tot het standpunt gekomen dat het clubhuis niet valt aan te merken als een gedeelte van een gebouwd eigendom dat blijkens zijn indeling bestemd is om als afzonderlijk geheel te worden gebruikt in de zin van de Wet WOZ en dat de beschikking mitsdien ten onrechte op naam van belanghebbende is gesteld. Het Hof heeft dit standpunt gevolgd en geoordeeld dat het niet berust op een juridisch onjuist uitgangspunt. De Hoge Raad oordeelt dat het door het Hof gevolgde standpunt alleen dan niet op een onjuist juridisch uitgangspunt berust, indien het clubhuis en het verenigingsgebouw aan één (rechts)persoon toebehoren. Nu het Hof daaromtrent niets heeft vastgesteld, kan niet worden beoordeeld of het Hof van een juiste rechtsopvatting is uitgegaan. Verwijzing moet volgen voor een onderzoek naar de vraag of het verenigingsgebouw en het perceel waarop dat staat aan een derde in eigendom toebehoren, en, zo nodig, naar de waarde van het clubhuis.

Hof Amsterdam 28 november 2000, nr. 99/02884, E XII, Belastingblad 2002, blz. 451
Belanghebbenden zijn, ieder voor een vierde gedeelte, eigenaar van een perceel grond met daarop een vrijstaand woonhuis, schuur en tuin. A is gehuwd met B; zij bewonen het gedeelte van het huis met nummer 2. Een zoon van dit echtpaar, C, is gehuwd met D; zij bewonen het gedeelte van het huis met nummer 2A. De twee gedeelten waarin het huis is verdeeld, zijn elk voorzien van onder meer een entree, een woonkamer, een keuken, een bad- of douchekamer, één of meer toiletten en een aantal slaapkamers. Beide gedeelten hebben een gelijke inhoud en zijn van elkaar gescheiden door een tussenwand, welke op de begane grond is voorzien van een deur. Voorts bevat het huis enkele door de bewoners gezamenlijk gebruikte ruimten, te weten de centrale hal, de zolder en de meterkast. De zolder is alleen bereikbaar via het gedeelte met nummer 2. De oprit en de tuin worden eveneens gezamenlijk gebruikt. Het verbruik van gas, water en elektriciteit door de bewoners wordt aan hen gezamenlijk in één bedrag in rekening gebracht. Tussen partijen is in geschil of het woonhuis voor de toepassing van de Wet WOZ moet worden aangemerkt als één onroerende zaak (het standpunt van belanghebbenden), dan wel als afzonderlijke onroerende zaken. Het Hof oordeelt dat het woonhuis be-

staat uit twee gedeelten die elk zijn bestemd om als een afzonderlijk geheel te worden gebruikt. De bewoners van het ene gedeelte zijn immers voor wat betreft essentiële voorzieningen zoals sanitair en kookgelegenheid niet afhankelijk van de bewoners van het andere gedeelte. Niet doorslaggevend is dat bijkomstig wel van zodanige afhankelijkheid sprake is, zoals bij het gebruik van de zolder en de meterkast. Tot elk van de te onderscheiden gedeelten van het huis behoort tevens een gedeelte van de door belanghebbenden gezamenlijk gebruikte tuin met oprit. Het Hof is derhalve van oordeel dat het woonhuis bestaat uit twee objecten.

Hof Leeuwarden 1 december 2000, nr. 96/0808, M II, Belastingblad 2002, blz. 474
Aan belanghebbende zijn twee aanslagen OZB 1994 opgelegd, ter zake van het eigendom van een *warenhuis*, dat is gevestigd op twee locaties (nrs. 21 en 7) in dezelfde straat. Belanghebbende stelt ter zitting dat de gemeente ten onrechte twee aanslagen OZB heeft opgelegd, daar de beide gebouwen naar maatschappelijke opvattingen bij elkaar horen, daar deze door middel van een ondergrondse tunnel met elkaar zijn verbonden. In zijn beroepschrift is belanghebbende slechts ingegaan op de waarde van gebouw nr. 21. Dit impliceert dat belanghebbende heeft berust in de waarde van gebouw nr. 7. Nu de door belanghebbende ter zitting ingenomen stelling dat de gebouwen een samenstel vormen een herwaardering van het gebouw nr. 7 inhoudt, staat deze haaks op de eerder in beroep ingenomen standpunten van belanghebbende. Dit beroep kan niet slagen. Het Hof is tevens van oordeel dat de gemeente de objectafbakening op juiste wijze heeft toegepast. Belanghebbende heeft in het door hem overgelegde taxatierapport de door de gemeente middels de huurwaardekapitalisatiemethode berekende waarde bestreden door middel van de berekening van de DCF-methode. Het Hof acht deze methode echter niet geschikt, daar deze er op is gericht de mogelijke aankoopprijs van het warenhuis te berekenen met als uitgangspunt dat een koper het warenhuis zal willen opdelen in kleine winkelunits en die units voor ten minste twintig jaren wil verhuren. Geen rekening wordt dan gehouden met andere categorieën belanghebbenden, zoals zij die het warenhuis geheel of gedeeltelijk in gebruik willen nemen of zij die meer speculatief willen beleggen. Het is niet uitgesloten dat een andere belanghebbende een hogere prijs zou willen betalen dan de door belanghebbende voorgestane beleggingswaarde op langere termijn. Het beroep is ongegrond.

Hof 's-Gravenhage 10 april 2001, nr. BK-97/20104, M III, Belastingblad 2001, blz. 1215
Aan belanghebbende zijn voor het jaar 1996 aanslagen OZB opgelegd ter zake van 130 *appartementen* gelegen *in een bungalowpark.* De appartementen zijn alle afzonderlijk kadastraal geregistreerd. Van de appartementen zijn er 129 bestemd voor de verhuur aan toeristen en is er één in gebruik als wasserette. In geschil is of de appartementen een samenstel vormen, hetgeen belanghebbende betoogt en de ambtenaar weerspreekt. Naar het oordeel van het Hof is sprake van een samenstel. Het Hof neemt daarbij in aanmerking dat de appartementen deel uitmaken van het door belanghebbende geëxploiteerde vakantiepark, dat zij in elkaars onmiddellijke nabijheid zijn gelegen en dat zij door belanghebbende voor hetzelfde doeleinde worden gebezigd. Tevens heeft belanghebbende onweersproken gesteld dat er naar de feitelijke situatie betreffende bebording, bouwstijl en huisstijl beoordeeld sprake is van een samenstel. De aanslagen kunnen niet in stand blijven.

Hoge Raad 30 november 2001, nr. 36 471, Belastingblad 2002, blz. 3, BNB 2002/36 FED 2001/671
In geschil is de waarde die middels een WOZ-beschikking is vastgesteld. In geschil is de objectafbakening van een aantal percelen met daarop de woning van belanghebbende, drie bergingen en een garage. Het Hof heeft de onderdelen aangemerkt als een samenstel in de zin van artikel 16, aanhef en letter d, van de Wet WOZ. De stelling van belanghebbende dat eerder genoemde percelen niet als één onroerende zaak kunnen worden aangemerkt heeft het Hof afgedaan door aan te geven dat de percelen bij dezelfde belastingplichtige in gebruik zijn en dat de uitspraak van het Hof Amsterdam van 13 juni 1995 (V-N 1995/3660) geen algemene normen geeft voor toepassing van artikel 16. De redengeving wordt in cassatie volgens de Hoge Raad terecht bestreden. Uit de uitspraak van het Hof wordt niet duidelijk welke omstandigheden in aanmerking zijn genomen om tot het oordeel te komen dat de percelen, naar de omstandigheden beoordeeld, bij elkaar behoren. De uitspraak is niet met redenen omkleed. Het beroep in cassatie is gegrond.

Hoge Raad 29 maart 2002, nr. 36 569, Belastingblad 2002, blz. 515, BNB 2002/159, FED 2002/197/251
Belanghebbende is eigenaar van de onderhavige percelen, welke hij heeft verpacht. De pachters hebben op beide percelen diverse *agrarische opstallen* gebouwd, waarop geen recht van erfpacht of opstal zijn gevestigd. Belanghebbende betoogt onder meer dat de waarde van de pachtersinvesteringen geen onderdeel mag uitmaken van de vastge-

stelde waarde, omdat de pachters volgens hem economisch eigenaar zijn van deze investeringen. Dit betoog gaat er, naar het oordeel van de Hoge Raad, aan voorbij dat ten aanzien van elk van de beide percelen geldt dat de eigendom van belanghebbende de daarop door de betrokken pachter gestichte gebouwen omvat en dat de percelen met de daarop gestichte opstallen ingevolge artikel 16, aanhef en letter d, van de Wet WOZ een samenstel vormen. Anders dan belanghebbende meent, kunnen de pachters niet worden aangemerkt als degenen die het genot hebben krachtens eigendom – waarmee is bedoeld de juridische eigendom, niet de economische eigendom – in de zin van artikel 24, derde lid, letter a, van de Wet WOZ. Met de waardedrukkende invloed van de in artikel 31 van de Pachtwet geregelde verplichting voor de verpachter om bij het einde van de pacht aan de pachter voor de verbeteringen welk door deze aan het gepachte zijn aangebracht, een naar billijkheid te bepalen vergoeding te geven, kan bij de waardering geen rekening worden gehouden. De verplichting brengt immers niet mee dat de omvang van het genot van de zaak en daardoor de waarde ervan beperkt wordt. Het beroep is ongegrond.

Hof Amsterdam 22 april 2002, 01/1146, E XV, Belastingblad 2002, blz. 821
In geschil is of de door belanghebbende gebruikte ruimten een samenstel vormen. Belanghebbende heeft alle kamers op de eerste verdieping van een kantoorpand in gebruik. De kamers zijn afzonderlijk af te sluiten. Op de eerste verdieping zijn ook gemeenschappelijke ruimten (een trapopgang en toiletten) aanwezig die door belanghebbende worden gebruikt. Deze zijn niet afzonderlijk afsluitbaar. De kamers vormen naar de mening van het Hof gedeelten van een gebouwd eigendom die bestemd zijn om afzonderlijk te worden gebruikt. Daaraan doet niet af dat deze kamers geen afzonderlijke toiletfaciliteiten hebben en de voordeur en de trapopgang delen met de gebruikers van de andere verdiepingen. De indeling is zodanig dat niet voor de hand ligt dat de kamers op de eerste verdieping door verschillende gebruikers worden gebruikt. Onder deze omstandigheden horen de ruimten bij elkaar als bedoeld in artikel 16, onderdeel d, van de Wet WOZ. Nu alle ruimten bij belanghebbende in gebruik zijn vormen zij een samenstel.

Hoge Raad 27 september 2002, nr. 34 927, Belastingblad 2002, blz. 1105, BNB 2002/375*, FED 2002/569
Het geschil heeft betrekking op een aanslag OGB 1988 van de gemeente Rotterdam wegens het feitelijke gebruik van een *raffinaderij*. Het Hof heeft vastgesteld dat in het belastingobject waarop de aanslag

betrekking heeft ten onrechte een aantal zaken die in gebruik zijn bij derden zijn begrepen en een aantal zaken die in een aangrenzende gemeente zijn gelegen. Ondanks de op dit punt onjuiste objectafbakening heeft het Hof geoordeeld dat de aanslag op grond van een aantal in zijn uitspraak weergegeven omstandigheden niet moet worden vernietigd, maar dat de heffingsgrondslag moet worden verminderd met de aan deze objecten toegekende waarde. Naar aanleiding het hiertegen gerichte cassatiemiddel overweegt de Hoge Raad het volgende. Indien bij het opleggen van een aanslag een fout is gemaakt bij de objectafbakening kan die fout volgens vaste rechtspraak van de Hoge Raad in bezwaar of beroep niet worden hersteld en dient de aanslag te worden vernietigd, behoudens indien een aanhorigheid niet in aanmerking is genomen. Aan deze rechtspraak zijn bezwaren verbonden. Deze bezwaren brengen de Hoge Raad ertoe de in de bedoelde rechtspraak neergelegde leer te herzien. Indien, zoals in deze zaak, een fout is gemaakt bij de objectafbakening doordat de aanslag mede betrekking heeft op objecten die in gebruik zijn bij derden of geheel of gedeeltelijk op het grondgebied van een andere gemeente zijn gelegen, kan de afbakening in bezwaar of beroep worden aangepast, zodanig dat de aanslag nog slechts betrekking heeft op één - op de juiste wijze afgebakend - belastingobject. Daarbij dient zo nodig de waarde van het object te worden verlaagd. Deze gewijzigde jurisprudentie heeft ook betrekking op WOZ-beschikkingen. Deze kunnen in bezwaar of beroep op overeenkomstige wijze worden gewijzigd. Ter zake van de parkeerterreinen die aan de overzijde van de weg langs de raffinaderij liggen oordeelt de Hoge Raad dat die terecht bij het samenstel zijn betrokken. Het gaat om parkeerterreinen die door belanghebbende worden gehuurd, die vrij toegankelijk zijn en die door meerdere personen telkens voor korte perioden worden gebruikt. Naar het oordeel van de Hoge Raad is het Hof er terecht vanuit gegaan dat belanghebbende, als degene die het gebruik mogelijk maakt, als feitelijk gebruiker moet worden aangemerkt.

Ter zake van de waardering van niet-woningen geldt tussen partijen een convenant. Ter zake van de uitleg van dit convenant heeft het Hof geoordeeld dat een redelijke verdeling van de bewijslast mee brengt dat belanghebbende tegenover de betwisting door de Directeur de door haar gestelde vermindering op de voet van deze bepaling van het convenant aannemelijk maakt. Met dit oordeel heeft het Hof naar het oordeel van de Hoge Raad geen inzicht in zijn gedachtegang gegeven. De Hoge Raad oordeelt dat beide partijen de feiten en omstandigheden waarop zij zich voor hun uitleg van het convenant beroepen, zo nodig aannemelijk dienen te maken, waarna het Hof zelf een oordeel dient te geven over de juiste uitleg. Verwijzing moet volgen.

Hof Leeuwarden 6 november 2002, nr. BK 110/02, E V, Belastingblad 2003, blz. 379

In geschil is de waarde van een woning van het type twee onder één kap met een garage, een carport en een vrijstaande schuur. De woning en de garage zijn gebouwd op een perceel grond ter grootte van onge- veer 240 m^2 dat in eigendom toebehoort aan belanghebbende en zijn echtgenote. De carport en de schuur zijn voor een klein gedeelte ge- bouwd op de grond van belanghebbende en voor het grootste gedeelte op een perceel grond ter grootte van ongeveer 90 m^2, waarvan de ge- meente eigenaar is en dat met toestemming van de gemeente mag worden gebruikt, zonder dat daarop enig zakelijk recht is gevestigd. De gemeente stelt zich op het standpunt dat de waardebeschikking slechts betrekking heeft op het woonhuis met de garage en genoemde 240 m^2 ondergrond. Omdat de schuur en de carport zijn gebouwd op het perceel grond ter grootte van 90 m^2 dat de gemeente in eigendom toebehoort, dienen deze beide opstallen op grond van natrekking teza- men met dat perceel grond van 90 m^2 te worden aangemerkt als een afzonderlijk object in het kader van de WOZ. De waarde voor dat ob- ject is bij een afzonderlijke waardebeschikking vastgesteld. Belang- hebbende stelt dat hij er van uit mocht gaan dat de waarde van het ge- hele object in de op de eerste waardebeschikking genoemde waarde betrokken is. De beschikking voor het kleinere object heeft hij dan ook ten onrechte ontvangen. Het Hof acht aannemelijk dat belangheb- bende redelijkerwijs de indruk heeft kunnen ontlenen dat de eerste be- schikking berustte op een bewuste standpuntbepaling van het hoofd inhoudende dat die waarde betrekking heeft op zijn gehele woning, inclusief de carport, de schuur en (het gebruik van) het perceel grond dat in eigendom toebehoort aan de gemeente. Belanghebbendes be- roep op het vertrouwensbeginsel slaagt derhalve. De tweede beschik- king kan niet in stand blijven. Ten overvloede merkt het Hof op dat nu de gemeente eigenaar is van het perceel grond van 90 m^2 en be- langhebbende anderzijds het gebruiksrecht heeft van de grotendeels op die grond gebouwde carport en schuur, er in beginsel sprake van afzonderlijke onroerende zaken in de zin van artikel 16 van de WOZ: het perceel grond moet worden aangemerkt als een ongebouwd eigen- dom en de gebouwde delen als gebouwde eigendommen. Nu de schuur, de carport en de overige delen van de woning met het perceel grond van 240 m^2 allemaal bij belanghebbende in gebruik zijn en ze, naar omstandigheden beoordeeld, naar het oordeel van het Hof bij el- kaar horen, dient de gehele woning – inclusief de opstallen carport en schuur – met het perceel grond van 240 m^2 als een samenstel te wor- den aangemerkt. De stelling van het hoofd dat de gemeente als eige- naar van het perceel grond van 90 m^2 door natrekking eigenaar wordt van de opstallen schuur en carport kan het Hof in casu niet volgen. Deze opstallen behoren immers toe aan de belanghebbende, de eigenaar van de woning, waarvan de opstallen onmiskenbaar deel uitmaken. Deze opstallen dienen aldus als bestanddelen van die woning te worden aangemerkt. Dit leidt tot de conclusie dat er ten aanzien van de objectafbakening met betrekking tot de woning van belanghebbende uiteindelijk sprake is van twee onroerende zaken in de zin van artikel 16 van de WOZ: de woning met garage, inclusief de ondergrond van 240 m^2 tezamen met de opstallen carport en schuur; en het perceel grond van 90 m^2. Gelet op de hiervoor overwogen schending van het vertrouwensbeginsel kan het hoofd deze objectafbakening in het onderhavige tijdvak niet meer tot uitvoering brengen.

Hoge Raad 8 november 2002, nr. 36 941, Belastingblad 2002, blz. 1220, BNB 2003/46, FED 2002/663

Aan belanghebbende zijn voor het jaar 1992 als eigenaar en gebruiker aanslagen OZB opgelegd. De aanslagen hadden aanvankelijk mede betrekking op (onderdelen van) een *jachthaven* die echter noch in eigendom noch in gebruik bij belanghebbende is. In verband daarmee zijn de aanslagen bij uitspraak op bezwaar verminderd. Belanghebbende had voor het Hof gesteld dat de aanslagen wegens de aanvankelijk onjuiste objectafbakening door het Hof hadden moeten worden vernietigd. De Hoge Raad oordeelt dat deze opvatting onjuist is. Indien bij het opleggen van een aanslag OZB een fout is gemaakt bij de afbakening van het belastingobject doordat de aanslag mede betrekking heeft op objecten die eigendom zijn van of in gebruik zijn bij derden, kan de afbakening van het belastingobject in bezwaar of beroep door de gemeente of de belastingrechter worden aangepast, zodanig dat de aanslag nog slechts betrekking heeft op één – op de juiste wijze afgebakend – belastingobject. Daarbij dient zo nodig de waarde van het object te worden verlaagd (vgl. Hoge Raad 27 september 2002, Belastingblad 2002, blz. 1105, BNB 2002/375*, FED 2002/569 en Hoge Raad 27 september 2002, Belastingblad 2002, blz. 1102, BNB 2002/376c*, FED 2002/570).

Hof Arnhem 29 januari 2003, nr. 01/01836, E IV, Belastingblad 2003, blz. 562

Belanghebbende is eigenaar van een woning met erf, tuin, bossages en grasland in de gemeente Epe. De graslanden worden doorkruist door een weg. De gemeente heeft de gebouwde en ongebouwde onroerende zaken als samenstel aangemerkt. Het Hof oordeelt dat uit de wetsgeschiedenis blijkt dat onroerende zaken een samenstel kunnen vormen, ook als deze in fysieke zin op afstand zijn gelegen. De gemeente heeft de onroerende zaak juist afgebakend.

Hof Amsterdam 31 januari 2003, nr. 02/03893, E XII, Belastingblad 2003, blz. 564
Belanghebbende en zijn vrouw zijn onder huwelijkse voorwaarden getrouwd. Belanghebbende is eigenaar van a-weg 1 en zijn vrouw van a-weg 2. De woningen vallen niet in het gemeenschappelijk vermogen. De woningen kunnen slechts als samenstel worden aangemerkt indien met betrekking tot de delen sprake is van één zakelijk gerechtigde. Nu daarvan geen sprake is zijn de woningen terecht als afzonderlijke objecten afgebakend. Belanghebbende stelt dat het gelijkheidsbeginsel is geschonden, nu hij en zijn partner anders worden behandeld dan in gemeenschap van goederen gehuwde echtparen. Dat beroep kan volgens het Hof niet slagen, nu belanghebbende en zijn partner vermogensrechtelijk in een andere positie verkeren dan echtparen die in gemeenschap van goederen zijn gehuwd.

Hoge Raad 9 mei 2003, nr. 35 987, Belastingblad 2003, blz. 617, BNB 2003/270*, FED 2003/287
Het geschil betreft de objectafbakening van de *luchthaven Schiphol.* De objectafbakening is gebaseerd op de splitsing van het luchthaventerrein in deelgebieden. Het Hof heeft ten onrechte geoordeeld dat moet worden beoordeeld of de criteria van de gemeente die ten grondslag liggen aan de objectafbakening tot een aanvaardbare objectafbakening kunnen leiden. Ook al bepaalt artikel 16, letter d, van de Wet WOZ dat naar de omstandigheden moet worden beoordeeld of (gedeelten van) eigendommen bij elkaar behoren en daarom als een samenstel dienen te worden aangemerkt, er komt aan een gemeente niet een door de belastingrechter te respecteren beoordelingsvrijheid toe. De verdeling van het luchtvaartterrein in deelgebieden is deels gebaseerd op verschillen in afstand, functie en gebruik van de eigendommen en verder op de criteria herkenbaarheid, uitstraling, bereikbaarheid en toegankelijkheid. Daarmee heeft de gemeente miskend dat bij de beantwoording van de vraag in hoeverre de door belanghebbende in haar bedrijf aangewende (gedeelten van) eigendommen – die onmiskenbaar een geografisch samenhangend geheel vormen – als een samenstel moeten worden aangemerkt, beslissend is of dat bedrijf als één samenhangend geheel moet worden beschouwd, waarbinnen alle (gedeelten van) eigendommen voor één organisatorisch doel worden aangewend.

Hof Amsterdam 18 juli 2003, nr. 01/03676, M IV, FED 2003/453
Belanghebbende is op 1 januari 1997 eigenares van een perceel grond, waarop op die datum een appartementsgebouw in aanbouw is. De splitsing in individuele appartementsrechten heeft al plaatsgevonden. De appartementen liggen niet allemaal aaneengesloten. De gemeente heeft ten onrechte één WOZ-beschikking afgegeven voor alle appartementen in aanbouw, waarvan belanghebbende (tijdelijk) de appartementsrechten nog heeft. Er moet doorslaggevende betekenis worden toegekend aan de omstandigheid dat de appartementen bestemd zijn om na voltooiing te dienen voor bewoning door verschillende eigenaren. Daarom is de samenstelbepaling niet van toepassing.

Hof Leeuwarden 30 januari 2004, nr. 1877/02, M II, Belastingblad 2004, blz. 508
Belanghebbende stelt dat de *standplaats* en de *woonwagen* elk als afzonderlijk object moeten worden aangemerkt. Niet is gesteld of aannemelijk is dat een recht van opstal of een ander zakelijk recht is gevestigd. Belanghebbende is derhalve door natrekking eigenares van de woonwagen geworden. Zoals blijkt uit HR 28 september 2001 (nr. 36 224, BNB 2001/403), moeten woonwagenstandplaatsen en woonwagens telkens worden beschouwd als een samenstel in de zin van artikel 16, aanhef en letter d, Wet WOZ van een ongebouwd eigendom (de woonwagenstandplaats) en een gebouwd eigendom (de woonwagen), die bij dezelfde belastingplichtige (de huurder) in gebruik zijn.

Hof Leeuwarden 3 februari 2004, nr. 02/1434, E VI, Belastingblad 2004, blz. 512
De gemeente heeft abusievelijk de woning niet betrokken in de objectafbakening. Ook zijn teveel vierkante meters in aanmerking genomen. Tijdens de hertaxatie worden deze fouten hersteld. In de uitspraak op bezwaar handhaaft de gemeente de vastgestelde waarde. Het Hof vernietigt de waardebeschikking, omdat hierin op onjuiste wijze toepassing is gegeven aan de objectafbakening. De gemeente mag deze fout in de bezwaarfase niet herstellen door alsnog uit te gaan van een groter object (HR 9 mei 2003, nr. 35 987, BNB 2003/270). Dat in de uitspraak op bezwaar de waarde niet is gewijzigd, doet hieraan niet af.

Hof Leeuwarden 6 februari 2004, nr. 1122/02, E VI, Belastingblad 2004, blz. 509
Het Hof is van oordeel dat bij het geven van de waardebeschikking is uitgegaan van een *onjuiste objectafbakening*. Voor de toepassing van de WOZ had van een samenstel moeten worden uitgegaan. De waar-

debeschikking wordt vernietigd. In dit geval kan de onjuiste afbakening niet in bezwaar of beroep door de ambtenaar of de belastingrechter worden aangepast. De ambtenaar kan voor het juist afgebakende object een nieuwe waardebeschikking geven (HR 9 mei 2003, nr. 35 987, BNB 2003/270c). Van een herzieningsbeschikking als bedoeld in artikel 27 Wet WOZ is dan geen sprake.

Hof 's-Gravenhage 9 maart 2005, nr. 04/03082/03083, Belastingblad 2005, blz. 707
Deze uitspraak is gedaan in de verwijzingsprocedure betreffende de hiervoor opgenomen arresten van de Hoge Raad van 8 oktober 2004, nrs. 38 443 en 38 444. In die arresten overweegt de Hoge Raad dat de enkele omstandigheid dat een kamer in een gebouw afsluitbaar is, nog niet meebrengt dat die kamer blijkens zijn indeling bestemd is om als een afzonderlijk geheel te worden gebruikt in de zin van artikel 16, aanhef en letter c, Wet WOZ. Het Hof overweegt dat er naast dat feit nog andere feiten en omstandigheden zijn die tezamen tot het oordeel kunnen leiden dat de objectafbakening juist is. Het Hof neemt in aanmerking: (1) alle kamers op de eerste verdieping zijn in gebruik bij één gebruiker, (2) die kamers zijn afzonderlijk afsluitbaar, (3) het ligt niet voor de hand dat de kamers op de eerste verdieping door verschillende gebruikers worden gebruikt, (4) deze kamers worden gebruikt tezamen met de toilet- en keukenvoorzieningen op de eerste verdieping, (5) die voorzieningen worden niet gebruikt door de gebruikers van andere verdiepingen. Op grond van deze aspecten is de eerste verdieping één object als bedoeld in artikel 16, eerste lid, aanhef en letter c, Wet WOZ. Dat de eerste verdieping niet in haar geheel afsluitbaar is, maakt dit, gelet op de afsluitbaarheid van alle afzonderlijke kamers op deze verdieping en het feitelijke en praktisch voor de hand liggende gebruik van de verdieping, niet anders.

Hof Amsterdam 3 maart 2006, nr. 04/03528, M IV, Belastingblad 2006, blz. 414
Belanghebbende koopt twee aan elkaar grenzende percelen, A en B, van één eigenaar. Tussen de percelen bevindt zich een hek, waarin een deur is gemaakt. De gemeente heeft de onroerende zaak afgebakend als één object. Volgens het Hof is dat onjuist, omdat de percelen geen samenstel vormen in de zin van artikel 16, onderdeel d, Wet WOZ. Beide percelen zijn weliswaar bij één belastingplichtige in gebruik, maar behoren naar de omstandigheden beoordeeld niet bij elkaar.

Rechtbank Haarlem 21 maart 2006, nr. 05/4758, EK, Belastingblad 2006, blz. 622
Belanghebbende is eigenaar en gebruiker van een woonhuis en van twee percelen grasland. De gemeente heeft het woonhuis en de beide percelen afgebakend als één object. De twee percelen hebben een agrarische bestemming en worden door belanghebbende gebruikt voor het hobbymatig houden van schapen. De percelen zijn slechts per boot bereikbaar. De Rechtbank oordeelt dat de gemeente de onroerende zaken ten onrechte als een samenstel heeft afgebakend. De gezamenlijke verkoop van het woonhuis en de twee percelen grasland zal zich niet snel voordoen. Daarbij komt dat belanghebbende bij zijn huis geen voorzieningen heeft getroffen voor het houden van de schapen. De schapenhouderij is daarom geen aanwijzing om het woonhuis en de twee percelen als één object af te bakenen.

Rechtbank 's-Gravenhage 22 juni 2006, nr. 05/8289, EK, Belastingblad 2006, blz. 1128
In geschil is of de bij belanghebbende in gebruik zijnde woning en garage dienen te worden aangemerkt als één onroerende zaak. De Rechtbank oordeelt dat de woning en de garage naar de omstandigheden beoordeeld bij elkaar behoren. De garage is achter de woning gelegen, daarbij slechts van de woning gescheiden door de bij de woning behorende tuin en het bij belanghebbende in mede-eigendom in gebruik zijnde pad. De garage is voor de nutsvoorzieningen met de woning verbonden. Dat de garage niet direct aan de woning grenst doet daaraan niet af nu de bereikbaarheid vanaf de woning naar de garage is gewaarborgd door het op het pad gevestigde recht van overpad. Daarnaast acht de Rechtbank relevant dat de woning en de garage wat betreft gebruiksmogelijkheden dienstbaar aan elkaar (kunnen) zijn. Zo is de garage door belanghebbende ook in gebruik als schuur en is de garage te betreden door een deur aan de zijde van de garage waar eiser vanuit de woning op uitkijkt. De woning en de garage dienen te worden beschouwd als een samenstel.

Rechtbank 's-Gravenhage 18 juli 2007, nr. 06/7954, EK, Belastingblad 2008, blz. 267
Belanghebbende is eigenaar van een onbewoonbare vrijstaande woning. Hij is ook eigenaar en gebruiker van een boerderij met grond, die vlak bij de woning staat. De gemeente heeft de woning en de boerderij afgebakend als twee afzonderlijke objecten. De Rechtbank vernietigt de WOZ-beschikking. Onvoldoende duidelijk is of de afbakening juist is. De Rechtbank vindt dat niet valt uit te sluiten dat de woning bij de boerderij hoort en dus geen apart WOZ-object is. De

Rechtbank kan de afbakening niet zelf herstellen, omdat niet duidelijk is geworden of de woning dienstbaar is aan de boerderij of bestemd is als zelfstandige woning. De gemeente kan wel opnieuw een primaire WOZ-beschikking opleggen.

Rechtbank 's-Hertogenbosch 11 december 2007, nr. 06/2511 en 06/ 2530, EK, Belastingblad 2008, blz. 130
Belanghebbende is eigenaar en gebruiker van een woning en een garage, die van elkaar zijn gescheiden door een doodlopende weg. De gemeente heeft deze afgebakend als afzonderlijke objecten. De Rechtbank oordeelt dat de woning en de garage een samenstel vormen. De woning en garage zijn immers beide in gebruik bij belanghebbende en behoren naar de omstandigheden beoordeeld bij elkaar. Dat de garage niet direct grenst aan de woning verhindert niet dat deze dienstbaar is aan de woning. Het beleid van de gemeente om garageboxen afzonderlijk af te bakenen, indien die niet direct grenzen aan woningen, is in strijd met art. 16 Wet WOZ.

Hof Leeuwarden 29 augustus 2008, nr. 86/07, M I, Belastingblad 2008, blz. 1258
De objectafbakening van belanghebbendes pand is in eerste aanleg gewijzigd. Het Hof oordeelt dat de eerste verdieping en de tweede en de derde verdieping gezamenlijk, blijkens hun indeling bestemd zijn als afzonderlijk geheel te worden gebruikt. Anders dan belanghebbende stelt, is de objectafbakening dan ook terecht gewijzigd in die zin dat de oorspronkelijke onroerende zaak is gesplitst in twee afzonderlijke objecten. De omstandigheid dat de beide objecten één aansluiting op de nutsvoorzieningen delen, staat aan een splitsing niet in de weg.

4 Waardebepaling

4.1 Vergelijkingsmethode - Woningen

Bestaande bouw

Hoge Raad 29 april 1992, nr. 28 317, Belastingblad 1992, blz. 460, BNB 1992/236, FED 1992/578
Bij de bepaling van de WEV wordt er bij wege van fictie van uitgegaan dat de volle en onbezwaarde eigendom van de onroerende zaak (zoals deze is afgebakend) wordt overgedragen. Deze fictie leidt ertoe dat de kosten die belanghebbende nog zou moeten maken om de belastingobjecten afzonderlijk te kunnen verkopen (splitsingskosten) bij de bepaling van die waarde buiten aanmerking moeten worden gelaten.

Hoge Raad 8 september 1993, nr. 29 300, Belastingblad 1993, blz. 667, BNB 1993/325, FED 1993/726
Bij de bepaling van de *WEV van appartementen* dient, indien gebruik wordt gemaakt van verkoopgegevens van vergelijkbare objecten, de invloed van de aanwezigheid van een onderhoudsreserve te worden uitgeschakeld door geen rekening te houden met het gedeelte van de verkoopprijzen dat aan die reserve kan worden toegerekend.

Hof Arnhem 11 november 1998, nr. 97/21414, M II, Belastingblad 1999, blz. 91
De vaststelling van de waarde bij *huurwoningen* behoeft niet anders plaats te vinden dan de vaststelling van de waarde van woningen die door de eigenaar of de anderszins zakelijk gerechtigde worden bewoond.

Hoge Raad 25 november 1998, nr. 33 212, Belastingblad 1999, blz. 93, BNB 1999/18c, FED 1998/79
De grond onder het appartement van belanghebbende is in erfpacht uitgegeven aan een woningstichting, zulks onder de bepalingen van de *Maatschappelijk Gebonden Eigendom* (MGE). De MGE-bepalingen kunnen worden aangemerkt als verkoopregulerende bepalingen met kettingbeding. In afwijking van eerdere jurisprudentie dient bij het bepalen van de WEV met deze bepalingen geen rekening te worden gehouden. Met een zakelijke of daarmee gelijk te stellen verplichting dient slechts rekening te worden gehouden indien door die ver-

plichting de omvang van het genot van de zaak, ongeacht de persoon van de zakelijk gerechtigde of de gebruiker, beperkt wordt. Aan die maatstaf voldoet een beperking van de vervreemdingsbevoegdheid niet, ongeacht of het beding is versterkt met een kettingbeding.

Hof 's-Gravenhage 18 mei 1999, nr. BK-97/02284, E IV, Belastingblad 2000, blz. 567
Belanghebbende stelt dat de waarde van de onroerende zaak naar waardepeildatum 1 januari 1993 te hoog is vastgesteld. Hij verwijst daarbij naar de aankoopprijs van de onroerende zaak in het kader van een faillissementsverkoop in december 1996. Het Hof oordeelt dat dit verkoopcijfer niet als uitgangspunt kan worden gebruikt voor het bepalen van de WOZ-waarde, nu de waarde overeenkomstig artikel 17, tweede lid, van de Wet WOZ moet worden vastgesteld op de prijs die bij aanbieding ter verkoop op de voor die zaak meest geschikte wijze na de beste voorbereiding door de meest biedende gegadigde zou zijn besteed. Hierbij moet men er voorts van uitgaan dat bij die veronderstelde verkoop de volle en onbezwaarde eigendom zou kunnen worden overgedragen en de verkrijger de zaak in de staat waarin die zich bevindt, onmiddellijk en in volle omvang feitelijk in gebruik zou kunnen nemen. Het Hof verklaart het beroep derhalve ongegrond.

Hof 's-Gravenhage 8 juli 1999, nr. BK-97/20769, E VI, Belastingblad 2000, blz. 52
De woning is anderhalve maand vóór de waardepeildatum gekocht. Naar het oordeel van het Hof is dit zodanig kort voor de peildatum dat de aankoopsom wordt aangemerkt als de waarde in het economische verkeer. De door de gemeente gehanteerde methode van waardering is onder andere gebaseerd op de Waarderingsinstructie 1995. De aan de gemeente gegeven voorschriften hebben weliswaar ten doel te komen tot een juiste, met artikel 17, tweede lid, van de Wet strokende, vaststelling van de waarde van woningen, maar geven geen op de Wet gebaseerde nadere invulling aan het in dat artikel neergelegde waardebegrip.

Hof Amsterdam 18 augustus 1999, nr. 98/3915, E X, Belastingblad 1999, blz. 813
De woning behoort tot de categorie *sociale woningbouw.* De waarde in het economische verkeer dient te worden berekend aan de hand van de gestelde regels van hoofdstuk III van de Wet WOZ. De verkoopprijs van een woning uit de sociale woningbouw kan daarbij niet als vergelijkingsgegeven dienen.

Hof Amsterdam 29 oktober 1999, nr. 97/21892, M IV, Belastingblad 2000, blz. 775
De *erfpachtcanon* van een woning is afgekocht voor een periode van 50 jaar. Ingevolge artikel 17, tweede lid, van de Wet WOZ moet de waarde van de woning worden bepaald alsof de volle en onbezwaarde eigendom daarvan zou kunnen worden overgedragen. De gemeente voert het beleid bij de waardebepaling het verschil tussen de waarde van de volle eigendom en de waarde van het erfpachtrecht te benaderen door dit verschil te bepalen op de kosten van de afkoop van de erfpachtcanon voor een tijdvak van 100 jaar. Door een dergelijke benadering van het verschil wordt de waarde van de woning naar het oordeel van het Hof niet te hoog bepaald. Nu de erfpachtcanon in casu voor een tijdvak van 50 jaren is afgekocht, dient het verschil tussen de waarde van het erfpachtrecht en de volle eigendom te worden bepaald op de kosten van afkoop van de canon over een aanvullend tijdvak van eveneens 50 jaren.

Hof 's-Gravenhage 11 november 1999, nr. BK-98/00373, E VI, Belastingblad 2000, blz. 1163
Een op de onroerende zaak rustend *vruchtgebruik* beïnvloedt de waarde, gelet op artikel 17, tweede lid, van de Wet WOZ, niet. Er is terecht geen rekening gehouden met een door de eenheid Registratie en Successie van de belastingdienst per 1 januari 1993 vastgestelde waarde, omdat deze waarde twee jaar voor de peildatum is vastgesteld.

Hoge Raad 21 juni 2000, nr. 35 353, FED 2002/344
Belanghebbende is eigenaar en gebruiker van een vrijstaande *stolpwoning* met tuin en ondergrond, die is gebouwd in 1879. De gemeente heeft een taxatierapport overgelegd, waarin de waarde in het economische verkeer per 1 januari 1995 is vastgesteld op ƒ 530 000. In het rapport wordt verwezen naar twee grotere stolpwoningen met meer grond, die in 1996 zijn verkocht voor ƒ 427 000, respectievelijk ƒ 670 000. Belanghebbende heeft ook een taxatierapport, opgesteld door een makelaar overgelegd, waarin de onderhandse verkoopwaarde vrij te aanvaarden is vastgesteld op ƒ 400 000. Deze taxatie is verricht op 27 februari 1995 en vermeldt als reden het vaststellen van de waarde voor de Wet IB 1964. Het Hof stelt dat niet valt in te zien dat met de onderhandse verkoopwaarde vrij te aanvaarden iets anders is bedoeld dan de waarde omschreven in de Wet WOZ. Bij het afwegen van de zwaarte van beide taxaties acht het Hof van belang dat de gemeente enige onderbouwing heeft gegeven van de taxatie door het noemen van de vergelijkingsobjecten, zij het gebrekkig, en de makelaar op geen enkele wijze inzicht biedt in de achtergrond van zijn

waardering. Het Hof is daarom van oordeel dat de gemeente uiteindelijk voldoende aannemelijk heeft gemaakt dat de waarde op *f* 530 000 kan worden bepaald. In cassatie stelt belanghebbende dat de uitspraak onvoldoende is gemotiveerd. De Hoge Raad oordeelt dat deze klacht slaagt. Zonder nadere motivering is niet begrijpelijk waarom aan de woning van belanghebbende een hogere waarde in het economische verkeer moet worden toegekend dan aan de voor *f* 427 000 verkochte referentiewoning. Die woning, welke blijkens de tot de gedingstukken behorende akte van levering op 27 augustus 1996 was verkocht, is immers groter dan de woning van belanghebbende en staat blijkens die akte ook op een aanzienlijk groter perceel, maar wordt als een vergelijkbaar object aangeduid. Verwijzing moet volgen.

Hof 's-Hertogenbosch 6 september 2000, nr. 98/00603, E V, Belastingblad 2001, blz. 1133
In geschil is de waarde van een woning. Belanghebbende stelt dat de waarde te hoog is vastgesteld. Hij verwijst naar de verkoopprijs van de woning in november 1996. Naar het oordeel van het Hof kan deze koopsom niet dienen als uitgangspunt voor het bepalen van de waarde in het economische verkeer, daar de verkoop is geschied in het kader van een spoedige verhuizing en de verkoop zonder tussen komst van een makelaar heeft plaatsgevonden aan een bekende van de vrouw.

Hoge Raad 29 november 2000, nr. 35 797, Belastingblad 2001, blz. 58, BNB 2001/52c, FED 2001/152*
De Hoge Raad oordeelt dat de in de Uitvoeringsregeling instructie waardebepaling Wet WOZ neergelegde regels voor de onderbouwing en de uitvoering van de waardebepaling, die berusten op artikel 20, tweede lid, van de Wet WOZ en het bijbehorende Uitvoeringsbesluit onderbouwing en uitvoering waardebepaling Wet WOZ, hulpmiddelen bevatten om te bereiken dat dit wettelijke waardebegrip inderdaad wordt gehanteerd. Naar het oordeel van de Hoge Raad blijft de toetssteen echter uiteindelijk de waarde zoals omschreven in artikel 17, tweede lid, van de Wet WOZ. Die waarde kan ook op andere manieren worden bepaald. Indien een woning kort na de peildatum is gekocht, moet in de regel ervan worden uitgegaan dat de waarde in het economische verkeer, dat is immers de prijs welke de meestbiedende gegadigde voor de woning zou willen betalen, overeenkomt met de door de belastingplichtige betaalde prijs, tenzij de partij die zich daarop beroept feiten of omstandigheden stelt en aannemelijk maakt waaruit volgt dat de koopsom niet die waarde weergeeft.

Hoge Raad 20 december 2000, nr. 35 725, Belastingblad 2001, blz. 510, BNB 2001/86, FED 2001/45
In geschil is de vraag of de gemeente terecht een aantal panden niet als *referentiepanden* heeft aangemerkt. De Hoge Raad oordeelt dat de omstandigheid dat een pand vele malen van eigenaar is gewisseld en de omstandigheid dat bij de verkoop van een pand een besloten „vennootschap is betrokken, de gevolgtrekking van het Hof, dat de verkoop van die panden niet is totstandgekomen na de beste voorbereiding aan de meest biedende koper onder optimale marktomstandigheden en dat die panden bij de waarbepaling niet als vergelijkingsobjecten kunnen dienen, niet kan rechtvaardigen. Nu uit de uitspraak niet blijkt dat nog andere omstandigheden in aanmerking zijn genomen die deze gevolgtrekking wel zouden kunnen dragen, is de uitspraak van het Hof onvoldoende gemotiveerd. Verwijzing moet volgen.

Hof 's-Gravenhage 6 juni 2001, nr. BK-99/00204, E II, Belastingblad 2001, blz. 1134
Belanghebbende, een bij de Woningwet toegelaten woningbouwcorporatie, is eigenaresse van een aantal *galerijflats* (hierna: de woningen) in de gemeente Rotterdam en treedt op als verhuurster van die woningen. Aan belanghebbende zijn voor het jaar 1996, op één biljet verenigd, 660 aanslagen OZB opgelegd naar heffingsmaatstaven van in totaal ƒ 48.640.000. De waardebepaling van de woningen heeft plaatsgevonden middels vergelijking met referentiepanden binnen homogene groepen. In de bezwaarfase is de waarde van een tweetal toegepaste referenties als volgt vastgesteld: Type I: ƒ 75.000, Type II: ƒ 55.000.
In geschil is de hoogte van de vastgestelde heffingsmaatstaven. Belanghebbende staat in beroepsfase primair de navolgende waarden voor: Type I: ƒ 28.000, Type II: ƒ 20.000. Belanghebbende stelt dat de referentieobjecten deel uitmaken van een in appartementsrechten verdeeld object, waarvan de eigenaars deel uitmaken van een VVE. Hij stelt dat de waarde van de prototypen moet worden verlaagd met ƒ 2.000 per woning, gelet op de reserves tot dat bedrag in de VVE van de referentieobjecten. Naar het oordeel van het Hof moeten de verkoopprijzen van de referentieobjecten weliswaar worden verminderd met ƒ 2.000, doch dit brengt niet met zich mee dat de waarde van de prototypen eveneens met ƒ 2.000 moet worden verlaagd. Voorts heeft belanghebbende niet aannemelijk gemaakt dat de voorgenomen renovatieplannen betreffende de woningen een waardedrukkend effect hebben.

Hof 's-Gravenhage 29 oktober 2002, nr. BK-02/00219, E VIII, Belastingblad 2003, blz. 320
Belanghebbende stelt dat de waarde te hoog is, omdat de woning in 1998 bij opbod is verkocht en zij een bod boven de vraagprijs heeft uitgebracht, omdat ze de woning per se wilde hebben. Het Hof oordeelt dat de door belanghebbende geboden prijs de prijs weerspiegelt die tot stand is gekomen na een aanbieding ten verkoop op de voor de onroerende zaak meest geschikte wijze en na de beste voorbereiding. Dat daarbij subjectieve omstandigheden een rol kunnen hebben gespeeld doet daaraan niet af. De door belanghebbende geboden prijs is de waarde in het economische verkeer op het moment van de koop.

Hof Arnhem 5 november 2002, nr. 01/2226, E VIII, Belastingblad 2003, blz. 434
In geschil is de waarde van een woning. De gemeente overlegt een taxatierapport met verkoopgegevens van vergelijkbare panden. Echter noch uit het taxatieverslag, noch uit het verweerschrift blijkt hoe de gemeente de vastgestelde waarde uit de verkoopprijs van het tot vergelijkingspand heeft afgeleid. Belanghebbende overlegt kopieën van taxatieverslagen die met betrekking tot de nalatenschap (in verband met het overlijden op 25 januari 1999) zijn opgesteld door een makelaar-taxateur onroerende zaken en door een taxateur van de Belastingdienst Ondernemingen, betreffende de minnelijke waardering van het onderhavige pand. Belanghebbende stelt dat de waardering van de economische waarde van woonhuizen voor de Successiewet gelijk is aan die voor de Wet WOZ. De gemeente bestrijdt dit. Bij de waardebepaling voor de Successiewet is rekening gehouden met een recht op grond van de Belemmeringenwet Privaatrecht ten gunste van de Provinciale Gelderse Electriciteits Maatschappij. Volgens de gemeente moet dat bij de waardebepaling volgens de regels van de Wet WOZ buiten beschouwing blijven. Dit standpunt is alleen dan juist als de belemmering in casu geen vermindering van het genot van de zaak, waaronder het gebruik van erf en tuin, en dus van de waarde ervan inhoudt.

Hof Amsterdam 10 januari 2003, nr. 02/00132, M IV, Belastingblad 2003, blz. 554, FED 2003/189
In geschil is de waarde van 71 woningen aan het BegijnHof te Amsterdam. Belanghebbende voert onder meer aan, dat geen rekening is gehouden met de statutaire doelstelling van belanghebbende, de hoge onderhoudskosten, de bepalingen in de statuten die de verkoop beperken, de sociale controle, de gebruiksbeperkingen van de woningen en de vele toeristen. Het Hof oordeelt dat de ficties van artikel 17,

tweede lid, van de Wet WOZ, er toe leiden dat geen rekening kan worden gehouden met de waardedrukkende werking van bepalingen in de statuten van belanghebbende. Met de beperkingen die het wonen in een hofje met zich meebrengt is, gelet op de verkoopcijfers van vergelijkingsobjecten en de belangstelling voor wonen in een hofje, voldoende rekening gehouden.

Hof Amsterdam 20 januari 2003, nr. 02/3146 PV, E XVIII, Belastingblad 2003, blz. 566
Belanghebbende stelt dat de waarde van de woning te hoog is vastgesteld, omdat hij de woning op 19 januari 1998 heeft gekocht inclusief ƒ 41.359 voor de afkoop van de *erfpachtcanon* gedurende 50 jaar. Hij stelt dat de betaalde prijs overeenkomst met de waarde van de woning op 1 januari 1999. De gemeente stelt dat het gaat om een nieuw gestichte woning, dat de koopprijs aanzienlijk lager is dan die van verkopen van vergelijkbare woningen en dat daarom moet worden aangenomen dat er omstandigheden zijn geweest waardoor de transactie van belanghebbende geen volwaardige afspiegeling is van de marktwaarde. Naar het oordeel van het Hof stemt de waarde in het economische verkeer van een onroerende zaak ten tijde van het sluiten van een koopovereenkomst overeen met de daarvoor overeengekomen prijs. Dat is slechts anders indien de partij die zich daarop beroept feiten of omstandigheden stelt en, bij betwisting, aannemelijk maakt waaruit volgt dat de koopsom niet die waarde weergeeft. Uit de hogere verkoopprijzen van andere vergelijkbare woningen volgt nog niet dat de door belanghebbende overeengekomen koopsom niet de waarde van zijn woning weergeeft. Het Hof acht dan ook aannemelijk dat de door belanghebbende overeengekomen koopsom de waarde weergaf van de woning ten tijde van het sluiten van de koopovereenkomst. Ook moet rekening worden gehouden met de omstandigheid dat belanghebbende niet de volle eigendom van de woning heeft gekocht, maar het daarop betrekking hebbende erfpachtsrecht. Nu belanghebbende de verschuldigde erfpachtcanon voor 50 jaar heeft afgekocht, moet de waarde worden verhoogd met ƒ 10.000.

Hof 's-Gravenhage 13 februari 2003, nr. 01/03371, E XII, Belastingblad 2003, blz. 743
Indien een belastingplichtige een woning kort voor (of na) de peildatum heeft gekocht, moet in de regel ervan worden uitgegaan dat de waarde in het economische verkeer overeenkomt met de door de belastingplichtige betaalde prijs, tenzij de partij die zich daarop beroept feiten of omstandigheden stelt en aannemelijk maakt waaruit volgt dat de koopsom niet die waarde weergeeft (Hoge Raad 29 november

2000, nr. 35 797, BNB 2001/52c*). Het Hof acht aannemelijk dat de door belanghebbende betaalde koop-/aanneemsom lager was dan de waarde in het economisch verkeer op de waardepeildatum. Immers, potentiële kopers dienden ingeschreven te staan bij de gemeente Ridderkerk, er was een maximumgrens gesteld aan het inkomen en de koopsom en de grondprijs zijn niet bepaald in een spel van vraag en aanbod, maar door de gemeente in verband met sociale woningbouw.

Hof Leeuwarden 9 mei 2003, nr. 442/01, E III, Belastingblad 2003, blz. 955
Een waardebepaling op basis van de *stichtingskosten* is niet in overeenstemming met de bepalingen van de Wet WOZ. De stichtingskosten worden beïnvloed door onder andere het beleid van de gemeente ten aanzien van de gronduitgifte, de prijzen van de gebruikte materialen alsmede de winstopslag van de aannemer, waarbij de uitgifteprijs van bouwgrond is gebaseerd op de exploitatiekosten van de gemeente. De waarde dient echter te worden bepaald overeenkomstig artikel 17, tweede lid, Wet WOZ.

Hof Amsterdam 16 juni 2003, nr. 02/05149, E X, Belastingblad 2004, blz. 21
Bij de vaststelling van de WOZ-waarde is in verband met de waarderingsficties een erfpachtbijtelling toegepast. Deze is berekend op het bedrag dat nodig is om de erfpacht over een periode van 100 jaar af te kopen. De berekende bijtelling is niet te hoog.

Hof Arnhem 1 augustus 2003, nr. 02/1198, E XII, Belastingblad 2004, blz. 211
De *stichtingskosten* komen op een andere wijze tot stand dan omschreven in artikel 17, tweede lid, Wet WOZ. Daarom kan er niet zonder meer van worden uitgegaan dat de stichtingskosten een betrouwbare benadering vormen van de WOZ-waarde. Nu reeds gerealiseerde woningen te koop staan voor de stichtingskosten kan daarmee wel rekening worden gehouden.

Hof Amsterdam 22 augustus 2003, nr. 02/03895, M IV, Belastingblad 2003, blz. 1353
Het Hof oordeelt dat bij de waardebepaling geen rekening wordt gehouden met de omstandigheid dat panden niet kadastraal in appartementsrechten zijn gesplitst. Artikel 17, tweede lid, Wet WOZ schrijft voor dat er bij de waardebepaling van wordt uitgegaan, dat de volle en onbezwaarde eigendom van de onroerende zaak kan worden overgedragen. Het is niet van belang of dat ook echt mogelijk is.

Hof Leeuwarden 30 september 2003, nr. 02/1961, E I, Belastingblad 2003, blz. 1359
Belanghebbende verwijst ter onderbouwing van zijn standpunt naar de taxatie die is uitgevoerd door de rijksbelastingdienst in het kader van de overdracht van de onroerende zaak van de onderneming van belanghebbende naar het privé-vermogen. Het Hof oordeelt dat het aannemelijk is, met het oog op het belang daarvan in de vennootschapsbelasting en in de inkomstenbelasting, dat de door de rijksbelastingdienst vastgestelde waarde per 1 januari 1999 overeenkomt met de waarde in het economische verkeer.

Hof Amsterdam 13 november 2003, nr. 02/05711, E XVIII, Belastingblad 2004, blz. 870
Het Hof oordeelt dat de in artikel 17, tweede lid, Wet WOZ opgenomen ficties ertoe leiden dat voor de bepaling van de WOZ-waarde wordt uitgegaan van een situatie dat de panden reeds zijn gesplitst. Het gevolg hiervan is dat de kosten die nog gemaakt moeten worden om de panden te splitsen buiten aanmerking moeten blijven bij het bepalen van de waarde.

Hoge Raad 14 november 2003, nr. 38 399, FED 2003/613
Belanghebbende stelt dat de waarde van de onroerende zaak te hoog is vastgesteld. Hij overlegt taxatierapporten van de makelaar. Het Hof oordeelt dat de omstandigheid dat de taxatierapporten zijn opgemaakt ten behoeve van financiering en dat bij die rapporten geen gegevens van vergelijkbare objecten zijn gevoegd, onvoldoende aanleiding is aan het waardeoordeel van de makelaars minder gewicht toe te kennen dan aan het waardeoordeel van taxateur van de gemeente. De omstandigheden hebben niet noodzakelijkerwijs tot gevolg dat de waarden die de makelaars hebben bepaald niet in overeenstemming zijn met de ficties van artikel 17, tweede lid, Wet WOZ.

Hof Amsterdam 12 februari 2004, nr. 03/00827, Belastingblad 2004, blz. 864
Belanghebbende is gebruiker van een huurappartement. Het Hof oordeelt dat de omstandigheden dat de woning niet is bewoond en niet vrij opleverbaar is, niet leiden tot een lagere WOZ-waarde. Bij de waardebepaling wordt de eigenaar verondersteld de onroerende zaak vrij van huur te verkopen. Dit houdt echter niet in dat ervan moet worden uitgegaan dat alle huurwoningen tegelijkertijd op de markt zouden worden aangeboden.

Hof 's-Hertogenbosch 12 maart 2004, nr. 02/00255, E I,
Belastingblad 2004, blz. 936
De onroerende zaak is geleverd op 15 september 1998. De koopovereenkomst is getekend op 12 juni 1998. Het Hof oordeelt dat in een geval waarin een onroerende zaak kort voor de peildatum is aangekocht,
de aankoopprijs in beginsel de waarde in het economische verkeer
weergeeft. De datum van overeenkomst kan niet als uitgangspunt
worden genomen. Belanghebbende kon de onroerende zaak op dat
moment immers niet onmiddellijk en in volle omvang in gebruik nemen. De waardestijging die zich tussen het moment van aankoop en
de waardepeildatum heeft voorgedaan moet daarom worden berekend
vanaf de datum van levering en niet vanaf de datum waarop de koopovereenkomst tot stand is gekomen.

Hoge Raad 11 juni 2004, nr. 39 467, Belastingblad 2004, blz. 725,
BNB 2004/251, FED 2004/382
Het Hof is bij de waardering van de taxatierapporten van belanghebbende uitgegaan van de opvatting dat daaraan geen of minder betekenis kan worden toegekend omdat uit die rapporten niet blijkt dat de
waarden zijn bepaald door middel van een in de Uitvoeringsregeling
voorgeschreven methode. Daarbij miskent het Hof dat de in de Uitvoeringsregeling instructie waardebepaling Wet WOZ neergelegde regels voor de onderbouwing en uitvoering van de waardebepaling weliswaar hulpmiddelen bevatten om de waarde in het economische
verkeer te bepalen, maar dat de toetssteen uiteindelijk de waarde blijft
zoals in artikel 17, tweede lid, Wet WOZ wordt omschreven, en dat
die waarde ook op andere manieren kan worden bepaald (HR 29 november 2000, nr. 35 797, BNB 2001/52).

Hof 's-Hertogenbosch 9 maart 2005, nr. 02/03953, E V Belastingblad
2005, blz. 598
Belanghebbende is eigenaar van een appartement dat hij op 14 december 1998 heeft gekocht. De gemeente heeft volgens het Hof niet
aannemelijk gemaakt dat deze koopsom niet overeenkomt met de
waarde in het economische verkeer. De gehanteerde referentieobjecten zijn pas in de tweede helft van 2000 verkocht. Het anti-speculatiebeding heeft een verwaarloosbaar waardedrukkend effect. De eigenaar is door dit beding slechts verplicht om een jaar zelf in het pand te
wonen. Van enige sanctie bij niet-nakoming is niet gebleken.

Hof 's-Gravenhage 16 maart 2005, nr. 03/02391, M III, Belastingblad 2005, blz. 601

Belanghebbende is eigenaar van *(sociale) huurwoningen*. De waarde van elk van die woningen is door de gemeente vastgesteld op een bedrag tussen ƒ 134.000 en ƒ 269.000. Een door belanghebbende ingeschakelde taxateur heeft de waarde geschat op een bedrag tussen ƒ 116.000 en ƒ 240.000. Beide partijen zijn bij hun taxatie uitgegaan van dezelfde algemene objectkenmerken. Het Hof oordeelt dat belanghebbende in dit geval aannemelijk heeft gemaakt dat de verkopen aan de zittende huurders steeds zijn geschied op basis van een taxatie overeenkomstig de bepalingen van het Besluit beheer sociale huursector (BBSH) en dat het BBSH een verkoopprijs voorschrijft overeenkomstig de waarde in het economische verkeer, met een korting van maximaal 10%. Daarnaast heeft belanghebbende aannemelijk gemaakt dat die verkoopprijs (vóór deze korting) overeenkomt met de waarde conform de Wet WOZ. Het Hof kent aan de taxatierapporten van belanghebbende en de gemeente komt gelijke bewijskracht toe en stelt de waarde in goede justitie vast.

Hoge Raad 14 oktober 2005, nr. 40 299, Belastingblad 2006, blz. 8, BNB 2005/378

In geschil is de waarde van 395 woningen van een woningbouwvereniging. In de uitspraak heeft het Hof geoordeeld dat beide partijen ieder voor zich hun standpunten omtrent de waarde van de woningen geloofwaardig hebben geschraagd met de door hen overgelegde taxatierapporten en de in verband daarmee gebezigde argumenten. Ook heeft het Hof geoordeeld dat een redelijke toepassing van artikel 17, eerste en tweede lid, Wet WOZ onder deze omstandigheden meebrengt dat het Hof ter beslechting van het geschil de waarde van elk van de woningen in goede justitie schat en dat als waarde moet worden aangenomen een waarde die tussen de door partijen geschatte waarden ligt. Zowel de gemeente als de woningbouwvereniging hebben tegen deze uitspraak beroep in cassatie ingesteld. De Hoge Raad overweegt dat de bewijslast met betrekking tot de waarde als bedoeld in artikel 17, tweede lid, Wet WOZ rust op de heffingsambtenaar. Slechts indien de heffingsambtenaar niet aan de op hem rustende bewijslast heeft voldaan, komt de vraag aan de orde of de belanghebbende de (eventueel) door hem verdedigde waarde aannemelijk heeft gemaakt. Indien ook dat laatste niet het geval is, kan de rechter zelf tot een vaststelling in goede justitie van de waarde komen. Volgens de Hoge Raad blijkt niet dat het bovenstaande is miskend. Het oordeel van het Hof moet volgens de Hoge Raad aldus worden verstaan dat het Hof aan de door elk van de partijen aangedragen bewijsmiddelen en argumenten evenveel gewicht heeft toegekend. Daarin ligt besloten dat de ambtenaar de door hem verdedigde waarde van de woningen, hoewel op zichzelf geloofwaardig geschraagd, tegenover de evenzeer geloofwaardig geschraagde betwisting daarvan door belanghebbende onvoldoende aannemelijk heeft gemaakt, en dat hetzelfde op overeenkomstige gronden geldt voor de door belanghebbende verdedigde waarde. Daarom heeft het Hof de waarde in goede justitie zelf vastgesteld, aan de hand van de door partijen in het geding gebrachte bewijsmiddelen.

Hoge Raad 11 november 2005, nr. 39 455, Belastingblad 2006, blz. 159, BNB 2006/13, FED 2006/6*
Belanghebbende is eigenaar van 80 woningen, die verhuurd worden in het kader van sociale verhuur en zijn onderworpen aan beperkende bepalingen uit de Huisvestingsverordening van de gemeente Amsterdam. Volgens belanghebbende maken de bepalingen van de Huisvestingsverordening de verkoop van de woningen op de vrije woningmarkt onmogelijk, hetgeen leidt tot een waardevermindering waarmee bij de waardebepaling rekening dient te worden gehouden. Het Hof heeft geoordeeld dat aan de uit Huisvestingsverordening mogelijkerwijze voortvloeiende beperkingen slechts waardedrukkende invloed toekomt, indien het zakelijke dan wel daarmee gelijk te stellen verplichtingen betreft waardoor de omvang van het genot van de zaak en daardoor de waarde ervan, ongeacht de persoon van de zakelijk gerechtigde of gebruiker, wordt beperkt. Naar het oordeel van het Hof is van een zodanige genotsbeperking geen sprake. Volgens de Hoge Raad geeft dit oordeel blijk van een onjuiste rechtsopvatting. De overdrachtsfictie staat er niet aan in de weg dat bij de waardering van een zaak rekening wordt gehouden met de waardedrukkende invloed van een publiekrechtelijke regeling die - doordat niet elke potentiële koper de zaak zou mogen bewonen - de kring van gegadigden voor de verkrijging van die zaak beperkt. De zaak wordt verwezen voor onderzoek of de Huisvestingsverordening leidt tot een beperking van de kring van gegadigden voor de verkrijging van de onroerende zaken en zo ja, in welke mate de waarde daarvan dientengevolge wordt gedrukt.

Hoge Raad 9 december 2005, nr. 39 895, Belastingblad 2006, blz. 80, BNB 2006/97
In geschil is de waarde van een woning. Het Hof heeft geoordeeld dat de heffingsambtenaar de vastgestelde waarde van de onroerende zaak niet aannemelijk heeft gemaakt. Het Hof heeft vervolgens geoordeeld dat de door belanghebbende opgegeven waarde van 'voldoende aan-

knopingspunten biedt' en heeft de waarde op dat bedrag vastgesteld. Deze waarde is niet onderbouwd door middel van een taxatierapport of een vergelijking met verkoopcijfers van vergelijkbare panden of door enig ander bewijsmiddel. De waarde is uitsluitend beargumenteerd door een procentuele verhoging toe te passen op de per 1 januari 1995 vastgestelde waarde.

De Hoge Raad overweegt dat het zonder nadere motivering onbegrijpelijk is op grond waarvan het Hof aannemelijk heeft geoordeeld dat de door belanghebbende verdedigde waarde overeenstemt met 'de prijs welke door de meestbiedende koper besteed zou worden bij aanbieding ten verkoop op de voor de zaak meest geschikte wijze na de beste voorbereiding'. De zaak wordt verwezen.

Rechtbank 's-Gravenhage 5 januari 2006, nr. 05/4386, EK, Belastingblad 2006, blz. 1009
De Rechtbank verwerpt de grief van belanghebbende dat de waarde mede moet worden bepaald aan de hand van vergelijking met niet verkochte panden, waarvan de waarde is vastgesteld met gebruikmaking van dezelfde referentiepanden als die zijn gebruikt bij de waardevaststelling van de woning.

Rechtbank Zutphen 16 mei 2006, nr. 05/1771, EK, Belastingblad 2006, blz. 1007
De gemeente is van mening dat de door belanghebbende aangedragen verkoop door een beleggingsmaatschappij min of meer vergelijkbaar is met de verkoop aan een *zittende huurder*. Omdat een beleggingsmaatschappij veelal meerdere woningen tegelijkertijd op de markt brengt kan dit tot gevolg hebben dat het verkoopcijfer onder de marktwaarde ligt. De Rechtbank is van oordeel dat uit de enkele omstandigheid dat het onroerend goed van een beleggingsmaatschappij is gekocht, niet de conclusie kan worden getrokken dat de tot stand gekomen koopprijs niet de toenmalige waarde in het economisch verkeer vertegenwoordigt. Daarbij neemt de Rechtbank in aanmerking dat een beleggingsmaatschappij (in de regel) een op het behalen van winst gerichte organisatie is, die een onroerende zaak op de meest geschikte wijze en na de beste voorbereiding op de markt zal brengen.

Rechtbank Haarlem 13 juni 2006, nr. 05/5665, EK, Belastingblad 2006, blz. 1378
Belanghebbende koopt een stuk grond van de gemeente, waarop hij een woning bouwt. In geschil is de waarde van de kavel. De Rechtbank oordeelt dat de gemeente de waarde van de kavel terecht heeft bepaald door de door belanghebbende betaalde koopprijs te indexeren

naar de waardepeildatum. De waarde komt overeen met de waarde in het economische verkeer. De stelling van belanghebbende dat de waarde bepaald moet worden op de prijs waarvoor de gemeente op 1 januari 1999 de grond uitgaf. De gronduitgifteprijs vertegenwoordigt niet de waarde in het economische verkeer. Deze is niet tot stand gekomen onder normale marktomstandigheden. De grond is namelijk verkocht voor een door de gemeente vastgestelde prijs zonder ruimte voor onderhandelingen.

Rechtbank Groningen 16 juni 2006, nr. 05/1772, EK, Belastingblad 2006, blz. 1140
De Rechtbank overweegt dat het - mits rekening houdend met de verschillen - is toegestaan om referentieobjecten te gebruiken die in een ander dorp zijn gelegen dan het te waarderen object.

Rechtbank Arnhem 17 juli 2006, nr. 05/4945, EK, Belastingblad 2006, blz. 1375
Naar het oordeel van de Rechtbank kan de WOZ-waarde ook op andere wijze worden bepaald dan op basis van de vergelijkingsmethode zoals voorgeschreven in de Uitvoeringsregeling instructie waardebepaling Wet Waardering onroerende zaken. De door belanghebbende bepleite waardebepaling met behulp van de website van de Hypotheker leidt echter niet tot de WOZ-waarde. Deze is niet door een gediplomeerd taxateur, maar door belanghebbende zelf uitgevoerd en deze heeft een te globaal karakter.

Rechtbank Arnhem 18 september 2006, nr. 05/4504, EK, Belastingblad 2007, blz. 548
In geschil is de WOZ-waarde van een vrijstaande woning met garage en aanbouw. Belanghebbende voert aan dat de woning slechts twee echte, afsluitbare slaapkamers heeft, terwijl de vergelijkingsobjecten drie of vier slaapkamers hebben. Aan de hand van een bouwtekening blijkt dat de derde, grootste slaapkamer niet afsluitbaar is, omdat deze grenst aan een vide. Belanghebbende en zijn echtgenote hebben op overtuigende wijze toegelicht dat deze kamer hierdoor niet goed als slaapkamer kan worden gebruikt, waardoor het huis voor gezinnen minder aantrekkelijk is. Bovendien hebben zij uitgelegd dat de kamer niet gemakkelijk kan worden verbouwd tot een echte, afsluitbare slaapkamer. De Rechtbank is het met belanghebbende en zijn echtgenote eens dat de 'loze' kubieke meters van de vide en de minder bruikbare meters van de niet afsluitbare kamer minder zwaar moeten meetellen bij de waardebepaling dan de nuttige kubieke meters van de vergelijkingspanden.

Rechtbank Rotterdam 30 oktober 2006, nr. 05/4826, MK, Belastingblad 2007, blz. 696
Belanghebbende koopt zijn appartement in december 2004 van het Woningbedrijf Rotterdam. Hieraan zijn bepalingen van *Maatschappelijk Verantwoord Eigendom* verbonden. In de koopovereenkomst staan als juridische kenmerken van MVE vermeld: een aanbiedingsplicht aan het WBR voor degene die een MVE-woning wil vervreemden in combinatie met een terugkoopgarantie verleend door het WBR, een prijsrisico-garantie verleend door het WBR en een zorginspanning/waarborg van het WBR voor goed planmatig onderhoud. Belanghebbende stelt dat de waarde moet worden vastgesteld op de aankoopsom, omdat de koopprijs is vastgesteld door een onafhankelijke taxateur, die de opdracht heeft om de marktwaarde, leeg, ontruimd, vrij van huur en zonder rekening te houden met de MVE-voorwaarden te bepalen en dat de MVE-voorwaarden niet te vergelijken zijn met de bepalingen van Maatschappelijk Gebonden Eigendom waarvan in het arrest van de Hoge Raad van 25 november 1998 BNB 1999, 18) sprake was. De gemeente stelt dat de transactieprijs niet marktconform is, omdat het een transactie onder MVE-voorwaarden betreft. De gemeente verwijst naar de verkoopprijs van het buurpand. De Rechtbank overweegt dat het standpunt van belanghebbende op zichzelf juist onderbouwd is, maar dat hier tegenover staan de gerealiseerde verkoopprijs van het buurpand, een door de gemeente overgelegde taxatie van een ander pand uit het complex, verklaringen van door het WBR ingeschakelde taxateurs dat de woningen die onder MVE-voorwaarden verkocht worden een lagere prijs hebben dan woningen op de particuliere markt, dat de inrichting soberder is van een voormalige huurwoning, en ook dat een gevoelselement met betrekking tot het bestaan van erfpacht (ook al is die afgekocht), de waarde op moeilijk te kwantificeren wijze beïnvloedt.

Hof Arnhem 23 mei 2007, nr. 06/00364, E X, Belastingblad 2007, blz. 701
De Rechtbank is, op grond van art. 4, eerste lid, onderdeel a, van de Uitvoeringsregeling instructie waardebepaling Wet WOZ, ervan uitgegaan dat de waarde van de woning moet worden vastgesteld via de zogenoemde vergelijkingsmethode. Het Hof overweegt dat dit onjuist is. De Rechtbank miskent dat de ingevolge de Wet WOZ in aanmerking te nemen waarderingsregels weliswaar hulpmiddelen vormen, om te bereiken dat het waardebegrip van art. 17, tweede lid, Wet WOZ wordt gehanteerd, maar dat die waarde ook op andere manieren kan worden bepaald (HR 19 december 2003, nr. 39 294, BNB 2004/ 105 en HR 29 november 2000, nr. 35 797, BNB 2001/52).

Rechtbank Amsterdam 19 juni 2007, nr. 06/836, EK, Belastingblad 2007, blz. 1033

Belanghebbende is gebruiker van een gestapelde woning. Volgens de Rechtbank is het al dan niet gesplitst zijn van een pand niet van belang in het kader van de Wet WOZ. De Rechtbank verwerpt het standpunt van belanghebbende dat de gemeente de waarde van het gehele pand moet bepalen en deze moet delen door het aantal daarin gelegen woningen, nu het pand niet is gesplitst in appartementsrechten. Belanghebbende verwijst naar het arrest van de Hoge Raad van 11 november 2005, nr. 39 455, waarin de Hoge Raad overwogen heeft dat de overdrachtsfictie er niet aan in de weg staat dat bij de waardering rekening wordt gehouden met de waardedrukkende invloed van Huisvestingsverordening van de gemeente Amsterdam. Voor de onderhavige onroerende zaak houdt deze echter niet meer in, dan dat sociale verhuurders verplicht zijn een bepaalde hoeveelheid woningen en niet specifieke woningen voor de sociale verhuur beschikbaar te houden. Deze heeft daarom geen waardedrukkende invloed.

Rechtbank Assen 27 juni 2007, nr. 07/200, EK, Belastingblad 2007, blz. 1040

In geschil is de WOZ-waarde van een woning op de waardepeildatum 1 januari 2003. De Rechtbank vindt dat de gemeente de vastgestelde WOZ-waarde ad €185.773 niet aannemelijk maakt. De Rechtbank verwijst naar de koopprijs van €140.000,- op 24 augustus 2005. De Rechtbank verwerpt de stelling van de gemeente dat deze te ver verwijderd is van de peildatum 1 januari 2003. Niet in geschil is dat de woning in oktober 2003 te koop is aangeboden voor €189.000,- en dat de woning daarna, totdat belanghebbende haar heeft gekocht, te koop heeft gestaan. Die prijs was dus kennelijk niet de waarde in het economisch verkeer. De Rechtbank ziet niet in dat de woning, in weerwil van de continue prijsstijgingen in de woningmarkt, niet in waarde zou zijn gestegen. Dit wringt des te meer nu belanghebbende er op heeft gewezen dat, gelet op de meest recente WOZ-beschikking, volgens de gemeente de woning op 1 januari 2005 €138.000,- waard was. De Rechtbank vermindert de WOZ-waarde naar waardepeildatum 1 januari 2003 naar €140.000,-.

Rechtbank Amsterdam 19 juli 2007, nr. 06/10658, EK, Belastingblad 2007, blz. 1086

Belanghebbende is eigenaar van een gestapelde woning. Zij verwijst naar de door haar in februari 2005 betaalde prijs voor twee woningen. De woningen zijn als één geheel appartement gekocht, dit is fysiek niet gesplitst. De Rechtbank oordeelt dat aan belanghebbende kan worden toegegeven, dat voor de bepaling van de waarde van een onroerende zaak de koopprijs van de onroerende zaak zelf als uitgangspunt dient te gelden. In het onderhavige geval echter, waarin de kooptransactie betrekking had op twee woningen tezamen in ongesplitste staat en tevens in verhuurde staat, kan die koopprijs niet als uitgangspunt dienen.

Rechtbank Zutphen 23 april 2008, nr. 06/878, EK, Belastingblad 2008, blz. 811
In geschil is de WOZ-waarde van een *recreatiewoning op een perceel bosgrond* in de gemeente Lochem. De Rechtbank overweegt dat een groot deel van de WOZ-waarde van de onroerende zaak wordt bepaald door de bosgrond. Het bos is niet vrijgesteld bij het bepalen van de WOZ-waarde, maar is voor de heffing van inkomstenbelasting wel vrijgesteld. Volgens de Rechtbank heeft de wetgever niet gewild dat de bosgrond buiten de IB-vrijstelling zou blijven door de onderhavige waardevaststelling. De Rechtbank oordeelt dat de WOZ-waarde niet te hoog is vastgesteld, maar dat deze moet worden gesplitst in een deel voor de opstal met 500 m² grond (€ 61 720) en een deel voor de bospercelen van 42.520 m² (€ 74 280).

Hof Amsterdam 18 juni 2008, nr. 06/00534, MI, Belastingblad 2008, blz. 886
Belanghebbendes woning is een huurwoning en maakt deel uit van een flatgebouw. In geschil is of, en zo ja in hoeverre, bij de vaststelling van de waarde van de woning rekening moet worden gehouden met het feit dat de woning niet gesplitst is. Het Hof overweegt dat dient te worden uitgegaan van de veronderstelling dat de woning niet is verhuurd en afzonderlijk verkocht kan worden. De omstandigheid dat de woning hierdoor een andere (hogere) waarde kan krijgen, is een direct gevolg van de fictie.

Nieuwbouw

Hof Amsterdam 17 juli 1998, nr. 98/70, E X, Belastingblad 1998, blz. 909
Belanghebbende heeft de onderhavige woning op 2 juni 1995 gekocht voor een prijs van ƒ 269.000 v.o.n. De woning is op of omstreeks 1 februari 1996 aan hem opgeleverd. De gemeente heeft de WEV per 1 januari 1995 op basis van taxatie vastgesteld op ƒ 275.000. Nu er geen omstandigheden zijn die erop duiden dat de prijs waarvoor de woning is gekocht niet reëel zou zijn, dient voor de waardering van

die prijs te worden uitgegaan en niet van de taxatie, wat daarvan overigens ook zij.

Hof 's-Gravenhage 21 april 1999, nr. BK-97/20709, E III, Belastingblad 1999, blz. 761
De aankoopsom van een nieuwbouwwoning die is overeengekomen in een koop-aannemingsovereenkomst geeft over het algemeen de waarde weer op het tijdstip van het aangaan van de overeenkomst. Indien geen overdrachtsbelasting was verschuldigd, behoort de invloed daarvan niet te worden uitgeschakeld bij de waardebepaling.

Hof Amsterdam 11 juni 1999, nr. 98/1072, M IV, Belastingblad 1999, blz. 725
In geschil is de waarde van een *nieuwbouwwoning*. Bij de waardebepaling gaat de voorkeur uit naar een vergelijking met prijzen van woningen overeengekomen op of rond de peildatum. Indien echter dergelijke gegevens niet aanwezig zijn, kan men – zij het met de nodige voorzichtigheid – van andere gegevens gebruik maken.

Hof 's-Gravenhage 19 januari 2000, nr. BK-98/04709, E II, Belastingblad 2000, blz. 621, FED 2000/339
In het algemeen kan er vanuit worden gegaan dat de prijs die is overeengekomen in de koop-/aannemingsovereenkomst de waarde in het economische verkeer weergeeft op het tijdstip van het aangaan van die overeenkomst. De gemeente stelt dat nieuwbouwwoningen binnen de gemeente een schaars goed zijn en dat er vele gegadigden waren voor woningen als die van belanghebbende. Het Hof ziet niet in waarom deze stelling tot het oordeel zou moeten leiden dat de door belanghebbende betaalde koopsom te laag is, omdat de inspecteur niet heeft gesteld of aannemelijk gemaakt dat één van de vele gegadigden bereid was een hogere prijs te betalen. Voor zover de inspecteur beoogt te stellen dat slechts de in de Waarderingsinstructie 1995, het Uitvoeringsbesluit onderbouwing en uitvoering waardebepaling Wet WOZ en de Uitvoeringsregeling instructie waardebepaling Wet WOZ voorgeschreven waarderingsmethode kan leiden tot een juiste waardebepaling acht het Hof deze stelling onjuist. Deze voorschriften hebben weliswaar ten doel te komen tot een met de Wet WOZ strokende vaststelling van de waarde, maar geven geen op de Wet WOZ gebaseerde nadere invulling aan het waardebegrip. Immers, artikel 20 van de Wet WOZ geeft slechts aan dat bij algemene maatregel van bestuur regels kunnen worden gesteld. Deze regels binden noch de ambtenaar, noch de rechter.

Hof Arnhem 28 juni 2000, nr. 98/2395, E VI, Belastingblad 2001, blz. 506

Belanghebbende heeft de woning eind 1993 aangekocht, welke in september 1994 is opgeleverd. Op 1 januari 1995 was de woning nog niet volledig klaar, was de bestrating rond de woning nog niet gereed en vonden er ook overigens nog bouwactiviteiten in de straat plaats. Belanghebbende stelt dat de waarde op een te hoog bedrag is vastgesteld. Hij verwijst naar de door hem betaalde koop-/aanneemsom en naar de bouwkundige situatie van zijn woning en van de straat op 1 januari 1995. Naar het oordeel van het Hof geeft een koop-/aanneemsom in het algemeen weinig tot geen houvast voor de bepaling van de WOZ-waarde. Bepalend daarvoor is immers het antwoord op de vraag welk bedrag de meestbiedende gegadigde bij veronderstelde verkoop van de woning op de voor die woning meest geschikte wijze en na de beste voorbereiding zou hebben willen besteden. Tussen het moment waarop belanghebbende de koop-/aanneemovereenkomst heeft gesloten en de peildatum is bovendien ruim een jaar is verstreken. De datum van betaling van de laatste termijn (22 september 1994) is in dit verband niet van belang. De ambtenaar maakt aannemelijk dat de bouwkundige situatie op de peildatum (nieuwbouwwoning in nieuwbouwwijk) geen waardedrukkend effect heeft. Een dergelijke situatie zal voor een potentiële koper, gelet op het tijdelijke karakter ervan, geen aanleiding zijn om in verband daarmee een lagere prijs te bedingen.

Hof Leeuwarden 25 augustus 2000, nr. 99/30072, E II, Belastingblad 2001, blz. 1065

In geschil is de waarde van een in 1998 gebouwd appartement. De gemeente heeft de waarde bepaald aan de hand van terugrekening van de verkoopprijs van het appartement van f 394.000. Belanghebbende stelt dat de verkoopprijs slechts f 378.000 bedraagt en dat het verschil wordt veroorzaakt door de betaalde bouwrente, welke de gemeente ten onrechte niet van de verkoopprijs heeft afgetrokken. Naar het oordeel van het Hof heeft de gemeente de waarde voldoende aannemelijk gemaakt. In het algemeen kan er van worden uitgegaan dat de prijs die is overeengekomen in de koop/aanneemovereenkomst de waarde in het economische verkeer weergeeft op het moment van het aangaan daarvan. Niet gesteld of gebleken is dat daar in het onderhavige geval van zou moeten worden afgeweken. Tot de verkoopprijs behoort eveneens de door belanghebbende betaalde bouwrente, daar deze een onlosmakelijk geheel uitmaakt van de door belanghebbende te betalen prijs voor de verkrijging van het appartement.

Hof Arnhem 12 oktober 2000, nr. 98/3772, E VI, Belastingblad 2001, blz. 883
In geschil is de waarde van een *nieuwbouwwoning* die in 1994 is gekocht en in 1995 is opgeleverd. Belanghebbende stelt dat de waarde moet worden vastgesteld op de *stichtingskosten*. Het Hof oordeelt dat de door belanghebbende voor de aankoop van de grond en de bouw van een woning overeengekomen prijs in het algemeen een onvoldoende maatstaf vormt voor het bepalen van de waarde in het economische verkeer. Belanghebbende verwijst naar jurisprudentie waarin de stichtingskosten wel als uitgangspunt voor de waarde hebben gediend. Naar het oordeel van het Hof kan de rechter, indien de ambtenaar tekort schiet in de op hem rustende bewijslast, uitwijken naar een ander aanknopingspunt voor de waardebepaling. De stichtingskosten kunnen dan een aanknopingspunt zijn. In de onderhavige situatie heeft de ambtenaar de door hem voorgestane waarde middels het taxatierapport en de daarin genoemde vergelijkingspanden echter voldoende aannemelijk gemaakt.

Hof 's-Gravenhage 15 november 2000, nr. BK-98/04322, E VII, Belastingblad 2001, blz. 881
In geschil is de waarde van een nieuwbouwwoning die in 1994 is opgeleverd. De waarde van de woning is hoger vastgesteld dan de stichtingskosten. Belanghebbende stelt dat de waarde moet worden bepaald op een lager bedrag dan de stichtingskosten. Naar het oordeel van het Hof is een waardebepaling op grond van de stichtingskosten niet in overeenstemming met de wettelijke bepalingen. De stichtingskosten worden onder meer beïnvloed door het beleid van de gemeente ten aanzien van de gronduitgifte, de prijzen van de gebruikte materialen alsmede de winstopslag van de aannemer.

Hof 's-Hertogenbosch 27 februari 2002, nr. 99/00821, E X, Belastingblad 2002, blz. 762
Belanghebbende is eigenaar van een flatwoning, waarvan waarde is vastgesteld op ƒ 400.000. Tijdens de zitting heeft belanghebbende een lijst van verkoopprijzen, zoals deze door de bouwer en de oorspronkelijke eigenaar van het complex zijn gehanteerd, overgelegd. De ambtenaar heeft verklaard dat hij bij de waardebepaling is uitgegaan van de verkoopprijzen tussen de bouwer en de eerste bewoners, bij gebrek aan andere verkoopgegevens. Het Hof heeft geoordeeld dat de prijzen van de referentieobjecten, die tussen de bouwer en de eerste bewoners overeengekomen prijzen zijn, bepaald conform de prijslijst van de bouwer per 1 januari 1990, geen bedrag opleveren dat overeenkomt met de waarde in het economische verkeer op de waardepeil-

datum 1 januari 1992. Belanghebbende heeft aannemelijk gemaakt dat de waarde in het economische verkeer van de onroerende zaak op de peildatum lager is. Het Hof heeft bij het oordeel onder meer rekening gehouden met de omstandigheid dat een groot aantal woningen van het complex drie tot vier jaar leeg hebben gestaan voordat ze zijn verkocht.

Hof Amsterdam 2 augustus 2002, nr. 01/4404, E IV, Belastingblad 2003, blz. 255
De gemeente stelt dat de door belanghebbende betaalde vrij-op-naamprijs niet overeenkomt met de waarde in het economische verkeer, omdat deze prijs wordt afgeleid uit de stichtingskosten van een bouwproject en geen directe relatie heeft met een waarde die op een vrije markt van vraag en aanbod tot stand komt. Het Hof is van oordeel dat in een geval waarin een belastingplichtige een woning kort na de peildatum heeft gekocht, er van moet worden uitgegaan dat de waarde van de woning overeenkomt met de door de belastingplichtige betaalde prijs. Dit is slechts anders indien de partij die zich daarop beroept feiten en omstandigheden stelt en aannemelijk maakt waaruit volgt dat de koopsom niet die waarde weergeeft (zie HR 29 november 2000, nr. 35 797, BNB 2001/52c). Het Hof acht het niet aannemelijk dat de vrij-op-naam-prijs beneden de waarde in het economische verkeer lag, nu niet is gesteld of gebleken dat de vraag zo groot was dat zij het aanbod overtrof. Ook is niet gesteld of gebleken dat de inschrijving alleen openstond voor een beperkte groep of dat de woningen zijn doorverkocht voor bedragen boven de aanvankelijke koopprijs. De omstandigheid dat in de vrij-op-naam-prijs de kosten van tuinaanleg, bestrating en meerwerk niet zijn begrepen, is geen reden deze prijs buiten aanmerking te laten. Wel kan dat aanleiding zijn rekening te houden met het waardeverhogende effect van deze voorzieningen.

Hof Amsterdam 3 februari 2003, nr. 02/401, E IV, Belastingblad 2003, blz. 500
De gemeente heeft aan de aannemer grond verkocht, onder de verplichting voor de aannemer op die grond huizen te bouwen volgens bepaalde specificaties en deze huizen voor een vooraf tussen de gemeente en de aannemer overeengekomen prijs inclusief de grond te verkopen aan een koper, die voldoet aan door de gemeente gestelde criteria. Dat brengt mee dat de aannemer niet vrij was de woning te verkopen tegen de hoogst mogelijke opbrengst, maar slechts voor de eerder met de gemeente overeengekomen prijs. Weliswaar gold voor de woning van belanghebbende geen prijsbeperking, maar dat brengt

niet mee dat de prijs zonder toestemming van de gemeente nog mocht
worden verhoogd nadat daarover tussen de aannemer en de gemeente
overeenstemming was bereikt. De tussen belanghebbende en de aannemer voor de woning overeengekomen prijs kan niet worden geacht
overeen te komen met de waarde in het economische verkeer. Voor de
aannemer heeft de transactie per saldo tot resultaat dat hij opstallen
vervaardigt en verkoopt voor een prijs die gelijk is aan de door de koper (in dit geval belanghebbende) betaalde prijs verminderd met de
prijs die de aannemer voor de grond aan de gemeente betaalt. De door
de koper betaalde prijs is overeengekomen tussen de aannemer en de
gemeente. Daarbij hebben de gemeente en de aannemer met elkaar
gehandeld als onafhankelijke derden, zodat er in de regel van mag
worden uitgegaan dat de door de aannemer voor de opstallen te verkrijgen prijs overeenstemt met de waarde ervan in het economische
verkeer. Het Hof acht niet van belang dat de opstallen door de aannemer zijn vervaardigd, zodat zijn kostprijs bestaat uit bouwkosten en
niet uit de aanschafkosten van een gerede opstal. Daaraan doen evenmin af de door belanghebbende gestelde omstandigheden dat de woning ligt in een nieuw te ontwikkelen wijk, dat er twee jaar na oplevering nog steeds bouwstraten zijn, openbaar groen en verlichting
ontbreken en bouwactiviteiten plaatsvinden.

*Hoge Raad 12 maart 2004, nrs. 34 347 en 39 453, Belastingblad
2004, blz. 415 en 859, BNB 2004/174, FED 2004/168**
Bij de ontwikkeling van de *nieuwbouwwijk* is de gemeente opgetreden als verkoper van de grond en als projectontwikkelaar. De gemeente heeft aan de aannemer grond verkocht onder de verplichting
op de grond huizen te bouwen volgens bepaalde specificaties. De woningen zijn verkocht voor een prijs die tevoren door de gemeente en
de aannemer was overeengekomen en de toewijzing van de woningen
heeft plaatsgehad volgens door de gemeente vastgestelde regels. Het
Hof heeft uit deze omstandigheid afgeleid dat de aannemer niet vrij
was de woningen te verkopen tegen de hoogst mogelijke opbrengst
en dat niet kan worden gezegd dat de tussen belanghebbende en de
aannemer overeengekomen prijs overeenkomt met de waarde in het
economische verkeer. Het Hof heeft de waarde vervolgens bepaald op
de som van de prijs voor de grond en de door de aannemer voor de
opstallen te verkrijgen prijs nu deze prijzen tot stand zijn gekomen
tussen de gemeente en de aannemer als onafhankelijk handelende derden. De klacht tegen deze wijze van waardebepaling slaagt. Indien al
zou mogen worden aangenomen dat de tussen de projectontwikkelaar
(de gemeente) en de aannemer overeengekomen aanneemsom van
een woning overeenstemt met de waarde in het economische verkeer

van die woning, dan nog valt niet zonder meer in te zien waarom die regel onder de genoemde omstandigheden, zonder nadere motivering, zou opgaan.

Hof Amsterdam 23 maart 2007, nr. 05/00900, MK I, Belastingblad 2007, blz. 550
Belanghebbende heeft zijn woning drieëneenhalve maand vóór de waardepeildatum gekocht voor een koop-/aanneemsom van f 795.000. Hof Amsterdam oordeelt dat de gemeente niet aannemelijk maakt dat de betaalde koopprijs tot stand is gekomen onder zodanige omstandigheden, dat die prijs afweek van de waarde in het economische verkeer van de woning en de verkopende partij daardoor met het project minder opbrengst heeft behaald dan op grond van de marktomstandigheden ten tijde van de verkoop mogelijk zou zijn geweest. Wel is de woning na aankoop door belanghebbende in waarde gestegen. Het hof stelt de waarde in goede justitie vast op f 820.000.
(Deze uitspraak is gedaan in de verwijzingsprocedure naar aanleiding van het arrest van de Hoge Raad van 1 april 2005, nr. 40.207)

4.2 Vergelijkingsmethode - Garageboxen

Hof Arnhem 30 januari 2001, nr. 98/1207, E I, Belastingblad 2001, blz. 1191
In geschil is de waarde van 12 in 1978 en 25 in 1974 gebouwde *garageboxen* die alle door belanghebbende worden verhuurd. Belanghebbende stelt dat de 37 garages tezamen één beleggingsobject vormen en als één complex moeten worden aangemerkt en gewaardeerd. Dit betoog stuit naar het oordeel van het Hof af op de feitelijke situatie dat belanghebbende iedere garage afzonderlijk verhuurt en ook de gebruiker van de onroerende zaak ingevolge de WOZ in de belastingheffing wordt betrokken. Dit brengt mee dat iedere garage afzonderlijk moet worden gewaardeerd. Belanghebbende heeft onweersproken gesteld dat de vergelijkingsobjecten anders dan de onderhavige garages gelegen zijn in een goede buurt met koopwoningen waarvan de eigenaren de in de nabijheid van hun woning gelegen garages in eigendom hebben verworven en dat zijn garages in een slechtere staat van onderhoud verkeren. Tevens heeft belanghebbende onweersproken gesteld dat de onderhavige garages zijn gelegen in een volkswijk welke voornamelijk uit huurwoningen bestaat waarvan de bewoners niet zijn geïnteresseerd in de aankoop van de garages, omdat deze voor hen geen waarde meer hebben indien zij gaan verhuizen. Het is naar het oordeel van het Hof algemeen bekend dat houders van mo-

torrijtuigen slechts bereid zijn een bedrag aan geld uit te geven voor de aankoop of de huur van een garage indien die garage ligt in de directe nabijheid van hun woning. Het Hof onderschrijft belanghebbendes stelling dat huurders van woningen in tegenstelling tot huiseigenaren niet (snel) zullen overgaan tot de aankoop van garages. Nu vaststaat dat belanghebbende met betrekking tot de garages op de verhuurmarkt opereert, acht het Hof de door de gemeente gehanteerde methode om de waarde van de onderhavige garages vast te stellen aan de hand van de verkoopcijfers van in de nabijheid van koopwoningen gelegen vergelijkbare garages, niet geschikt. Het Hof acht in dit geval de huurwaardekapitalisatiemethode een geschikter instrument om tot een juiste waardebepaling van de garages te komen. Het Hof stelt de kapitalisatiefactor met betrekking tot de geschatte huren voor de door belanghebbende verhuurde garages in goede justitie op 9.5. Daarbij heeft het Hof als uitgangspunt genomen dat kapitalisatiefactoren voor het bepalen van de huurwaarden plegen te liggen tussen 7 en 13 percent.

Hof Arnhem 15 november 2005, nr. 04/01302, E IX, Belastingblad 2006, blz. 287
Belanghebbende is eigenaar en verhuurder van zes *garageboxen*, die individueel verhuurd worden. Belanghebbende vindt, onder verwijzing naar de uitspraak van Hof Arnhem van 30 januari 2001, nr. 98/ 1207, dat niet de vergelijkingsmethode moet worden toegepast, maar de huurwaardekapitalisatiemethode, omdat er onder de huurders geen belangstelling bestaat om de garageboxen te kopen. Volgens het Hof is deze stelling onjuist, omdat de onderhavige garages, anders dan de garages in de uitspraak van Hof Arnhem, niet zijn gelegen in een volkswijk die voornamelijk uit huurwoningen bestaat (waarvan de bewoners veelal niet zijn geïnteresseerd in de aankoop van een garage), maar in een woonwijk met voor ongeveer 70% koopwoningen. Ook de verwijzing van belanghebbende naar de grootte van het totale complex van 111 garages en het individueel verhuren van de diverse garageboxen, leidt niet tot de conclusie dat de huurwaardekapitalisatiemethode moet worden toegepast.

Rechtbank Alkmaar 16 mei 2006, nr. 05/1848, EK, Belastingblad 2006, blz. 881
Belanghebbende is eigenaar van 10 *garageboxen*, die als één object zijn afgebakend. De Rechtbank oordeelt dat de garages volledig dienstbaar zijn aan woondoeleinden en dus vallen onder het begrip woning. Daarom moet de waarde van de garages worden bepaald aan de hand van de vergelijkingsmethode en niet aan de hand van de

huurwaardekapitalisatiemethode. De gemeente heeft de WOZ-waarde van de tien boxen aannemelijk gemaakt. Dat verkoop apart geen optie is vanwege het waardeverminderende effect daarvan op het bedrijfsterrein en -pand, leidt niet tot een ander oordeel. Het waardebegrip gaat immers uit van de fictie dat de volle en onbezwaarde eigendom kan worden overgedragen.

Rechtbank 's-Gravenhage 15 juni 2006, nr. 05/8927, EK, Belastingblad 2006, blz. 1134
De gemeente heeft bij beschikking de waarde van vier *garages* vastgesteld middelde de vergelijkingsmethode. De Rechtbank verwerpt het standpunt van belanghebbende dat alleen de huurwaardekapitalisatiemethode gebruikt dient te worden. Daargelaten de vraag of de garages als niet-woningen dienen te worden aangemerkt (indien sprake is van woningen is de vergelijkingsmethode aangewezen), kan de waarde van niet-woningen waarover voldoende marktgegevens beschikbaar zijn, zeker waar dit een hogere waarde oplevert, ook door middel van de vergelijkingsmethode worden bepaald.

Rechtbank Zutphen 7 mei 2007, nr. 05/1937, EK, Belastingblad 2007, blz. 591
De gemeente Zutphen heeft de waarde van *garages* vastgesteld op basis van de *vergelijkingsmethode*. De Rechtbank oordeelt dat, gezien het feit dat belanghebbende op de verhuurmarkt opereert en er sprake is van garagecomplexen, de vergelijkingsmethode niet geschikt is. De waarde moet dan ook middels de huurwaardekapitalisatiemethode worden bepaald. Dit brengt mee dat de gemeente er niet in is geslaagd om met de uit het taxatierapport blijkende verkoopprijzen van garages, waarvoor kennelijk wel een markt van individuele kopers bestaat, de waarden voldoende aannemelijk te maken.

Hoge Raad 10 augustus 2007, nr. 41 318, Belastingblad 2007, blz. 1031, BNB 2007/286
Belanghebbende heeft 108 garageboxen gekocht in verhuurde staat voor een totaalbedrag van ƒ 1.110.000. In beroep heeft de heffingsambtenaar van de gemeente Bergen op Zoom o.a. gesteld dat de betaalde aankoopprijs voor het gehele complex lager is dan de som van de waarde bij individuele verkoop van de objecten. Ter onderbouwing heeft hij een aantal verkoopprijzen van rond de peildatum afzonderlijk verkochte garageboxen overgelegd. Het Hof heeft geoordeeld dat de heffingsambtenaar niet aannemelijk heeft gemaakt dat de betaalde prijs niet de waarde zou weergeven zoals bedoeld in art. 17, tweede lid, Wet WOZ. Het Hof heeft de waarde per onroerende zaak vervol-

gens afgeleid van de gemiddelde waarde per onroerende zaak berekend op basis van het totaalbedrag. De Hoge Raad oordeelt dat de waarde op grond van art. 17, tweede lid Wet WOZ niet overeenstemt met een gemiddelde koopprijs die is betaald bij de gelijktijdige aankoop van een groot aantal onroerende zaken in verhuurde staat. De Hoge Raad verklaart het beroep gegrond en verwijst de zaak.

Hof Arnhem 29 januari 2008, nr. 07/00421, M I, Belastingblad 2008, blz. 341
Belanghebbende heeft 108 garageboxen gekocht in verhuurde staat. In beroep heeft de heffingsambtenaar gesteld dat de betaalde aankoopprijs voor het gehele complex lager is dan de som van de waarde bij individuele verkoop van de objecten. Het Hof 's-Hertogenbosch heeft de waarde per onroerende zaak vervolgens afgeleid van de gemiddelde waarde per onroerende zaak berekend op basis van het totaalbedrag. De Hoge Raad oordeelt dat de waarde op grond van art. 17, tweede lid Wet WOZ niet overeenstemt met een gemiddelde koopprijs die is betaald bij de gelijktijdige aankoop van een groot aantal onroerende zaken in verhuurde staat. De Hoge Raad verklaart het beroep gegrond en verwijst de zaak. Na verwijzing oordeelt het Hof oordeelt dat de gemeente de WOZ-waarde van de garageboxen niet aannemelijk heeft gemaakt. De overgelegde verkoopcijfers betreffen nieuwbouwgarageboxen van een andere constructie. Belanghebbende maakt de door hem voorgestane waarde ook niet aannemelijk. De stelling van belanghebbende dat voor de overdracht van de garages splitsing van het betrokken kadastrale perceel of splitsing in appartementsrechten nodig zou zijn en dat zo'n splitsing onmogelijk of onwettig zou zijn wordt door het Hof verworpen (HR 28 mei 2004, nr. 38 665, Belastingblad 2004, blz. 723). Het Hof stelt de waarde zelf in goede justitie vast. Daarbij maakt het gebruik van een gemiddelde van door de gemeente overgelegde gegevens. *(Deze uitspraak betreft de verwijzingsprocedure naar aanleiding van Hoge Raad 10 augustus 2007, nr. 41 318, Belastingblad 2007, blz. 1031, BNB 2007/286)*

4.3 Vergelijkingsmethode - Kleine winkel- en kantoorpanden

Hof Leeuwarden 11 juni 2004, nr. 1490/02, E VI, Belastingblad 2004, blz. 996
Hof Leeuwarden oordeelt dat de gemeente de WOZ-waarde van de discotheek onvoldoende aannemelijk heeft gemaakt. De gemeente heeft weliswaar de verschillen tussen de referentieobjecten aangege-

ven, maar zij heeft deze verschillen vervolgens onvoldoende verdisconteerd in de uiteindelijk vastgestelde waarde. Behalve dat het referentieobject verder uit het centrum is gelegen, dient ook onderscheid te worden gemaakt naar het soort van horeca dat in het pand is gevestigd. Terwijl het pand van belanghebbende een bar-dancing c.q. discotheek is, zijn in de referentieobjecten een restaurant dan wel café's gevestigd, hetgeen van een geheel andere orde is.

Hof Amsterdam 25 februari 2005, nr. 04/00035, M IV, Belastingblad 2005, blz. 609
In geschil is de waarde van een *bedrijventerrein met opstallen*. Volgens het Hof rust op de gemeente de last om aannemelijk te maken dat de WOZ-waarde van de grond van een bedrijventerrein niet te hoog is. De gemeente is daarin geslaagd. Dat de vergelijkingspercelen nieuwe bedrijventerreinen zijn, staat daaraan niet in de weg, omdat daarmee zo nodig bij de waardering rekening kan worden gehouden. De waarde is ruim 36% lager bepaald dan de verkoopprijs van vergelijkbare percelen op nieuwe bedrijventerreinen. De gemeente hoeft niet voor elk van de waardedrukkende factoren afzonderlijk de invloed op de waarde te kwantificeren.

4.4 Vergelijkingsmethode - Agrarische objecten

Hof Amsterdam 11 november 1998, nr. 98/1018, E IX, Belastingblad 1999, blz. 326
De onderhavige *boerderij* heeft een *agrarische bestemming*. Met de planologische bestemming moet bij de bepaling van de WEV rekening worden gehouden. Binnen het vigerende bestemmingsplan is het echter zonder meer mogelijk onroerende zaken met een agrarische bestemming aan deze bestemming te onttrekken, wanneer een koper dit wenst. Hiervan zijn concrete voorbeelden aanwezig. Gelet hierop heeft de agrarische bestemming in dit geval geen waardedrukkende invloed.

Hof Amsterdam 26 oktober 1999, nr. P97/2071, E II, Belastingblad 1999, blz. 902
De onroerende zaak in onderhavige situatie mag ingevolge het *bestemmingsplan Landelijk Gebied* slechts als bedrijfsgebouw worden aangemerkt. Bij de waardebepaling moet worden uitgegaan van de bestemming bedrijfsgebouw en niet van de bestemming (bedrijfs)woning. Hieraan doet niet af dat belanghebbende de opstal als woning gebruikte en dat de opstal daartoe ook geschikt was. De bestemming

die de eigenaar/gebruiker aan de onroerende zaak heeft gegeven dient als waardebepalende factor te worden uitgeschakeld, nu belanghebbende niet als medegegadigde is aan te merken. Nu niet is aangetoond dat een deel van de grond bedrijfsmatig wordt geëxploiteerd, is de vrijstelling niet van toepassing.

Hof Arnhem 8 oktober 2002, nr. 98/02666, E VIII, Belastingblad 2003, blz. 195
Belanghebbende stelt dat de waarde van zijn woning te hoog is vastgesteld. Hij verwijst naar vastgestelde waarde van woningen bij een agrarisch bedrijf. De gemeente stelt dat daar niet naar kan worden verwezen, omdat woningen bij een agrarisch bedrijf lager moeten worden gewaardeerd. Het Hof oordeelt dat de *woonbestemming* van een woning bij een agrarisch bedrijf op zichzelf niet verschilt van de woonbestemming van een identieke woning die niet bij een agrarisch bedrijf wordt bewoond. Niet valt in te zien waarom in een gebied waarin bewoning van woningen ook buiten de agrarische sfeer is toegestaan, een woning die behoort tot een agrarisch bedrijf lager zou moeten worden gewaardeerd dan een woning die niet tot een agrarisch bedrijf behoort. De gemeente stelt dat woningen bij een agrarisch bedrijf wel lager worden gewaardeerd, omdat landbouwgronden van agrarische bedrijven in het kader van de Wet WOZ niet in de waardering van deze objecten worden betrokken. Dit overtuigt het Hof niet, nu dit niets zegt over de waardering van de daarbij behorende woningen. Het maakt de vergelijking met agrarische objecten alleen maar beter, omdat de waarde van de landbouwgronden niet in de WOZ-waarde is opgenomen.

Rechtbank Haarlem 27 februari 2006, nr. 05/3877, EK, Belastingblad 2007, blz. 411
In geschil is de WOZ-waarde van een *vrijstaande bedrijfswoning*. Belanghebbende stelt dat de waarde te hoog is omdat de woning niet los kan worden gezien van het bedrijf, en moet worden gewaardeerd als bedrijfswoning. Aangezien het bedrijf en de woning in handen zijn van verschillende (rechts)personen moeten beide objecten verplicht apart gewaardeerd worden.
De Rechtbank overweegt dat de stelling van belanghebbende dat het voor een goede bedrijfsvoering noodzakelijk is dat de eigenaar van het bedrijf in de woning woont, een keuze is van belanghebbende die niet van invloed is op de waarde in het economische verkeer van de woning. De woning mag immers in de vrije sector worden verkocht. De gehanteerde referentieobjecten zijn zeer goed vergelijkbaar met de woning van belanghebbende. Een eventueel waardedrukkend effect

dat uitgaat van de omstandigheid dat de woning van belanghebbende een bedrijfswoning is waarvan de ondergrond een agrarische bestemming heeft, mag geacht worden tot uitdrukking te zijn gekomen in de verkoopcijfers van de referentieobjecten.

Rechtbank Dordrecht 26 september 2007, nr. 05/1283, EK, Belastingblad 2007, blz. 1285
In geschil is de WOZ-waarde van een *agrarische bedrijfswoning.* Burgerbewoning is op grond van het geldende bestemmingsplan niet toegestaan. Volgens de Rechtbank is er aldus in beginsel sprake van een beperking in het gebruik die uit de bestemmingsplanvoorschriften voortvloeit en waarmee bij de waardering ingevolge de Wet WOZ rekening moet worden gehouden. Dit is anders, indien er van gemeentewege desgevraagd pleegt te worden meegewerkt aan bewoning door niet-agrariërs. In dat geval verschilt de woonbestemming van een woning bij een agrarisch bedrijf in beginsel niet van de woonbestemming van een woning die niet in samenhang met een agrarisch bedrijf wordt bewoond. Dan is geen aanleiding aan te nemen dat de waarde in het economisch verkeer van de eerstbedoelde woning lager is dan van de laatstbedoelde woning. De gemeente heeft dit echter niet gesteld, zodat onvoldoende is gebleken dat rekening is gehouden met de omstandigheid dat de geselecteerde vergelijkingsobjecten geen agrarische bedrijfswoningen zijn.

Rechtbank Alkmaar 12 december 2007, nr. 06/2455, EK, Belastingblad 2008, blz. 200
Belanghebbende is eigenaar en gebruiker van een bedrijfswoning De woning hoort bij het agrarische bedrijf. Hij heeft dit bedrijf aan zijn zoon overgedragen. Het perceel waarop de woning staat is kadastraal afgesplitst van het perceel waarop het bedrijf staat. De Rechtbank oordeelt dat niet genoeg rekening is gehouden met het feit dat de woning een bedrijfswoning is. Deze is niet los van het agrarische bedrijf te verkopen. Volgens de gemeente is hiervoor een aftrek van 15% toegepast. De gemeente kan dit echter niet onderbouwen. De Rechtbank volgt de taxatie van belanghebbende. Deze omvat het gehele agrarische bedrijf inclusief de woning.

4.5   Objecten in aanbouw

Rechtbank 's-Gravenhage 9 mei 2006, nr. 05/7675, EK, Belastingblad 2006, blz. 1331
In geschil is de vraag of de opstal per 1 januari 2005 voor 45% of voor 65% gereed is. Belanghebbende stelt dat volgens de 'gemeentelijke belastingwijzer' de WOZ-waarde moet worden bepaald op de tot 1 januari 2005 in rekening gebrachte bouwtermijnen. De Rechtbank oordeelt dat belanghebbende aan de 'gemeentelijke belastingwijzer 2005' niet het vertrouwen kan ontlenen dat de WOZ-waarde van de woning in aanbouw gelijk is aan de tot 1 januari 2005 in rekening gebrachte bouwtermijnen. Tevens geldt het dispositievereiste, inhoudende dat bij algemene voorlichting voor een succesvol beroep op het vertrouwensbeginsel vereist is dat belanghebbende schade heeft geleden doordat hij afgaande op de onjuiste voorlichting een handeling heeft verricht of nagelaten. Dat is niet het geval.

Rechtbank Alkmaar 30 oktober 2007, nr. 06/1455 EK, Belastingblad 2008, blz. 71
Belanghebbende is eigenaar van een nieuwbouwwoning In geschil is de WOZ-waarde naar waardepeildatum 1 januari 2003. Belanghebbende meent dat de waarde moet worden verlaagd, omdat de woning pas in mei 2003 is opgeleverd en dus op 1 januari 2003 niet af was. De Rechtbank oordeelt dat een woning alleen op de vervangingswaarde gewaardeerd wordt wanneer deze aan het begin van het tijdvak nog in aanbouw is. Nu dit niet het geval is, heeft de gemeente de woning terecht gewaardeerd naar de waarde in het economische verkeer aan het begin van het tijdvak, namelijk 1 januari 2005.

Rechtbank Dordrecht 29 februari 2008, nr. 06/1309, MK, Belastingblad 2008, blz. 622
Belanghebbende is eigenaar van een bedrijfsruimte met kantoren. De gemeente heeft de WOZ-waarde vastgesteld door de (netto)aankoopprijs, gerealiseerd op 16 juni 2003, te herleiden naar de waarde op de waardepeildatum van 1 januari 2003. Belanghebbende heeft de vraaghuurprijs in de periode daarna verlaagd en is daardoor van mening dat de WOZ-waarde te hoog is getaxeerd. De Rechtbank acht de waarde van het object in relatie tot de vergelijkingspanden niet te hoog vastgesteld. Met name het eigen – kort na de peildatum - gerealiseerde aankoopbedrag is hierbij van belang. Dit is tot stand gekomen tussen twee onafhankelijk van elkaar staande partijen. Van een significante afwijking van de markttrend op of rond de waardepeildatum is de

Rechtbank, gelet ook op de referentiepanden, niet gebleken. Latere ontwikkelingen zoals het verlagen van de huurprijs en een in 2007 feitelijk gerealiseerde lagere huurprijs kunnen niet bij de waardebepaling naar waardepeildatum 1 januari 2003 worden betrokken.

Rechtbank Dordrecht 25 april 2008, nr. 06/1363, MK, Belastingblad 2008, blz. 1260
In geschil is de WOZ-waarde van een bouwkavel. De gemeente Nederlek heeft de grondwaarde voor het te bebouwen gedeelte vastgesteld op € 180 per m² en de waarde van de overige grond op 60% daarvan, aldus op € 108 per m². De uitkomst is verminderd met de kosten voor het bouwrijp maken van de grond. De Rechtbank volgt deze berekening. Met het verschil in kaveloppervlakte en het verschil in bebouwingspercentage tussen de onroerende zaak en de vergelijkingspercelen is in voldoende mate rekening gehouden. Nu de kosten voor het bouwrijp maken van de grond zijn afgetrokken, is voldoende rekening gehouden met de bodemverontreiniging, de saneringskosten en de kosten voor ophoging van het terrein.

Rechtbank Alkmaar 7 mei 2008, nr. 06/1293, MK, Belastingblad 2008, blz. 977
In geschil is de WOZ-waarde van een *fastfoodrestaurant*. Deze is bepaald volgens de huurwaardekapitalisatiemethode. De huurwaarde heeft de gemeente ontleend aan NRIT-kengetallen. Deze geven een minimale en een maximale omzet per m² verkoopoppervlak en een daarop gebaseerde minimale en maximale normhuur. De gemeente is uitgegaan van de minimale normhuur en van de minimale omzet per m². De Rechtbank verwerpt de stelling van belanghebbende dat deze kengetallen niet bruikbaar zouden zijn. De WOZ-waarde is niet te hoog vastgesteld.

4.6 Huurwaardekapitalisatiemethode - Algemeen

Hof Amsterdam 5 januari 1998, nr. 98/00945, E VI, Belastingblad 2000, blz. 619
Belanghebbende is eigenaar en gebruiker van een onroerende zaak waarin hij een *restaurant* exploiteert. Hij stelt dat de waarde te hoog is vastgesteld en beroept zich op een taxatierapport van een taxateur, waaruit echter niet blijkt welke waarderingsmethode is gehanteerd. Het Hof acht aannemelijk dat het rapport, zoals verweerder stelt, is opgesteld met het oog op een afrekening tussen vennoten. Om die re-

den is het beroep ongegrond. De waarde kan het best worden bepaald middels de *huurwaardekapitalisatiemethode.*

Hof Arnhem 25 september 2000, nr. 99/03359, E VII, Belastingblad 2001, blz. 758
In geschil is de bij beschikking vastgestelde waarde van een *kantoorpand.* De waarde is door de gemeente bepaald aan de hand van de huurwaardekapitalisatiemethode. Belanghebbende heeft een lagere waarde berekend aan de hand van de BAR (bruto-aanvangsrendement)-methode. Naar het oordeel van het Hof is de BAR-methode niet geschikt om de waarde in het kader van de Wet WOZ te bepalen, daar deze methode wordt gebruikt voor het benaderen van de beleggingswaarde die, gelet op artikel 17, tweede lid, van de Wet WOZ, niet hoeft overeen te komen met de waarde in het economische verkeer.

Hof Arnhem 9 januari 2006, nr. 04/00840, M II, Belastingblad 2006, blz. 407
Belanghebbende is eigenaar van een perceel grond met daarop een *winkelcentrum in aanbouw,* dat bij aanvang van het tijdvak voor 25% gereed was. De gemeente heeft de WOZ-waarde naar de toestand van 1 januari 2001 per waardepeildatum 1 januari 1999 vastgesteld. Belanghebbende vindt dat de huurwaardekapitalisatiemethode niet kan worden toegepast. Hij stelt dat de gecorrigeerde vervangingswaarde dient te worden toegepast. Het Hof oordeelt dat, voor zover belanghebbende heeft bedoeld te bepleiten dat reeds de vervangingswaardemethode zou moeten worden toegepast, die met ingang van 1 januari 2005 is neergelegd in artikel 17, vierde lid, Wet WOZ, deze stelling onjuist is. Toen de beschikking werd genomen had de wetgever hiertoe nog niet besloten. Daarbij komt dat de wetgever heeft bedoeld deze nieuwe waarderingsmethode eerst te laten gelden met ingang van de WOZ-tijdvakken vanaf 1 januari 2005. Volgens het Hof is de huurwaardekapitalisatiemethode één van de methoden is die in de praktijk het meest geschikt wordt geacht om de waarde van niet-woningen in aanbouw te bepalen. Belanghebbende heeft zowel de gecorrigeerde vervangingswaarde als de waarde in het economische verkeer berekend. Nu die gecorrigeerde vervangingswaarde niet leidt tot een hogere waarde dan de waarde in het economische verkeer en ook overigens niet is gebleken dat de huurwaardekapitalisatiemethode onjuist zou zijn, volgt het Hof partijen in dit uitgangspunt.

Rechtbank Breda 14 augustus 2006, nr. 06/261, MK, Belastingblad 2006, blz. 1328
In geschil is de waarde van een *vliegveld*. Belanghebbende stelt dat teveel grond aan het bedrijfsgebouw is toegekend. Ook vindt hij dat de kosten van de aanleg van de parkeerplaats te hoog zijn. De Rechtbank verwerpt de stelling van de gemeente dat als grond die direct dienstbaar is aan en noodzakelijk is voor het gebruik van het gebouw, moet worden uitgegaan van een oppervlak van 2,5 maal de totale vloeroppervlakte van het gebouw. De Rechtbank stelt de bij het gebouw behorende grond, inclusief de ondergrond, in goede justitie op tweemaal de ondergrond. De Rechtbank vermindert de waarde van de parkeerplaats, omdat er volgens de Rechtbank geen aanleiding is te veronderstellen dat de aanlegkosten voor parkeerplaatsen per vierkante meter hoger zijn dan de aanlegkosten voor start- en landingsbanen. De waarde wordt daarom door de Rechtbank verminderd.

Hoge Raad 8 september 2006, nr. 40 627, Belastingblad 2006, blz. 1216
De Hoge Raad bevestigt het oordeel van het Hof dat de gemeente de WOZ-waarde van de *varkensslachterij* en de dienstwoning van belanghebbende voldoende aannemelijk heeft gemaakt. De waarde van de slachterij is aan de hand van de huurwaardekapitalisatiemethode getaxeerd en de waarde van de dienstwoning door middel van de vergelijkingsmethode. Het is niet in strijd met het gelijkheidsbeginsel dat de waarde van het vergelijkbare slachterijcomplex na bezwaar wél is verminderd met 50%. Er is geen sprake van gelijke gevallen nu de vestiging in Emmen juist is gesloten om die in Meppel levensvatbaar te houden. Bovendien is de gemeente Meppel niet gebonden aan hetgeen is besloten door de gemeente Emmen.

4.7 Huurwaardekapitalisatiemethode - Huurwaarde

Hof Amsterdam 12 mei 1998, nr. P97/0533, M IV, Belastingblad 1999, blz. 477
De waarde van een *kantoorobject* is berekend op basis van de huurwaardekapitalisatiemethode. Daarbij is een lagere huurprijs gehanteerd dan is gerealiseerd, zodat geen rekening hoeft te worden gehouden met huurderving door aanvangsleegstand. De DCF-methode is niet de geschikte methode om de waarde van het onderhavige object te bepalen, daar deze methode er kennelijk op gericht is om de mogelijke aankoopprijs van de onroerende zaak te berekenen voor een belegger, die deze zaak gedurende ten minste 20 jaren wil verhuren. In

dat geval wordt geen rekening gehouden met andere categorieën gegadigden, zoals zij die de onroerende zaak geheel of ten dele zelf in
gebruik willen nemen of zij die meer speculatief willen beleggen. De
aanwezigheid van een distributiecentrum op de begane grond – voor
zover hiervan een waardedrukkende invloed uitgaat – is in voldoende
mate verdisconteerd in de vastgestelde waarde.

*Hof Amsterdam 18 september 1998, nr. P97/20861, M IV,
Belastingblad 1999, blz. 238*
Het pand, betreffende een winkel met twee bovenverdiepingen en een
daarboven gelegen appartement, is terecht als twee objecten aangemerkt. Voor de waardering van de winkel is de huurwaardekapitalisatiemethode gebruikt, waarbij de ITZA-methode ter toetsing is gehanteerd. Nu het een zeer smal en diep pand betreft in een ongunstige
verhouding, is de uitkomst van de ITZA-methode minder relevant.
Nu voor het appartement geen taxatieverslag, noch een taxatierapport
is overgelegd, is de waarde die door een beëdigd makelaar is bepaald
niet apert onjuist. Daarbij moeten marktontwikkelingen tussen de
taxatie en de peildatum als te vaag en onbestemd buiten aanmerking
worden gelaten.

*Hof Amsterdam 20 december 1999, nr. 98/1071, M IV, Belastingblad
2000, blz. 307*
Belanghebbende is een *watersportvereniging* die voor de waardevaststelling in het kader van de Wet WOZ beschikkingen heeft ontvangen
ter zake van de jachthaven en de *winterstalling voor vaartuigen*. Ter
zitting heeft belanghebbende de stellingen ingenomen dat het clubhuis roerend is en dat het water moet worden gekwalificeerd als openbare waterweg. Naar het oordeel van het Hof heeft belanghebbende
voldoende gelegenheid gehad deze stellingen naar voren te brengen.
Nu belanghebbende deze stellingen eerst ter zitting naar voren brengt,
wordt bij de beoordeling van het geschil op bedoelde stellingen geen
acht geslagen.
De onroerende zaken zijn gewaardeerd op basis van de huurwaardekapitalisatiemethode. Ter zake van de jachthaven wordt daarbij uitgegaan van de huurprijzen van de ligplaatsen van de boten. Het Hof acht
dit een onjuist uitgangspunt, omdat op deze manier het rendement
van de sportvereniging wordt gekapitaliseerd. Naar het oordeel van
het Hof moet worden uitgegaan van de overeengekomen huurprijs
tussen verhuurder en huurder.
Partijen stellen dat zij de overeengekomen huurprijs bewust niet als
uitgangspunt hebben genomen, omdat deze mede moet worden gezien

als een verkapte subsidie. Naar het oordeel van het Hof had het dan op de weg van partijen gelegen om een zakelijke huurprijs te bepalen. Ter zake van de winterstalling oordeelt het Hof dat de waarde moet worden bepaald op de waarde in het economische verkeer, tenzij de vervangingswaarde van het object op deze datum leidt tot een hogere waarde dan die in het in het economische verkeer.

Bij de berekening van de GVW heeft verweerder ter zake van bepaalde onderdelen ten onrechte geen rekening gehouden met de technische en functionele veroudering. Om die reden vermindert het Hof de vastgestelde waarde.

Hof Amsterdam 14 maart 2000, nr. P98/2280, M IV, Belastingblad 2001, blz. 821
Bij de waardebepaling van een object waarvan de kamers worden verhuurd voor recreatief verblijf door groepen, wordt de huurwaarde berekend aan de hand van het aantal kamers, vermenigvuldigd met het gemiddelde aantal nachten per jaar waarvoor zij zijn verhuurd en met een geschat bedrag aan huur per kamer.

Hof Amsterdam 7 april 2000, nr. P98/3353, M IV, Belastingblad 2000, blz. 872
In geschil is de toepassing van de *ITZA-methode*. Het Hof oordeelt dat de gemeente terecht een bepaald aantal meters aan zone A heeft toegerekend, omdat het pand nog een uitgang aan de andere zijde van het pand kent, waardoor klanten geneigd zullen zijn, mede door de spreiding van het assortiment, bij het bezoeken van de winkelruimte niet alleen de eerste meters vanaf de straat te betreden, maar zich veeleer ook naar of over de overige ruimte te begeven.

Hof Arnhem 22 juni 2000, nr. 98/0666, E I, Belastingblad 2001, blz. 759
In geschil is de bij beschikking vastgestelde waarde van een kantoorpand, die is bepaald aan de hand van de huurwaardekapitalisatiemethode. Door de ambtenaar is een taxatierapport overgelegd. Belanghebbende heeft eveneens een taxatierapport overgelegd, welk rapport is opgemaakt om in het kader van een bedrijfssplitsing een reële koopprijs te kunnen vaststellen. Het Hof acht niet aannemelijk dat onder die omstandigheden de getaxeerde waarde de prijs is die bij aanbieding ten verkoop op de voor de zaak meest geschikte wijze door de meestbiedende gegadigde zou zijn betaald, zoals de Wet WOZ voorschrift. Het beroep is ongegrond.

Hof Arnhem 16 augustus 2000, nr. 99/441, E VIII, Belastingblad 2001, blz. 1068
In geschil zijn de waarden van een aantal onroerende zaken die voor *detailhandelsdoeleinden* zijn verhuurd. De waarden zijn berekend aan de hand van de huurwaardekapitalisatiemethode. Het Hof oordeelt dat de methode van de kapitalisatie van de bruto-huur is voorzien in artikel 4, eerste lid, onderdeel b, van de Uitvoeringsregeling instructie waardebepaling Wet WOZ ter bepaling van de waarde in het economische verkeer. Belanghebbende stelt dat voor de huurwaarde dient te worden uitgegaan van leegwaarde, dat deze van commercieel verhuurd onroerend goed beduidend lager is dan die van verhuurd vastgoed en dat de waarde in lege staat maximaal 70% van de waarde in verhuurde staat bedraagt. Naar het oordeel van het Hof vindt dit standpunt geen steun in artikel 17, tweede lid, daar de hier bedoelde ingebruikneming door de veronderstelde meestbiedende gegadigde evenzeer kan bestaan in verhuur. Het beroep is ongegrond.

Hof 's-Gravenhage 18 oktober 2000, nr. 98/4894, E VIII, Belastingblad 2002, blz. 221
Belanghebbende heeft kort na de waardepeildatum het *erfpachtrecht* van een *bedrijfspand* gekocht. De ambtenaar berekent de waarde door kapitalisatie van de huurwaarde, vermeerderd met waarde van de onbebouwde grond op basis van vergelijking met actuele gronduitgifteprijzen met een controleberekening op basis van kapitalisatie van de erfpachtcanon. Het Hof verwerpt de berekening op basis van kapitalisatie van de erfpachtcanon omdat bij de bepaling van de canon andere overwegingen, bijvoorbeeld van grondpolitieke aard, een rol kunnen hebben gespeeld. Vergelijking met de actuele prijzen die voor vergelijkbare percelen worden betaald, acht het Hof een juiste maatstaf.

Hof 's-Gravenhage 7 maart 2001, nr. BK-97/20726, M III, Belastingblad 2001, blz. 646
In geschil is de waarde van een pand waarop de bestemming 'raamprostitutiebedrijven' rust. De waarde is bepaald aan de hand de huurwaardekapitalisatiemethode. Het Hof acht door de ambtenaar aannemelijk gemaakt dat het door hem bij de berekening van de waarde gehanteerde aantal verhuurdagen van 200 per jaar, de huurprijs van *f* 50 per kamer per dag en de kapitalisatiefactor van 6, niet te hoog zijn. Naar het oordeel van het Hof heeft belanghebbende niet aannemelijk gemaakt dat een derde die huurprijzen niet zou kunnen realiseren, nu het gebied is aangewezen als raamprostitutiegebied.

Hoge Raad 11 april 2001, nr. 35 717, Belastingblad 2001, blz. 765, BNB 2001/242, FED 2001/263
De Hoge Raad vernietigt de uitspraak van het Hof, omdat niet duidelijk blijkt welke methode van waardebepaling is gekozen. De uitspraak wekt weliswaar de indruk dat het Hof de huurwaardekapitalisatiemethode heeft gevolgd, maar het is niet duidelijk of daarbij is uitgegaan van een marktconforme huur of de huurprijzen die belanghebbende aan de gebruiker heeft berekend. De huurprijzen die belanghebbende heeft berekend, kunnen volgens de Hoge Raad namelijk niet als uitgangspunt worden genomen. Volgt verwijzing.

Hof Leeuwarden 14 september 2001, nr. 485/00, E IV, Belastingblad 2002, blz. 12
Het Hof is van oordeel dat de stelling van belanghebbende, dat de huurwaarde berekend dient te worden op basis van de netto huur, faalt. De gemeente is bij de berekening van de huurwaarde terecht uitgegaan van de brutohuur verminderd met de energiekosten. Voorts is het Hof van oordeel dat niet duidelijk is geworden dat de door de ambtenaar bij zijn berekening gehanteerde kapitalisatiefactor van 6,5 onjuist zou zijn. Belanghebbendes berekeningen hieromtrent kan het Hof niet volgen, nu belanghebbende steeds – ten onrechte – uitgaat van de netto huurwaarde.

Hof Amsterdam 14 november 2003, nr. 02/05874, M IV, Belastingblad 2004, blz. 321
Belanghebbende huurt een *voormalig arsenaal*, dat hij gebruikt voor zaalverhuur en horeca. Volgens het Hof heeft de gemeente bij de waardebepaling een onjuiste bruto vloeroppervlakte gehanteerd en is de gehanteerde huurwaarde per m^2 vloeroppervlakte onvoldoende onderbouwd. Niet duidelijk is in hoeverre bij de berekening van de huurwaarde rekening is gehouden met de verschillen tussen de vergelijkingsobjecten en het arsenaal. Belanghebbende gaat in zijn berekening ten onrechte uit van de jaarhuur. Op de jaarhuur heeft het huurcontract met de gemeente een waardedrukkende invloed. Het contract regelt dat het arsenaal zijn sociaal-culturele functie zoveel mogelijk behoudt. Daarom moet belanghebbende voor gebruikers zonder winstoogmerk die sociaal-culturele activiteiten ontplooien lagere tarieven berekenen. Deze subjectieve elementen kunnen geen rol spelen bij het bepalen van de WOZ-waarde. Het Hof stelt de waarde in goede justitie vast.

Hof Amsterdam 5 maart 2004, nr. 02/7207, M IV, Belastingblad 2004, blz. 669
Belanghebbende is eigenaar en gebruiker van een *horecabedrijfspand*. De waarde is bepaald aan de hand van de huurwaardekapitalisatiemethode. De gegevens die daaraan ten grondslag liggen zijn ontleend aan een taxatiebureau. De gemeente overlegt deze gegevens niet. Volgens het Hof maakt de gemeente de waarde niet aannemelijk. De door de gemeente uitgevoerde berekening van de omzet van belanghebbende is van onvoldoende gewicht om de gemeente in het bewijs geslaagd te achten. De gemeente heeft namelijk ter zitting erkend dat de juistheid van de waarde niet kan volgen uit een berekening die is gebaseerd op de omzet van een in een onroerende zaak gevoerd bedrijf. Die omzet wordt immers mede bepaald door subjectieve factoren.

Hof Amsterdam 25 november 2004, nr. 03/01683, M IV, Belastingblad 2005, blz. 367
De gemeente Amsterdam heeft een *parkeergarage* gewaardeerd door middel van de *vergelijkingsmethode* op grond van vergelijkbare verkopen van vergelijkbare parkeerplaatsen.
Het Hof is verwerpt deze methode, nu verkoopgegevens van vergelijkbare objecten ontbreken. De kapitalisatiemethode is een aanvaardbare methode om de waarde te bepalen. De berekening van belanghebbende kan echter niet worden aanvaard, nu deze berekening uitgaat van de werkelijk behaalde omzet en daarmee voorbijgaat aan de waarderingvoorschriften als bedoeld in artikel 17, tweede lid, van de Wet WOZ. Het Hof berekent de waarde door het geldende parkeertarief in het stadsdeel te vermenigvuldigen met de tijd dat per jaar betaald parkeren geldt. Deze uitkomst wordt vermenigvuldigd met de bezettingsgraad van de parkeergarage, waarna de onderhouds- en exploitatiekosten worden afgetrokken. Deze uitkomst wordt gekapitaliseerd.

Hof Amsterdam 22 december 2004, nr. 03/02660, M IV, Belastingblad 2005, blz. 323
In geschil is de waarde van een *hotel met restaurant*. De gemeente heeft de waarde bepaald middels de vergelijkingsmethode, de dekkingswaardemethode en de huurwaardekapitalisatiemethode. Het Hof verwerpt de vergelijkingmethode, omdat de verkoop van de vergelijkbare onroerende zaak heeft plaatsgevonden tussen twee gelieerde partijen. Het Hof verwerpt ook de dekkingswaardemethode. In deze berekening is de netto omzet van 1999 naar boven gecorrigeerd. Het is echter niet aannemelijk dat het hotelconcern niet zou hebben gestreefd

naar een zo hoog mogelijke omzet met het hotel. Het Hof volgt wel de huurwaardekapitalisatiemethode. Daarbij is wel ten onrechte de waarde van het restaurant berekend aan de hand van de waarde per m^2 bruto vloeroppervlakte van het hotel. Het hotel heeft echter een veel groter restaurant dan vergelijkbare hotels. Het restaurant is ook veel minder winstgevend en heeft dus ook een lagere huurwaarde.

Hof Amsterdam 28 januari 2005, nr. 03/02215, M IV, Belastingblad 2005, blz. 1081
Belanghebbende betwist de WOZ-waarden van tien bedrijfspanden. Hij stelt dat de gemeente ten onrechte gebruik heeft gemaakt van niet vergelijkbare referentieobjecten uit een andere gemeente. Daarnaast stelt hij dat ten onrechte geen rekening is gehouden met de daadwerkelijk ontvangen huursommen. Volgens het Hof maakt de gemeente aannemelijk dat bij de taxatie van de bedrijfsgebouwen voldoende rekening is gehouden met de verschillen die voortvloeien uit de ligging in een andere gemeente. De gemeente heeft terecht geen rekening gehouden met de werkelijk ontvangen huursommen, omdat die voortvloeien uit overeenkomsten die in 1996 zijn gesloten. Toen was het bedrijfsterrein nog in ontwikkeling, hetgeen de huursommen drukt. Daarom hoefde de gemeente met deze huursommen geen rekening te houden.

Hof Leeuwarden 5 augustus 2005, nr. 685/03, E V, Belastingblad 2005, blz. 952
In geschil is de waarde van een *winkel*. Belanghebbende is van mening dat de waarde gerelateerd moet worden aan de gerealiseerde huurprijs per peildatum 1 januari 1999. De gemeente onderbouwt de waarde met een taxatierapport waarbij de waarde is bepaald aan de hand van de huurwaardekapitalisatiemethode, waarbij de ITZA-methode is gehanteerd. De getaxeerde waarde wordt onderbouwd aan de hand van vier in de straat gelegen vergelijkingsobjecten. Volgens het Hof vormen deze huurprijzen een goede afspiegeling van de markt ten tijde van de waardepeildatum. De gemeente mocht de voor de onderhavige onroerende zaak gerealiseerde huurprijs buiten beschouwing laten, nu deze zich buiten de bandbreedte van de voor de vier vergelijkingspercelen gerealiseerde huurprijzen bevindt.

Rechtbank Amsterdam 18 januari 2006, nr. 05/4690, EK, Belastingblad 2006, blz. 682
Belanghebbende is eigenaar van een bedrijfspand. De gemeente heeft de WOZ-waarde bepaald aan de hand van de huurwaardekapitalisatiemethode. Daarbij is gebruik gemaakt van twee vergelijkingsobjecten.

Belanghebbende stelt dat deze niet kunnen worden gebruikt, en verwijst naar de werkelijk betaalde huur. Dit is volgens hem een resultaat van een zakelijke transactie waarbij ook de overname van het huurcontract in het geding was. De gemeente weerspreekt dit niet. Omdat de Rechtbank deze huurprijs niet onaannemelijk vindt, neemt de Rechtbank deze over. Belanghebbende voert nog aan dat de waarde aan de hand van de minnelijke taxatie van de Belastingdienst moet worden bepaald. Volgens de Rechtbank is dit niet zo, omdat belanghebbende niet aannemelijk heeft gemaakt dat daarbij de uitgangspunten Wet WOZ zijn gehanteerd. Daarbij komt dat bij de minnelijke taxatie de waarde in verhuurde staat is bepaald, met als peildatum 31 december 2003.

4.8   Huurwaardekapitalisatiemethode - Kapitalisatiefactor

Hof Amsterdam 8 juni 1998, nr. P 97/0572, M IV, Belastingblad 2000, blz. 441
Partijen stellen dat de waarde van het *hotelgebouw* moet worden bepaald middels de *dekkingswaardemethode*. Deze methode gaat uit van de totale omzet van de hotelonderneming, waarbij na omrekening naar huurwaarde maal kapitalisatiefactor, en met toepassing van enige correctiefactoren, de waarde in het economische verkeer wordt berekend. Het Hof zal partijen in deze methode volgen, nu deze niet in strijd is met het recht. Het Hof verwerpt het standpunt van belanghebbende dat aftrek moet plaatsvinden wegens te verwachten renovatiekosten. Naar het oordeel van het Hof is het – bij de waardebepaling op grond van de dekkingswaardemethode – in het algemeen niet juist om met op de waardepeildatum in de nabije of verre toekomst te verwachten renovatiekosten anders dan in de kapitalisatiefactor rekening te houden.

Hof Amsterdam 22 september 2000, nr. 99/3028, M IV, Belastingblad 2002, blz. 207, FED 2000/629
In geschil is de waarde in het economische verkeer per 1 januari 1992 van een onroerende zaak die bestaat uit een gebouw met 5 bouwlagen en een kantoortoren met enkele productieruimten en 13 bouwlagen. Partijen gaan beiden uit van een huurwaardekapitalisatiefactor van 8,3, doch belanghebbende wenst daarop grote bedragen in mindering te brengen wegens leegstandsrisico, marketing/verhuurkosten en overdrachtskosten. Toepassing van de huurwaardekapitalisatiemethode is in casu de meest geschikte wijze om de waarde in het econo-

mische verkeer te bepalen. Daarbij is aannemelijk dat voor een zo groot object als het onderhavige alleen op de markt van beleggers potentiële gegadigden zijn te vinden. De gemeente heeft echter een te rooskleurige inschatting van de op de beleggersmarkt te realiseren waarde gemaakt. Het Hof komt tot het gemiddelde van beide taxaties, resulterend in kapitalisatiefactor 7.

Hof 's-Hertogenbosch 31 augustus 2001, nr. 98/03010, M I, Belastingblad 2001, blz. 1202
In geschil is de waarde van een *winkelpand*. De gemeente heeft de waarde bepaald aan de hand van de *huurwaardekapitalisatiemethode*. De onroerende zaak is gelegen aan de a-straat. Aan de achterzijde heeft het pand een uitgang aan de b-straat. Ter zake van het bepalen van de totale huurwaarde van het object heeft de gemeente de ITZA-methode toegepast, waarbij de onroerende zaak is verdeeld in drie zones. De totale huurwaarde van de onroerende zaak, is, met toepassing van de zonering, bepaald op ƒ 607.575. De kapitalisatiefactor is door de ambtenaar berekend op 100/10,25% = 9,7. Daarbij is onder andere uitgegaan van een basisrendement van 6,6% en beheerskosten van 0,10%. De ambtenaar stelt de waarde van de onroerende zaak, gelet op het vorenstaande, op een bedrag van ƒ 605.000 × 9.7 = ƒ 5.868.500, afgerond op ƒ 5.869.000.
De totale huurwaarde is door belanghebbende bepaald op ƒ 519.382. De kapitalisatiefactor is bepaald op 100/11,65% = 8,6. Daarbij is onder andere uitgegaan van een basisrendement van 7,7% en beheerskosten van 0,40%. De huurwaarde van ƒ 519.382 vermenigvuldigd met de factor 8,6 resulteert in een waarde van ƒ 4.466.685. Ter zitting heeft belanghebbende verklaard zich alsnog te kunnen vinden in de door de gemeente aangebrachte zonering. In geschil zijn derhalve de aan de zones toe te rekenen m² prijs alsmede de kapitalisatiefactor, waarbij het geschil zich toespitst op de elementen 'basisrendement' en 'beheerskosten'. Het Hof oordeelt dat de gemeente voldoende aannemelijk heeft gemaakt dat de m²-prijzen niet te hoog zijn vastgesteld. De ambtenaar baseert zich, onder verwijzing naar een overzicht met vermelding 'Nederland in macro-economie en financiën', voor de bepaling van het basisrendement op het gemiddelde effectieve rendement van 6,79% van alle aflosbare staatsleningen met een resterende looptijd van 8 tot 9 jaar, welk rendement wordt afgerond op 6,6%. Belanghebbende stelt het basisrendement, onder mededeling dat dit het rendement op staatsleningen was op 1 januari 1995, op 7,7%. Het Hof oordeelt dar de ambtenaar het gehanteerde basisrendement voldoende aannemelijk heeft gemaakt, in tegenstelling tot belanghebbende, die geen bron vermeldt voor het gestelde basisrendement. De

door de ambtenaar gehanteerde factor van 0,1% voor beheerskosten is berekend door, onder verwijzing naar de factor 0,15% voor beheer van het nabijgelegen gehuurde winkelpand, uit te gaan van 1% van de huur. Belanghebbende hanteert voor de factor beheerskosten 4% van de huursom en onderbouwt dit met verwijzing naar een kopie van blz. 227 van het handboek 'J' van K.

Het Hof oordeelt dat de factor van 0,1 waar de ambtenaar zich op beroept een redelijke benadering is van de beheerskosten. Het beroep is ongegrond.

Hof Amsterdam 12 april 2005, nr. 02/04641, M IV, Belastingblad 2005, blz. 698

In een gebied in Amsterdam zijn er plannen tot herinrichting, waarbij het winkelcentrum wordt gesloopt. De start van de bouw van een nieuw winkelcentrum wordt verwacht in 2008-2010. Daarna zal het huidige centrum worden gesloopt. De gemeente heeft bij het bepalen van de waarde rekening gehouden met een kapitalisatiefactor van 10,5. Belanghebbende stelt dat de factor 5,5 bedraagt, waarbij zij uitgaat van een resterende levensduur van 5 jaar. Belanghebbende wijst ook op de leegstandsproblematiek en het achterstallig onderhoud. De gemeente stelt dat met de sloopplannen geen rekening mag worden gehouden omdat op de waardepeildatum nog geen duidelijke beslissingen waren genomen. Volgens het Hof miskent de gemeente dat „gegadigden die een winkel willen kopen voor eigen gebruik of als beleggingsobject, bij het uitbrengen van een bod rekening zullen houden met de serieuze mogelijkheid dat die sloop te eniger tijd zal plaatsvinden. Factoren die hun bod daardoor zullen beïnvloeden zullen zijn dat, naarmate dat vooruitzicht concreter gaat worden, aan de omliggende winkels steeds minder onderhoud zal worden gepleegd en dat voor leegkomende winkels niet of moeilijk nieuwe huurders kunnen worden gevonden. Niet aannemelijk is geworden dat de waardedruk als gevolg van de onzekerheid rond de sloopplannen opweegt tegen een waardeverhogende kans dat de grond na sloop een meerwaarde krijgt door een wijziging van de bestemming. Omtrent de nieuwe bestemming van de grond bestaat geen enkele duidelijkheid. Het Hof is van oordeel dat belanghebbende niet aannemelijk heeft gemaakt dat de sloopplannen op de waardepeildatum zich zo duidelijk aandienden dat een gegadigde bij zijn bod zou zijn uitgegaan van sloop op zo korte termijn. Het Hof stelt de kapitalisatiefactor in goede justitie vast op 9.

Hof Amsterdam 26 februari 2008, nr. 06/00213, M I, Belastingblad 2008, blz. 1495

In geschil is de *WOZ-waarde van een bedrijfspand*. Het Hof oordeelt dat het voor de bewijskracht van het taxatierapport bevorderlijk is, dat de door de taxateur aangenomen huurwaarden van de referentiepanden worden onderbouwd door huren voor vergelijkbare onroerende zaken op of rond de waardepeildatum. De gemeente heeft voor de vergelijkingspanden aangenomen huurwaarden afgeleid uit de voor die panden gerealiseerde verkoopprijzen. Vervolgens is de kapitalisatiefactor per object vastgesteld door de verkoopprijzen te delen door de aldus door hem gevonden huurwaarden. Er ontbreken derhalve marktgegevens over overeengekomen huren, zodat de onderbouwing van de kapitalisatiefactor tekort schiet. Het Hof volgt daarom de door belanghebbende berekende factor.

Rechtbank Roermond 9 mei 2008, nr. 06/788, MK, Belastingblad 2008, blz. 1196

In geschil is de WOZ-waarde van een *distributiecentrum*. De heffingsambtenaar heeft met de gehanteerde kapitalisatiefactor en de gerealiseerde transactiecijfers van vergelijkbare objecten, aangetoond dat de waarde niet te hoog is vastgesteld. De controleberekening aan de hand van de DCF-methode, waarbij de heffingsambtenaar zich heeft gebaseerd op de bij uitstek maatgevende gerealiseerde huurprijs met de huidige huurder, leidt tot een hogere kapitalisatiefactor en een hogere waarde. Belanghebbendes berekening van de waarde met gebruikmaking van de DCF-methode is gebaseerd op de minnelijke waarderingen van de Belastingdienst, waarover reeds is geoordeeld dat deze waarderingen niet als uitgangspunt voor de waardebepaling kunnen dienen.

4.9 Rijksmonumenten

Hof 's-Gravenhage 31 mei 1999, nr. BK-98/00649, E III, Belastingblad 2000, blz. 93

De waarde in het economische verkeer ad *f* 81.000 van een *molen* die is aangewezen als beschermd monument wordt gehandhaafd, nu verweerder voldoende aannemelijk heeft gemaakt dat er wel degelijk gegadigden zijn om de onroerende zaak te kopen.

Hof Arnhem 2 juli 1999, nr. 98/171, E III, Belastingblad 2000, blz. 45

Voor de bepaling van de WEV van het onderhavige object, een *monumentale kerk*, mag geen gebruik worden gemaakt van de zogenaamde reproductieve methode. In artikel 4, eerste lid, onderdeel b, van de Uitvoeringsregeling instructie waardebepaling Wet WOZ is bepaald dat de WEV van een niet-woning moet worden bepaald door middel van een methode van kapitalisatie van de brutohuur, door middel van een methode van vergelijking, dan wel door middel van een DCF-methode. De vastgestelde waarde berust op geen van deze wettelijk voorgeschreven waarderingsmethoden, omdat deze niet bruikbaar werden geacht. De reproductieve methode gaat weliswaar uit van datgene wat andere gegadigden bereid zouden zijn te investeren in een dergelijk object en wijkt in die zin af van de gecorrigeerde vervangingswaarde, bij welke methode van belang is wat de betrokkene zelf wenst te investeren, maar deze methode leidt tot een wijze van waardevaststelling die de wetgever, gelet op de wetsgeschiedenis, uitdrukkelijk voor Rijksmonumenten niet heeft gewild.

Hof Amsterdam 9 juli 1999, nr. 98/1888, M IV, Belastingblad 2000, blz. 48
Een *kerkgebouw* en een *kerktoren*, beide rijksmonument, waarvoor geen gegadigden zijn, hebben geen hogere waarde in het economische verkeer dan de symbolische prijs van *f* 1. Het Hof kent hierbij ook betekenis toe aan de beperkingen die uit de huidige vorm en indeling van de objecten voortvloeit voor andere doeleinden dan die als kerkgebouw.

Hof Amsterdam 20 december 1999, nr. P98/1729, M IV, Belastingblad 2000, blz. 569
Nu de onderhavige onroerende zaak een *rijksmonument* is, komt waardering op basis van de vervangingswaarde niet aan de orde. De waarde moet derhalve worden vastgesteld naar de waarde in het economische verkeer. Om die reden moet verweerder aannemelijk maken dat er gegadigden zijn die bereid zijn om het kerkgebouw te kopen voor meer dan het symbolische bedrag van *f* 1. In het door verweerder overgelegde taxatierapport wordt de waarde van de onroerende zaak bepaald door middel van de reproductiemethode en wordt de prijs waarvoor de gegadigden die zouden willen kopen niet vermeld. Het Hof leidt hieruit af dat kennelijk is beoogd de vervangingswaarde te bepalen. Het taxatierapport kan derhalve niet dienen als onderbouwing van de waarde in het economische verkeer van het kerkgebouw. Nu verweerder ook overigens geen bewijs heeft geleverd, leidt dit tot de slotsom dat aan het kerkgebouw geen positieve waarde in het economische verkeer worden toegekend.

Hoge Raad 29 augustus 2000, nr. 35 257, Belastingblad 2000, blz. 1115, BNB 2000/345*, FED 2000/467, FED 2000/590 (Elburg)
In geschil is de waarde van een *kerkgebouw*, een Rijksmonument, dat volgens het bestemmingsplan de bestemming 'religieuze doeleinden' heeft en wordt gebruikt voor erediensten en daarmee verband houdende activiteiten. De gemeente in kwestie is een wetsfictiegemeente, die voor het eerste WOZ-tijdvak waardepeildatum 1 januari 1994 hanteert. Bij de waardering van het kerkgebouw is artikel 41, vierde lid, juncto artikel 41, derde lid, van de Wet WOZ van toepassing. De gemeente betoogt dat deze bepalingen met zich meebrengen dat niet artikel 17, tweede en derde lid, van de Wet WOZ heeft te gelden, maar artikel 220c van de Gemeentewet. Naar het oordeel van de Hoge Raad kan deze opvatting, hoewel niet rechtstreeks in strijd met de letterlijke tekst van de Wet, niet als juist worden aanvaard. Voor de zogenaamde hoofdregelgemeenten (niet-fictiegemeenten) moest in de eerste serie WOZ-beschikkingen de waarde (uiteraard) worden vastgesteld met inachtneming van onder meer artikel 17, tweede en derde lid, van de Wet WOZ. De strekking van artikel 41, van de Wet WOZ is te bereiken dat onroerende zaken gelegen binnen fictiegemeenten op dezelfde wijze worden behandeld als onroerende zaken gelegen in niet-fictiegemeenten. Met deze strekking zou het in strijd zijn voor de hoofdregelgemeenten wel, maar voor de fictiegemeenten niet artikel 17, tweede en derde lid, van de Wet WOZ in acht te nemen.

De gemeente stelt subsidiair dat de door haar gehanteerde reproductiemethode als niet in strijd met artikel 17, tweede lid, van de Wet WOZ, onderscheidenlijk als niet in strijd met artikel 4, eerste lid, onderdeel b, van de Uitvoeringsregeling instructie waardebepaling Wet WOZ toegepast mag worden. Artikel 17, tweede lid, van de Wet WOZ bepaalt dat de waarde wordt bepaald op de waarde die aan een onroerende zaak dient te worden toegekend, indien de volle en onbezwaarde eigendom daarvan zou kunnen worden overgedragen en de verkrijger de zaak in de staat waarin die zich bevindt, onmiddellijk en in volle omvang in gebruik zou kunnen nemen. De in het derde lid opgenomen uitzondering op deze algemene regel geldt niet voor onroerende zaken die zijn ingeschreven in een van de ingevolge de Monumentenwet 1988 vastgestelde registers van beschermde monumenten, zoals het onderhavige kerkgebouw. Bij de waardering is daarom bepalend welke potentiële gegadigden er zijn voor het desbetreffende kerkgebouw en welke prijs deze gegadigden voor dat gebouw zouden willen betalen. Naar het oordeel van de Hoge Raad is bij de door de gemeente toegepaste reproductiemethode geen rekening gehouden met dat uitgangspunt, aangezien hierbij de vraag welke potentiële partij bereid zou zijn de berekende reproductiekosten te maken buiten beschouwing is gelaten. Deze waarderingsmethode is daarom niet in overeenstemming met de wettelijke regels. De Hoge Raad verwerpt het beroep.

Hof Leeuwarden 14 maart 2003, nr. 01/1041, E V, Belastingblad 2003, blz. 739
In geschil is de waarde van een *restaurant*, dat deel uitmaakt van een Rijksmonument. Het Hof verwerpt de stelling van belanghebbende dat de waarde op ƒ 1,– moet worden gesteld, nu de onroerende zaak op commerciële basis als restaurant wordt geëxploiteerd.

Hof Leeuwarden 11 juni 2004, nr. 1494/02, E VI, Belastingblad 2004, blz. 1063
Belanghebbende, een VOF, is huurder van een omstreeks 1860 gebouwd pand dat in gebruik is als *horecagelegenheid*. Op het pand rust de *status van rijksmonument*. Volgens Hof Leeuwarden heeft belanghebbende onvoldoende aannemelijk gemaakt dat de monumentenstatus een waardedrukkende factor voor de WOZ-waarde is. Het Hof merkt op dat een monumentenstatus juist ook meer allure kan geven, hetgeen als een waardeverhogende factor zou kunnen worden aangemerkt. De bordestrap is geen dermate grote belemmering voor de toegankelijkheid van het pand dat daardoor de waarde moet worden verminderd.

Hof Arnhem 8 december 2004, nr. 04/00218, E XI, Belastingblad 2005, blz. 420
In geschil is de waarde van een rijksmonumentaal kerkgebouw. De gemeente heeft de vergelijkingsmethode toegepast. Volgens het Hof zijn de gehanteerde vergelijkingsobjecten niet vergelijkbaar. Het Hof volgt de stelling van belanghebbende dat het kerkgebouw bij verkoop op de peildatum slechts het symbolische bedrag van €1 zou hebben opgebracht. De gemeente maakt de stelling dat ten tijde van de peildatum meerdere gegadigden bereid zouden zijn geweest voor het onderhavige object een prijs gelijk aan de WOZ-waarde te betalen, niet aannemelijk.

Hoge Raad 30 maart 2007, nr. 42 172, Belastingblad 2007, blz. 587, BNB 2007/183 c*, FED 2007/38
Het Marinecomplex te Amsterdam is afgebakend als één onroerende zaak. De gevel van één van de opstallen en de inrijpoort zijn ingeschreven in het register van de Monumentenwet 1988. Het Hof heeft geoordeeld dat het Rijksmonumentale gedeelte van het Marinecomplex gewaardeerd dient te worden op basis van de waarde in het eco-

nomische verkeer en het overige gedeelte op basis van de gecorri-geerde vervangingswaarde. Volgens het Hof moet de passage "onroe-rende zaken die zijn ingeschreven in een van de ingevolge de Monu-mentenwet 1988 vastgestelde registers van beschermde monumenten" in de zin van art. 17, derde lid, zo worden gelezen dat met de term "onroerende zaken" wordt gedoeld op onroerende zaken in de zin van de Monumentenwet 1988, niet op een onroerende zaak in de zin van art. 16. De Hoge Raad bevestigt dit oordeel.

Rechtbank Utrecht 2 april 2007, nr. 06/1564, MK, Belastingblad 2007, blz. 813
In geschil is de vastgestelde waarde voor een monument in de zin van de Monumentenwet 1988. Belanghebbende voert aan dat voor het ob-ject geen markt aanwezig is, waardoor de waarde op nihil moet wor-den gesteld. Ook stelt hij dat het een zeer specifiek gebouw betreft, dat vrijwel uitsluitend wordt gebruikt voor onderwijsdoeleinden, zo-dat alternatief gebruik door hoge investeringskosten niet tot de moge-lijkheden behoort. De gemeente bepaalt de waarde middels de huur-waardekapitalisatiemethode. Het gebouw is uitermate geschikt om ook in de huidige tijd een wezenlijke functie te hebben, en hij wijst daarbij op een recente grootschalige renovatie. Het bestemmingsplan biedt naast het huidige gebruik ook andere gebruiksmogelijkheden. De Rechtbank overweegt dat er wel een markt voor het object bestaat, omdat commerciële activiteiten op grond van het bestemmingsplan mogelijk zijn, wat ook thans het geval is. De status van rijksmonu-ment staat daar niet aan in de weg. Belanghebbende heeft onvol-doende aannemelijk gemaakt dat een alternatief gebruik van het ob-ject alleen na het maken van hoge kosten mogelijk is. De gemeente heeft voldoende rekening gehouden met de beschermde status van het interieur van het object.

4.10 Gecorrigeerde vervangingswaarde - Algemeen

Hoge Raad 8 juli 1992, nr. 27 678, Belastingblad 1992, blz. 801, BNB 1992/298, FED 1993/668 (Billiton-Veendam)
De wetgever heeft door voor incourante onroerende zaken waardering op de GVW voor te schrijven willen bereiken dat voor de waardering van die zaken de waarde moet gelden die deze zaken in economische zin voor de eigenaar zelf hebben. De waarde die een onroerende zaak in economische zin voor de eigenaar heeft, vindt men door uit te gaan van de veronderstelling dat voor die zaak een markt zou zijn waarop de tegenwoordige eigenaar niet alleen als verkoper opereert, maar ook

als koper die de zaak wil verwerven met handhaving van aard en bestemming ervan. In deze gedachtengang is het vanzelfsprekend dat de GVW wat betreft een in de commerciële sfeer gebezigde onroerende zaak niet hoger kan worden gesteld dan de bedrijfswaarde. Te lage winsten, in relatie tot de investeringen, als gevolg van ontwikkelingen in de conjunctuur of in de desbetreffende bedrijfstak, kunnen aanleiding zijn die bedrijfswaarde aanzienlijk lager te stellen dan de kostprijs, verminderd met de normale afschrijvingen. In de aldus gevonden waarde is de invloed van de omzetbelasting steeds verdisconteerd.

Hoge Raad 9 juli 1999, nr. 34 377, Belastingblad 1999, blz. 622, BNB 1999/376, FED 1999/460
Op een *golfbaan*, die is gewaardeerd op de GVW, rust de (met een kettingbeding versterkte) verplichting de baan bij verkoop eerst aan een golfvereniging te koop aan te bieden.
De in het tweede lid van artikel 17 van de Wet WOZ opgenomen fictiebepalingen gelden tevens bij de vaststelling van de GVW.

Hof Arnhem 17 april 2001, nr. 99/03482, E I, Belastingblad 2001, blz. 762
In geschil is de waarde van een *clubgebouw* met kantine en kleedruimten met een dubbele tennisbaan (bouwjaar 1988) en een enkele tennisbaan (bouwjaar 1990). Bij beschikking is de waarde vastgesteld op *f* 328.000 en bij uitspraak op bezwaar verminderd tot *f* 305.000, omdat daarin ten onrechte was meegenomen de vervangingswaarde van een in 1998 aangelegde baanverlichting. Niet in geschil is dat de waarde moet worden bepaald aan de hand van de gecorrigeerde vervangingswaarde. Belanghebbende stelt dat de waarde moet worden vastgesteld op *f* 241.500. De ambtenaar baseert de door hem in het taxatierapport berekende waarde onder andere op de richtprijzen in het taxatieboekje (her)bouwkosten 1999 van Reed Business Information en het Taxatietechnisch Vademecum deel II van Kafi B.V.. Belanghebbende baseert de door haar in het taxatierapport berekende waarde onder andere herberekening gecorrigeerde vervangingswaarde volgens de normen van de Koninklijke Nederlandse Lawn Tennis Bond. Het Hof constateert dat in de taxatierapporten uiteenlopende waarden zijn opgenomen, die voor het grootste deel zijn terug te voeren tot een verschil van inzicht over de vervangingswaarde en voor het overige verband houden met verschil van inzicht over de correcties (restwaarde en afschrijving). Het Hof acht aannemelijk dat het verschil in waardering voor wat betreft de vervangingswaarde voornamelijk is toe te schrijven aan het feit dat de gemeente bij die waarde-

ring de reproductiemethode en belanghebbende de retrospectieve methode tot uitgangspunt heeft genomen. Naar het oordeel van het Hof
hebben zowel de gemeente als belanghebbende zich gebaseerd op te
algemene cijfers, zodat de taxatierapporten niet zonder meer kunnen
worden gevolgd. Nu de waarde voor het tweede WOZ-tijdvak op
f 290.000 is vastgesteld, acht het Hof de door de gemeente berekende
waarde te hoog. Hoewel het hier gaat om een relatief nieuwe en nog
goed functionerende onroerende zaak waarvoor de retrospectieve methode een goed uitgangspunt vormt, zal het Hof desalniettemin de reproductiemethode als uitgangspunt nemen nu van de historische kosten geen volledige en objectief toetsbare gegevens voorhanden zijn.
Ervan uitgaande dat de gemeente in 1999 wederom de reproductiemethode als uitgangspunt heeft genomen en deze waarde als zodanig niet
door belanghebbende wordt betwist, stelt het Hof de waarde in het
economische verkeer van belanghebbendes onroerende zaak per 1 januari 1995, in goede justitie vast op f 275.000.

*Hof Amsterdam 27 augustus 2001, nr. 00/2642, M IV, Belastingblad
2002, blz. 400*
Belanghebbende ontving een waardebeschikking met dagtekening 28
februari 1997 van f 116.000 met betrekking tot een telefooncentrale.
Meegezonden werd een taxatieverslag waarin de gecorrigeerde vervangingswaarde van het object werd berekend op het bedrag van
f 116.000, waarbij werd uitgegaan van een vloeroppervlak van
200 m². Tegen deze beschikking heeft belanghebbende een bezwaarschrift ingediend. Bij het daarop volgende onderzoek van de ambtenaar werd ontdekt dat de afgegeven beschikking onjuist was. Bij brief
van 30 september 1998 heeft belanghebbende het bezwaarschrift ingetrokken. Bij brief aan belanghebbende van 12 oktober 1998 heeft
de ambtenaar aangekondigd een herziene beschikking te zullen afgeven. Met een nieuwe beschikking werd de waarde vastgesteld op
f 3.760.000, vastgesteld volgens de gecorrigeerde vervangingswaarde. Bij het verweerschrift heeft de ambtenaar een taxatieverslag
overgelegd waarin de waarde van het object, berekend volgens de methode van huurwaardekapitalisatie, wordt gesteld op f 3.998.000.
Naar het oordeel van het Hof kon de ambtenaar een herzieningsbeschikking afgeven gezien het feit dat in april 1996 voor het jaar 1996
aan belanghebbende voor hetzelfde object een aanslag OZB was opgelegd naar een waarde van f 3.608.000 en dat ook naar het oordeel
van belanghebbende aan de grond reeds een waarde van f 695.000
moet worden toegekend. Derhalve had belanghebbende onmiddellijk
moeten zien dat de oorspronkelijke beschikking onjuist was ten gevolge van één of meerdere als vergissing aan te merken administra-

tieve misslagen. Het Hof is van mening dat de ambtenaar niet gebonden is aan de afspraken tussen de taxatiebureaus met betrekking tot de vaststelling van de gecorrigeerde vervangingswaarde van telefooncentrales. De taxatiebureaus traden bij het maken van de afspraken niet op namens de ambtenaar. Daarom kan de ambtenaar niet worden verplicht afspraken na te komen die buiten zijn medeweten tot stand zijn gekomen en waarbij hij geen partij was. De ambtenaar stelt zich op het standpunt dat de gecorrigeerde vervangingswaarde van het object f 3.760.000 bedraagt. De ambtenaar is gehouden deze waarde aannemelijk te maken. Aangezien de ambtenaar er niet in slaagt het Hof van de juistheid van deze waarde te overtuigen, oordeelt het Hof dat de ambtenaar de waarde niet aannemelijk gemaakt heeft met het summiere taxatieverslag. Nu de ambtenaar de door hem gestelde waarde niet aannemelijk heeft weten te maken, en belanghebbende een berekening heeft overgelegd die steunt op rekenregels die een neerslag vormen van afspraken die zijn gemaakt tussen belanghebbende en grote landelijke taxatiebureaus en een andere waarde door partijen niet is verdedigd, zal het Hof belanghebbende volgen in haar standpunt. Uit het voorgaande vloeit voort dat het gelijk aan belanghebbende is zodat de waarde van de onroerende zaak moet worden gesteld op f 1.430.000.

Hoge Raad 31 januari 2003, nr. 37 092, Belastingblad 2003, blz. 322, BNB 2003/189*,
Aan belanghebbende is voor het jaar 1992 wegens het gebruik het *Ahoy-complex* een aanslag OZB opgelegd. Het object werd in het onderhavige jaar door de gemeente Rotterdam, eigenares ervan, verhuurd aan belanghebbende, die het gebruikte voor beurzen, tentoonstellingen en (pop)concerten. Voor het Hof was onder meer in geschil of het object incourant was of belanghebbende het in de commerciële sfeer gebruikte. De Hoge Raad oordeelt dat in verband met het objectieve karakter van de OZB moet worden aanvaard dat indien een incourante onroerende zaak bij een ander dan de eigenaar in gebruik is, voor die gebruiker de waarde dient te worden bepaald overeenkomstig hetgeen voor de eigenaar geldt (Hoge Raad 8 juli 1992, nr. 27678, BNB 1992/298). Het voorgaande brengt mee dat, nu belanghebbende geen eigenaar was, niet beslissend is of zij het object al dan niet in de commerciële sfeer gebruikte.

Hof 's-Hertogenbosch 1 juli 2003, nr. 98/04703, M III, Belastingblad 2003, blz. 1225
Partijen hebben elk voor zich geconcludeerd dat de gecorrigeerde vervangingswaarde van de onderhavige onroerende zaak hoger is dan de

waarde in het economisch verkeer van de onroerende zaak. Het Hof kan belanghebbende niet volgen in haar stelling dat de kantoorgebouwen incourant zijn en daarmee gewaardeerd zouden moeten worden op de lager berekende waarde in het economisch verkeer. Naar het oordeel van het Hof verdraagt de door belanghebbende ter zitting voor het eerst ingenomen stelling zich niet met het bepaalde in artikel 17, derde lid, Wet WOZ, aangezien de methode van waardebepaling voor de onroerende zaak als geheel heeft te gelden en niet voor de samenstellende delen van de onroerende zaak afzonderlijk.

Hof Amsterdam 9 januari 2004, nr. 02/05206, M IV, Belastingblad 2004, blz. 372
Aan belanghebbende is een WOZ-beschikking afgegeven voor een *gebouw* dat wordt *gebruikt voor medische doeleinden*, waaronder poliklinische ingrepen en onderzoek. Voor de waardebepaling is aansluiting gezocht bij de bouwkosten voor ziekenhuizen. In het gebouw bevinden zich voorzieningen om medische operatieve ingrepen uit te voeren en ruimtes waar medisch (laboratorium)onderzoek wordt verricht. Volgens het Hof is het gebouw als een (kleinschalig) ziekenhuis aan te merken. Daaraan doet niet af dat de operatieve ingrepen uitsluitend poliklinisch worden verricht.

Hof Amsterdam 12 mei 2006, nr. 04/02612, M IV, Belastingblad 2006, blz. 789
In geschil is de WOZ-waarde van het hoofdkantoor van de *luchtverkeersbeveiliging*. Dit gebouw kan maar één doel dienen, zodat voor gebruik als kantoorgebouw de gehele infrastructuur moet worden gewijzigd. Het Hof oordeelt dat de gemeente de huurwaarde van het object niet aannemelijk heeft gemaakt. De gemeente stelt terecht dat de in aanmerking te nemen huurwaarde mede wordt beïnvloed door de aanwezigheid van tot het object te rekenen zogenaamde 'huurdersvoorzieningen'. Volgens het Hof is de waarde in het economische verkeer echter te hoog. De waarde moet worden bepaald aan de hand van de gecorrigeerde vervangingswaarde. Immers, er is sprake van een incourante onroerende zaak, nu nergens in Nederland een gebouw voorhanden is met dezelfde specifieke voorzieningen als het onderhavige object. Bij verkoop is alleen belanghebbende gegadigde. Als het object zijn huidige bestemming verliest, zal het worden afgebroken aangezien alternatief gebruik niet denkbaar is. Het Hof bevestigt de door de gemeente berekende gecorrigeerde vervangingswaarde.

Rechtbank Zwolle-Lelystad 19 april 2007, nr. 06/1095, MK, Belastingblad 2007, blz. 1330
Belanghebbende heeft een *agrarisch bedrijf* met een *windturbine*. In geschil is de WOZ-waarde van de windturbine. De Rechtbank is van oordeel dat de energie-investeringsaftrek bij het bepalen van de gecorrigeerde vervangingswaarde van een windturbine in mindering moet komen op de stichtingskosten. Deze eenmalige aftrekpost verlaagt immers de stichtingskosten van de windturbine. De Rechtbank volgt de stelling van X dat onderhouds- en garantiekosten niet behoren tot de stichtingskosten, aangezien deze kosten niet zijn gemaakt om de windturbine te realiseren. De gemeente heeft echter het toegangspad naar de windturbine terecht gerekend tot de ondergrond van de windturbine.

Hoge Raad 23 november 2007, nr. 43 263, Belastingblad 2008, blz. 183, BNB 2008/43ᶜ*
Belanghebbende is eigenaar van een windmolenpark van veertig windturbines Het park is in 1992 gerealiseerd met behulp van investeringssubsidies die van overheidswege zijn verstrekt op de voet van de Steunregeling energiebesparing en stromingsenergie. Op de waardepeildatum was die regeling niet meer van kracht. Op de waardepeildatum waren met betrekking tot windmolenparken diverse fiscale faciliteiten zoals ontheffing van de regulerende energiebelasting, de VAMIL-regeling en de energie-investeringsaftrek van kracht. De Hoge Raad bevestigt het oordeel van het Hof dat deze faciliteiten niet van invloed zijn op de herbouwwaarde van de windmolens. Die faciliteiten verminderen niet het offer dat nodig is om die windmolens weer in dezelfde staat aan te schaffen of te vervaardigen, maar kunnen wel van invloed zijn op de waarde die de windmolens in economische zin voor belanghebbende vertegenwoordigen (de bedrijfswaarde). In cassatie klaagt belanghebbende echter niet over het oordeel van het Hof dat niet is gesteld of gebleken dat de bedrijfswaarde van de windmolens lager is dan de WOZ-waarde waarop het Hof is uitgekomen.

4.11   Gecorrigeerde vervangingswaarde - Grond

Hoge Raad 24 september 1997, Belastingblad 1997, blz. 735, BNB 1997/357, FED 1997/791
De onderhavige 9-holes baan heeft een onrendabele opzet. Als gevolg daarvan is de bedrijfswaarde voor de eigenaar zelf lager dan de waarde van de grond. Niettemin moet de GVW tenminste op de verkoopwaarde van de grond worden gesteld.

Hof Amsterdam 27 oktober 2000, nr. 99/2196, M IV, Belastingblad 2001, blz. 814, FED 2001/37

Belanghebbende is eigenares en gebruiker van een in 1996 gesticht *sportcomplex*, bestaande uit voetbalvelden, kantine- en kleedaccommodatie, overdekte zittribune, lichtmasten, parkeerterrein en overige grond. Tussen partijen is in geschil de gecorrigeerde vervangingswaarde van de speelvelden (inclusief de lichtmasten en de overige gronden). De gecorrigeerde vervangingswaarde van de opstallen is niet in geschil. Naar het oordeel van het Hof is de vervangingswaarde van de grond gelijk aan de prijs die zou moeten worden betaald om vergelijkbare grond (van dezelfde aard en met dezelfde bestemming) in eigendom te verwerven. Daarbij pleegt voor de grond waarop gebouwd mag worden een hoger bedrag te moeten worden opgeofferd dan voor grond zonder bouwbestemming, ook indien het te bebouwen gedeelte daarvan minder is dan de gehele oppervlakte. Er dient immers, naar verweerder terecht stelt, ook rekening te worden gehouden met bijgelegen grond ten behoeve van bijvoorbeeld verkeer en stalling. Verweerder heeft daarom aan de kantine- en kleedaccommodatie een groter oppervlakte kunnen toerekenen dan enkel de ondergrond. Bij het bepalen van de vervangingswaarde dient voorts niet alleen rekening te worden gehouden met het voor de verwerving van de grond op te offeren bedrag, doch tevens met de aanlegkosten van sportvelden, parkeerterreinen, verhardingen en dergelijke. Zulks kan geschieden door die aanlegkosten naast de grondprijs afzonderlijk te vermelden, doch ook - zoals verweerder in casu kennelijk heeft gedaan - door de grondprijs te verhogen met die aanlegkosten. Ook de vervangingswaarde van lichtmasten kan daarbij niet buiten beschouwing blijven. Voor het bepalen van de vervangingwaarde van de speelvelden komt geen betekenis toe aan de huurprijzen die de gemeente in rekening brengt aan andere sportverenigingen en een op basis daarvan gekapitaliseerde rendementswaarde. Zulks ligt ook niet voor de hand nu aan sportverenigingen in rekening te brengen huurprijzen door gemeenten niet marktconform plegen te worden vastgesteld gelet op het belang dat aan sportbeoefening wordt toegekend. Het Hof verklaart het beroep van belanghebbende ongegrond.

Hoge Raad 8 maart 2002, nr. 36 666, Belastingblad 2002, blz. 411, BNB 2002/154, FED 2002/158

Aan belanghebbende zijn voor het jaar 1995 wegens het genot krachtens zakelijk recht en wegens het gebruik van een militair complex, aanslagen OZB opgelegd naar een heffingsmaatstaf van *f* 156.121.000. In beroep heeft het Hof de uitspraak vernietigd en de aanslagen verminderd tot aanslagen naar een heffingsmaatstaf van

f 97.000.000. B en W hebben tegen deze uitspraak beroep in cassatie ingesteld. De klachten houden onder meer in dat het Hof bij de waardering van de ongebouwde eigendommen rekening heeft gehouden met de ten tijde van de peildatum gerealiseerde grondprijzen voor vergelijkbare gronden en niet met de gronduitgifteprijzen die de ambtenaar hanteert voor gronden met dezelfde bestemming. B en W stellen dat het Hof hiermee een innerlijk inconsistent en daardoor onjuist en onbegrijpelijk oordeel heeft gegeven. De Hoge Raad stelt dat het Hof vrij was in de keuze van de waarderingsmethode die naar zijn oordeel tot de beste benadering van de waarde van de grond leidt. De omstandigheid dat het Hof bij de waardering van het complex de gecorrigeerde vervangingswaarde tot uitgangspunt heeft genomen maakt 's'Hofs oordeel niet inconsistent, nu de waardering van de bij het complex behorende grond op de gecorrigeerde vervangingswaarde niet tot een hogere waarde zou leiden. De Hoge Raad verklaart het beroep ongegrond.

Hof Leeuwarden 15 augustus 2005, nr. 1770/02, E I, Belastingblad 2005, blz. 1259
In geschil is de waarde van een *golfterrein* in de gemeente Westerveld. De waarde is bepaald aan de hand van de gecorrigeerde vervangingswaarde. Belanghebbende voert aan, dat voor het niet bespeelbare gedeelte van het golfterrein een lagere waarde toegekend dient te worden dan aan het daadwerkelijk als golfterrein in gebruik zijnde gedeelte. Het Hof concludeert echter dat het niet bespeelbare gedeelte essentieel is voor het bespeelbare gedeelte. Bovendien wordt het gehele gebied in het geldende bestemmingsplan als golfterrein aangemerkt. De gemeente heeft bij de waardering onderscheid gemaakt tussen bespeelbaar terrein en natuurterrein. Voor beide terreinen, met uitzondering van een klein bosgebied, is een gelijke waarde per m^2 gehanteerd, aangezien beide terreinen gecultiveerd zijn. Voor het kleine bosgebied is een lagere waarde per m^2 gehanteerd. De juistheid van de waarden per m^2 is door belanghebbende niet bestreden. Het Hof concludeert dat voor de onbespeelbare en bespeelbare grond, met uitzondering van het als natuurterrein aangemerkte bos, eenzelfde waarde per m^2 toegekend kan worden.

Rechtbank Amsterdam 21 april 2008, nr. 07/1888, 07/1889 en 07/5733, MK, Belastingblad 2008, blz. 1152
In geschil is de gecorrigeerde vervangingswaarde van een perceel grond van 25.000 m^2 met daarop een gebouw met horecaruimten, diverse vergaderzalen, tennis- en squashbanen. Alleen de waarde van de grond is in geschil. De gemeente heeft de grondwaarde bepaald

aan de hand van het bedrag dat is betaald om de erfpacht voor 50 jaar af te kopen. De Rechtbank verwerpt de stelling van belanghebbende dat moet worden uitgegaan van de gronduitgifteprijzen. De gemeente stelt dat de afkoopsom het best aansluit bij de voorgeschreven methode van waardebepaling van de grond door vergelijking met transacties op de vrije markt. Het waardeverschil tussen een onroerende zaak waarop een voor 50 jaar afgekocht erfpacht rust en de waarde in volle eigendom is volgens de gemeente verwaarloosbaar klein. De Rechtbank volgt dit standpunt.

4.12 Gecorrigeerde vervangingswaarde - Technische en functionele veroudering

Hof Amsterdam 4 april 1997, nr. P95/0841, M IV, Belastingblad 1999, blz. 287
In geschil is de waarde van een *schoolgebouw*, die is bepaald middels de GVW. Bij het bepalen van de technische afschrijving hoeft geen rekening te worden gehouden met de aantasting van een betonbalk, nu deze zich eerst na de peildatum heeft voorgedaan. Bij het bepalen van de functionele afschrijving is in onvoldoende mate rekening is gehouden met de overcapaciteit van het gebouw. Bij het bepalen van de grondprijs wordt geen aftrek wegens het bebouwd zijn van de grond toegepast nu het gaat om het offer dat belanghebbende zich moet getroosten om de grond van de gemeente in eigendom te verkrijgen.

Hof Arnhem 9 juni 1999, nr. 97/21226, Belastingblad 2000, blz. 535
De onderhavige onroerende zaak is een *verzorgingstehuis*. De waarde is bepaald op basis van de GVW. Belanghebbende stelt dat de disfunctionaliteit van het gebouw begin jaren negentig aanzienlijk was. Door verweerder is desgevraagd niet weersproken dat in veel verzorgingstehuizen in de jaren negentig belangrijke renovaties zijn uitgevoerd. Dit brengt met zich mee dat het Hof het door belanghebbende voorgestane hogere percentage van 35% voor functionele afschrijving volgt.
Voor een afwijking van de afschrijving naar de levensduur van 40 jaar, zoals voor gebouwen algemeen gebruikelijk, wegens disfunctionaliteit ziet het Hof geen aanleiding, daar de disfunctionaliteit naar het oordeel van het Hof in hoofdzaak tot uiting dient te komen in het afschrijvingspercentage voor functionele veroudering.

Hof Amsterdam 15 september 2000, nr. 99/03023, M IV, Belastingblad 2002, blz. 146
In geschil is de *gecorrigeerde vervangingswaarde* van een door belanghebbende geëxploiteerd *verpleegtehuis*. Belanghebbende stelt dat als leidraad voor de berekeningen moet worden uitgegaan van de normstellingen die het CVZ hanteerde voor nieuwbouw van verpleegtehuizen op of rond de peildatum. Belanghebbende stelt dat deze normen niet zonder meer kunnen worden toegepast, omdat het onderhavige verpleegtehuis, gesticht in 1970 en uitgebreid in 1980, in opzet, indeling, kwaliteit van bouwmaterialen en technische voorzieningen te zeer afwijkt van verpleeghuizen die rond de peildatum worden gebouwd. Volgens het Hof kunnen de normen van het CVZ niet zonder meer als basis dienen voor de berekening van de herbouwwaarde. Daarbij neemt het Hof in aanmerking dat, naarmate sinds de bouw van de diverse onderdelen langere tijd is verstreken, bij die bouw materialen zijn gebruikt die inmiddels niet meer worden toegepast en dat sindsdien ook de bouwmethoden veranderd zijn. Verder neemt het Hof in aanmerking dat de Waarderingsinstructie 1995 als stichtingskosten bedragen vermeldt in een bepaalde marge en dat de ambtenaar er kennelijk vanuit is gegaan dat de stichtingskosten van het onderhavige object de hoogste prijscategorie benaderen. Het Hof vermindert de waarde.

Hof Amsterdam 22 september 2000, nr. 98/05202, M IV, Belastingblad 2002, blz. 396
Voor het eerste WOZ-tijdvak is aan belanghebbende ter zake van het gebruik van een *sporthal met tennisbanen* een beschikking verzonden. In geschil is de waarde, zijnde de gecorrigeerde vervangingswaarde, welke naar de waardepeildatum 1 januari 1995 op *f* 1.940.000 is vastgesteld. Belanghebbendes stelling dat de waarde van het object op nihil moet worden gesteld, met een beroep op het arrest 5 juni 1996 (BNB 1996/250 (Nieuwe Kerk)), wordt door het Hof verworpen. Naar volgt uit het arrest HR 29 augustus 1997 (BNB 1997/348) kan van de onderhavige sporthal niet worden gezegd dat deze voor de eigenaar geen ander nut heeft dan dat deze blijft voortbestaan. Voorts is de bedrijfswaarde niet bepalend nu de sporthal niet op commerciële wijze wordt geëxploiteerd. De stelling van belanghebbende dat voor de berekening van de herbouwwaarde de oorspronkelijke stichtingkosten moeten worden verminderd met de daarvoor ontvangen subsidie vindt volgens het Hof geen steun in het recht. Als gevolg van een ondoelmatige inrichting en wegens achterstallig onderhoud dient wel een hogere functionele correctie en een extra aftrek

te worden toegepast. Het Hof verklaart het beroep gegrond en vermindert de waarde tot een bedrag van ƒ 1.703.000.

Hoge Raad 29 november 2000, nr. 35 535, Belastingblad 2001, blz.116, BNB 2001/37, FED 2000/67
In geschil is de gecorrigeerde vervangingswaarde van een verzorgingstehuis naar waardepeildatum 1 januari 1990. In de Verordening is bepaald dat bij de berekening van de vervangingswaarde rekening wordt gehouden met de sedert de stichting van de zaak opgetreden technische en functionele veroudering waarbij de invloed van latere wijzigingen in aanmerking wordt genomen. Partijen hebben bij de bepaling van de aftrek wegens technische veroudering van de in 1957 gestichte tussenvleugel rekening gehouden met de renovatie daarvan in 1984 door een kortere afschrijvingsperiode in aanmerking te nemen, namelijk van zeven jaar (B en W) en dertien jaar (belanghebbende). Het Hof heeft de periode van afschrijving voor de tussenvleugel zonder nadere motivering gesteld op 33 jaar. Naar het oordeel van de Hoge Raad valt niet in te zien waarom het Hof de periode van afschrijving heeft gesteld op 33 jaar en of en zo ja hoe het dan bij de bepaling van de aftrek wegens technische veroudering rekening heeft gehouden met de invloed van de renovatie van de vleugel in 1984. De uitspraak kan niet in stand blijven. Verwijzing moet volgen.

Hof Amsterdam 9 januari 2001, nr. 00/0598, M IV, Belastingblad 2002, blz. 338
In geschil is de WOZ-waarde van een *televisietoren*, die deel uitmaakt van een *broadcastcentrum*. Bij de vaststelling van de waarde is de ambtenaar uitgegaan van een levensduur van 40 jaar. Volgens belanghebbende is de toren aan te merken als telefooncentrale. Tijdens het eerste WOZ-tijdvak is uitvoerig overleg geweest tussen de grootste landelijke taxatiebureaus, waarbij in een totaalovereenkomst onder meer rekenregels met betrekking tot het berekenen van de gecorrigeerde vervangingswaarde van telefooncentrales zijn vastgelegd. Een van de afspraken betreft de levensduur van dergelijke telefoontorens/televisiemasten: 33 jaar. Belanghebbende geeft aan dat taxateurs in het gehele land een levensduur van 33 jaar hanteren. De ambtenaar is van mening dat een levensduur van 40 jaar reëel is, omdat het een specifiek object betreft en omdat geconstateerd is dat de toren degelijk gebouwd is met duurzame materialen. Bovendien is de toren aanmerkelijk hoger dan de meeste andere telefoontorens. Het Hof is van mening dat de taxatiebureaus tijdens het bovengenoemde overleg niet optraden namens de ambtenaar. Alsdan kan de ambtenaar er niet toe worden verplicht afspraken, die buiten zijn medeweten tot stand zijn

gekomen en waarbij hij geen partij was, na te komen. De ambtenaar heeft echter niet aannemelijk gemaakt dat het onderhavige object ten opzichte van het vergelijkingsmateriaal waarop belanghebbende zich beroept een afwijkende positie inneemt. Het oordeel van het Hof is dat de ambtenaar tegenover de gemotiveerde stellingname van belanghebbende, onvoldoende naar voren heeft gebracht om zijn stelling dat een levensduur van 40 jaar in aanmerking moet worden genomen, aannemelijk te maken. Hieruit volgt dat het gelijk aan de zijde van belanghebbende is.

Hof 's-Gravenhage 31 januari 2001, nr. BK-98/00088, M III, Belastingblad 2002, blz. 5
De onderhavige onroerende zaak is een door belanghebbende geëxploiteerd *ziekenhuis*. Het bestaat uit vijf gebouwen, die elk zijn voorzien van elektrotechnische en werktuigbouwkundige installaties, een kapel en een zusterhuis. Van de gebouwen en de daarin aanwezige installaties dateren er twee uit 1964 (gebouwen I en II), twee uit 1981 (gebouwen III en IV) en één uit 1989 (gebouw V). Het zusterhuis en de kapel zijn gebouwd in 1964. Bij de berekening van de gecorrigeerde vervangingswaarde van de gebouwen en installaties is de ambtenaar uitgegaan van een levensduur van 33 en 20 jaar. Voorts is hij uitgegaan van een restwaarde van de gebouwen van 30%, voor de installaties in de gebouwen II en IV van 45%, en voor de overige installaties van 50%. Bij de berekening van de brutovervangingswaarde is de ambtenaar uitgegaan van een herbouwwaarde per vierkante meter van *f* 2282 voor de gebouwen I tot en met V en van *f* 978 voor de installaties. Deze bedragen zijn onder andere gebaseerd op de door het CVZ vastgestelde bouwkostennorm en de in de Uitgave van de 'Misset-bouwkosten' weergegeven verhouding tussen vrijgestelde werktuigen en roerende zaken. Blijkens de bouwkostennota 1990 van het CVZ moet, indien de kosten van renovatie meer dan 65% van de kosten van nieuwbouw bedragen, vervangende nieuwbouw worden overwogen. Belanghebbende stelt dat de ambtenaar is uitgegaan van een te hoge brutovervangingswaarde voor de gebouwen en de installaties. Dit wordt door haar echter niet onderbouwd, zodat het Hof op dit punt de ambtenaar volgt. Belanghebbende stelt gemotiveerd dat de levensduur van alle gebouwen 40 jaar is en dat de restwaarde daarvan 20% bedraagt. De ambtenaar heeft naar het oordeel van het Hof onvoldoende aannemelijk gemaakt dat dit anders is. Hetzelfde geldt voor de restwaarde van de installaties, die belanghebbende gemotiveerd heeft gesteld op 10%. Niet in geschil is dat de levensduur van de installaties 20 jaar is. Het Hof volgt de stelling van de ambtenaar, dat de restwaarde van de gebouwen en de installaties tenminste 43,2% be-

draagt niet, nu dit percentage is berekend op basis van het percentage van 65% uit de bouwkostennota 1990, zonder dat daarbij is gesteld of gebleken op welke wijze rekening is gehouden met de elementen die de basis voor de technische afschrijving vormen, zijnde de levensduur van het object en de restwaarde die het object aan het einde van de levensduur zal hebben.

Hof Leeuwarden 21 februari 2002, nr. 02/1065, M II, Belastingblad 2003, blz. 630

In geschil is de *gecorrigeerde vervangingswaarde* van een *verzorgingstehuis*. Belanghebbende stelt dat heffingsambtenaar de bruto vervangingswaarde op een te hoog bedrag heeft vastgesteld. Hij verwijst daarbij onder meer naar de 'Waarderingsinstructie' (2e herziene druk) en het 'Taxatieboekje (her)bouwkosten 1999' en concludeert tot een prijs per vierkante meter van ƒ 1.550,–. Nu in het taxatierapport van de gemeente wordt uitgegaan van financiële richtlijnen (Referentiekader 1999) gegeven door de Ziekenfondsraad en bepaald naar het prijspeil 1 augustus 1998, derhalve enkele maanden voor de waardepeildatum, terwijl de door de gemachtigde van belanghebbende gehanteerde Waarderingsinstructie uitgaat van een waardepeildatum 1 januari 1995, acht het Hof de in het taxatierapport gehanteerde waarde het meest aanvaardbaar. Zulks geldt temeer daar de taxateur de meest lage prijs per vierkante meter heeft gehanteerd en die vervolgens naar beneden heeft bijgesteld in verband met onder meer de gebruikte materialen en het kwaliteitsniveau van de onroerende zaak. Ook blijken de door de belanghebbende gehanteerde bouwprijzen per vierkante meter te zijn bepaald exclusief bijkomende bouw- en projectkosten, terwijl de door de Ziekenfondsraad gehanteerde prijzen kunnen worden geacht 'all-in' prijzen te zijn. Niet in geschil is dat renovatie van verzorgingshuizen pleegt te geschieden na 30 à 35 jaar. Daarom is een technische afschrijving gebaseerd op een (gewogen) gemiddelde levensduur van 33 jaar niet onredelijk.

Hof Arnhem 6 september 2002, nr. 00/2200, M I, Belastingblad 2002, blz. 1184

Tussen partijen is de WOZ-waarde van een *zendmast* in geschil. In de uitspraak op het bezwaarschrift is deze waarde nader vastgesteld op ƒ 6.545.000. Naar het oordeel van belanghebbende is het gebruik van de zendmast pas optimaal/doelmatig als alle verdiepingsruimten in gebruik zijn. De omstandigheid dat 15 van de 26 verdiepingen van de zendmast buiten gebruik zijn gesteld is voor belanghebbende reden om de functionele correctie te bepalen op 59%, hetgeen leidt tot een WOZ-waarde van ƒ 4.531.000. Naar het oordeel van het Hof is geen sprake van ondoelmatigheid. De gedeeltelijke leegstand vormt immers geen belemmering voor de normale activiteiten die belanghebbende met de zendmast voorheeft. De zendmast biedt zelfs ruimschoots mogelijkheden voor bijplaatsing van apparatuur ter uitbreiding van activiteiten. Voorts kunnen de verdiepingen als onderdeel van de constructie – die de toren en daarmee de zendmast op de vereiste hoogte brengt – in geen geval gemist worden. Voor die functie maakt het geen verschil op hoeveel verdiepingen apparatuur staat opgesteld.

Hof 's-Gravenhage 11 maart 2003, nr. 01/02177, E VIII, Belastingblad 2003, blz. 857
Belanghebbende is gebruiker van een *verzorgingshuis*. Tussen partijen is in geschil is de voor de bepaling van de *technische afschrijving* in aanmerking te nemen levensduur en restwaarde van de onderdelen van de onroerende zaak. De gemeente Leerdam staat een technische afschrijving voor van 44 percent. Deze afschrijving is de uitkomst van een levensduur van veertig jaar en een restwaarde van dertig percent voor alle tot de opstal behorende onderdelen van de onroerende zaak. De gemeente heeft niet aannemelijk heeft gemaakt dat alle onderdelen van de onroerende zaak deze levensduur en restwaarde hebben. Bij het bepalen van de technische afschrijving bij een gebouw als het onderhavige wordt een meer met de werkelijkheid overeenstemmende uitkomst verkregen, indien wordt onderscheiden naar de verschillende onderdelen van het gebouw, zoals de ruwbouw, afbouw/ vaste inrichting, installaties, infrastructuur en overige kosten. Nu belanghebbende per onderdeel de levensduur en de restwaarde heeft berekend, is het gelijk aan belanghebbende.

Hof Leeuwarden 4 juli 2003, nr. 1091/02, M II, Belastingblad 2003, blz. 1289
In geschil is de waarde van een *verzorgingstehuis* in de gemeente Eemsmond. Belanghebbende stelt dat de gemeente de bruto vervangingswaarde op een te hoog bedrag heeft vastgesteld. Hij verwijst naar de 'Waarderingsinstructie 1995' en het 'Taxatieboekje (her) bouwkosten 1999'. De gemeente bestrijdt dit door te wijzen op de afwijkende samenstelling van de daarbij gehanteerde bouwkosten. Het Hof volgt de waarde per vierkante meter van de gemeente. Voor de technische afschrijving wordt in het taxatierapport van de gemeente uitgegaan van een gemiddelde levensduur van 35 jaar en een restwaarde van 20%. Dat komt het Hof aanvaardbaar voor. De door belanghebbende voorgestane technische afschrijving komt bij een zelfde levensduur uit op een restwaarde van 10%, wat het Hof onaanneme-

lijk laag acht. Met betrekking tot de functionele veroudering zijn partijen het erover eens dat de belemmering in gebruiksmogelijkheden door veroudering van het object kan worden gesteld op een correctie van 10%. De door belanghebbende gestelde extra excessieve gebruikskosten zijn voor het Hof als te vaag onderbouwd niet aannemelijk geworden. Belanghebbendes verwijzing naar het rapport van D (Project Inventarisatie Verzorgingshuizen, Functionele en bouwtechnische kwaliteitsoordelen verzorgingshuizen) blijft daartoe te vaag.

Hof Leeuwarden 8 juli 2004, nr. 318/03, M II, Belastingblad 2004, blz. 1065
De gemeente heeft bij de waardebepaling van een verpleeghuis gebruik gemaakt van de bouwkosten per prijspeildatum 1 januari 1999. Er is een aftrek toegepast wegens het verschil tussen actuele en historische bouwwijze. Belanghebbende berekent de waarde door de historische bouwkosten te indexeren vanaf het jaar waarin de eerste investering is gedaan. De gemeente gaat bij de berekening van de technische afschrijving uit van het jaar van oplevering. Het Hof oordeelt dat het gebruik van actuele bouwkosten, gecorrigeerd voor verschillen in actuele en historische bouw, aanvaardbaar is. Indexering van historische bouwkosten leidt tot een te hoge aftrek op de actuele bouwkosten. Ook miskent belanghebbende zo dat aspecten als opzet en indeling worden uitgedrukt in de functionele afschrijving. De gemeente is voor de berekening van de technische afschrijving terecht uitgegaan van het jaar van oplevering, aangezien de technische slijtage voornamelijk in dat jaar is begonnen.

Hof Amsterdam 18 februari 2005, nr. 03/04725, M IV, Belastingblad 2005, blz. 475
In geschil is de waarde van een *verpleeghuis*, die is bepaald aan de hand van de *gecorrigeerde vervangingswaarde*. Het Hof bevestigt de door de gemeente berekende herbouwwaarde, die is bepaald aan de hand van de geïndexeerde bouwkosten van een in 1990 gebouwd verzorgingshuis. De berekening wordt ondersteund door de Taxatiewijzer gezondheidszorg van het LTO. Het Hof bevestigt ook het standpunt van de gemeente over de technische afschrijving en de functionele afschrijving van de ruwbouw van het oudere gedeelte van het verpleeghuis (1971). Het Hof corrigeert het percentage voor functionele afschrijving van het nieuwere gedeelte van het verpleeghuis (1984). Het verpleeghuis is in 2003 gesloten. Het dient tot huisvesting van studenten in afwachting van de uitwerking van plannen tot renovatie en/of gedeeltelijke sloop. Volgens het Hof is het aannemelijk dat op 1 januari 1999 sprake was van niet te verwaarlozen belemmerin-

gen in het gebruik van het gebouw als verpleeghuis. Dit rechtvaardigt om wat hogere percentages te hanteren wegens de belemmering van de gebruiksmogelijkheden.

Hof Amsterdam 21 maart 2006, nr. 04/00760, M IV, Belastingblad 2006, blz. 574

In geschil is de *ongecorrigeerde vervangingswaarde* van een *ziekenhuis*. Het ziekenhuis is gebouwd in 1979 en is tussen 1992 en 2000 uitgebreid. De gemeente heeft voor het oude en het nieuwe gedeelte één ongecorrigeerde vervangingswaarde gehanteerd. Belanghebbende stelt dat voor het oude en het nieuwe gedeelte twee verschillende ongecorrigeerde vervangingswaarden moeten worden bepaald. Het Hof oordeelt dat de ongecorrigeerde vervangingswaarde moet worden gesteld op de bouwkosten op 1 januari 1999 (waardepeildatum) van een identiek gebouw, waarbij gebruik kan worden gemaakt van de moderne bouwmethoden. Daarbij moet uitgegaan worden van de destijds ten tijde van de bouw geldende uitvoeringsvoorschriften, kwaliteitsnormen en -eisen, afwerkingsniveau en materiaalgebruik. De bouwkosten van ziekenhuizen op 1 januari 1998 volgens de bouwkostennota van het CVZ niet, althans niet zonder meer, als onderbouwing kunnen dienen. Ook de stichtingskosten van een ander ziekenhuis kunnen daar niet voor dienen. Dit ziekenhuis is pas in januari 1995 opgeleverd en is bovendien ook vanwege zijn veel grotere omvang, zijn luxe en de wijze van bouwen – hoogbouw in plaats van laagbouw – niet vergelijkbaar. Het Hof verwerpt het beroep van de gemeente op de Taxatiewijzer Gezondheidszorg LTO juni 1999, aangezien de daarin berekende vervangingswaarde is onderbouwd met de stichtingskosten van het hiervoor genoemde nieuwe ziekenhuis.

Omdat de gemeente en belanghebbende er niet in geslaagd zijn de ongecorrigeerde vervangingswaarde aannemelijk te maken, bepaalt het Hof deze in goede justitie op een gelijk bedrag voor alle ruimten.

Rechtbank Amsterdam 18 januari 2007, nr. 05/4570, MK, Belastingblad 2007, blz. 500

Belanghebbende, Stadion Amsterdam NV, is eigenaar van de *Amsterdam ArenA*. In geschil is de WOZ-waarde naar de waardepeildatum 1 januari 2003. Op de zitting komen partijen tot elkaar inzake de bouwsommen per onderdeel en de afschrijvingspercentages wegens excessieve gebruikskosten. Volgens de Rechtbank heeft de gemeente voldoende rekening heeft gehouden met de technische veroudering van het veld. De Rechtbank verwerpt het standpunt van belanghebbende dat de veld volledig afschreven moet worden omdat het vier keer per jaar moet worden vervangen is onjuist. Dit houdt namelijk niet in dat ook de gehele basis en ondergrond moet worden vervangen. De jaarlijkse kosten betreffen uitsluitend de grasmat zodat niet zozeer sprake is van technische veroudering als wel van functionele veroudering van het veld. Er is volgens de Rechtbank geen reden voor een afschrijving van 25% wegens functionele veroudering. In Engeland wordt een stadion gebouwd dat meer dan twee keer zo duur is. Daarom geldt dat het economisch klimaat voor de bouw van stadions niet zodanig is gewijzigd dat er geen investering van de omvang van de ArenA zou worden gedaan.

Rechtbank Almelo 25 januari 2007, nr. 06/387, EK, Belastingblad 2007, blz. 407
In geschil is de WOZ-waarde van een *hotel* in de gemeente Dinkelland. Volgens de Rechtbank heeft de gemeente de gecorrigeerde vervangingswaarde niet aannemelijk gemaakt. Zo heeft de gemeente de aftrek van 23% wegens functionele veroudering niet onderbouwd. De stelling dat dit is gebaseerd op een inpandige opname kan niet worden gecontroleerd, omdat de aantekeningen van de opname, na opvragen daarvan door de Rechtbank, niet heeft overgelegd. Belanghebbende staat een percentage van 40 voor. Dit is ook niet onderbouwd. De Rechtbank stelt daarom de functionele veroudering op 35%.

Hoge Raad 2 februari 2007, nr. 41 155, Belastingblad 2007, blz. 330, BNB 2007/154*
In geschil is de WOZ-waarde van een in stadion in aanbouw. Het is op 1 januari 2001 voor 90% gereed. Gedurende 2001 komt het stadion 100% gereed. Hof 's-Hertogenbosch oordeelde dat de gecorrigeerde vervangingswaarde moet worden bepaald zonder correctie voor functionele veroudering. Het stadion was immers op 1 januari 2001 nog maar voor een gering deel in aanbouw. Het is in de loop van 2001 door belanghebbende in gebruik genomen. De Hoge Raad oordeelt dat het Hof niet hoeft te beoordelen wat de beleggingswaarde van de onroerende zaak is, aangezien het gaat om de gecorrigeerde vervangingswaarde.

Hof Arnhem 28 augustus 2007, nr. 04/01336, M II, Belastingblad 2007, blz. 1145
In geschil is de waarde van een *verzorgingstehuis* in de gemeente Nijmegen. Het Hof overweegt dat zowel belanghebbende als de heffingsambtenaar hun berekeningen van de vervangingswaarde onder meer op taxatiewijzers van op het onderhavige terrein gezaghebbende instellingen zoals het Landelijk Taxatie Overleg (LTO) en op informatie over bouwkosten van gerealiseerde verzorgings- en verpleeghuizen

hebben gebaseerd. Belanghebbende is van mening dat de herbouwwaarde € 816,80 per m^2 bedraagt, de heffingsambtenaar verdedigt in beroep een waarde van € 968 per m^2. Het Hof merkt op dat partijen ter onderbouwing van hun standpunten uit dezelfde bronnen gegevens ontlenen, maar dat belanghebbende hierbij een selectie maakt die onvoldoende recht doet aan de werkelijkheid. Vervolgens overweegt het Hof dat belanghebbende onvoldoende heeft aangedragen om het Hof ervan te overtuigen dat de technische veroudering hoger is dan door de heffingsambtenaar is gesteld. Daarnaast stelt het Hof dat het nadere standpunt van de heffingsambtenaar met betrekking tot de functionele veroudering en de grondwaarde juist is. Nu de waarde volgens het Hof niet te hoog is vastgesteld, wordt het beroep ongegrond verklaard.

Rechtbank Haarlem 20 september 2007, nr. 06/3367, MK, Belastingblad 2008, blz. 126
In geschil is de WOZ-waarde van een ziekenhuis, die is vastgesteld op € 43.336.000. Partijen verwijzen ter onderbouwing naar de Taxatiewijzer Gezondheidszorg. De Rechtbank neemt daarom de Taxatiewijzer tot uitgangspunt. Met betrekking tot de technische afschrijving van de installaties volgt de Rechtbank de gemeente, die daarbij de Taxatiewijzer heeft gevolgd. Met betrekking tot de economische veroudering geeft de Taxatiewijzer aan dat bepalend is de capaciteit in verhouding tot het daadwerkelijk aantal bedden, zodat belanghebbende onterecht voor alle objectdelen dezelfde afschrijving heeft genomen. De Rechtbank is met betrekking tot de afschrijving wegens belemmering van gebruiksmogelijkheden van oordeel dat geen van beide partijen de door hen voorgestane percentages aannemelijk heeft gemaakt. Nu de Taxatiewijzer evenmin aanknopingspunten biedt, stelt de Rechtbank deze in goede justitie vast. Belanghebbende heeft voorts het percentage voor excessieve gebruikskosten – dat hoger is dan vermeld in de Taxatiewijzer – niet onderbouwd met in de Taxatiewijzer genoemde onderdelen, zodat het percentage van de heffingsambtenaar gevolgd wordt. De Rechtbank stelt de waarde vast op € 38.580.731.

Hof Amsterdam 13 december 2007, nr. 04/00381, MK I, Belastingblad 2008, blz. 278
In geschil is de WOZ-waarde van een telefoon- en verdeelcentrum, een telecom-centrale en een zendtoren. Het Hof oordeelt dat de gemeente de WOZ-waarde van het object niet te hoog heeft vastgesteld. Het Hof verwerpt het beroep van belanghebbende op de 'Leidraad voor het taxeren van telefooncentrales Q'. Deze leidraad is niet bin-

dend. Ook heeft de gemeente zich hieraan niet gecommitteerd. Het Hof volgt de berekening van gemeente van de technische afschrijving. De gemeente heeft bij de berekening van de levensduur een onderscheid gemaakt tussen de ruwbouw (40 jaar), de afbouw (30 jaar) en de installaties (20 jaar). Bij de berekening van de restwaarde is de gemeente uitgegaan van 25% voor de ruwbouw, 20% voor de afbouw en 15% voor de installaties. Het maken van onderscheid tussen ruwbouw, afbouw en installaties leidt tot een nauwkeuriger wijze van berekenen dan de methode van belanghebbende, waarbij dit onderscheid niet wordt gemaakt. Het Hof verwerpt de stelling van belanghebbende dat een afschrijving van 25% moet plaatsvinden voor de functionele veroudering wegens veranderde bouwwijze van de telecom-centrale, nu deze pas in 2000 is gebouwd.

Rechtbank Almelo 14 december 2007, nr. 06/1085 en 06/1086, MK, Belastingblad 2008, blz. 203
In geschil is de WOZ-waarde van het Arkestadion van FC Twente, die is vastgesteld op € 8.821.000. De Rechtbank oordeelt dat de gemeente aannemelijk heeft gemaakt dat de waarde niet te hoog is vastgesteld. De Rechtbank gaat voorbij aan de grieven van belanghebbende inzake de bruto vervangingswaarde en de mogelijke bodemverontreiniging. Deze grieven zijn pas ter zitting naar voren gebracht. De subjectieve wensen van belanghebbende kunnen niet leiden tot vermindering van de door de gemeente gehanteerde aftrek wegens functionele veroudering van 35%. De Rechtbank oordeelt ten slotte dat de stoeltjes op de tribune naar het spraakgebruik niet aan te merken zijn als werktuigen. Deze delen daarom niet in de werktuigenvrijstelling.

4.13 Gecorrigeerde vervangingswaarde - Bedrijfswaarde

Hoge Raad 17 februari 1999, nr. 33 844, Belastingblad 1999, blz. 395, BNB 1999/174
Een *zwembad*, gewaardeerd op de GVW, wordt na de waardepeildatum geprivatiseerd. De overgang naar commerciële exploitatie maakt waardering naar de (lagere) bedrijfswaarde noodzakelijk. Ondanks dat het zogenaamde verbouwingsartikel in de Verordening hierin niet voorziet moet, gegeven de strekking van dit artikel dat ervoor is bedoeld ongewenste gevolgen van de werking van de peildatum te corrigeren, een aangepaste waardevaststelling volgen.

Hoge Raad 7 februari 2001, nr. 34 334, Belastingblad 2001, blz. 650,
BNB 2001/111, FED 2001/126
In geschil is de heffingsgrondslag voor de OZB van een Tijdelijke
Opslag Plaats voor te saneren grond met voorzieningen. Belanghebbende stelt deze op *f* 1 de gemeente stelt deze op *f* 10.952.000. Belanghebbende heeft daartoe aangevoerd dat haar winstcapaciteit gering is en dat zijn en dat, als wordt uitgegaan van een hogere
bedrijfswaarde dan *f* 1, haar resultaten uitsluitend negatief kunnen
zijn. Het Hof heeft het standpunt van belanghebbende verworpen en
heeft geoordeeld dat de bedrijfswaarde in de regel niet lager zal zijn
dan de liquidatiewaarde, zijnde de waarde van de grond ad
f 6.863.760. Naar het oordeel van de Hoge Raad heeft het Hof terecht
geoordeeld dat de waarde van de onroerende zaak moet worden bepaald naar de gecorrigeerde vervangingswaarde. Het Hof is echter ten
onrechte voorbijgegaan aan de omstandigheden dat de activiteiten
van belanghebbende op initiatief van de rijks-, provinciale en gemeentelijke overheid zijn ontwikkeld, dat zij een semi-overheidstaak
behartigt en dat zij niet tot liquidatie kan overgaan. In het licht hiervan
behoeft het oordeel van het Hof dat de bedrijfswaarde van een object
als dit in de regel niet lager zal zijn dan de liquidatiewaarde, nadere
motivering. Voorts is zonder nadere motivering niet begrijpelijk waarom het Hof, uitgaande van een liquidatiewaarde van *f* 6.863.760, de
heffingsgrondslag heeft gesteld op *f* 10.952.000. Ten slotte is zonder
nadere motivering onbegrijpelijk dat het Hof bij het in aanmerking
nemen van de grondwaarde geen aandacht heeft besteed aan de amo-
veringskosten van de op het terrein van belanghebbende aangebrachte
installaties, die volgens de taxateur van de gemeente *f* 750.000 per ha
bedragen. Verwijzing moet volgen.

Hoge Raad 7 februari 2001, nr. 34 899, Belastingblad 2001, blz. 593,
BNB 2001/112, FED 2001/127
Aan belanghebbende zijn aanslagen OZB opgelegd. In geschil is de
maatstaf van heffing. Het oordeel van het Hof dat de exploitatie van
de onroerende zaak niet uitsluitend geschiedt om daarmee winst te behalen, maar ook en vooral om in het algemeen belang gelegen redenen, geeft naar het oordeel van de Hoge Raad geen blijk van een onjuiste rechtsopvatting. In het licht van de vaststaande feiten,
waaronder de in de uitspraak vermelde exploitatieresultaten van belanghebbende over 1990 tot en met 1995, is dit evenmin onbegrijpelijk. Aan het weergegeven oordeel heeft het Hof terecht de gevolgtrekking verbonden dat, voor het bepalen van de gecorrigeerde
vervangingswaarde van die onroerende zaak, de bedrijfswaarde niet
ter zake doet.

Hof 's-Hertogenbosch 30 maart 2001, nr. 98/02983, M I, Belastingblad 2001, blz. 1059

Belanghebbende exploiteert sedert 1994 een voormalig gemeentelijk *buitenrecreatiecomplex*, bestaande uit speel- en zonneweiden, een strandbad, viswater en horecavoorzieningen. Ingevolge een tussen belanghebbende en de gemeente gesloten 'overeenkomst tot het verlenen van een erfpachtrecht tevens inhoudende koop' heeft de gemeente aan belanghebbende percelen grond in erfpacht uitgegeven tegen een jaarlijkse canon van f 30.000. De gemeente heeft zich tevens verplicht de inventaris van de op het complex staande opstallen om niet over te dragen. De gemeente heeft zich verder bereid verklaard een bijdrage (f 170.000) te verlenen in de kosten van achterstallig onderhoud van het complex, alsmede tot het verstrekken van een lening (f 100.000) tegen 7% rente, met een looptijd van 25 jaar. Belanghebbende is voorts verplicht tot het openstellen van het strandbad gedurende het zomerseizoen, tegen een prijs welke overeenkomt met de gemiddelde prijsstelling van vergelijkbare niet-gesubsidieerde recreatiebaden in de regio. In geschil is de per peildatum 1 januari 1995 aan de onderhavige onroerende zaak toegekende waarde in de zin van de Wet WOZ ad f 477.000. Belanghebbende stelt dat de waarde nihil betreft. Het Hof oordeelt dat belanghebbende is gespecialiseerd in de exploitatie van recreatieve objecten en dat deze exploitatie er uitsluitend op is gericht om zoveel mogelijk winst te behalen. Het onderhavige object is derhalve in de commerciële sfeer gebezigd. Aan dit oordeel doet volgens het Hof niet af dat met de instandhouding van dit recreatiecomplex een maatschappelijk doel wordt gediend, noch dat de gemeente aan de exploitatie bijdraagt door het verlenen van subsidies. Naar het oordeel van het Hof heeft belanghebbende door het overleggen van jaarrekeningen voorts aannemelijk gemaakt dat het onderhavige object op de waardepeildatum niet rendabel te exploiteren was. Mitsdien is er aanleiding om de gecorrigeerde vervangingswaarde van dit complex te stellen op de bedrijfswaarde. Met inachtneming van de onrendabele exploitatie is de bedrijfswaarde per waardepeildatum 1 januari 1995 minder dan de verkoopwaarde van de grond bij liquidatie van het complex. Op grond van het door de heffingsambtenaar overgelegde taxatierapport acht het Hof aannemelijk dat de verkoopwaarde van de ondergrond f 324.000 betreft. Nu de belanghebbende de in geval van liquidatie te maken sloopkosten niet nader heeft gespecificeerd, worden deze kosten niet op de grondwaarde in mindering gebracht. Het Hof vernietigt de bestreden uitspraak.

Hof Arnhem 13 april 2001, nr. 99/0495, M I, Belastingblad 2002, blz.
415

Een *zwembad* in de gemeente Deurne, dat is gewaardeerd op de *ge-*
corrigeerde vervangingswaarde, wordt na de waardepeildatum geprivatiseerd. Deze overgang naar commerciële exploitatie maakt waardering naar de (lagere) bedrijfswaarde noodzakelijk. Naar het oordeel
van de Hoge Raad moet, ondanks het feit dat het zgn. verbouwingsartikel in de Verordening hierin niet voorziet, een aangepaste waardevaststelling volgen. Hiertoe wordt de zaak verwezen naar Hof Arnhem. Tussen partijen bestaat nog slechts verschil van mening over de
vraag of de vervangingswaarde met ingang van 1 januari 1994 wijziging heeft ondergaan doordat de exploitatie op 1 september 1993 van
de gemeente Deurne is overgegaan op belanghebbende. Beide partijen
verwijzen naar het Veendamarrest (8 juli 1992, BNB 1998/298) en
wensen een antwoord op de vraag wie hier de in het bovengenoemde
arrest bedoelde eigenaar is voor wie de bedrijfswaarde als vervangingswaarde maatgevend is.

Naar het oordeel van het Hof is de term 'eigenaar' in het Veendamarrest kennelijk gebruikt in de meer algemene betekenis van 'genothebbende'. Hiermede kan niet bedoeld zijn, afgezien van het geval waarover de uitspraak gaat, een bedrijfswaarde in te voeren die een
onroerende zaak noch voor de gebruiker noch voor de genothebbende
maar alleen voor de (bloot) eigenaar heeft. In het verwijzingsarrest is
sprake van een 'verandering van eigenaar'. Dit moet echter verstaan
worden als verandering van genothebbende, gezien het vervolg,
'waarbij de overgang van een niet-commerciële naar een commerciële
exploitatie waardering naar bedrijfswaarde nodig maakt'. Tegelijk
met de vestiging van het recht van erfpacht is immers in het onderhavige geval de bedoelde overgang van de eigenares (gemeente) op belanghebbende bewerkstelligd. In gemeentelijke kringen komt ook de
term 'eigenaar' kennelijk voor in de meer algemene betekenis van
'genothebbende' zoals onder meer blijkt uit het aanslagbiljet.

(Deze uitspraak betreft de verwijzingsprocedure van Hoge Raad 17
februari 1999, nr. 33 844, Belastingblad 1999, blz. 395, BNB 1994/
174, die hiervoor is opgenomen.)

Hof Arnhem 31 oktober 2002, nr. 98/4205, M III, Belastingblad 2003,
blz. 132
Tussen partijen is in geschil de naar waardepeildatum 1 januari 1995
vastgestelde WOZ-waarde van het voormalige gemeentelijke *zwem-*
bad en de *sporthal*. In de uitspraak op het bezwaarschrift is deze
waarde op respectievelijk *f* 1.833.000 en *f* 2.052.000 gehandhaafd.
Naar het oordeel van belanghebbende dient voor deze objecten de be-

drijfswaarde te gelden welke – op grond van negatieve bedrijfsresultaten – op nihil kan worden gesteld. De gemeente stelt zich op het
standpunt dat de onderhavige objecten niet in de commerciële sfeer
zijn gebezigd en een waardering op de bedrijfswaarde in casu niet relevant is. De onderhavige objecten zijn immers onder stringente (erf-
pachts)voorwaarden voor een periode van 20 jaren in erfpacht uitgegeven teneinde het gemeentelijke voorzieningenniveau op dit terrein
te waarborgen. Na die periode heeft belanghebbende een optie tot
koop van die onroerende zaken voor ƒ 200. Voorts ontvangt belanghebbende jaarlijks een aanzienlijke exploitatiesubsidie. Naar het oordeel van het Hof is er in het onderhavige geval sprake van een exploitatie in de commerciële sfeer. Aan die conclusie doet niet af dat
belanghebbende met betrekking tot deze exploitatie is gebonden aan
een aantal door de gemeente – via overeenkomsten – opgelegde voorwaarden. Evenmin doet daaraan af dat de gemeente met deze overeenkomsten heeft beoogd het algemeen belang te dienen door het gemeentelijke sport- en recreatievoorzieningenniveau op peil te houden
en dat de gemeente belanghebbende in dat kader langdurig subsidi-
eert. Op basis van een DCF-berekening wordt de waarde van deze objecten op respectievelijk ƒ 275.605 en ƒ 308.534 nader vastgesteld.

Hoge Raad 9 mei 2003, nr. 35 987, Belastingblad 2003, blz. 617,
BNB 2003/270c*, FED 2003/287
Belanghebbende stelt voor het Hof dat sommige tot de *luchthaven* behorende *onroerende zaken* moeten worden gewaardeerd op de bedrijfswaarde. Het Hof heeft geoordeeld dat van commercieel gebezigde onroerende zaken geen sprake is, omdat de exploitatie van de
onderhavige zaken niet uitsluitend plaatsvindt om daarmee winst te
behalen, maar ook en vooral om in het algemeen belang gelegen redenen. Daarvoor heeft het Hof doorslaggevend geacht dat de aandelen
van belanghebbende geheel in handen van de overheid zijn, dat de
overheid in het kader van het algemeen belang (en niet in het kader
van het aandeelhouderschap) een doorslaggevende invloed uitoefent
op het bedrijfsbeleid van belanghebbende en dat daardoor het streven
naar optimaal rendement negatief wordt benvloed. De Hoge Raad
oordeelt dat zonder nadere motivering onduidelijk is waarom de door
het Hof genoemde omstandigheden ertoe leiden dat de onroerende zaken niet commercieel worden aangewend. Noch de omstandigheid
dat de overheid alle aandelen in belanghebbende houdt, noch de „omstandigheid dat de overheid in het kader van de behartiging van het algemeen belang een doorslaggevende invloed uitoefent op het bedrijfsbeleid van belanghebbende, brengt noodzakelijkerwijs mee dat
belanghebbende de onroerende zaken anders dan commercieel aan-

wendt. Het is goed denkbaar dat belanghebbende, ondanks het ingrijpen door de overheid met het oog op het algemeen belang, streeft naar een optimale bedrijfsvoering op het gebied van luchthavenactiviteiten. Uit de uitspraak en de stukken blijkt niet dat belanghebbende haar luchthavenactiviteiten alleen kan uitoefenen met financiële bijstand van de overheid of dat zij alleen streeft naar het kostendekkend exploiteren van haar luchthavenbedrijf. Het Hof is er wel terecht vanuit gegaan dat, indien wel sprake is van een commercieel bedrijf, dat niet zonder meer inhoudt dat moet worden gewaardeerd op de bedrijfswaarde, omdat dat alleen kan als de resultaten uit de exploitatie dat rechtvaardigen. Het Hof heeft geoordeeld dat belanghebbende niet in het gelijk gesteld kan worden, omdat zij haar stelling grondt op de resultaten van de luchthaven als geheel, en niet op de specifieke exploitatieresultaten van de onroerende zaken. Dit oordeel kan niet in stand blijven. Nu belanghebbende de waarde kennelijk heeft bepaald op basis van de voor de objecten te verwachte toekomstige kasstromen, is de uitspraak onbegrijpelijk.

Hof Amsterdam 14 januari 2005, nr. 00/03621, M IV, Belastingblad 2005, blz. 411

In geschil is de waarde van de *Amsterdam Arena*. Het Hof is van oordeel dat het object moet worden aangemerkt als bedrijfsmatig gebruikte onroerende zaak. Niet kan worden gezegd dat de exploitatie vooral geschiedt in het algemeen belang. Dit blijkt mede uit het feit dat de gemeente minder dan de helft van de certificaten van aandelen heeft en geen doorslaggevende stem heeft in het bestuur. Bij de exploitatie staat het particuliere belang voorop. Daaraan doet niet af dat de gemeente een omvangrijke geldelijke bijdrage heeft verstrekt in de bouwkosten. Het Hof acht niet aannemelijk dat belanghebbende bij de exploitatie streeft naar een optimaal rendement, gelijk een commerciële belegger zou na streven. De belangrijkste reden om een certificaat te kopen zal zijn gelegen in het feit dat de certificaathouder verzekerd is van een plaats in het stadion bij een openbaar evenement. Kennelijk is het streven van belanghebbende er primair op gericht om te kunnen voldoen aan haar lopende financiële verplichtingen. De exploitatie is in eerste plaats gericht op behalen van zodanige opbrengsten dat het object als zodanig kan blijven bestaan. Het Hof verwerpt een berekening van de bedrijfswaarde op grond van een disconteringsvoet die uitgaat van een commercieel rendement. Bij de berekening van de gecorrigeerde vervangingswaarde is ten onrechte geen rekening gehouden met het feit dat de grasmat in het stadion veel vaker moet worden vervangen dan was voorzien. Het Hof stelt deze component excessieve kosten van de functionele afschrijving vast op 75%.

De berekening op basis van de DCF-methode verwerpt het Hof. Deze methode gaat uit van een aantal aannames, omtrent de juistheid waarvan een grote mate van onzekerheid bestaat, maar die in hoge mate bepalend zijn voor de uitkomst.

Hof 's-Gravenhage 27 april 2005, nr. 04/00194, M III, Belastingblad 2005, blz. 804
Belanghebbende is eigenaar van een in de gemeente Cromstrijen gelegen *golfbaan met opstallen*. In geschil is of de waarde vastgesteld moet worden op de gecorrigeerde vervangingswaarde of de lagere bedrijfswaarde. De mogelijkheid van afwaardering naar de bedrijfswaarde bestaat alleen voor onroerende zaken die commercieel worden geëxploiteerd. Gelet op de relatie tussen de huurder van het object – die alle aandelen in het kapitaal van belanghebbende bezit – en belanghebbende, alsmede dat belanghebbende en de huurder blijkens de huurovereenkomst zijn overeengekomen dat de huurprijs is vastgesteld op basis van een doorberekening van lasten, afschrijvingen en de kosten, vindt het Hof het niet aannemelijk dat belanghebbende bij de exploitatie van het object streeft naar een optimaal rendement op de door haar gedane investering, zoals een commerciële investeerder zou nastreven. Kennelijk is het streven van belanghebbende ten aanzien van het onderhavige object primair gericht op het in stand houden van het object, zodat het object als zodanig in gebruik kan blijven bij de huurder. Daarom moet de waarde bepaald worden via de gecorrigeerde vervangingswaarde en kan de waarde niet gesteld worden op de lagere bedrijfswaarde.

Rechtbank Almelo 14 december 2007, nr. 07/13, MK, Belastingblad 2008, blz. 264
In geschil is de WOZ-waarde van het stadion van Heracles. In de bezwaarfase heeft de gemeente 16 WOZ-objecten samengevoegd tot één object. Belanghebbende gaat tegen de objectafbakening en de waardebepaling in beroep. De Rechtbank vernietigt de uitspraak op bezwaar. De gemeente moet opnieuw uitspraak doen. Volgens de Rechtbank had het op de weg van de gemeente gelegen om naar aanleiding van het bezwaar te onderzoeken of de gecorrigeerde vervangingswaarde vastgesteld moest worden op de (lagere) bedrijfswaarde. Belanghebbende heeft in bezwaar gemotiveerd gesteld dat de bedrijfswaarde moet worden toegepast. De gemeente heeft hier in de uitspraak op bezwaar echter niets over overwogen. Volgens de Rechtbank is het object te groot is afgebakend, omdat daarin ten onrechte ook de skyboxen zijn begrepen. De waarde is bovendien ten onrechte vastgesteld inclusief omzetbelasting.

Rechtbank Leeuwarden 18 december 2007, nr. 06/2436, MK, Belastingblad 2008, blz. 336
In geschil is of de waarde van een ijssporthal te worden bepaald naar de bedrijfswaarde. De vervangingswaarde van bedrijfsmatig gebruikte objecten wordt gesteld op de bedrijfswaarde door aanpassing van de factor van de functionele veroudering waarbij rekening dient te worden gehouden met de economische situatie in de desbetreffende branche of bedrijfstak. De bewijslast van de juistheid van de WOZ-waarde ligt bij de heffingsambtenaar. Op grond van art. 4, vierde lid, Uitvoeringsregeling instructie waardebepaling Wet WOZ is met betrekking tot de exploitatie van de ijshal en de daarin aanwezige winkel en horecagelegenheid sprake van bedrijfsmatig gebruik van de ijssporthal. Nu belanghebbendes stelling, dat de bedrijfswaarde € 1 is, niet is bestreden, wordt de WOZ-waarde op € 1 vastgesteld.

Hoge Raad 18 januari 2008, nr. 41 709, Belastingblad 2008, blz. 619
In geschil is de waarde van de *Amsterdam Arena* Het Hof is van oordeel dat het object moet worden aangemerkt als bedrijfsmatig gebruikte onroerende zaak. Niet kan worden gezegd dat de exploitatie vooral geschiedt in het algemeen belang. Dit blijkt mede uit het feit dat de gemeente minder dan de helft van de certificaten van aandelen heeft en geen doorslaggevende stem heeft in het bestuur. Bij de exploitatie staat het particuliere belang voorop. Daaraan doet niet af dat de gemeente een omvangrijke geldelijke bijdrage heeft verstrekt in de bouwkosten. Het Hof acht niet aannemelijk dat belanghebbende bij de exploitatie streeft naar een optimaal rendement, gelijk een commerciële belegger zou na streven. De belangrijkste reden om een certificaat te kopen zal zijn gelegen in het feit dat de certificaathouder verzekerd is van een plaats in het stadion bij een openbaar evenement. Kennelijk is het streven van belanghebbende er primair op gericht om te kunnen voldoen aan haar lopende financiële verplichtingen. De exploitatie is in eerste plaats gericht op behalen van zodanige opbrengsten dat het object als zodanig kan blijven bestaan. Het Hof verwerpt een berekening van de bedrijfswaarde op grond van een disconteringsvoet die uitgaat van een commercieel rendement. Bij de berekening van de gecorrigeerde vervangingswaarde is ten onrechte geen rekening gehouden met het feit dat de grasmat in het stadion veel vaker moet worden vervangen dan was voorzien. Het Hof stelt deze component excessieve kosten van de functionele afschrijving vast op 75%. De berekening van de discounted cash flow verwerpt het Hof. Deze methode gaat uit van een aantal aannames, omtrent de juistheid waarvan een grote mate van onzekerheid bestaat, maar die in hoge mate

bepalend zijn voor de uitkomst. De Hoge Raad oordeelt dat de middelen of klachten niet tot cassatie kunnen leiden (art. 81 Wet RO).

*Rechtbank Roermond 24 april 2008, nr. 07/626, EK, Belastingblad
2008, blz. 980*
In geschil is of de heffingsambtenaar van de gemeente Maasgouw de
WOZ-waarde van de *waterkrachtcentrale* te hoog heeft vastgesteld.
De Rechtbank oordeelt dat de waarde moet worden bepaald op de bedrijfswaarde. De gemeente heeft niet aannemelijk gemaakt dat geen
sprake is van een in de commerciële sfeer gebezigde onroerende zaak.
Niet aannemelijk is dat de centrale is opgericht vooral en met name
om in het algemeen belang gelegen redenen. De Rechtbank verwerpt
zowel de door de gemeente als de door belanghebbende berekende
bedrijfswaarde. De uitspraak op bezwaar wordt vernietigd en de
Rechtbank bepaalt dat de gemeente binnen zes weken opnieuw uitspraak op bezwaar doet.

4.14   Gecorrigeerde vervangingswaarde - Benuttingswaarde

*Hof Amsterdam 5 maart 1996, nr. P94/0491, M IV, Belastingblad
1996, blz. 383*
De onroerende zaak heeft de functie van *schoolgebouw* met daaraan
dienstbaar sportterrein. De omstandigheid dat de instandhouding en
de exploitatie van de onroerende zaak niet mogelijk zouden zijn zonder overheidssubsidies brengt niet mee, dat aan die zaak in functioneel opzicht geen of weinig waarde zou kunnen worden toegekend.
De aanwezigheid van een zodanige waarde blijkt reeds uit het feit, dat
aan die instandhouding en exploitatie kennelijk niet in de weg staat
dat zij in economische zin geen baten opleveren. De onroerende zaak
verschilt in dit opzicht van een in de commerciële sfeer gebezigd object. Dit verschil rechtvaardigt dat voor de onroerende zaak niet de bedrijfswaarde in aanmerking wordt genomen, maar de waarde die er
uit hoofde van de functie ten dienste van een niet-commercieel belang
aan is toe te kennen.

*Hoge Raad 5 juni 1996, nr. 30 314, Belastingblad 1996, blz. 430,
BNB 1996/250, FED 1996/661 (Nieuwe Kerk te Amsterdam)*
De Nieuwe Kerk te Amsterdam is een beschermd historisch monu-
ment. De stichting die erfpachtster is van de Nieuwe Kerk heeft een
beperkte doelstelling, gericht op het voortbestaan van de Nieuwe
Kerk als monument en een zinvol gebruik als zodanig. De Nieuwe

Kerk is niet meer als kerk in gebruik. Voor de stichting levert het object dan ook geen ander nut op dan dat het inderdaad blijft voortbestaan als monumentaal gebouw. Dat nut kan niet in een geldswaarde worden uitgedrukt. Het cultuurhistorische en esthetische belang van het object voor de samenleving moet bij het bepalen van de GVW buiten aanmerking blijven. Eveneens dient het gebruik dat aan derden wordt toegestaan om de exploitatietekorten te verminderen buiten aanmerking te blijven. De vervangingswaarde van het gebouw moet wegens algehele functionele veroudering worden gecorrigeerd tot nihil. Ook de waarde van de ondergrond, die met het gebouw één geheel vormt, is nihil. De grond levert voor de stichting immers ook geen ander nut op dan dat het daarop staande monument blijft voortbestaan, welk nut niet in een geldswaarde kan worden uitgedrukt.

Hoge Raad 29 augustus 1997, nr. 32 541, Belastingblad 1997, blz. 675, BNB 1997/348, FED 1998/9 (sportcomplex te Rotterdam)
De waarde van het onderhavige sportcomplex is, anders dan belanghebbende betoogt, niet nihil. Voor onroerende zaken die niet in de commerciële sfeer worden gebezigd en die dus niet met winstoogmerk worden geëxploiteerd kan de waarde voor de eigenaar zelf worden bepaald door op de vervangingswaarde zodanige correcties voor technische en functionele veroudering toe te passen dat niet meer wordt belast dan het bedrag waarvoor de eigenaar een zaak zou kunnen verwerven die voor hem hetzelfde nut oplevert als de te waarderen zaak. Het onderhavige sportcomplex is niet te vergelijken met de Nieuwe Kerk te Amsterdam. Het is geen onvervangbaar monumentaal cultuurgoed. Dat wordt bevestigd door het feit dat het inmiddels is verplaatst. Het maatschappelijke belang van sportbeoefening brengt met zich mee dat het sportcomplex wel degelijk nut oplevert dat daarmee is beoogd, te weten het voorzien in de maatschappelijke behoefte aan sportterreinen.

Hof Leeuwarden 30 januari 1998, nr. NK 96/00834, M III, Belastingblad 1998, blz. 382
Belanghebbende is eigenares van een basiliek, die in gebruik is voor de Rooms-Katholieke eredienst. Met toepassing van artikel 16, tweede lid, van de Omslagenverordening voor het Waterschap Regge en Dinkel, is de grondslag voor de heffing op basis van de gecorrigeerde vervangingswaarde vastgesteld op *f* 877.000. Hof Arnhem heeft de uitspraak van het Dagelijks Bestuur en de aanslag vernietigd. De Hoge Raad heeft de uitspraak van het Hof vernietigd (HR 25 september 1996, BNB 1997/2*) en het geding naar Hof Leeuwarden verwezen. Hof Arnhem oordeelde dat er moest worden uitgegaan van

een correctie voor functionele veroudering van 100%, daar de basiliek voor de belanghebbende zelf in economische zin geen waarde heeft. De Hoge Raad oordeelde dat de gecorrigeerde vervangingswaarde moet worden gezien als een technische uitwerking van de waarde die de zaak in economische zin voor de eigenaar zelf heeft. Bij de bepaling van de gecorrigeerde vervangingswaarde moet derhalve worden uitgegaan van een veronderstelde vervanging, zonder dat daarbij van belang is of de eigenaar tot vervanging zal willen en kunnen overgaan. Voor onroerende zaken die niet in de commerciële sfeer worden gebruikt kan de waarde voor de eigenaar zelf worden bepaald door de op de vervangingswaarde toe te passen correcties voor technische en functionele veroudering zodanig vast te stellen dat niet meer wordt belast dan het bedrag waarvoor de eigenaar een zaak zou kunnen verwerven die voor hem hetzelfde nut oplevert als de te waarderen zaak. Bij een kerkgebouw als het onderhavige moet, gelet op het nut dat het aan de eigenaar oplevert, de gecorrigeerde vervangingswaarde worden gesteld op het bedrag, dat gemoeid zou zijn met het tot stand brengen van een gebouw dat voldoet aan de op het huidige gebruik te baseren behoefte van het kerkgenootschap aan een gebouw voor het houden van zijn erediensten en andere kerkelijke activiteiten (HR 5 juni 1996, BNB 1996/250, Nieuwe Kerk te Amsterdam). Het gaat om het bedrag dat gemoeid zou zijn met het tot stand brengen van een gebouw voor ten minste 350 kerkgangers, waarvan de stichting dank zij de beschikbaarheid van de basiliek achterwege kan blijven. De berekening van belanghebbende, die uitkomt op een negatief bedrag, kan naar het oordeel van het Hof niet juist zijn, omdat de behoefte van de belanghebbende aan een gebouw voor haar erediensten daarin geen, althans onvoldoende plaats heeft gekregen. Een negatieve of althans op nihil gestelde gecorrigeerde vervangingswaarde wijst op het ontbreken van elk nut van de basiliek en van elke behoefte aan een kerkgebouw; dat laatste is naar het oordeel van het Hof volstrekt onaannemelijk. Om die reden oordeelt het Hof dat er geen grond bestaat de gecorrigeerde vervangingswaarde van de basiliek lager vast te stellen dan op ƒ 877.000.

Hof 's-Gravenhage 11 juni 1998, nr. BK-98/04012, E VI, Belastingblad 1999, blz. 328
De onderhavige onroerende zaak betreft een *Jeugdcentrum*, gevestigd in een monumentaal pand. Belanghebbende (opgericht om het voortbestaan van het jeugdcentrum en een zinvol gebruik daarvan te verzekeren) stelt dat de waarde moet worden bepaald middels de gecorrigeerde vervangingswaarde, en dat de benuttingswaarde in casu nihil is. Slechts indien de onroerende zaak de eigenaar of zakelijk gerech-

tigde geen ander nut oplevert dan dat deze blijft voortbestaan als monumentaal gebouw en als zodanig zinvol wordt gebruikt kan de gecorrigeerde vervangingswaarde worden vastgesteld op nihil.

Het voortbestaan en het zinvol gebruik van het jeugdcentrum heeft een geldswaarde, die kan worden gesteld op het bedrag waarvoor belanghebbende onroerende zaken zou kunnen verwerven die voor haar hetzelfde nut opleveren als de onderhavige onroerende zaken.

(Opmerking: De onderhavige casus ziet op de situatie vóór de inwerkingtreding van de Wet WOZ. Op dat tijdstip was nog niet bepaald dat de waarde van rijksmonumenten moet worden bepaald op de waarde in het economische verkeer).

Hof Amsterdam 12 november 1999, nr. P98/2653, M IV, Belastingblad 2000, blz. 502

Bij de berekening van de *vervangingswaarde* van een *kerkgebouw* heeft belanghebbende onweersproken een berekening gemaakt van een bedrag dat gemoeid zou zijn met het tot stand brengen van een gebouw dat voldoet aan de behoeften van een kerkgenootschap aan een gebouw voor het houden van zijn erediensten en andere kerkelijke activiteiten. Naar het oordeel van het Hof is dit standpunt, mede gelet op het bepaald in artikel 4, derde lid, van de Uitvoeringsregeling Instructie waardebepaling Wet WOZ niet in strijd met het geldende recht. Ter zake van de waardebepaling van de grond merkt het Hof op dat de benuttingswaarde geen rol speelt, daar de methode van de benuttingswaarde wel genoemd wordt in het derde lid van artikel 4 van de Uitvoeringsregeling, waarin is bepaald hoe de waarde van de opstal wordt berekend, maar niet in het eerste lid van dit artikel, waarin is bepaald hoe de waarde van de grond berekend wordt.

Hoge Raad 20 juni 2003, nr. 37 770, Belastingblad 2003, blz. 840, BNB 2003/274, FED 2003/358*

In geschil is de waarde van een terrein bebouwd met een expositiegebouw ten behoeve van een *wetenschapsmuseum*, dat als ook zodanig dient te worden gebruikt. Het Hof heeft geoordeeld dat bij de bepaling van de vervangingswaarde slechts rekening mag worden gehouden met subsidies die zouden kunnen worden verkregen ter zake van het tot stand brengen van een dergelijk object, voorzover dit subsidies zijn die op grond van geldende regelingen van overheidswege worden verstrekt aan een ieder die een dergelijk object tot stand brengt. Het Hof heeft ook geoordeeld dat er geen regelingen bestaan op grond waarvan subsidies verstrekt worden aan een ieder die een object als het onderhavige tot stand brengt. Er is geen sprake van schending van een rechtsregel, aldus de Hoge Raad. Tevens stelt belanghebbende dat het object voor belanghebbende met het oog op haar doelstelling slechts een benuttingswaarde heeft (Hoge Raad 5 juni 1996, nr. 30 314, BNB 1996/250) en dat het object geen ander nut oplevert dan dat het blijft voortbestaan als wetenschapsmuseum, welk nut niet kan worden uitgedrukt in een geldwaarde, zodat de benuttingswaarde en daarmee de gecorrigeerde vervangingswaarde op nihil moet worden gesteld. De Hoge Raad oordeelt dat, gelet op de doelstelling van belanghebbende waarmee het object is gesticht en in exploitatie genomen, het object een benuttingswaarde heeft.

Rechtbank Arnhem 10 juli 2007, nr. 06/4427, MK, Belastingblad 2008, blz. 194
Belanghebbende is gebruiker van een door Gerrit Rietveld ontworpen schoolgebouw met een ondergrondse uitbreiding met daarin onder meer studio's, theaters, en leslokalen met een oppervlakte van 7.062 m². Uitsluitend de gecorrigeerde vervangingswaarde van de ondergrondse uitbreiding is in geschil. De Rechtbank oordeelt dat belanghebbende er ten onrechte vanuit gaat dat de benuttingswaarde de ondergrondse uitbreiding gevonden kan worden door de kosten te nemen die gemoeid zouden zijn met het tot stand brengen van een fictief vervangend bovengronds schoolgebouw op een andere locatie. Deze vergelijking leidt slechts tot de constatering dat de ondergrondse uitbreiding op de huidige locatie door belanghebbende duurder is dan een bovengrondse bouw op een andere locatie. Hiermee heeft belanghebbende nog niet aannemelijk gemaakt dat de benuttingswaarde gelijk is aan de bouwkosten van een gebouw bovengronds. Immers, als dit waar zou zijn, is niet te begrijpen waarom zij heeft gekozen voor de ondergrondse bouw. Aangenomen moet worden dat zij zoveel belang had bij een uitbreiding op dezelfde locatie, dat zij de hoge kosten wilde accepteren. Dat brengt mee dat zij daar ook nut van heeft, zodat er geen sprake is van een lagere benuttingswaarde, afgezien van de functionele veroudering.

Hof 's-Gravenhage 18 december 2007, nr. 06/00167, M I, Belastingblad 2008, blz. 1312
In geschil is de WOZ-waarde van de *Kunsthal* in Rotterdam. De Rechtbank heeft de WOZ-waarde gesteld op de benuttingswaarde, te weten nihil. Het Hof oordeelt dat de onroerende zaak is ontworpen en gebouwd als museum. Het wordt ook overeenkomstig deze doelstelling gebruikt. Niet kan worden gezegd dat de onroerende zaak voor belanghebbende geen ander nut oplevert dan dat deze blijft voortbestaan als architectonisch belangwekkend gebouw. Dat aan het gebouw gedurende de periode dat de intellectuele eigendom van het ontwerp

bij de architect berust, geen wijzigingen kunnen worden aangebracht en het ook overigens dient te blijven bestaan, brengt hierin geen verandering. Het Hof vernietigt de uitspraak van de Rechtbank en stelt de WOZ-waarde vast op € 4.300.000.

4.15 NCW/DCF/GOP - Wegrestaurants

Rechtbank Middelburg 24 mei 2007, nr. 06/251, MK, Belastingblad 2007, blz. 965

De heffingsambtenaar van de gemeente Middelburg heeft de waarde van het restaurant van belanghebbende bij uitspraak op bezwaar verminderd tot €722.100. Het object heeft een vloeroppervlakte van 250 m^2, een keuken/pantry van 100 m^2, overige ruimten van 160 m^2 en een terras, en is gelegen op een perceel van ongeveer 5.595 m^2. Belanghebbende stelt dat ten onrechte 4.000 m^2 grond als ongebonden grond in de waardering is betrokken, omdat de waarde van de grond reeds geacht moet worden te zijn verdisconteerd in de huurwaarde van de opstallen. De grond is immers noodzakelijk voor de normale bedrijfsuitoefening van het restaurant. Belanghebbende acht het ondenkbaar dat hij 4.000 m^2 grond afzonderlijk van het object zou kunnen verkopen. De heffingsambtenaar geeft aan dat bij de berekening aan de hand van de huurwaardekapitalisatiemethode twee keer de bebouwde oppervlakte aan grond plus de oppervlakte van het terras is toegerekend aan de opstallen, en de overige grond, waaronder het parkeerterrein, is aangemerkt als ongebonden grond, hetgeen gebruikelijk is. De door belanghebbende aangehaalde normen voor parkeerplaatsen zoals die worden gehanteerd voor het verlenen van een bouwvergunning zijn niet relevant bij het bepalen van de WOZ-waarde. De Rechtbank overweegt dat ongebonden grond de grond is die niet als gebouwgebonden is aan te merken. Daarbij geldt als vuistregel dat tweemaal de bebouwde oppervlakte als gebouwgebonden wordt beschouwd. Met deze ook door de heffingsambtenaar aangehouden norm is voldoende rekening gehouden met de behoefte aan parkeervoorzieningen bij het object. Dat het volgens belanghebbende gelet op haar bedrijfsvoering niet mogelijk is om de ongebonden grond apart te verkopen doet hieraan niet af. De door belanghebbende aangevoerde norm voor parkeervoorzieningen vloeit voort uit regels die gelden voor het verkrijgen van een bouwvergunning en berust niet op wettelijke bepalingen in het kader van de Wet WOZ, zodat een beroep op die norm niet kan slagen.

Rechtbank Breda 17 juli 2007, nr. 06/1218, MK, Belastingblad 2007, blz. 1283
In geschil is de WOZ-waarde van een restaurant, gelegen nabij de afrit van de snelweg. Belanghebbende stelt dat alle grond direct aan de opstallen moet worden toegerekend. Deze methode kan volgens de Rechtbank worden gehanteerd, maar dat moet dan echter ook gebeuren bij de herleiding van de prijzen van de vergelijkingspanden. De gemeente heeft als in de huurwaarde begrepen grond gehanteerd de restaurantoppervlakte maal factor 2. De overige grond is apart gewaardeerd. Dit systeem is bruikbaar voor het herleiden van de voor de vergelijkingspanden gerealiseerde verkoopprijzen naar de waarde van de onroerende zaak. Volgens de Rechtbank is aannemelijk dat de door belanghebbende voorgestane methode zou leiden tot een hogere huurwaarde voor de opstallen en dat de totale waarde niet lager zou uitkomen dan bij de door de gemeente gehanteerde methode.

Rechtbank Dordrecht 16 november 2007, nr. 06/580, EK, Belastingblad 2008, blz. 269
In geschil is de WOZ-waarde van een wegrestaurant, gelegen bij de op- en afrit van de rijksweg, met drivelane, een kinderspeeltoren en parkeerplaatsen. De door de gemeente aangemerkte *projectiegrond* (de gebonden grond die nodig is om de onroerende zaak aan zijn functie te kunnen laten voldoen, te weten het bebouwde oppervlak zelf en de oppervlak die nodig is voor onderhoud en gebruik van de opstallen) is gewaardeerd met behulp van de huurwaardekapitalisatiemethode. Voor de "overige grond parkeerterrein" heeft de gemeente aansluiting gezocht bij de op de waardepeildatum geldende uitgifteprijs voor grond met een bedrijfsbestemming. Op deze grond mocht op de waardepeildatum volgens de daarop berustende bestemming gebouwd worden. Voor de "overige grond randen" heeft de gemeente een lagere waarde van € 30 per m^2 berekend, omdat volgens de toelichting hierop niet gebouwd mag worden. De Rechtbank heeft geoordeeld –in tegenstelling tot hetgeen belanghebbende heeft gesteld– dat het reëel is om aan de overige grond een waarde te hangen, omdat dit voor een potentiële koper een zelfstandige financiële component zou opleveren, waarbij mede in aanmerking is genomen de omstandigheid dat de "overige grond parkeerterrein" volgens de bestemming (deels) bebouwbaar is.

4.16 NCW/DCF/GOP - Verblijfsrecreatieve objecten

Hof Arnhem 19 januari 2001, nr. 99/00401, E VIII, Belastingblad 2002, blz. 213

Belanghebbende is eigenaresse van en exploiteert een *recreatiecentrum*. Het recreatiecentrum is gevestigd op grond in eigendom van belanghebbende en betreft een camping met jaarstandplaatsen, seizoenplaatsen, trekkersplaatsen, zomerhuisjes, trekkershutten, tenthuisjes en groepsaccomodaties. Op het terrein zijn voorts aanwezig een aantal algemene ruimten, sanitairgebouwen, een kantoor, een keuken, een magazijn, een horecagelegenheid, een winkel en tennisbanen, alsmede speeltoestellen en terreinmeubilair zoals banken en vuilnisbakken. De gebouwen en een deel van de standplaatsen zijn aangesloten op een rioleringsstelsel en het elektriciteits- en waterleidingnet. In het door de ambtenaar overgelegde taxatierapport is de waarde van de camping gesteld op *f* 6.641.000, deels volgens de huurwaardekapitalisatiemethode. Belanghebbende stelt dat toepassing van de huurwaardekapitalisatiemethode alleen dan tot aanvaardbare uitkomsten leidt indien objectieve gegevens voorhanden zijn waaruit de huurwaarde kan worden afgeleid. Die gegevens ontbreken echter. De ambtenaar heeft beaamd dat in het taxatierapport geen objectieve vergelijkingsgegevens zijn opgenomen, maar stelt dat de huurwaardegegevens zijn gebaseerd op ervaringscijfers doch kan niet aangeven waaruit die ervaringscijfers zijn opgebouwd en waarop die cijfers zijn gebaseerd. Evenmin kan hij aangeven waarop de verschillen in de huurwaarden die zijn gehanteerd, zijn gebaseerd. Naar het oordeel van het Hof kan het door de ambtenaar overgelegde taxatierapport niet dienen als grondslag voor de waardebepaling nu de juistheid daarvan gemotiveerd door belanghebbende wordt betwist en in het rapport noch anderszins objectieve vergelijkingsgegevens zijn aangevoerd die de in het rapport genoemde waarde onderbouwen. Belanghebbende heeft, ter onderbouwing van haar standpunt dat de waarde van de camping *f* 5.310.000 bedraagt, een taxatierapport overgelegd. Deze waarde is het resultaat van de berekening van de Operationele Cash Flow, verminderd met de waarde van roerende zaken en achterstallig onderhoud. Naar het oordeel van het Hof is er geen reden om de taxatiemethode die in het door belanghebbende overgelegde taxatierapport is gehanteerd af te wijzen. Weliswaar is bij de bepaling van de waarde slechts uitgegaan van het resultaat van één jaar, doch daarbij is aangegeven dat de omzet in dezelfde lijn ligt als in voorgaande jaren, dat de kosten in vergelijking met soortgelijke bedrijven op een gemiddeld niveau liggen, en dat deze wijze van taxeren in de branche gebruikelijk is. De gehanteerde taxatiemethode en de daarbij gebruikte gegevens zijn op zichzelf door de ambtenaar ook niet bestreden. De ambtenaar stelt dat de aftrek wegens achterstallig onderhoud niet terecht is. Dit standpunt acht het Hof juist. Gelet op de gehanteerde taxatiemethode is het niet juist enerzijds een hogere last mee te nemen wegens achterstallige investeringen, doch anderzijds de daaruit voortvloeiende hogere opbrengsten buiten beschouwing te laten. Voor zover bedoeld zou zijn aan te geven dat een derde (extra) investeringen zou moeten doen om de huidige opbrengst te realiseren, biedt het taxatierapport daarvoor naar het oordeel van het Hof geen of onvoldoende aanknopingspunten. Behoud van marktaandeel, waartoe blijkens het rapport extra investeringen nodig zouden zijn, is immers niet hetzelfde als behoud van opbrengstniveau. Belanghebbende maakt, tegenover de gemotiveerde betwisting door de ambtenaar, niet aannemelijk dat de hier bedoelde aftrekpost juist is. Naar het oordeel van het Hof kan de waarde van de camping worden bepaald op ƒ 5.737.000.

Rechtbank Middelburg 18 juni 2007, nr. 06/507, MK, Belastingblad 2007, blz. 969
De heffingsambtenaar van de gemeente Noord-Beveland heeft de waarde van belanghebbendes recreatiecentrum aan het Veerse Meer bij uitspraak op bezwaar gehandhaafd op €6.372.914. Het object bestaat uit een kampeerterrein en een bungalowpark met toeristische plaatsen, seizoensplaatsen, jaarplaatsen, bungalows, stacaravans en trekkershutten, alle bestemd voor verhuur. Belanghebbende verzet zich tegen het gebruik van de Taxatiewijzer recreatieterreinen. Belanghebbende bepleit een waardebepaling op basis van een operationele cashflow waaruit een waarde volgt van €5.406.000. Verder stelt belanghebbende dat zij de bovengemiddelde omzetten uitsluitend kan behalen doordat zij onderdeel is van een groter concern. De kosten van dit organisatieverband dienen ten laste te komen van haar opbrengsten. De gemeente heeft het object getaxeerd op €6.410.564, op basis van de jaarcijfers van belanghebbende. De Rechtbank overweegt dat met het oog op een landelijk uniforme en doelmatige wijze van waarderen van recreatieterreinen de Waarderingskamer de Taxatiewijzer recreatieterreinen heeft laten ontwikkelen. Daarin is gekozen voor de operationele cashflowmethode, omdat volgens de wetgever moet worden gekeken naar de exploitatiemogelijkheden van het terrein. Uitgangspunt van de waardering is een fictieve, geobjectiveerde winst- en verliesrekening, welke vervolgens wordt gekapitaliseerd. De daadwerkelijke operationele cashflow kan daarbij dienen als controlemiddel. De heffingsambtenaar heeft de waarde aannemelijk ge-

maakt, waarbij in aanmerking wordt genomen dat de waardering is geschied overeenkomstig de uitgangspunten van de Taxatiewijzer en dat er geen aanleiding bestaat om daarvan in dit geval af te wijken. Op grond van de Taxatiewijzer wordt voor een dergelijk object in Zeeland een bezettingsgraad van 99% aangenomen. Partijen baseren beide hun berekeningen op een jaaromzet van ongeveer €2.700.000. Gelet hierop heeft belanghebbende geen materieel belang bij de stelling dat van de werkelijk behaalde omzet moet worden uitgaan. De gehanteerde factor komt overeen met die in de Taxatiewijzer wordt genoemd. Met betrekking tot de concernkosten overweegt de Rechtbank dat het uitdrukkelijk de bedoeling van de Taxatiewijzer is om dergelijke subjectieve omstandigheden buiten beschouwing te laten en uit te gaan van de geobjectiveerde exploitatiemogelijkheden van het terrein.

Hoge Raad 13 juli 2007, nr. 40 531, Belastingblad 2007, blz. 963, BNB 2007/270*
In geschil is de WOZ-waarde van een vakantiebungalowpark, dat belanghebbende in 1996 en 1997 heeft laten bouwen. De gemeente heeft de WOZ-waarde bepaald middels de vervangingswaarde. Deze is bepaald aan de hand van de stichtingskosten volgens de koop-/aanneemovereenkomst, inclusief omzetbelasting. X staat de DCF-methode voor. Volgens het Hof heeft de gemeente bij de bepaling van de vervangingswaarde terecht aangesloten bij de koop-/aanneemovereenkomst van 17 oktober 1996. De Hoge Raad sluit zich aan bij deze waarderingsmethode. De Hoge Raad vernietigt de uitspraak van het Hof toch, omdat deze onbegrijpelijk is op het punt van de eventuele aanwezigheid van inventaris/roerende zaken in de koop-/aanneemsom. De Hoge Raad verwijst de zaak.

Rechtbank Arnhem 28 februari 2008, nr. 07/1883, MK, Belastingblad 2008, blz. 694
In geschil is de WOZ-waarde van een *openbaar dagrecreatieterrein*, met name de waarde van de overige grond, niet zijnde de ondergrond van gebouwen. De Rechtbank verwerpt de stelling van belanghebbende dat de waarde op € 1 moet worden gesteld, omdat geen rendabele exploitatie mogelijk is. De Rechtbank verwerpt ook de stelling dat de bedrijfswaarde moet worden toegepast. Belanghebbende is wel een private rechtspersoon, maar er is geen sprake van bedrijfsmatig gebruikt onroerend goed. De aandeelhouders van belanghebbende zijn namelijk recreatieschappen, die belanghebbende hebben opgericht ter uitvoering van hun publieke taken. De Rechtbank oordeelt dat de vervangingswaarde van de overige grond van een recreatieter-

rein gelijk is aan de prijs die zou moeten worden betaald om vergelijkbare grond, van dezelfde aard en dezelfde bestemming, in eigendom te verwerven. De gemeente heeft bij de waardering van de grond
de juiste uitgangspunten gehanteerd. Voor de verschillende grondty-
pen (houtopstanden/plantsoenen, strand/ligweiden, parkeerterreinen,
water) is de waarde met marktgegevens onderbouwd, waarbij er vanuit is gegaan dat de waarde van grond voor dagrecreatie tenminste gelijk is aan de waarde van agrarische grond. Tevens zijn er terecht correcties aangebracht voor minder bruikbare gedeelten, zoals water en
houtopstanden/plantsoenen.

4.17 NCW/DCF/GOP - Stortplaatsen

*Rechtbank Haarlem 8 februari 2007, nr. 06/4183, MK, Belastingblad
2007, blz. 693*
Belanghebbende beheert een stortlocatie voor de eindverwerking van
afval via storten. In geschil is de WOZ-waarde van de onroerende
zaak. De Rechtbank oordeelt dat de WOZ-waarde kan worden bepaald aan de hand van de DCF-flowmethode, waarbij rekening wordt
gehouden met de kasstromen vanaf 1 januari 2005. Niet in geschil is
de disconteringsvoet van 6,58 en de in aanmerking te nemen ontvangsten. De Rechtbank oordeelt over de in aanmerking te nemen uitgaven, dat geen rekening mag worden gehouden met de dotaties aan de
voorziening voor de bovenafdichting van de stortlocatie. Een dotatie
aan een voorziening beïnvloedt de nettokasstroom immers niet. Bij
het bepalen van de nettokasstromen moet met de uitgaven voor de bovenafdichting van de stortlocatie rekening worden gehouden. De
Rechtbank corrigeert de hoogte van de verwachte uitgaven in 2011 in
goede justitie. In verband met de verwachte afname van het afvalaan-
bod met ongeveer een derde, zullen ook de directe kosten in dat jaar
met een derde afnemen.

4.18 REN-methode voor benzinestations

*Rechtbank Haarlem 16 oktober 2006, nr. 05/5635, EK, Belastingblad
2007, blz. 86*
In geschil is de waarde van een *verkooppunt van motorbrandstoffen*
(*tankstation*), bestaande uit vijf verkooppompen, een wasstraat en een
serviceruimte. De gemeente heeft de waarde bepaald middels de
REN-methode. De REN-methode definieert een aantal locatie- en
kwaliteitskenmerken aan de hand waarvan op een objectieve manier

de op een locatie mogelijke doorzet bepaald kan worden. Deze taxatiemethode is tot stand gekomen in overleg met vertegenwoordigers van de brancheorganisaties van motorbrandstofverkooppunten en wordt binnen de branche geaccepteerd. Gelet hierop kan deze methode bij onroerende zaken als de onderhavige worden gehanteerd als basis voor de WOZ-waardering. Dat de gemeente van te hoge huurinkomsten uitgaat, is van geen doorslaggevende betekenis, nu de hoogte van de huur geen factor is die van invloed is op de waardebepaling van het object volgens de REN-methode. Ditzelfde geldt voor belanghebbendes grief dat van een te grote perceeloppervlakte is uitgegaan.

4.19 Waardedrukkende factoren - Omzetbelasting

Hoge Raad 30 oktober 1991, nr. 26 544, Belastingblad 1992, blz. 231, BNB 1992/3, FED 1991/873
Ingevolge artikel 11, eerste lid, aanhef en onderdeel a, van de Wet OB 1968 kan een onroerende zaak die meer dan twee jaar in gebruik is, vrij van omzetbelasting worden geleverd. Ter bepaling van de WEV van een dergelijke zaak moet dus worden uitgegaan van de marktprijs bij levering vrij van BTW. De BTW kan niet als een afzonderlijke waardebepalende factor gelden.

Hoge Raad 3 december 1997, nr. 32 353, Belastingblad 1998, blz. 191, BNB 1998/41, FED 1997/885
Belanghebbende verricht als exploitant van het onderhavige ziekenhuis van BTW vrijgestelde prestaties in de zin van artikel 11, eerste lid, onderdeel c, van de Wet OB 1968. De ter zake van de stichting of aanschaffing in rekening gebrachte BTW die de exploitant als gevolg van de vrijstelling niet in aftrek kan brengen behoort tot de stichtingskosten (die in casu een element vormen van de GVW). Met BTW-besparende constructies wordt geen rekening gehouden.

Hof 's-Gravenhage 24 november 1998, nr. BK-97/03545, E IV, Belastingblad 1999, blz. 595
In het taxatierapport is niet uitgegaan van verkoopcijfers van vergelijkbare woningen, nu deze niet voorhanden waren. Het Hof berekent de waarde van de woning aan de hand van de koopsom, de afkoopsom van de erfpacht, de notariskosten en de grondprijs. De omzetbelasting maakt deel uit van de prijs die de koper bereid is gebleken te betalen voor de onroerende zaak en mag derhalve niet uit de prijs worden geëlimineerd.

Hoge Raad 8 augustus 2003, nr. 38 085, Belastingblad 2004, blz. 84, BNB 2003/335*, FED 2003/429, FED 2003/444
Belanghebbende heeft in augustus 1995 een nieuwe *recreatiewoning* gekocht met de bedoeling deze te verhuren. Hij is ondernemer voor de omzetbelasting en heeft de aan hem ter zake van de aankoop in rekening gebrachte omzetbelasting in aftrek gebracht. De Hoge Raad bevestigt het oordeel van het Hof dat de omstandigheid, dat een koper de aan hem in rekening gebracht omzetbelasting in aftrek kan brengen, er niet toe leidt dat deze omzetbelasting geen deel uitmaakt van de prijs, nu de aftrekbaarheid van de omzetbelasting een die koper betreffende persoonlijke omstandigheid is.

Hof Arnhem 12 januari 2004, nr. 99/03153, M III, Belastingblad 2004, blz. 416
Belanghebbende is eigenaar van een vakantiebungalowpark. Het park is in 1996 en 1997 gebouwd. Hij heeft het economisch eigendom van het park doorverkocht aan een maatschap, die het park verhuurt aan een exploitatiemaatschappij. Het Hof oordeelt dat de gemeente bij de bepaling van de vervangingswaarde van het park terecht heeft aangesloten bij de koop-/aanneemovereenkomst. Niet gesteld of gebleken is dat die niet tussen zakelijk handelende partijen is overeengekomen. Dat de verkoop onderdeel is van een samenstel van beleggingshandelingen, doet er niet aan af dat belanghebbende de koopsom heeft besteed. Hoe de koopsom is gefinancierd is niet van belang. Aan HR 3 december 1997, nr. 32 353, BNB 1998/41*, komt geen betekenis toe, nu geen omzetbelastingbesparende constructie is toegepast, maar juist omzetbelasting is voldaan.

Hoge Raad 13 oktober 2006, nr. 40 954, Belastingblad 2006, blz. 1326, BNB 2007/8*
Ten aanzien van belanghebbende, een *voetbalvereniging*, is onder meer met betrekking tot de haar in eigendom toebehorende kantine een WOZ-beschikking vastgesteld door de gemeente Opsterland. Niet in geschil is dat de waarde van de kantine moet worden bepaald op de gecorrigeerde vervangingswaarde. In geschil is of de gecorrigeerde vervangingswaarde inclusief of exclusief omzetbelasting dient te worden bepaald. Het Hof heeft geoordeeld dat uit een brief van de Belastingdienst blijkt dat belanghebbende met ingang van 1 juli 2000 in de heffing van omzetbelasting wordt betrokken voor haar kantineactiviteiten. Kennelijk heeft het Hof deze brief aldus uitgelegd dat de Belastingdienst het standpunt inneemt dat belanghebbende voor de heffing van omzetbelasting is aan te merken als ondernemer en dat belanghebbende haar kantine uitsluitend aanwendt voor met omzetbelasting

belaste prestaties. Daarvan uitgaande zijn de oordelen van het Hof juist, dat de kantine voor de heffing van omzetbelasting als zelfstandig goed moet worden aangemerkt (vgl. Hoge Raad 14 oktober 2005, nr. 41 015, BNB 2006/65) en dat belanghebbende de ter zake van de bouw en (op)levering van dit goed in rekening gebrachte omzetbelasting geheel in aftrek kan brengen, zodat die omzetbelasting bij het bepalen van de vervangingswaarde voor de kantine buiten beschouwing moet blijven.

Hoge Raad 9 februari 2007, nr. 41 264, Belastingblad 2007, blz. 367, BNB 2007/ 155c*, FED 2007/33
In geschil is de WOZ-waarde van het pand van het Ministerie van Buitenlandse Zaken. Belanghebbende, de Staat, stelt dat de gecorrigeerde vervangingswaarde exclusief omzetbelasting moet worden bepaald. Volgens de Staat mag er geen onderscheid worden gemaakt naar de vraag of de eigenaar al dan niet ondernemer is. De Hoge Raad oordeelt dat de gecorrigeerde vervangingswaarde moet worden bepaald inclusief omzetbelasting. De omzetbelasting druk namelijk op de Staat. Bij de bepaling van de gecorrigeerde vervangingswaarde moet rekening worden gehouden met omstandigheden die de huidige eigenaar betreffen, zoals de omzetbelastingdruk die hem in rekening wordt gebracht over de vervangingskosten. Uit de uitspraak van het Hof blijkt echter niet welke waarderingsmethode is toegepast. Dit leidt echter niet tot cassatie, omdat bij de bepaling van de waarde in het economische verkeer moet worden uitgegaan van de prijs exclusief omzetbelasting. De gecorrigeerde vervangingswaarde is daarom hoger dan de waarde in het economische verkeer, zodat de waarde moet worden bepaald via de gecorrigeerde vervangingswaarde.

Hoge Raad 9 februari 2007, nr. 41 265, Belastingblad 2007, blz. 369, BNB 2007/156c*, FED 2007/34
In geschil is de WOZ-waarde van een *parkeergarage* in Den Haag. De gemeente heeft de WOZ-waarde gewaardeerd naar de gecorrigeerde vervangingswaarde, inclusief de invloed van omzetbelasting. Belanghebbende, een overheidsorgaan, is geen ondernemer in de zin van de omzetbelasting. Belanghebbende stelt dat, als hij wel als ondernemer in de zin van de omzetbelasting zou zijn, de waarde lager zou zijn vastgesteld. De Hoge Raad oordeelt echter dat de wetgever in de maatstaf van de gecorrigeerde vervangingswaarde welbewust een subjectief element heeft opgenomen. Dit heeft tot gevolg dat de waarde heeft te gelden welke die zaken in economische zin voor de eigenaar zelf hebben (vgl. HR 8 juli 1992, nr. 27 678, BNB 1992/ 298). Het is dus niet uitgesloten dat de gecorrigeerde vervangings-

waarde van een courante onroerende zaak als gevolg van een subjectieve omstandigheid (zoals bijvoorbeeld de omstandigheid dat de omzetbelasting die over de vervangingskosten wordt berekend op de eigenaar van die zaak drukt, zoals ook in dit geval aan de orde is) hoger
uitvalt dan de waarde in het economische verkeer waarbij met subjectieve omstandigheden geen rekening wordt gehouden.

*Hoge Raad 9 februari 2007, nr. 41 407, Belastingblad 2007, blz. 372,
BNB 2007/157c*, FED 2007/35*
In geschil is de WOZ-waarde van het pand van de Keuringsdienst van
Waren. Belanghebbende, de Staat, stelt dat de gecorrigeerde vervangingswaarde exclusief omzetbelasting moet worden bepaald. Volgens
de Staat mag er geen onderscheid worden gemaakt naar de vraag of
de eigenaar al dan niet ondernemer is. De Hoge Raad oordeelt dat de
gecorrigeerde vervangingswaarde moet worden bepaald inclusief omzetbelasting. De omzetbelasting druk namelijk op de Staat. Bij de bepaling van de gecorrigeerde vervangingswaarde moet rekening worden gehouden met omstandigheden die de huidige eigenaar betreffen,
zoals de omzetbelastingdruk die hem in rekening wordt gebracht over
de vervangingskosten.

*Rechtbank Alkmaar 29 november 2007, nr. 06/2614, MK,
Belastingblad 2008, blz. 185*
In geschil is de waarde van een *sportcomplex*. De Rechtbank overweegt dat de waardeberekening middels de discounted cashflow-me-
thode voor onroerende zaken die commercieel geëxploiteerd worden
slechts mogelijk is indien sprake is van een zich slecht ontwikkelende
bedrijfstak en tegenvallende bedrijfsresultaten, hetgeen zich hier niet
voordoet. Voorts zijn terecht de investeringen in 2004 en 2005 buiten
de waardering gebleven omdat gewaardeerd is 'naar waardepeildatum
1 januari 2003. Omdat belanghebbende zijn prijs voor de extra grond
niet heeft onderbouwd is de gemeente terecht uitgegaan van een prijs
van 10% van de prijs van de basiskavel conform de Taxatiewijzer
Sport. Met betrekking tot de functionele veroudering van de 'tennisbaan gravel overweegt de Rechtbank dat de verklaring van de gemeente dat er voor gravel tennisbanen geen functionele veroudering
wordt gehanteerd niet onaannemelijk is. Daartegenover acht de
Rechtbank belanghebbendes verklaring voor het percentage voor
functionele veroudering voor de tennishal aannemelijk en heeft de gemeente dit niet overtuigend betwist. Met betrekking tot de basiskavel
en de extra grond, de squashbanen, de tennisbanen, de lichtmasten, de
kantine, het kantoor en de was- en kleedruimtes overweegt de Rechtbank dat de levering hiervan onder de uitzondering als bedoeld in art.

11 Wet OB valt. Nu vaststaat dat belanghebbende de voorbelasting bij een denkbeeldige vervaardiging van deze onderdelen in aftrek kan brengen dient de gecorrigeerde vervangingswaarde voor deze onderdelen dan ook exclusief BTW te worden berekend. Voorts is de vrijstelling niet van toepassing op diensten als het lesgeven op de skibaan en de klimmuur, zodat de omzetbelasting voor deze onderdelen ook niet bij de gecorrigeerde vervangingswaarde dient te worden betrokken.

4.20 Waardedrukkende factoren - Bodemverontreiniging

Hof Amsterdam 14 mei 1993, nr. 4546/90, M IV, Belastingblad 1993, blz. 447, BNB 1994/133 (dierenasiel)
De onderhavige grond is dermate vervuild dat sanering noodzakelijk is in geval van herbouw van de aanwezige gebouwen. Aannemelijk is dat de saneringskosten de waarde van de grond overtreffen. Uitgaande daarvan moet de waarde van de grond voor de bepaling van de GVW op nihil worden gesteld.

Hof 's-Gravenhage 16 oktober 1996, nr. 95/1803, E II, Belastingblad 1997, blz. 232
Onder een aantal bij belanghebbende in gebruik zijnde flatwoningen is bodemverontreiniging aanwezig. De kosten van sanering van de grond zullen door de overheid worden gedragen, ook bij eventuele verkoop aan een derde. In die omstandigheden heeft de aanwezigheid van bodemverontreiniging geen waardedrukkende invloed.

Hof Amsterdam 30 januari 1998, nr. P96/3329, M IV, Belastingblad 1998, blz. 574
De grond onder de woning van belanghebbende was op de waardepeildatum verontreinigd. Op die datum bestond geen aankoopverplichting voor de gemeente op grond van artikel 57, eerste lid, van de Wet bodembescherming. De WEV moet worden vastgesteld met inachtneming van de bodemverontreiniging. Hierdoor is de woning minder courant. Bovendien moet rekening worden gehouden met de mogelijke aansprakelijkstelling voor de kosten van bodemsanering.

Hof 's-Gravenhage 11 juni 1998, nr. BK-96/03482, E VI, Belastingblad 1999, blz. 436
Eind 1997 is gebleken dat de grond onder de woning, gelet op de geldende milieunormen, reeds op de peildatum afdoende gesaneerd was,

zodat geen aanleiding bestaat om de waarde in het economische verkeer van de woning te verminderen met de kosten van de sanering of
het rompslompforfait.

Potentiële kopers kunnen van 1995 tot 1998 in de veronderstelling
hebben verkeerd dat sanering van de grond onder de woningen die
zijn gebouwd op de gedempte sloot wellicht noodzakelijk zou zijn,
maar deze onjuiste veronderstelling behoort niet tot de omstandigheden die kunnen leiden tot aanpassing van de heffingsgrondslag.

Hof Amsterdam 20 november 1998, nr. P98/00839, E IX,
Belastingblad 1999, blz. 18, FED 1999/526
De bodem is verontreinigd met *aromatische oplosmiddelen* waarbij
sprake is van actuele humane risico's. Op 1 januari 1997 was nog onzeker of beperkingen in het gebruik en overlast zouden ontstaan.
Er is geen sprake van een tussentijdse waardewijzigingsgrond in de
zin van artikel 19 van de Wet WOZ, maar voor het aannemen van een
waardedrukkend effect van bodemverontreiniging is de toestand op
de waardepeildatum van belang.

Hoge Raad 14 april 1999, nr. 34 524, Belastingblad 1999, blz. 439,
BNB 1999/329, FED 1999/279
Met *bodemverontreiniging* die op de peildatum aanwezig is moet rekening worden gehouden, ook al wordt deze eerst na de waardepeildatum geconstateerd. De vraag of de Verordening een bepaling bevat
welke voorziet in een tussentijdse aanpassing van de heffingsgrondslag ingeval van gewijzigde omstandigheden is daarbij niet van belang.

Hof 's-Gravenhage 10 juni 1999, nr. BK-97/20656, E VI,
Belastingblad 2000, blz. 574
In geschil is of bij de waardebepaling op de peildatum terecht geen rekening is gehouden met *olieverontreiniging* rond de ondergrondse
tank op en onder de woning van belanghebbende. Het Hof oordeelt
dat in gevallen waarin bodemverontreiniging wordt geconstateerd en
aannemelijk is dat deze verontreiniging reeds op de waardepeildatum
bestond, de waarde in het economische verkeer van een woning kan
worden verminderd met de kosten van sanering.
Op de peildatum bestaande, maar later onjuist gebleken veronderstellingen omtrent de mate van de bodemverontreiniging zijn geen omstandigheden waarbij bij de waardebepaling rekening moet worden
gehouden. Nu de kosten van de sanering van de bij belanghebbendes
woning geconstateerde en reeds op de waardepeildatum aanwezige
bodemverontreiniging *f* 6.000 bedragen, vermindert het Hof de waar-

de overeenkomstig. Een verplichting tot verdere bodemsanering en verwijdering van de tank kan aanzienlijke kosten met zich meebrengen, maar nu de kans dat deze kosten zich voordoen gering is, is geen plaats voor verdergaande waardevermindering van de woning.

Hof 's-Gravenhage 25 mei 2000, nr. BK-98/01164, E VI, Belastingblad 2000, blz. 1079
Ingevolge artikel 17, tweede lid, van de Wet WOZ, wordt de waardedrukkende werking van verhuur bij de waardebepaling buiten aanmerking gelaten. Bij de waardebepaling is rekening gehouden met „bodemverontreiniging, welke aanwezig was in de wijk van belanghebbende en reeds op de peildatum bekend was. De gemeente heeft aannemelijk gemaakt dat de invloed van bodemverontreiniging in de verkoopprijzen van de vergelijkingsobjecten is verdisconteerd. Het feit dat het uitzicht van de woning op een school is veranderd in een uitzicht op een nieuwbouwwijk leidt niet tot een vermindering van de waarde van de woning. Het door belanghebbende overgelegde taxatierapport van een makelaar kan niet tot een ander oordeel leiden, daar in dit rapport een te lage grondprijs en een te lage inhoudsprijs zijn gehanteerd.

Hof Arnhem 16 augustus 2000, nr. 98/04139, E VIII, Belastingblad 2001, blz. 1207
In geschil is de waarde van een woning. In het taxatierapport van de gemeente is bij de vraag naar omstandigheden die mogelijk van invloed kunnen zijn op de toekomstige waardeontwikkeling opgenomen: 'bodem (en mogelijk grondwater) blijken vervuild met olie uit lekkende *ondergrondse olietank*, welke eigendom is van reclamant.' Bij de vaststelling van de waarde is geen rekening gehouden met een bodem- en grondwaterverontreiniging. Op de peildatum was niet bekend of en in hoeverre sprake was van bodemverontreiniging en of de bodem gesaneerd zou moeten worden. Daarom is in het taxatierapport de waarde gehandhaafd. Belanghebbende stelt dat de vastgestelde waarde van de onderhavige onroerende zaak moet worden verminderd met de door hem op *f* 220.000 getaxeerde kosten van schoonmaken. Het Hof oordeelt dat vaststaat dat op de peildatum bij de woning een ondergrondse tank aanwezig was voor de opslag van huisbrandolie. Het Hof acht door belanghebbende voldoende aannemelijk gemaakt dat de aanwezigheid van die opslagtank verontreiniging van bodem en grondwater tot gevolg heeft gehad die zich op de peildatum reeds voordeed. Anders dan de ambtenaar meent, is voor de vaststelling van de waarde van het perceel niet van belang of de verontreiniging op de peildatum bekend was. De ambtenaar stelt dat er een over-

heidsregeling is genaamd 'actie BOOT' ter zake van het verwijderen van ondergrondse olietanks. De onderhavige tank is, voor zover hem bekend, nog steeds aanwezig. De kosten van verwijderen van de tank bedragen ƒ 1.000 tot ƒ 2.000. Naar het oordeel van het Hof zal een potentiële koper van de onderhavige onroerende zaak rekening houden met het gegeven dat zich in de grond een opslagtank voor huisbrandolie bevindt die mogelijk ernstige verontreiniging van bodem en grondwater veroorzaakt. Belanghebbende draagt onvoldoende gegevens aan waaruit zou kunnen worden afgeleid dat de waardevermindering die uit de aanwezigheid van de tank voortvloeit ƒ 220.000 bedraagt. De waardevermindering is te stellen op de waarde van de verplichting om in de toekomst tot sanering over te gaan, ofwel de contante waarde van de in de toekomst te maken kosten. Nu omtrent de omvang van de verontreiniging, de verplichting tot saneren, de hoogte van de kosten en het toekomstige tijdstip waarop die kosten mogelijk moeten worden gemaakt niets is komen vast te staan stelt het Hof de waardevermindering die uitgaat van de aanwezigheid van de ondergrondse olieopslagtank in goede justitie vast op ƒ 8.000.

Hof 's-Gravenhage 27 maart 2001, nr. 98/4984, E X, Belastingblad 2002, blz. 567
Belanghebbende is eigenaar van een perceel grond, waarop een boerderijtje stond dat in 1996 is gesloopt. Op het perceel heeft belanghebbende een nieuwe woning laten bouwen die in 1997 gereed is gekomen. In geschil is de waarde op de waardepeildatum naar de toestand 1 januari 1997. Belanghebbende stelt dat de waarde op nihil moet worden vastgesteld, omdat de bodem was vervuild. De gemeente heeft in het verweerschrift geconcludeerd tot vermindering van de waarde van ƒ 170.000 tot ƒ 75.000. De gemeente stelt in dit verband dat de uitgifteprijs van een zelfde perceel niet-verontreinigde bouwgrond ƒ 80.960 bedraagt. In het kader van de aanvraag van de bouwvergunning is een aantal onderzoeken uitgevoerd. Daaruit is gebleken dat geen sprake was van ernstige verontreiniging, maar van lichte verontreiniging. Het Hof oordeelt dat in gevallen waarin bodemverontreiniging wordt geconstateerd en aannemelijk is dat deze reeds op de peildatum bestond daarmee bij de waardepeildatum rekening moet worden gehouden. Op de waardepeildatum bestaande, doch later onjuist gebleken veronderstellingen omtrent de mate van bodemverontreiniging zijn geen omstandigheden waarmee rekening moet worden gehouden. Alleen de bodemverontreiniging die uiteindelijk komt vast te staan is bepalend voor de bij de waardebepaling eventueel in aanmerking te nemen kosten van sanering en de daarmee samenhangende waardeverminderende factoren. Naar het oordeel van het Hof is spra-

ke van een lichte mate van verontreiniging die niet aan de afgifte voor een vergunning voor nieuwbouw in de weg heeft gestaan en die daaraan naar het oordeel van belanghebbende ook niet in de weg hoefde te staan. De gemeente heeft voldoende rekening gehouden met de aftrek voor rompslomp, nu de waarde uiteindelijk ongeveer *f* 6.000 lager wordt vastgesteld dan de uitgifteprijs van niet-verontreinigde bouwgrond.

Hof 's-Gravenhage 10 april 2001, nr. BK-00/1960, E VIII, Belastingblad 2001, blz. 831
In geschil is de waarde van de woning die is gebouwd op een terrein waarvan na de peildatum bekend is geworden dat sanering vanwege de ernstige verontreiniging urgent was. Het Hof oordeelt dat indien sprake is van bodemverontreiniging en aannemelijk is dat deze reeds op de peildatum aanwezig was, zulks invloed kan hebben op de waarde. Deze waardevermindering kan worden uitgedrukt in het bedrag van de kosten van de sanering of eventueel in het rompslompforfait. De gemeente heeft de waarde van de woning verlaagd met 18% (rompslompforfait), vanwege de gelijkenis die de zaak naar het oordeel van de gemeente vertoont met de procedure waarin op 29 november 1994 is beslist door Hof 's-Hertogenbosch (nr. 1106/1994, Belastingblad 1997/195). Naar het oordeel van het Hof is deze zaak niet vergelijkbaar met de onderhavige zaak, daar in de onderhavige zaak nog niet duidelijk is voor wiens rekening de saneringskosten zullen komen. Het Hof vermindert de waarde van de woning. (In deze procedure speelden tevens formele aspecten een rol. Om die reden is de uitspraak tevens opgenomen onder 8.1).

Hoge Raad 23 november 2001, nr. 36 591, Belastingblad 2002, blz. 395, BNB 2002/33
In geschil is de gecorrigeerde vervangingswaarde van een *golfterrein*. De ondergrond van het golfterrein was vroeger in gebruik als vuilstortterrein. Het Hof heeft geconcludeerd dat de verontreiniging van de grond van zodanige aard was dat het op te offeren bedrag bij vervanging van de grond door grond welke in vergelijkbare staat verkeert, niet minder dan nihil zal bedragen. In cassatie oordeelt de Hoge Raad dat het Hof het risico dat ooit (hoge) saneringskosten moeten worden gemaakt niet buiten beschouwing heeft gelaten. Het Hof heeft dat risico kennelijk echter niet zo hoog gewaardeerd dat daardoor de vervangingswaarde van de grond minder dan nihil bedraagt. Dat oordeel is van feitelijke aard, niet onbegrijpelijk en behoefde geen nadere motivering. Het beroep in cassatie is ongegrond.

Hof 's-Hertogenbosch 5 april 2002, nr. 98/03578, E IV, Belastingblad 2002, blz. 618

Het perceel is vervuild met *minerale oliën*, welke afkomstig zijn van het naastgelegen perceel op welk perceel voorheen een tankstation en een oliehandel waren gevestigd. Belanghebbende kan jegens de eigenaar van de vervuiling veroorzakende grond eisen dat de daaruit voor belanghebbende voortvloeiende kosten en/of schade, door bedoelde eigenaar aan hem worden vergoed. Het gebruik door belanghebbende van de tot de onroerende zaak behorende woning is sinds het bekend worden van de opgetreden vervuiling niet gewijzigd. Het Hof oordeelt dat een situatie waarin, zoals in casu, sprake is van bodemverontreiniging mee kan brengen dat de onroerende zaak (tijdelijk) minder goed verkoopbaar is, maar belanghebbende maakt met hetgeen hij aanvoert met betrekking tot de waardedruk als gevolg van de bodemverontreiniging onvoldoende waar dat van dat aspect een sterker waardedrukkende werking uitgaat dan door de taxateur van de ambtenaar in aanmerking is genomen.

Hof Amsterdam 8 januari 2003, nr. 02/1848, E XIII, Belastingblad 2003, blz. 431

Niet in geschil is dat de bodem van het object is vervuild met onder meer arseen, tolueen en minerale olie en dat de grond ooit moet worden gesaneerd. In geschil is in hoeverre de gemeentelijke *vrijwaring* de totale kosten van *sanering* dekt. De gemeente is er in zijn taxatie vanuit gegaan dat de vrijwaring de gehele sanering geldt. Uit de tekst van de vrijwaring blijkt, dat deze geldt voor gevolgen van een eventuele bodemverontreiniging van het object door vervuild grondwater wat afkomstig is van de gemeentelijke vuilstortplaats. Het opnemen van het woord 'eventuele' in de vrijwaring impliceert naar het oordeel van het Hof dat de gemeente er niet voetstoots vanuit gaat dat alle vervuiling op het terrein van belanghebbende door de stortplaats is veroorzaakt. Dit vindt steun in de door verweerder overgelegde conclusies van Arcadis Heidemij dat de voormalige stort niet of in zeer geringe mate de grondwaterkwaliteit ter plaatse van het bedrijfsterrein van belanghebbende heeft beïnvloed. Het Hof is van oordeel dat er rekening mee moet worden gehouden, dat de kosten van een eventuele sanering van de grond van het object niet of slechts gedeeltelijk door de gemeente zullen worden gedragen. Het Hof acht aannemelijk, dat een eventuele koper van de grond met de mogelijke toekomstige saneringsplicht daarvan rekening zal houden en tevens met het risico dat de kosten van die sanering niet of in slechts geringe mate door de gemeente zullen worden gedragen. Het feit dat grond en gebouwen blijkbaar normaal gebruikt worden, hoewel de bodemverontreiniging

van het terrein al sinds 1988 bekend is, doet daar niet aan af. Het Hof
oordeelt dat de waarde van de grond gesteld moet worden op nihil.
Het Hof is van oordeel dat voor een dergelijke correctie de taxatie op
basis van huurwaardekapitalisatie niet bruikbaar is omdat de grondwaarde daarin niet afzonderlijk is getaxeerd, maar dat moet worden
uitgegaan van de taxatie op basis van gecorrigeerde vervangingswaarde.

*Hof Arnhem 19 juni 2003, nr. 02/2165, E VI, Belastingblad 2003, blz.
904*
Belanghebbende stelt dat de vastgestelde waarde van zijn woning te
hoog is, gelet op de ernstige *bodemverontreiniging op zijn kavel.* Het
Hof acht belanghebbende er niet in geslaagd aannemelijk te maken
dat de woning in het vrije commerciële verkeer niet tegen een redelijke prijs verkoopbaar is. Niet gebleken is dat belanghebbende de onroerende zaak te koop heeft aangeboden, bijvoorbeeld op een wijze
zoals genoemd in artikel 59, tweede lid Wet Bodembescherming. In
gevallen waarin bodemverontreiniging wordt geconstateerd en aannemelijk is dat deze verontreiniging reeds op de waardepeildatum aanwezig was, kan dit invloed hebben op de waarde in het economische
verkeer van een woning. Deze waardevermindering kan in situaties
waarin de kosten van sanering niet voor rekening van bewoners komt,
worden uitgedrukt in het zogenaamde 'rompslompforfait'. In het taxatierapport wordt opgemerkt dat de bodemverontreiniging als een bijzonder omstandigheid kwalificeert die van invloed is op de huidige
waarde. Het gaat niet in op de door belanghebbende gestelde overlast.
Het toegepaste rompslompforfait van 3,5% van de vastgestelde waarde is te gering. Het Hof stelt het rompslompforfait in goede justitie
vast op 10%.

*Hoge Raad 5 september 2003, nr. 37 948, Belastingblad 2003, blz.
1121, BNB 2003/351*, FED 2003/467, FED 2003/503*
Tussen partijen is in geschil of, en zo ja in welke mate, de in 1996 bekend geworden bodemverontreiniging een waardedrukkende factor
vormt met betrekking tot de woning van belanghebbende. Het Hof
heeft vooropgesteld dat op grond van artikel 19, eerste lid, aanhef en
letter c, Wet WOZ, een waardevermindering ten gevolge van een na
de peildatum gebleken omstandigheid als bodemverontreiniging
slechts in aanmerking kan worden genomen als deze ten minste 5 percent met een minimum van ƒ 25.000 dan wel ƒ 125.000 of meer bedraagt. Naar het oordeel van de Hoge Raad moet de waarde van de
onroerende zaak in beginsel worden bepaald naar de werkelijke toestand op de waardepeildatum, ook voor zover die pas later is geble-

ken. De omstandigheid dat een bodemverontreiniging eerst na de waardepeildatum ontdekt is, neemt niet weg dat bij de waardering met het waardedrukkende effect daarvan rekening moet worden gehouden, indien die bodemverontreiniging op de waardepeildatum reeds aanwezig is. De vraag of het waardedrukkend effect de in artikel 19, eerste lid, letter c, Wet WOZ, neergelegde drempel overschrijdt, is daarbij niet van belang. Dit is anders in het geval waarin de waarde voor het desbetreffende tijdvak reeds eerder bij onherroepelijk geworden beschikking is vastgesteld en het gaat om de vraag of in verband met een nadien gebleken bodemverontreiniging een aanpassing van de vastgestelde waarde dient plaats te vinden.

Hof 's-Gravenhage 9 december 2003, nr. 02/02198, E VIII, Belastingblad 2004, blz. 463
Volgens het Hof heeft de gemeente bij de waardebepaling van een woning onvoldoende rekening gehouden met in de tuin aanwezige vervuilde grond. De gemeente gaat er ten onrechte vanuit dat het waardedrukkend effect vooral zit in de 'rompslomp' die de potentiële koper van de eventuele sanering verwacht. Het is echter aannemelijk dat belanghebbende de saneringskosten niet kan verhalen op de overheid of op de vervuiler. De waarde moet daarom worden verminderd met de te maken saneringskosten.

Hof Amsterdam 11 februari 2005, nr. 03/03442, E XII, Belastingblad 2005, blz. 593
Het Hof dient na verwijzing door de Hoge Raad (arrest van 5 september 2003, nr. 37 948) te beoordelen of en zo ja in hoeverre die *verontreiniging* een *neerwaartse invloed* zou hebben gehad op de waarde naar het *prijspeil* per 1 januari 1992, indien die verontreiniging ook op 18 juli 1994 bekend zou zijn geweest. De saneringskosten van deze grond komen voor rekening van de overheid. De gemeente is aansprakelijk voor de door belanghebbende geleden en nog te lijden schade met betrekking tot het perceel. De deskundigen komen tot de conclusie dat de maximale schade (inclusief immateriële schade) moet worden geschat op 20% van de onderhandse verkoopwaarde zonder verontreiniging. Het Hof oordeelt dat, aangezien de verontreiniging in 1996 bekend is geworden en de woning moet worden gewaardeerd naar de staat op een eerdere datum, de neerwaartse invloed van de verontreiniging op 20% dient te worden gesteld indien de conclusie van de deskundigen juist zou zijn. (Deze uitspraak is gewezen in de verwijzingsprocedure van het hiervoor opgenomen arrest van de Hoge Raad van 5 september 2003, nr. 37 948)

Hoge Raad 1 april 2005, nr. 40 313, Belastingblad 2005, blz. 558, BNB 2005/184

Het Hof heeft geoordeeld dat de ambtenaar heeft gesteld dat bij de waardering tot uitdrukking is gebracht dat de bodem verontreinigd is, de mogelijkheden tot gebruik beperkt zijn, de onroerende zaak grenst aan een metaalbedrijf en de werktuigenberging eenvoudig van uitvoering is. Volgens het Hof rust op belanghebbende de last aannemelijk te maken dat met deze omstandigheden bij de waardebepaling onvoldoende rekening is gehouden. De Hoge Raad vindt dat het oordeel van het Hof blijk geeft van een onjuiste verdeling van de bewijslast. Op de ambtenaar rust de last aannemelijk te maken dat de waarde van de onroerende zaak niet te hoog is vastgesteld en, nu zijn hiervóór vermelde stelling door belanghebbende was betwist, ook om die stelling aannemelijk te maken.

Hof Leeuwarden 24 maart 2006, nr. 197/04, E II, Belastingblad 2006, blz. 578

In geschil is de waarde van een vrijstaande woning. Volgens het Hof heeft de gemeente terecht geen rekening gehouden met bodemverontreiniging, omdat noch door de provincie Groningen noch door de „gemeente een beschikking in het kader Wet Bodembescherming is afgegeven. Er is ook geen saneringsverplichting op basis van milieuhygiënische redenen. Belanghebbende voert aan dat de onroerende zaak is bezwaard met een zakelijk recht als bedoeld in artikel 5, derde lid, aanhef en onder b, van de Belemmeringenwet Privaatrecht, vanwege een pompput op het perceel. Hiermee hoeft echter geen rekening te worden gehouden. Hoewel het woongenot hierdoor kan worden aangetast, vindt het Hof niet dat dit een zodanige omvang heeft dat hiermee rekening moet worden gehouden.

Rechtbank Arnhem 31 juli 2006, nr. 06/333, EK, Belastingblad 2006, blz. 1172

In geschil is de vraag of rekening moet worden gehouden met de aanwezigheid van bodemverontreiniging op een perceel. De gemeente erkent dat de bodem waarop de woning zich bevindt is vervuild en dat belanghebbende aansprakelijk is. Belanghebbende kan niet worden gevrijwaard en er zullen kosten moeten worden gemaakt voor sanering van de bodem. De Rechtbank verklaart het beroep gegrond en verwijst de zaak terug naar de gemeente. De gemeente moet onderzoek doen naar de omvang van de saneringskosten die belanghebbende in verband met de woning zal moet maken.

Hof Arnhem 23 mei 2007, nr. 06/00364, E X, Belastingblad 2007, blz. 701
In geschil is onder andere de vraag of voldoende rekening is gehouden met de aanwezige bodemverontreiniging. Gelet op de omstandigheid dat er van de zijde van de overheid met betrekking tot het perceel geen saneringsplicht is opgelegd en gelet op het taxatierapport, waarin het bedrag van de waardevermindering van de onroerende zaak wegens de bodemverontreiniging is gesteld op € 85.000, acht het Hof aannemelijk dat voldoende rekening is gehouden met de met de bodemverontreiniging samenhangende waardedruk, waarbij het Hof tevens opmerkt dat dit strookt met de opmerking van belanghebbende dat de totale saneringskosten ongeveer € 90.000 belopen.

Hof 's-Hertogenbosch 29 augustus 2007, nr. 02/00250, E XIII, Belastingblad 2007, blz. 1334
Belanghebbende is eigenaar en gebruiker van een woning. In geschil is de vraag of voldoende rekening is gehouden met de waardedrukkende invloed van de (eventuele) bodemverontreiniging. Het Hof oordeelt dat de gemeente, door een aftrek van ruim 15% toe te passen, voldoende rekening heeft gehouden met nog resterende verontreiniging en het effect van die verontreiniging. Het waardedrukkende effect wordt in gevallen waarin de kosten van sanering niet voor rekening van de bewoners komen, uitgedrukt in het zogenaamde 'rompslompforfait' (HR 26 maart 2007, nr. 40 152, V-N 2007/22.22). Het is niet aannemelijk dat de woning van belanghebbende in het economische verkeer niet tegen een redelijk prijs verkoopbaar is.

Rechtbank Almelo 8 februari 2008, nr. 07/895, EK, Belastingblad 2008, blz. 459
In geschil is de WOZ-waarde van een woning naar waardepeildatum 1 januari 2005. In 2006 is ontdekt dat de bodem is verontreinigd door een *opslagtank*. In geschil is de WOZ-waarde van de woning naar de waardepeildatum 1 januari 2005. De Rechtbank oordeelt dat de omstandigheid dat een bodemverontreiniging pas na de waardepeildatum is ontdekt, niet wegneemt dat bij de waardering met het waardedrukkende effect daarvan rekening moet worden gehouden, indien die bodemverontreiniging op de waardepeildatum reeds aanwezig was. (HR 5 september 2003, 37 948, BNB 2003/351). Tussen 1957 en 1972 is vanuit de woning een petroleumhandel gevoerd waarbij gebruik is gemaakt van een opslagtank. De kosten van sanering komen voor rekening van de eigenaar van de woning. Het is twijfelachtig of die kosten kunnen worden verhaald op de veroorzaker (de huurder), aangezien die niet kapitaalkrachtig is. Een koper zou volgens de Rechtbank ze-

ker rekening houden met het feit dat de kosten van sanering voor eigen rekening komen en blijven. De toegepaste aftrek van 10% is te gering. Dit is bovendien een forfaitair bedrag, terwijl, nu de sanering voor rekening van de eigenaar komt, de daadwerkelijke kosten daarvan van belang zijn voor de bepaling van de waarde. Het rompslompforfait speelt geen rol, omdat dit een methode is om de waardedruk te bepalen in een situatie waarin de kosten van sanering niet voor rekening van de eigenaar komt (HR 23 maart 2007, LJN BA1264).

Hof Leeuwarden 22 februari 2008, nr. 12/07, M II, Belastingblad 2008, blz. 455
In geschil is de WOZ-waarde van een bedrijfspand. De gemeente brengt op de grondwaarde een bedrag in mindering, in verband met vervuiling. De gemeente heeft alleen rekening gehouden met de waardevermindering door overlast, rompslomp, negatief imago en onzekerheid. De gemeente is voorbijgegaan aan de *saneringskosten*, omdat deze niet voor rekening van belanghebbende zouden komen. Volgens het Hof heeft de gemeente ten onrechte geen rekening gehouden met de kosten van sanering van de vervuilde grond. Volgens het Hof moet bij de waardering worden voorbijgegaan aan aanspraken die de belanghebbende jegens derden kan doen gelden (HR 7 juni 2002, nr. 36 868, Belastingblad 2002, blz. 723). Omdat in dit geval onzeker is of de kosten inderdaad verhaald kunnen worden, dient de gemeente een extra aftrek toe te passen voor de saneringskosten.

4.21 Waardedrukkende factoren - Asbest

Hoge Raad 9 augustus 1996, nr. 31 328, Belastingblad 1996, blz. 699, BNB 1996/335, FED 1996/645
De aanwezigheid van asbest die op de waardepeildatum aanwezig is mag niet worden uitgeschakeld als waardebepalende factor. Gegadigden voor de onroerende zaak zouden aan die aanwezigheid met het oog op eventuele kosten in de toekomst een waardedrukkende invloed kunnen toekennen.

Hoge Raad 29 april 1998, nr. 33 287, Belastingblad 1998, blz. 524, BNB 1998/218, FED 1998/315
Op basis van transacties in vergelijkbare omstandigheden is aannemelijk dat er op de peildatum voldoende gegadigden voor de onroerende zaak van belanghebbende waren die geen waardedrukkende invloed toekenden aan de aanwezigheid van asbesthoudende materialen.

Daarom is aan die aanwezigheid in dit geval terecht geen waardedrukkende invloed toegekend.

Hof 's-Hertogenbosch 14 november 2000, nr. 98/01274, E VII, Belastingblad 2001, blz. 367
De gemeente heeft bij de waardering van de onroerende zaak het waardedrukkende effect dat uitgaat van de aanwezigheid van de asbestdakbedekking bepaald aan de hand van een matrix. Het Hof heeft geen reden om te twijfelen aan de juistheid van de in voornoemde matrix genoemde gegevens. Niettemin heeft de gemeente de matrix op onjuiste wijze toegepast. Om die reden vermindert het Hof de waarde van de onroerende zaak. Hetgeen belanghebbende stelt over de verwijdering en vervanging van de asbesthoudende isolatieplaten, die in de dakconstructie verwerkt zijn, de slechte staat van sanitair en keuken alsmede de noodzakelijke vernieuwing van inpandige goten, zonder dit ook maar enigszins cijfermatig te onderbouwen, leidt het Hof, in aanmerking nemende hetgeen de gemeente hiertegenover heeft aangevoerd, niet tot een andere conclusie.

Hoge Raad 18 april 2001, nr. 36 069, Belastingblad 2001, blz. 696, BNB 2001/262, FED 2001/284
Verschillen in gebruikte bouwmaterialen tussen het betrokken object en andere, overigens vergelijkbare objecten hoeven niet noodzakelijkerwijs te leiden tot verschillen in de waarde in het economische verkeer. Hetzelfde geldt voor de aanwezigheid van asbest in de gevel van het object. Het oordeel van het Hof dat laatstbedoelde omstandigheid en de overige hoedanigheden van de woning in verhouding tot de door de gemeente aangevoerde vergelijkingsobjecten voldoende tot uitdrukking zijn gebracht in de lagere m^2-prijs die voor het object is gehanteerd, en het oordeel dat de gemeente voldoende aannemelijk heeft gemaakt dat de waarde juist is vastgesteld, zijn oordelen van feitelijke aard. Zij behoeven geen nadere motivering en kunnen in cassatie niet op hun juistheid worden getoetst.

Hof 's-Gravenhage 18 april 2001, nr. BK-99/30352, M III, Belastingblad 2001, blz. 819
In geschil is de waarde van een terrein met opstallen, bestemd voor *opslag en distributie*. Op het terrein staan onder andere elf loodsen. Een aantal van deze loodsen is bedekt met asbestbevattende golfplaten. In verband met de toekomstige saneringskosten van het asbest is bij de waardering van het object een aftrekpost van ruim één miljoen gulden in aanmerking genomen. Niet in geschil is dat de waarde dient te worden bepaald aan de hand van de gecorrigeerde vervangings-

waarde. Belanghebbende stelt dat voor de saneringskosten een te laag bedrag in aanmerking is genomen. Hij heeft in dit verband een berekening overgelegd, waarin de saneringskosten worden becijferd op ƒ 787.000 en de kosten van het aanbrengen van nieuwe dakbeplating op ƒ 1.416.000. Naar het oordeel van het Hof mag bij de waardering slechts rekening worden gehouden met de te verwachten kosten van de sanering en niet met de in de toekomst te verwachten kosten van het aanbrengen van nieuwe dakbeplating. Nu bij de waardebepaling ter zake van de saneringskosten een bedrag van ruim één miljoen gulden in aanmerking is genomen, komt het Hof tot het oordeel dat de waarde niet op een te hoog bedrag is vastgesteld.

Hoge Raad 21 december 2001, nr. 36 314, Belastingblad 2002, blz. 140, BNB 2002/84, FED 2002/39
In geschil is de waarde die door de ambtenaar na bezwaar is vastgesteld op ƒ 338.000. De Hoge Raad stelt dat het Hof met juistheid heeft geconcludeerd dat de waardedrukkende invloed van de aanwezigheid van asbesthoudende materialen in de woning van belanghebbende gesteld dient te worden op het bedrag dat op de peildatum door de veronderstelde koper zou worden gereserveerd voor de toekomstige verwijdering van de asbesthoudende materialen. Dat oordeel is juist, in aanmerking genomen dat er geen verplichting bestond de asbesthoudende materialen onmiddellijk te verwijderen en dat niet aannemelijk is geacht dat objectief bezien op de peildatum er een noodzaak tot verwijdering van het asbest bestond. Het Hof is uitgegaan van een waardedrukkende invloed van de aanwezigheid van asbest van ƒ 14.500, gebaseerd op een bedrag aan verwijderingskosten van ƒ 37.000. Belanghebbende heeft echter gemotiveerd gesteld dat de kosten ƒ 80.000 zouden bedragen. Het gestelde is gestaafd door overlegging van offertes van een rietdekkersbedrijf, een asbestsaneringsbedrijf en een bouwbedrijf. Zonder nadere motivering is de uitkomst van de berekening van het Hof in het licht hiervan onbegrijpelijk.

Hof 's-Hertogenbosch 24 juni 2002, nr. 99/00203, E VII, Belastingblad 2003, blz. 318
In geschil is de WOZ-waarde van A-straat 1. De eigenaren van referentieobject A-straat 3 hebben schriftelijk verklaard, dat zij bij het sluiten van de koopovereenkomst geen rekening hebben gehouden met een waardebenvloedende werking van de asbest bevattende golfplatendakbedekking. Als die verklaring zo moet worden verstaan dat zij op grond van ondeskundigheid met die waardebenvloedende werking geen rekening hebben gehouden, merkt het Hof hierover op dat de oorspronkelijke eigenaren van A-straat 3 meenden en redelijker-

wijze konden menen, een dergelijk huis met een asbest dak, van welke asbestsamenstelling zij zich al dan niet bewust waren, op de markt te brengen voor de koopprijs van ƒ 250.000. Het Hof is verder van oordeel dat met de vochtproblemen in de kelder van A-straat 1 door de gemeente bij het vaststellen van de waarde in onvoldoende mate rekening is gehouden. Referentieobject A-straat 3 heeft een droge kelder.

Hof 's-Hertogenbosch 14 november 2002, nr. 01/04239, M III, Belastingblad 2003, blz. 551
Na verwijzing is tussen partijen uitsluitend nog in geschil welke waardedruk op de peildatum uitging van de aanwezigheid van asbesthoudende materialen in de woning. Belanghebbende bepleit een waardedruk van ƒ 80.000 uitgaande van een bedrag aan verwijderingskosten van eveneens ƒ 80.000. De ambtenaar bepleit een waardedruk van ƒ 14.461,21 uitgaande van een bedrag van ƒ 37.488,38 aan te maken verwijderingskosten. Belanghebbende voert ter ondersteuning van haar standpunt drie aan haar uitgebrachte schriftelijke offertes aan, van een rietdekkersbedrijf, asbestsaneringsbedrijf en een bouwservicebedrijf, alsmede een telefonische mededeling van een schildersbedrijf, waarbij in totaal ongeveer ƒ 80.000 wordt gerekend voor de verwijdering van de asbesthoudende materialen in de woning. Nu deze offertes onvoldoende door de ambtenaar worden bestreden en het Hof de in die offertes genoemde bedragen en werkzaamheden ook overigens niet onredelijk voorkomen, acht het Hof aannemelijk dat aan verwijderingskosten voor de asbesthoudende materialen in de woning een bedrag van ƒ 80.000 in aanmerking moet worden genomen. Op de waardepeildatum rust op belanghebbende geen juridische plicht tot verwijdering van de asbesthoudende materialen; evenmin is een andere noodzaak aannemelijk op grond waarvan direct tot verwijdering van die asbesthoudende materialen moet worden overgegaan. In dat geval dient de waardedrukkende invloed gesteld te worden op het bedrag dat op de peildatum door de veronderstelde koper zou worden gereserveerd voor de toekomstige verwijdering van de asbesthoudende materialen in de woning. Het Hof stelt de invloed op de waarde met inachtneming van een periode van 20 jaar en een voor inflatie gecorrigeerde rente van 5%, vast op, afgerond, ƒ 30.000.

Hof Leeuwarden 29 november 2002, nr. 732/01, E V, Belastingblad 2003, blz. 264
Belanghebbende stelt dat de vergelijkingsobjecten niet vergelijkbaar zijn met zijn woning, omdat ze een andere ligging hebben. Het Hof overweegt dat niet kan worden ingezien dat woningen gelegen in de

bebouwde kom van een dorp in het algemeen positiever gewaardeerd dienen te worden dan een buiten een dorp gelegen woning op een grote kavel. De stelling van belanghebbende dat onvoldoende rekening is gehouden met de aanwezigheid van asbest is niet aannemelijk, nu de woning door belanghebbende ingrijpend is verbouwd en er voor gekozen is de beplating niet te verwijderen.

(In Belastingblad staat vermeld dat het rolnummer van deze uitspraak 01/732 betreft. Dat is onjuist. Het rolnummer is 732/01.)

Hoge Raad 25 april 2003, nr. 37 835, Belastingblad 2003, blz. 793, BNB 2003/226, FED 2003/377

De Hoge Raad oordeelt dat het Hof er ten onrechte vanuit is gegaan dat de waardedrukkende invloed van de aanwezigheid van asbesthoudende materialen onder alle omstandigheden moet worden gesteld op de kosten van verwijdering en herstelwerkzaamheden. Het is immers in het algemeen geenszins ondenkbaar dat bij een veronderstelde verkoop op de peildatum de hoogst biedende gegadigde ervoor kiest de asbesthoudende materialen niet of pas in de toekomst te verwijderen, in welk geval hij de waardedrukkende invloed van de aanwezigheid van die materialen zou stellen op een lager bedrag dan dat van de kosten van directe verwijdering en herstel. Omstandigheden die daarbij een rol kunnen spelen zijn bijvoorbeeld of het asbesthoudende materiaal al of niet direct gevaar oplevert en of er al of niet een plicht tot verwijdering bestaat.

Hof Arnhem 5 juli 2007, nr. 06/00399, E VIII, Belastingblad 2007, blz. 973

Belanghebbende is eigenaar van een vrijstaande woonboerderij. Een gedeelte van het erf en de inrit is vervuild met asbest. Er moet op korte termijn op kosten van de overheid worden gesaneerd. Een deel van de bijgebouwen bevat asbest. Hiervoor bestaat geen saneringsplicht. Het Hof past in hoger beroep een aanvullende verlaging van de WOZ-waarde toe van €20.000 in verband met de aanwezigheid van asbest op het erf en de inrit. Ter zitting is vast komen te staan dat het vervuild gebied groter is dan aanvankelijk was aangenomen. De gemeente heeft bij de waardebepaling geen rekening gehouden met de bijkomende kosten die met de sanering van het erf en de tuin samenhangen en die voor rekening van de eigenaar blijven.

4.22 Waardedrukkende factoren - Verkeer

Hof Arnhem 28 januari 1998, nr. 96/0718, E II, Belastingblad 1998, blz. 815
De woning van belanghebbende is gelegen aan de spoorlijn Zutphen-Arnhem. Mogelijk dient voor de toekomst rekening te worden gehouden met de komst van de noordtak van de *Betuwe-spoorlijn*. Hiermee is door de gemeentelijke taxateur, voor zover nodig, rekening gehouden. Bovendien is rekening gehouden met grondwatervervuiling. Bodemverontreiniging is niet aanwezig. Hiermee behoeft dan ook geen rekening te worden gehouden.

Hoge Raad 3 maart 1999, nr. 34 313, Belastingblad 1999, blz. 366, BNB 1999/207
De gestelde wijziging van de waarde in het economische verkeer na 1 januari 1992 als gevolg van een eerst na die datum opgetreden toename van de overlast van het *vliegverkeer* boven het pand is geen wijziging als bedoeld in artikel 4, tweede lid, van de Verordening (het zogenaamde verbouwingsartikel), zodat met een zodanige wijziging geen rekening moet worden gehouden.

Hof Arnhem 8 oktober 1999, nr. 97/0178, E VII, Belastingblad 1999, blz. 814
De uitbreiding van een afvalstortplaats en de toekomstige *Betuwelijn* hebben een waardedrukkend effect dat in aanmerking moet worden genomen bij de waardebepaling. Het Hof schat het effect in goede justitie op *f* 45.000.

Hof Amsterdam 29 oktober 1999, nr. 97/21892, M IV, Belastingblad 2000, blz. 775
Uit het arrest van de Hoge Raad van 3 maart 1999 (BNB 1999/207*) blijkt dat de Verordening OZB 1995 niet toelaat bij de waardebepaling rekening te houden met de na 1 januari 1992 opgetreden toename van de overlast van het vliegverkeer. Voor zover die toename zich heeft voorgedaan na 1 januari 1995 laat artikel 41, tweede lid, in verbinding met artikel 19, van de Wet WOZ evenmin toe daarmee bij de waardebepaling rekening te houden. De toename van het vliegverkeer kan niet worden aangemerkt als een wijziging als gevolg van bouw, verbouwing, verbetering, afbraak, vernietiging of verandering van bestemming van de zaak, in de zin van artikel 19, eerste lid, onder b, van de Wet WOZ en evenmin als een andere, specifiek voor de zaak geldende, bijzondere omstandigheid in de zin van onderdeel c van dat

lid. Nu in casu sprake is van toegenomen vliegverkeer over de stad Amsterdam, kan deze omstandigheid niet worden aangemerkt als een specifiek voor de onderhavige woning, die op 15 kilometer van Schiphol is gelegen, geldende bijzondere omstandigheid.

Hof Amsterdam 23 februari 2000, nr. 99/01045, E XIV, Belastingblad 2000, blz. 613
Het vergelijkingspand is goed te vergelijken met de onderhavige onroerende zaak. Beide woningen zijn gelegen onder de *aanvliegroute van Schiphol.* De negatieve invloed van de geluidsoverlast wordt dan ook geacht te zijn verdisconteerd in de verkoopprijs. Belanghebbende heeft aannemelijk gemaakt dat zijn woning een slechtere ligging heeft het de vergelijkingsobject. Het vergelijkingsobject is gelegen in een geluidsoverlastzone van 20 à 25 Ke, terwijl de onderhavige onroerende zaak is gelegen in een zone van 40 Ke. Derhalve verlaagt het Hof de waarde van de woning in goede justitie met *f* 45.000.

Hoge Raad 25 oktober 2000, nr. 35 508, Belastingblad 2001, blz. 643, BNB 2000/368
Het pand van belanghebbende is gelegen op korte afstand van een spoorbaan. Op de waardepeildatum 1 januari 1992 bestonden plannen deze spoorbaan te verbreden, maar was het tijdstip waarop het pand in verband met de verbreding van deze spoorbaan zou worden gesloopt onzeker. In geschil is of deze onzekerheid van invloed is op de waarde van het pand voor het tijdvak 1997 t/m 2000. Op het beroep in cassatie van belanghebbende overweegt de Hoge Raad dat nu het van algemene bekendheid is dat in een geval als dit gewoonlijk een vergoeding wordt betaald, het Hof weliswaar vrij stond die omstandigheid in zijn oordeel te betrekken, hoewel die niet door B en W was aangevoerd, maar zonder nadere redengeving valt niet in te zien waarom die omstandigheid op zichzelf het oordeel kan rechtvaardigen dat gegadigden voor het pand geen enkele waardedrukkende invloed aan de bedoelde onzekerheid zouden toekennen. De Hoge Raad vernietigt de uitspraak van het Hof en verwijst de zaak.

Hof Leeuwarden 30 januari 2004, nr. 1543/02, E I, Belastingblad 2004, blz. 554
Volgens Hof Leeuwarden is het toegestaan referentieobjecten te gebruiken die in een ander dorp zijn gelegen dan het te waarderen object. Dit is ook het geval wanneer tussen beide dorpen verschillen bestaan in geluidsoverlast van de vliegbasis Leeuwarden en in voorzieningenniveau. Deze verschillen moeten dan wel in de waardering tot uitdrukking komen.

Rechtbank 's-Gravenhage 10 februari 2006, nr. 05/5193, EK, Belastingblad 2006, blz. 1005
Belanghebbende stelt dat de WOZ-waarde te hoog is vastgesteld ten opzichte van de vergelijkingsobjecten, omdat zijn woning gelegen is aan een drukke straat. De Rechtbank oordeelt dat de door de gemeente gehanteerde vergelijkingsobjecten zijn gelegen in een rustige zijstraat. Algemeen bekend is dat kopers bereid zijn voor een huis in een rustige woonomgeving een aanmerkelijk hogere koopsom te betalen dan voor een huis in een straat met veel doorgaand verkeer. Met dit verschil heeft de gemeente geen rekening gehouden.

4.23 Waardedrukkende factoren – Windmolens en GSM-masten

Hof Leeuwarden 7 mei 2003, nr. 495/02, E IV, Belastingblad 2003, blz. 957
De onroerende zaak is getaxeerd aan de hand van de vergelijkingsmethode. Volgens het Hof is onvoldoende rekening gehouden met de hinder die wordt veroorzaakt door een nabijgelegen *windmolen* in de vorm van *slagschaduw- en geluidshinder.* Deze hinder heeft een waardedrukkend effect op de onderhavige onroerende zaak in verhouding tot de referentieobjecten. Op de peildatum was feitelijk sprake van overlast van slagschaduw, ondanks dat de afstand tot de windmolen 500 meter bedraagt. Dat deze overlast bestond in strijd met de voor de windmolen afgegeven vergunning en dat de eigenaar van de windmolen inmiddels is gesommeerd aan deze situatie een einde te maken, doet aan de feitelijke hinder niet af. De gemeente Littenseradiel stelt dat, gelet op de afstand van 500 meter, geen rekening hoeft te worden gehouden met de geluidsoverlast van de windmolen. Het Hof oordeelt dat daarvan niet mag worden uitgegaan, zolang nog niet zeker is dat de windmolen aan de wettelijke geluidsnormen voldoet.

Hof Leeuwarden 18 juli 2003, nr. 74/02, E II, Belastingblad 2003, blz. 1168
In geschil is of bij de waardebepaling rekening moet worden gehouden met de mogelijke realisatie van een grootschalig *windturbinepark* op een locatie gelegen op circa 2 tot 2,5 kilometer afstand van de onroerende zaak. Belanghebbende voert aan dat het door de technische ontwikkelingen mogelijk is geworden om dit windturbinepark rendabel te exploiteren. Het Hof leidt hieruit af dat de kans op realisatie van het windturbinepark in 1999 aanmerkelijk is gestegen. Het Hof is van mening dat zich in de jaren 1999 en 2000 een specifiek voor de

onroerende zaak geldende bijzondere omstandigheid heeft voorgedaan als gevolg waarvan de waarde van de onroerende zaak dient te worden bepaald naar de toestand van de zaak per 1 januari 2001. Een potentiële koper zal rekening houden met de mogelijke aanwezigheid van het windturbinepark. Het Hof verlaagt de WOZ-waarde met 30%.

Rechtbank Leeuwarden 18 januari 2006, nr. 05/898, MK, Belastingblad 2006, blz. 234
In geschil is de waarde van een woning. In 2003 is nabij de woning een *windmolen* is geplaatst. Belanghebbende maakt bezwaar tegen de aanslag OZB 2004. In de uitspraak op bezwaar stelt de gemeente dat de WOZ-waarde uit 2001 onherroepelijk vaststaat, zodat het bezwaarschrift niet-ontvankelijk is, maar dat de aanwezigheid van de windmolen aanleiding is de waarde te verlagen. De gemeente geeft geen mutatiebeschikking af. De Rechtbank oordeelt dat het bezwaar ten onrechte niet-ontvankelijk is verklaard en merkt de uitspraak op bezwaar aan als mutatiebeschikking, ingaande 1 januari 2004. Bij de waardeverlaging heeft de gemeente de uitspraak van Hof Leeuwarden van 7 mei 2003, nr. 495/02, Belastingblad 2003, blz. 957, als uitgangspunt genomen. Volgens de Rechtbank is de waarde met ingang van 2004 niet voldoende verlaagd. Belanghebbende heeft namelijk ook last van verminderd uitzicht en geluidsoverlast.

Rechtbank Groningen 17 februari 2006, nr. 05/1087, EK, Belastingblad 2006, blz. 1017
Op een afstand van 50 tot 100 meter van de woning bevindt zich een *GSM(UMTS)-mast*. In geschil is of en zo ja, in welke mate, van de nabijheid van de GSM(UMTS)-mast een waardedrukkend effect uitgaat. Naar het oordeel van de Rechtbank heeft de gemeente de WOZ-waarde aannemelijk gemaakt. Daarbij neemt de Rechtbank in aanmerking dat de afstand van de zendmast tot de woning zodanig is dat niet aannemelijk is dat daarvan een waardedrukkende invloed uitgaat. Zoals belanghebbende zelf heeft aangegeven staat allerminst vast dat de nabijheid van een mast - op deze afstand - gezondheidsrisico's met zich brengt. Voor het door belanghebbende ter zitting naar voren gebrachte standpunt dat de onroerende zaak minder waard is geworden omdat veel mensen over de zendmast spreken, geldt dit evenzeer.

Rechtbank Middelburg 28 juni 2006, nr. 05/1160, EK, Belastingblad 2006, blz. 1260
Belanghebbende stelt dat de WOZ-waarde van zijn woning te hoog is, omdat er een *hoogspanningsmast* op 10 meter afstand van zijn woning staat. De Rechtbank beslist dat de hoogspanningsmast van in-

vloed is op de waarde van de woning. De mast, met een hoogte van 20 meter, staat op 10 meter afstand recht voor diens woning. Dit is, zeker voor een nieuwbouwwijk, een abnormaal uitzicht. De Rechtbank acht het op voorhand niet aannemelijk dat een redelijk handelende gegadigde voor het object daar neutraal of zelfs positief over zal denken. De verwijzing naar verkopen in de omgeving maken dat niet anders omdat deze niet zien op omstandigheden die vergelijkbaar zijn met de hiervoor genoemde bijzondere situatie. De WOZ-waarde wordt met 10% gecorrigeerd.

Rechtbank Leeuwarden 13 juli 2006, nr. 05/1864, EK, Belastingblad 2006, blz. 1019
Belanghebbende is eigenaar en gebruiker van een woonboerderij, vlakbij een deels nog te realiseren windmolenpark. De gemeente overlegt drie onderzoeksrapporten, waaruit blijkt dat de windturbines – eventueel na kleine aanpassingen – aan het Besluit voorzieningen en installaties milieubeheer voldoen. De Rechtbank oordeelt dat de windturbines een waardedrukkend effect hebben, ook al voldoen zij aan de milieuvoorschriften. Potentiële gegadigden zullen namelijk niet alleen de onderzoeksrapporten lezen, maar zullen ook kijken naar de werkelijke slagschaduw- en geluidshinder.

Rechtbank Haarlem 10 oktober 2006, nr. 05/4895, EK, Belastingblad 2006, blz. 1366
Volgens de Rechtbank hebben de plannen voor mogelijke plaatsing van een aantal windmolens een waardedrukkende effect. Volgens de Rechtbank bestaat er op 1 januari 2005 een aanzienlijke kans dat er tegenover de woning, op ongeveer 700 meter, vijf a zes windmolens geplaatst gaan worden, waarvan één op het weiland van de buurman. Vast staat dat feitelijk geplaatste windmolens vanwege verminderd uitzicht, geluidshinder en de aanwezigheid van slagschaduw een waardeverlagend effect kunnen hebben op een woning. Een potentiële koper zal met de eventuele plaatsing rekening houden. De Rechtbank vermindert de WOZ-waarde van de woning met 12,5%.

Rechtbank Zwolle-Lelystad 26 oktober 2006, nr. 06/607, MK, Belastingblad 2007, blz. 209
In geschil is de WOZ-waarde van een vrijstaande *woonboerderij*. Niet in geschil is dat op de waardepeildatum sprake was van een concrete dreiging van *plaatsing van* een *windmolenpark*. Volgens de Rechtbank doet daaraan niet af dat in 2006 de plannen voor plaatsing van windmolens door de gemeente Ommen zijn teruggedraaid. De Rechtbank verwerpt de stelling van de gemeente maakt dat de plannen voor

het windmolenpark geen waardedrukkend effect hebben gehad. De Rechtbank verwerpt ook het standpunt van belanghebbende dat de waarde met 30% dient te worden verminderd. Belanghebbende ontleent dit aan de uitspraak van het Hof te Leeuwarden van 18 juli 2003 (BK 74/02). Dit is echter verder niet onderbouwd. De Rechtbank stelt het waardedrukkend effect van de dreiging van plaatsing van het windmolenpark vast op 15%.

Rechtbank Middelburg 23 januari 2007, nr. 06/272, EK, Belastingblad 2007, blz. 589
In geschil is de WOZ-waarde van een vrijstaande woning. Belanghebbende bepleit een lagere waarde in verband met de plannen om in de Koegorspolder in Zeeuws-Vlaanderen een grootschalig windmolenpark te realiseren. In 2001 is daartoe een bestemmingsplanwijziging voorbereid en het ontwerp bestemmingsplan is medio 2002 in procedure genomen. Gelet op het feit dat de bestemmingsplanwijziging voor het gebied waar het windmolenpark is voorzien, in 2001 in voorbereiding was en de transacties van de referentieobjecten in 2002 hebben plaatsgevonden, mag er naar het oordeel van de Rechtbank van worden uitgegaan dat een eventuele waardedrukkende invloed van de toekomstige aanwezigheid van het windmolenpark in de transactiegegevens is verdisconteerd. Aan het feit dat de referentieobjecten mogelijk door niet-Zeeuwen zijn gekocht, komt geen relevantie toe aangezien ook niet-Zeeuwen geacht mogen worden zich te verdiepen in de planologische ontwikkelingen van de regio waar zij een woning willen kopen.

Rechtbank Zwolle-Lelystad 29 april 2007, nr. 06/59, EK, Belastingblad 2007, blz. 980
X is eigenaar van een woning. Op 60 meter afstand staat een *hoogspanningsmast*. Hieraan is op 2005 een UMTS-mast bevestigd. In geschil is de WOZ-waarde voor belastingjaar 2005. De Rechtbank oordeelt dat de UMTS-mast geen effect kan hebben ter zake van de WOZ-waarde voor belastingjaar 2005, nu deze pas in november 2005 is geplaatst. Dit kan eerst aan de orde komen bij de beschikking voor het belastingjaar 2006. Ter zake van de in 2001 aan de hoogspanningsmast bevestigde GSM-mast, oordeelt de Rechtbank dat niet aannemelijk is dat deze een waardedrukkend effect oplevert, nu deze op een afstand van 60 meter is bevestigd aan een bestaande hoogspanningsmast.

Rechtbank 's-Gravenhage 19 juli 2007, nr. 06/5361, EK, Belastingblad 2008, blz. 271

In geschil is de WOZ-waarde van een woning naar waardepeildatum 1 januari 2003 en met name de vraag of de woning als gevolg van de mogelijke realisatie van een transformator- en een hoogspannings-schakelstation (*Tennet-locatie*) op een tegenover de woning gelegen weiland, in de periode van 1 januari 2003 tot 1 januari 2005 een waar-deverandering heeft ondergaan. De gemeente stelt dat aan de mogelij-ke komst van de Tennet-locatie een waardedrukkende invloed moet worden toegekend, waarmee pas vanaf 1 januari 2006 rekening moet worden gehouden. De Rechtbank oordeelt dat de bouwplannen voor de Tennet-locatie pas na 1 januari 2005 voldoende concreet en alge-meen bekend zijn geworden. Daarbij is doorslaggevend dat pas in 2005 de voorlichtingsbijeenkomst over de locatie en de bouw- en mi-lieuvergunning zijn aangevraagd. De uitnodigingen voor de voorlich-tingsbijeenkomst in januari 2005 zijn eind 2004 ontvangen, maar dit brengt nog niet mee dat sprake is van een bijzondere omstandigheid als bedoeld in art. 19, eerste lid, onderdeel c, Wet WOZ.

Hof Leeuwarden 17 augustus 2007, nr. 109/06, EK, Belastingblad 2007, blz. 1142

In geschil is de waarde van de woonboerderij van belanghebbende in de gemeente Nijefurd, die door de Rechtbank is verlaagd naar € 185.000. Het Hof acht het aannemelijk dat belanghebbende over-last ondervindt van de achter zijn woning gelegen windmolens en dat deze omstandigheid een negatieve invloed heeft op een verkoop van de onroerende zaak. Het Hof oordeelt dat de Rechtbank het waarde-drukkend effect te hoog heeft ingeschat. Bij recreatief gebruik van de bij de onroerende zaak behorende grond, zowel visueel als audiolo-gisch, overlast zal worden ondervonden van de windmolens, doch bij ander gebruik zal er niet of nauwelijks overlast zijn. Het Hof vernie-tigt de uitspraak van de Rechtbank en stelt de waarde in goede justitie vast op € 220.000.

Rechtbank Leeuwarden 8 mei 2008, nr. 07/1792, EK, Belastingblad 2008, blz. 1063

De gemeente Littenseradiel heeft in 2006 een bouwvergunning afge-geven voor het plaatsen van een *UMTS-zendmast*, op een afstand van ongeveer 175 meter van belanghebbendes woning.

Naar het oordeel van de Rechtbank is dit een bijzondere omstandig-heid als bedoeld in art. 18, lid 3, sub c, Wet WOZ. Als deze omstan-digheid een verandering in waarde meebrengt, dient derhalve te wor-den uitgegaan van de toestand van de woning per 1 januari 2007 en de waardepeildatum 1 januari 2005. Uit hetgeen belanghebbende naar voren heeft gebracht, onder meer de overlegging van onderzoeksgegevens, acht de Rechtbank het voorstelbaar dat potentiële gegadigden zouden kunnen concluderen dat de (op 1 januari 2007 te verwachten) hinder van een zodanige aard en omvang is dat zij hiermee rekening houden bij de bepaling van de koopsom. De Rechtbank oordeelt dat de waarschijnlijke komst van de UMTS-mast een negatieve verandering in de waarde van de woning meebrengt, waarmee bij de waardevaststelling ten onrechte geen rekening is gehouden.

4.24 Waardedrukkende factoren - Bestemmingsplannen

Hof Amsterdam 15 oktober 1998, nr. 97/22058, E III, Belastingblad 2000, blz. 249
Belanghebbende stelt dat de waarde van de onroerende zaak te hoog is vastgesteld, nu er plannen zijn het nabij gelegen terrein te bebouwen. Ter zake van het wijzigen van het bestemmingsplan van dit terrein is nog geen voorbereidingsbesluit genomen, maar heeft wel een informatieavond plaatsgevonden. Het Hof is van oordeel dat ook in het geval dat er nog geen voorbereidingsbesluit tot wijziging van een bestemmingsplan is genomen, potentiële kopers bij het uitbrengen van een bod rekening kunnen houden met de mogelijkheid dat dit er uiteindelijk toch van komt. Het is echter aan belanghebbende die zich op deze waardedrukkende factor beroept om de omvang daarvan tot op zekere hoogte aannemelijk te maken.

Hof Arnhem 2 december 1998, nr. 98/377, E II, Belastingblad 2000, blz. 773
Door een *bestemmingsplan* wordt *woningbouw* mogelijk in een nu nog *agrarisch gebied*, waardoor het uitzicht van belanghebbende verloren zal gaan en het woongenot en de privacy zullen worden aan„getast. Weliswaar is tot nu toe goedkeuring aan een deel van het bestemmingsplan onthouden, maar de gemeenteraad heeft reeds in september 1993 tot aankoop van de gronden besloten en brengt, ondanks de slechts gedeeltelijke goedkeuring, naar buiten dat het betreffende gebied voor woningbouw is bestemd. Deze omstandigheden konden op de waardepeildatum 1 januari 1994 als bekend worden verondersteld en konden voor de waarde van betekenis zijn. De gemeente stelt, dat de waardevermindering onder de in artikel 19, eerste lid, onderdeel c, Wet WOZ genoemde grens van ƒ 25.000 blijft, zodat geen aanleiding bestaat tot vermindering van de waarde. Het Hof oor-

deelt dat zich hier niet een situatie als bedoeld in artikel 19, eerste lid, onderdeel c, Wet WOZ, maar een situatie als bedoeld in artikel 18, eerste lid, Wet WOZ voordoet. Immers, met het bestemmingsplan was reeds vóór de peildatum 1 januari 1994 door de gemeente een zodanige aanvang gemaakt, dat met het effect daarvan op de peildatum rekening moest worden gehouden. Dit dient zonder de in artikel 19, eerste lid, onder c, Wet WOZ genoemde wettelijke drempel in de waarde te worden verdisconteerd.

Hoge Raad 20 december 2002, nr. 37 558, Belastingblad 2003, blz. 127, BNB 2003/94, FED 2003/78, FED 2003/190
Naar het oordeel van de Hoge Raad heeft het Hof met juistheid vooropgesteld dat de in artikel 17, tweede lid, Wet WOZ opgenomen overdrachtsfictie niet zo ver gaat dat de invloed van wettelijke voorschriften, waaronder begrepen planologische bestemmingsvoorschriften, bij de waardebepaling moet worden uitgeschakeld. Bij de waardering van de waardedrukkende invloed van het bestemmingsplan heeft het Hof tevens rekening gehouden met het 'persoonsgebonden gedoogbeleid' van de gemeente, dat inhoudt dat de gemeente slechts aan belanghebbenden – niet tevens aan hun rechtsopvolgers onder bijzondere titel – wil toestaan de onderhavige objecten te blijven gebruiken overeenkomstig de huidige (feitelijke) bestemming die strijdig is met het bestemmingsplan. Op grond daarvan heeft het Hof de waarde van de onroerende zaak verminderd. De gemeente stelt dat de overdrachtsfictie zich ertegen verzet rekening te houden met het 'persoonsgebonden gedoogbeleid' en beroept zich daartoe op Hoge Raad 25 november 1998, nr. 33 212, BNB 1999/18. Dit betoog faalt. Juist de omstandigheid dat het door de gemeente gevoerde gedoogbeleid persoonsgebonden is, brengt mee dat de waardedrukkende invloed van het bestemmingsplan zich reeds thans ten volle doet gelden, omdat immers iedere potentiële koper ermee heeft te rekenen dat de gemeente dat plan jegens hem zal willen handhaven.

Hof Arnhem 15 juli 2003, nr. 02/01370, M I, Belastingblad 2003, blz. 1176
Aan de verlening van de bouwvergunning voor een nieuwe bedrijfswoning is de voorwaarde verbonden dat de onderhavige onroerende zaak, de oude woning van belanghebbende, zal worden uitgesloopt binnen drie maanden nadat de bewoning hiervan is gestaakt. Uit deze overeenkomst vloeit niet een beperking van de vervreemdingsbevoegdheid, vergelijkbaar met een anti-speculatiebeding, voort. Dat de onderhavige onroerende zaak niet als woning kan worden verkocht vloeit niet voort uit de overeenkomst, doch uit de op de onroerende

zaak rustende bestemming. De bestemming van 'woning' is bij de
verlening van de vergunning aan de onderhavige onroerende zaak komen te ontvallen. Een overeenkomst strekt er toe dat door de gemeente Raalte wordt gedoogd dat de onroerende zaak, in strijd met de daarop rustende bestemming, door belanghebbende nog wordt gebruikt
als woning. Door middel van het in de overeenkomst opgenomen kettingbeding wordt verzekerd dat dit gebruik uitsluitend voor belanghebbende wordt gedoogd. Het gedogen is derhalve persoonsgebonden. Dat brengt gelet op het arrest van de Hoge Raad van 20
december 2002, nr. 37 558, Belastingblad 2003/127, met zich mee dat
de waardedrukkende invloed van het bestemmingsplan zich, ondanks
dat gedogen, ten volle doet gelden.

Hof Arnhem 26 augustus 2003, nr. 02/00538, E I, FED 2003/512
De gemeente Brummen stelt dat het object volgens het bestemmingsplan als agrarisch gebied is aangewezen. De daadwerkelijke situatie
valt onder het *overgangsrecht*. Permanente bewoning wordt krachtens
het overgangsrecht gedoogd. Daarmee maakt de gemeente niet aannemelijk dat het overgangsrecht tevens de permanente bewoning door
de zoon van belanghebbende bestrijkt, zodat een aan de persoon van
die zoon gebonden gedoogbeleid overbodig is. Ieder ander dan die
zoon moet ermee rekenen dat de planologische bestemming zal worden gehandhaafd. Dat zal bij verkoop in de marktwaarde tot uitdrukking komen. Dit is overeenkomstig hetgeen is beslist in het arrest van
de Hoge Raad van 20 december 2002, nr. 37 558, Belastingblad
2003, blz. 127.

*Hof Amsterdam 11 februari 2004, nr. 03/02035, E IX, Belastingblad
2004, blz. 557*
Volgens het Hof is het in strijd met het gelijkheidsbeginsel dat agrarische boerderijen stelselmatig lager worden gewaardeerd dan woonboerderijen. In het gebied waar de woonboerderij van belanghebbende is gelegen is het mogelijk om onroerende zaken met een
agrarische bestemming aan de bestemming te onttrekken. Daarom is
het Hof van mening dat de gemeente bij de waardebepaling van agrarische boerderijen ten onrechte rekening heeft gehouden met de (niet-
objectgebonden) waardedrukkende factor van het bestemmingsplan.
De ongelijke behandeling vloeit voort uit een voor agrarische boerderijen gevoerd begunstigend beleid. Er kan niet worden gezegd dat het
beleid slechts wordt gevoerd ten aanzien van een zeer beperkte groep
van belastingplichtigen (HR 5 februari 1997, BNB 1997/160), gelet
op de verhouding tussen het aantal vrijstaande woningen dan wel

woonboerderijen en het aantal agrarische boerderijen. Er is geen sprake van een objectieve en redelijke rechtvaardigingsgrond.

*Hof Leeuwarden 24 december 2004, nr. 1177/02, E VI, Belastingblad
2005, blz. 252*
Belanghebbende stelt dat de gemeente Dongeradeel geen planologische medewerking wil verlenen voor nieuwbouw of uitbreiding van
zijn woning aan de achterzijde, vanwege de geluidsbelasting die uitgaat van de nabij gelegen rondweg. Daarom vindt hij vergelijking met
andere woningen niet mogelijk. Het Hof oordeelt dat de gemeente bij
de waardebepaling terecht geen rekening heeft gehouden met het feit
dat nieuwbouw door het bestemmingsplan en wegens overschrijding
van geluidsbelastingnormen ter plekke niet wordt toegestaan. De gemeente heeft voldoende aannemelijk gemaakt dat niet alle potentiële
kopers het pand zullen aankopen om na sloop van het pand nieuwbouw te plegen. Dat zou slechts anders zijn wanneer de huidige staat
van de woning niet langer geschikt zou zijn voor bewoning.

*Hof Leeuwarden 24 maart 2006, nr. 02/01413, E II, Belastingblad
2006, blz. 619*
In geschil is de WOZ-waarde van een vrijstaande woning, naar waardepeildatum 1 januari 1999. In 1997 is een nieuw bestemmingsplan
goedgekeurd. Hierdoor wordt zware industrie mogelijk en wordt de
bereikbaarheid slechter. Hof Leeuwarden oordeelt dat geen rekening
mag worden gehouden met kosten van een eventuele verhuizing en
de kosten van een gerechtelijke procedure vanwege planschade. De
gemeente heeft de WOZ-waarde voldoende aannemelijk gemaakt
door drie referenties te gebruiken die zijn gelegen op een industrieter-
rein. Door het toepassen van een aftrek van 10% is voldoende rekening gehouden met de negatieve gevolgen van de bestemmingsplanwijziging.

*Hoge Raad 9 juni 2006, nr. 40 870, Belastingblad 2006, blz. 919,
BNB 2006/289*
De Hoge Raad oordeelt dat bij de waardevaststelling van belanghebbendes perceel met opslaghallen voldoende rekening is gehouden met
het waardedrukkend effect dat uitgaat van de onzekerheid van een
nog niet onherroepelijk vaststaande vrijstelling van het geldende bestemmingsplan. Indien ten aanzien van een onroerende zaak een vrijstelling van het geldende bestemmingsplan van kracht is, moet daarmee bij de WOZ-waardering rekening worden gehouden. Echter
aangezien de verleende vrijstelling nog niet onherroepelijk is omdat
daartegen nog een bezwaar- of beroepsprocedure loopt, moet tevens

rekening gehouden worden met een mogelijk waardedrukkend effect vanwege de kans dat de vrijstelling ongedaan zal worden gemaakt. Het Hof heeft geoordeeld dat de kans op ongedaanmaking van de vrijstelling niet zo reëel is dat bij een veronderstelde overdracht van de onroerende zaak een redelijk handelende gegadigde daarmee rekening zou houden. Volgens de Hoge Raad is dat oordeel juist.

Rechtbank Haarlem 29 juni 2006, nr. 05/5523, EK, Belastingblad 2006, blz. 1142
Belanghebbende stelt dat bij de waardebepaling onvoldoende rekening is gehouden met de overlast van een snackbar, een gierput en sluipverkeer, met achterstallig onderhoud en lekkage en met de beperkingen die zijn verbonden aan de agrarische bestemming die op de onroerende zaak rust. De Rechtbank oordeelt dat de gemeente onvoldoende rekening heeft gehouden met de bestemming die op het object rust en met de overlast van sluipverkeer. De gemeente stelt namelijk zelf dat de bouwmogelijkheden, anders dan bij referentieobjecten met een woonbestemming, vrijwel nihil zijn en dat bestemmingswijziging bij deze onroerende zaak een waardeverhogend effect zal hebben. De gemeente erkent ook dat het sluipverkeer een waardedrukkende effect heeft, maar het is niet duidelijk hoe de gemeente hiermee rekening heeft gehouden. De Rechtbank stelt de waarde in goede justitie vast.

Rechtbank Utrecht 5 juli 2006, nr. 05/3283, EK, Belastingblad 2006, blz. 1014
Belanghebbende is eigenaar van een verpachte boerderij. De pachter exploiteert een melkveehouderijbedrijf en woont ook op de boerderij. De gemeente voert twee woonboerderijen aan als referentieobject. De Rechtbank oordeelt dat bewoning door burgers op grond van het huidige bestemmingsplan niet is toegestaan. De gemeente had daarom de kansen op vrijstelling van het bestemmingsplan moeten inschatten. Er is niet aannemelijk gemaakt dat vrijstelling zal worden verleend (HR 9 juni 2006, nr. 40 870). Er is ook niet onderzocht hoe dit bij de referentieobjecten is gegaan.

Rechtbank Middelburg 14 januari 2008, nr. 07/728, EK, Belastingblad 2008, blz. 333
In geschil is de WOZ-waarde van een woning, met daarbij twee percelen grond. Op één van de percelen rust de bestemming landbouwgrond. Tussen belanghebbende en het Ministerie van LNV is een overeenkomst gesloten inzake de Subsidieregeling Natuurbeheer 2000 over ongeveer driekwart hectare van het perceel. Hierbij is subsidie verleend voor een zogeheten natuurdoelpakket 'half natuurlijk

grasland'. Belanghebbende moet op het perceel voor onbepaalde tijd de ontwikkeling dan wel de instandhouding van het natuurdoelpakket, gedogen en al datgene nalaten dat die ontwikkeling of instandhouding belemmert, bemoeilijkt of verhindert. Hij mag het perceel niet gebruiken met het oog op de uitoefening van de landbouw. Dit is volgens de Rechtbank een aan een zakelijk recht gelijk te stellen verplichting. Volgens het arrest van de Hoge Raad van 25 november 1998 (LJN: AA2572) komt hieraan een waardedrukkende invloed toe, indien de omvang van het genot van het object en daardoor de waarde van het object, wordt beperkt. Het moet dan gaan om een vermindering van het woongenot. De verplichting komt neer op een ontwikkeling van landbouwgrond naar half natuurlijk grasland. Het is niet aannemelijk dat hierdoor sprake is van een vermindering van het woongenot. Aan de kwalitatieve verplichting komt dan ook geen relevante betekenis toe.

Rechtbank Alkmaar 8 februari 2008, nr. 07/1206, EK, Belastingblad 2008, blz. 521

In geschil is of de heffingsambtenaar de grond terecht heeft gewaardeerd als *bouwgrond*. Vaststaat dat op de waardepeildatum 1 januari 2005 formeel gezien sprake was van grond bij een niet-woning en dat er dus geen woonbestemming op het perceel rustte. Belanghebbenden hebben voorheen wel verzocht om op de grond een woning te mogen bouwen. Om dit mogelijk te maken is een procedure ex art. 19 Wet op de Ruimtelijke Ordening ingevoerd. Sinds 23 april 2007 is daadwerkelijke vrijstelling van het geldende bestemmingsplan van kracht. Het gemeentebestuur heeft vóór de waardepeildatum ten aanzien van de grond toegezegd dat er medewerking zal worden verleend bij het verlenen van een vrijstelling van het bestemmingsplan. Naar het oordeel van de Rechtbank betekent dit dat voor het antwoord op de vraag of er op de waardepeildatum een gegadigde zou kunnen worden gevonden die de grond zou willen verwerven, ervan moet worden uitgegaan dat een kans bestaat dat deze de grond als bouwgrond in gebruik zou kunnen en mogen nemen. De bereidheid van het gemeentebestuur om mee te werken biedt geen garantie, maar de kans op het daadwerkelijk verlenen van vrijstelling schat de Rechtbank hoger in dan de kans dat de toegezegde vrijstelling er niet komt. De heffingsambtenaar heeft de grond terecht als bouwgrond gewaardeerd. De Rechtbank verklaart het beroep ongegrond.

Hoge Raad 8 augustus 2008, nr. 43 879, Belastingblad 2008, blz. 1141, BNB 2008/273
In geschil is de WOZ-waarde van een geschakelde woning met erf en tuin, die omstreeks 1999 is gebouwd aan een andere woning (een boerderij) en daarmee een zogenoemde *meergeneratiewoning* vormt. De gemeente heeft aan de bewoning en verkoop van de onroerende zaak voorwaarden voor het gebruik en overdraagbaarheid gesteld. Het Hof heeft geoordeeld dat de gestelde voorwaarden alleen belanghebbende persoonlijk betreffen. Het Hof leidt hieruit af dat aan die voorwaarden geen waardedrukkende invloed toekomt, zoals die wél zou kunnen worden toegekend aan planologische bestemmingsvoorschriften. Het oordeel van het Hof dat niet zou zijn gesteld of gebleken dat de voorwaarden tevens zouden voortvloeien uit de gebruiksvoorschriften van het bestemmingsplan, verdraagt zich niet met de inhoud van het taxatierapport, waarop de gemeente zich beroept. Zoals volgt uit dat rapport zijn de voorwaarden erop gericht dat de bewoning van de onroerende zaak niet in strijd komt met het vigerende bestemmingsplan, dat slechts één dienstwoning op het agrarische bouwperceel toestaat. Het persoonsgebonden karakter van de voorwaarden neemt niet weg dat zelfstandige bewoning van de onroerende zaak door een verkrijger in strijd zou komen met het bestemmingsplan. Iedere potentiële koper heeft ermee te rekenen dat de gemeente dat plan jegens hem zal willen handhaven; een waardedrukkende invloed van het bestemmingsplan doet zich ten volle gelden (volgens Hoge Raad 20 december 2002, nr. 37 558, BNB 2003/94). Belanghebbendes klacht dat wel sprake is van voorschriften van planologische aard waarmede bij de waardebepaling rekening moet worden gehouden, slaagt. De Hoge Raad verwijst het geding.

Rechtbank Utrecht 29 september 2008, nr. 07/904, MK, Belastingblad 2008, blz. 1419
In geschil is de WOZ-waarde van een *zorginstelling*. De huidige bebouwing zal worden gesloopt en op het terrein zal een wijk met circa 400 woningen en 80 woonvoorzieningen voor mensen met een verstandelijke beperking worden gebouwd. De Rechtbank Utrecht dat de gemeente terecht als toestandsdatum 1 januari 2005 heeft aangehouden, nu de plannen voor de herinrichting van de locatie op 1 januari 2005 in een zodanig vergevorderd stadium waren, dat deze voorgenomen herinrichting dient te worden aangemerkt als een bijzondere omstandigheid als bedoeld in art. 19, eerste lid, aanhef en onder c, Wet WOZ. De gemeente heeft terecht rekening gehouden met de toekomstige wijziging van de bestemming. Er is in voldoende mate rekening

gehouden met de kans dat de voorgenomen wijziging geen doorgang kan vinden.

4.25 Waardedrukkende factoren – Bouwkundige problemen

Hof Amsterdam 18 augustus 2001, nr. P99/00654, E VIII, Belastingblad 2001, blz. 1209
In geschil is de waarde van een tussenwoning met een inpandige garage. De courantheid van het object is slecht als gevolg van betonrot in de vloeren, de zgn. *'kwaaitaal problematiek'*. In de uitspraak op het bezwaarschrift heeft de ambtenaar de waarde verminderd. Tot de gedingstukken behoort een kopie van de uitspraak van de Tiende Enkelvoudige Belastingkamer van het Hof van 16 juni 1999, kenmerk 98/3028. Deze uitspraak betreft de woning van belanghebbendes buurman. Ook bij deze woning is sprake van betonrot. Het Hof heeft de WOZ-waarde van deze woning vastgesteld op ƒ 115.000 en overwoog daarbij 'De door verweerder toegepaste afwaardering op grond van het geconstateerde gebrek ad uiteindelijk ƒ 125.000 komt het Hof aannemelijk en voldoende voor.' Naar het oordeel van het Hof heeft belanghebbende aannemelijk gemaakt dat de betonrot aan het object ernstiger is dan die aan de onroerende zaak van zijn buurman. Hij heeft echter niet voldoende aannemelijk gemaakt dat de waardevermindering als gevolg van enkel de betonrot op (ƒ 125.000 × 120% =) ƒ 150.000 gesteld moet worden. Daarbij neemt het Hof in overweging dat het waardeverminderende effect van de betonrot op de waarde in het economische verkeer niet wordt bepaald door de omvang van de herstelkosten maar door de invloed die de aanwezigheid van betonrot heeft op het bod dat de meestbiedende gegadigde voor het object bereid is uit te brengen.

Hoge Raad 7 juni 2002, nr. 36 868, Belastingblad 2002, blz. 723, BNB 2002/285, FED 2002/356
Belanghebbende stelt dat bij de vaststelling van de waarde van de woning geen rekening is gehouden met *bouwkundige gebreken*, waaronder een ontoereikende hemelwaterafvoer. De ambtenaar stelt dat schade als gevolg van bouwkundige gebreken in een civiele procedure tot compensatie behoort te leiden. Het Hof oordeelt vervolgens dat niet aannemelijk is dat zodanige gebreken invloed hebben op de waarde per peildatum. Volgens de Hoge Raad is niet duidelijk of het Hof ook in die overweging het standpunt van de heffingsambtenaar heeft willen weergeven, of dat die overweging een eigen oordeel van het Hof

behelst. In dat laatste geval is volgens de Hoge Raad sprake van een onjuiste rechtsopvatting. De omstandigheid dat belanghebbende ter zake van de bouwkundige gebreken aan zijn woning aanspraken jegens derden kan doen gelden, is zonder betekenis voor de waardering van de onroerende zaak. Deze moet geschieden naar de staat waarin de zaak op de waardepeildatum verkeert, derhalve met inachtneming van op die datum aanwezige gebreken.

Hoge Raad 17 januari 2003, nr. 37 626, Belastingblad 2003, blz. 191, BNB 2003/105, FED 2003/62
Ter zake van door belanghebbende gestelde gebreken aan het dak van zijn woning heeft het Hof geoordeeld dat de toestand van het dak geen invloed heeft op de waarde, nu de woning onder garantie is gebouwd en de garantie bij verkoop overgaat op de nieuwe eigenaar. Dit oordeel geeft volgens de Hoge Raad blijk van een onjuiste rechtsopvatting. De omstandigheid dat belanghebbende of een rechtsopvolger van belanghebbende aanspraken jegens derden kan doen gelden ter zake van gebreken, is zonder betekenis voor de waarde, die moet worden bepaald naar de staat waarin de zaak op de waardepeildatum verkeert, met inachtneming van op de waardepeildatum aanwezige gebreken (Hoge Raad 7 juni 2002, nr. 36 868, BNB 2002/285).

Hof Leeuwarden 30 oktober 2003, nr. 02/1370, E III, Belastingblad 2004, blz. 18
Hof Leeuwarden oordeelt dat de waarde van de woning niet te hoog is vastgesteld. De gemeente heeft voldoende rekening gehouden met de omstandigheid dat de woning op palen in het water is gebouwd en met de beperkte grootte en de eenvoudige uitvoering van de woning. Ook het ontbreken van een aansluiting op het elektriciteitsnet en de waterleiding kan niet tot een lagere waarde leiden, nu de referentiewoning ook niet beschikt over deze voorzieningen.

Hof 's-Gravenhage 26 februari 2004, nr. 02/04829, E I, Belastingblad 2004, blz. 667
Het Hof oordeelt dat de eventuele aanwezigheid van betonrot per woning moet worden onderzocht, waarbij het heel wel mogelijk is dat in één blok woningen sommige woningen wel en sommige woningen geen *betonrot* hebben. De gemeente heeft aannemelijk gemaakt dat op grond van transacties van vergelijkbare woningen met een Kwaaitaalvloer aannemelijk is dat er op de waardepeildatum voldoende gegadigden voor de woning zouden zijn die geen waardedrukkende invloed aan de aanwezigheid van de Kwaaitaalvloer zouden toekennen.

Rechtbank Groningen 12 april 2006, nr. 05/1459, EK, Belastingblad 2006, blz. 1136
Belanghebbende stelt dat de woning onder meer niet over centrale verwarming, gas, een douche en dubbele ramen beschikt. In het taxatierapport van de gemeente wordt vermeld: 'Alle water, gas en elektriciteit zijn aanwezig. Volgens de verhuurder is er in 1991 een gasleiding afgedopt, wat duidt op het feit dat er een gasleiding aanwezig is'. De Rechtbank leidt hier uit af dat de woning over de normale nutsvoorzieningen beschikt. In hoeverre belanghebbende daadwerkelijk van deze voorzieningen gebruik maakt, is niet van belang bij het bepalen van de waarde in het kader van de Wet WOZ. Ook voor het overige is niet gebleken dat het niveau van de voorzieningen van de woning lager is dan dat van de referentiewoningen, voorafgaand aan de renovatie.

Rechtbank Rotterdam 27 april 2006, nr. 05/4100, EK, Belastingblad 2006, blz. 689
In geschil is de WOZ-waarde van een half vrijstaande woning. De woning heeft geen eigen aansluiting voor gas en elektra. Daarvoor wordt gebruik gemaakt van het naastgelegen bedrijfspand. De gemeente heeft hiervoor een aftrek van € 13.000 toegepast. Volgens de Rechtbank is dit onvoldoende. Doordat geen eigen aansluiting aanwezig is, kan de woning na eventuele verkoop los van het bedrijfspand niet zonder door de nieuwe eigenaar worden betrokken.

Rechtbank 's-Gravenhage 3 mei 2006, nr. 05/6906, EK, Belastingblad 2006, blz. 1216
Belanghebbende stelt dat de door de gemeente genoemde vergelijkingsobjecten voorzien zijn van bebouwing, bestrating, beschoeiing en nutsvoorzieningen. Op het onderhavige perceel zijn deze voorzieningen niet aanwezig en ook niet toegestaan. De gemeente heeft op zich deze verschillen niet bestreden. Belanghebbende staat een vermindering voor van € 30.000, maar onderbouwt die niet. De Rechtbank stelt de waarde in goede justitie lager vast.

Rechtbank Middelburg 17 augustus 2006, nr. 05/1165, EK, Belastingblad 2006, blz. 1370
Belanghebbende begint in 2004 met een grondige renovatie van zijn woning. Hij vindt de waarde te hoog omdat de woning door de verbouwing onbewoonbaar is. De Rechtbank oordeelt dat de verbouwing na de peildatum 1 januari 2003 geen reden is voor een verlaging van de WOZ-waarde. De onafgewerkte staat tijdens de verbouwing is slechts een tijdelijk gevolg van de voorgenomen renovatie van de wo-

ning met als doel de waarde te verhogen. Hieraan doet niet af dat op de toestanddatum 1 januari 2005 verschillende voorzieningen ontbreken. De woning inclusief de nu ontbrekende voorzieningen verkeerde immers vóór de verbouwing al in een slechte staat. Het is daarom niet ondenkbaar dat potentiële kopers er de voorkeur aan zouden geven de woning in de huidige, kale staat te kopen, zodat het ontbreken van voorzieningen in zoverre geen waardedrukkend effect heeft.

Rechtbank Alkmaar 13 juni 2007, nr. 06/841, EK, Belastingblad 2007, blz. 1037
In geschil is de WOZ-waarde van een woning ad € 240.000. In de uitspraak op het bezwaar is de waarde bepaald op € 231.000, welke waarde binnen de bezwaarmarge van art. 26a Wet WOZ valt. Uit het taxatierapport blijkt echter alleen dat, en niet waarom de gemeente deze waarde voorstaat. De Rechtbank vernietigt daarom de uitspraak, wegens een gebrek aan motivering in de zin van art. 7:12, eerste lid, Awb. De Rechtbank voorziet zelf in de zaak en stelt de waarde vast op € 229.250, nu de gemeente er echter ten onrechte geen rekening mee heeft gehouden dat de CV-ketel uit 1989 stamt.

Hof Amsterdam 1 februari 2008, nr. 06/00115, M I, Belastingblad 2008, blz. 402
De heffingsambtenaar heeft de waarde van belanghebbende door palenpest aangetaste onroerende zaak na bezwaar verlaagd. In een rapport betreffende onderzoek naar de palenpest, dat is gedaan bij onder andere belanghebbende woning, is bepaald dat sprake is van kwaliteitsniveau I. Belanghebbende stelt daar een door een stichting uitgebracht advies tegenover waarin wordt geconcludeerd dat het rapport teveel hiaten vertoont om daar waarde aan te hechten en waarin twijfel wordt geuit over indeling in kwaliteitsniveau I. Het Hof oordeelt dat dat advies te algemeen is en geen inzicht biedt in de werkelijke toestand van de fundering. Het Hof neemt aan dat het aan het daglicht komen van de palenpest een directe aantasting van het woongenot is, maar dit rechtvaardigt op zichzelf nog niet een vermindering van de waarde met de volledige geschatte herstelkosten. Zoals de Rechtbank juist heeft overwogen is niet de omvang van de herstelkosten beslissend, maar gaat het om de invloed die de aanwezigheid van palenpest heeft op het bod dat de meestbiedende gegadigde bereid is op de woning uit te brengen.

4.26 Waardedrukkende factoren – Sloop

Hof Amsterdam 6 december 2002, nr. 01/02589, M IV, Belastingblad 2003, blz. 436
Belanghebbende is pachter van een perceel grond waarop een vrijstaande houten bungalow is gebouwd. In de pachtovereenkomst is bepaald dat de pachter na beëindiging van de pacht gedurende 1 jaar de gelegenheid krijgt om het woonhuis te verwijderen. Belanghebbende voert aan dat de woning slechts een negatieve waarde vertegenwoordigt die gelijk is aan de sloopkosten. Het Hof verwerpt deze stelling. Ingevolge de ficties van artikel 17, tweede lid, Wet WOZ, kan met een eventuele waardedruk veroorzaakt door contractuele verplichtingen geen rekening worden gehouden. Dit vindt steun in Hoge Raad 25 november 1998, nr. 33 212, BNB 1999/18. Daarin is beslist dat als maatstaf voor een eventuele waardedrukkende invloed van een verplichting aangehouden moet worden of door die verplichting de omvang van het genot van de zaak en daardoor de waarde ervan, ongeacht de persoon van de zakelijke gerechtigde of gebruiker, beperkt wordt. Aangezien de omvang van het genot voor belanghebbende, de gebruiker van het object, door de toekomstige sloop van de woning niet wordt beperkt, is die sloop geen reden om de waarde lager vast te stellen.

Hof 's-Gravenhage 27 maart 2003, nr. 02/01602, E XII, Belastingblad 2003, blz. 851
De gemeente heeft vanaf oktober 1995 plannen om objecten in de straat van belanghebbende in verband met de aanleg van een ontsluitingsweg naar een nieuwbouwwijk te slopen. In het taxatierapport wordt verwezen naar de verkoopprijzen van vergelijkingsobjecten in deze straat. Niet gebleken is dat dit verkopen in het kader van onteigening aan de gemeente betreffen. Nu reeds ruimschoots vóór de waardepeildatum de mogelijke toekomstige sloop van de objecten in de straat bekend was, wordt de waardedrukkende invloed ter zake van deze onzekerheid geacht te zijn verdisconteerd in de verkoopprijzen van de vergelijkingsobjecten.

Hof Leeuwarden 2 juli 2004, nr. 1513/02, E V, Belastingblad 2004, blz. 1061
Belanghebbende is eigenaar van een woning die volgens een in 1998 bekend geworden plan in 2001 zou worden gesloopt. De sloop vindt echter pas plaats op 19 mei 2003. Volgens het Hof heeft de gemeente onvoldoende rekening gehouden met de waardedrukkende factor van

de sloop van de woning. In zijn algemeenheid brengt een mogelijke toekomstige sloop een zekere mate van onzekerheid met zich, die een potentiële koper tot uitdrukking wil laten komen in zijn bieding. Niet kan worden beoordeeld of en in hoeverre het waardedrukkend effect in de vastgestelde waarde tot uitdrukking is gebracht.

Rechtbank Haarlem 13 december 2005, nr. 05/2460, EK, Belastingblad 2006, blz. 85
In geschil is de WOZ-waarde van een *woning, die in slechte staat verkeert* en die waarschijnlijk in 2008 zal worden gesloopt. De Rechtbank verwerpt het standpunt van de gemeente dat toekomstige sloop alleen invloed heeft op de waarde als de woning leeg staat en het tijdstip van de sloop vaststaat. Volgens de Rechtbank zal, als vaststaat dat een woning binnen afzienbare termijn zal worden gesloopt, ook al staat dit tijdstip nog niet vast, de voorgenomen sloop voor potentiële kopers een omstandigheid zijn die de waarde moet drukken. Daarbij komt dat de sloop van woningen in de buurt en de mogelijke hinder die daarmee gepaard kan gaan, de waarde in het economisch verkeer beïnvloedt.

Hoge Raad 2 november 2007, nr. 42 921, Belastingblad 2008, blz. 565
Belanghebbende is eigenaar van een winkelpand met bovenwoning en ondergrond. Volgens belanghebbende heeft alleen de grond waarde, omdat de opstal in een zeer slechte staat verkeert. De *opstal* is *sloopwaardig* en onbruikbaar. Hof Leeuwarden heeft aan de hand van fotomateriaal geconcludeerd dat de onroerende zaak in een zeer slechte tot bouwvallige staat verkeert. Volgens het Hof zal de onroerende zaak op termijn gesloopt worden. Aangezien de gemeente aan de opstallen wel een waarde heeft toegekend, kan aan de waarde uit dat rapport geen betekenis worden toegekend. Het Hof stelt de waarde in goede justitie vast. Als uitgangspunt neemt het Hof de in het taxatierapport aan de oppervlakte van de begane grond toegekende waarde, verminderd met de contante waarde van de sloopkosten. In cassatie oordeelt de Hoge Raad oordeelt dat de middelen of klachten niet tot cassatie kunnen leiden (art. 81 Wet RO).

Rechtbank Alkmaar 8 januari 2008, nr. 06/953, MK, Belastingblad 2008, blz. 566
Belanghebbende is (onder andere) eigenaar van een koel- en vrieshuis met een loods en een kantoor, gereed gekomen in 2002, met daarbij een voormalige broodfabriek die wordt gebruikt om goederen op te slaan. In geschil is de WOZ-waarde op 1 januari 2003. De Rechtbank

volgt partijen in de gekozen methode van waarderen, de huurwaarde-kapitalisatiemethode. De Rechtbank oordeelt dat de huurprijs en de kapitalisatiefactor niet te hoog zijn. Er is voldoende rekening gehouden met achterstallig onderhoud. Belanghebbende maakt niet aannemelijk dat de broodfabriek vanwege het achterstallig onderhoud niet goed bruikbaar is als reguliere opslagruimte. Dat de broodfabriek in 2008 zal worden gesloopt, maakt dit niet anders. Deze zal immers niet worden gesloopt omdat deze slooprijp is, maar om andere redenen.

4.27 Waardedrukkende factoren - Omgevingsfactoren

Hof Amsterdam 15 oktober 1998, nr. P98/00016, E III, Belastingblad 1999, blz. 324, FED 1999/416
De wetenschap omtrent de mogelijke aanwezigheid van een niet-ontplofte bom uit de Tweede Wereldoorlog kan potentiële kopers afschrikken en is derhalve een waardedrukkende factor waarmee bij het vaststellen van die waarde rekening dient te worden gehouden.

Hof Arnhem 4 mei 1999, nr. 98/03024, E V, Belastingblad 1999, blz. 723
Overlast als gevolg van het *ontbreken* van *bestrating* heeft een waardedrukkend effect in een nieuwbouwwijk.

Hoge Raad 12 mei 1999, nr. 34 529, Belastingblad 1999, blz. 518, BNB 1999/261, FED 1999/358
De waarde van een woning moet worden verlaagd door de aanwezigheid van een boom voor de woning, die het uitzicht belemmert. Het waardedrukkend effect wordt in goede justitie op 30% geschat.

Hof 's-Gravenhage 2 juni 1999, nr. 97/03286, E IX, Belastingblad 1999, blz. 901
Op minder dan een meter van de erfgrens staan drie platanen, die voor een belangrijk gedeelte van het jaar voor overlast zorgen, doordat zij tegen de gevel groeien, het licht wegnemen en blad verliezen dat niet verteert. Het Hof acht een waardedrukkend effect aanwezig en vermindert de waarde in goede justitie met ƒ 62.000.

Hof Arnhem 30 mei 2000, nr. 98/01826, E VIII, Belastingblad 2001, blz. 200
Belanghebbende stelt dat de waarde van zijn woning op een te hoog bedrag is vastgesteld, vanwege overlast van *sloopwerkzaamheden* op het *naastgelegen erf*. Het standpunt van de ambtenaar dat de overlast

een argument is van persoonlijke aard welke niet objectief de vastgestelde waarde beïnvloedt, spreekt het Hof niet aan. Naar het oordeel van het Hof zullen potentiële kopers rekening houden met de overlast en zal de waarde hierdoor negatief worden beïnvloed. Naar het oordeel van het Hof maakt de ambtenaar met hetgeen hij heeft aangevoerd onvoldoende aannemelijk dat overlast rond de peildatum slechts incidenteel was en dat bij de waardering op toereikende wijze rekening is gehouden met die overlast. Gelet op de door belanghebbende overgelegde verklaring van een makelaar en taxateur van onroerende zaken, acht het Hof aannemelijk dat het waardedrukkend effect van de overlast zodanig groot is dat overeenkomstig het nader ter zitting door belanghebbende ingenomen standpunt moet worden beslist.

Hof 's-Hertogenbosch 15 november 2000, nr. 98/00075, E I, Belastingblad 2001, blz. 415
Belanghebbende stelt dat de waarde van de onroerende zaak op een te hoog bedrag is vastgesteld, omdat het ondernemingsklimaat en de invoering van het *betaald parkeren* een waardedrukkend effect hebben. Naar het oordeel van het Hof heeft belanghebbende onvoldoende aannemelijk gemaakt dat de bij beschikking vastgestelde waarde te hoog is vastgesteld.

Hoge Raad 21 maart 2001, nr. 35 855, Belastingblad 2001, blz. 645, BNB 2001/234, FED 2001/222
Belanghebbende stelt dat van het naast zijn woning gelegen pand, waarin jongeren zijn gehuisvest die onder psychiatrische begeleiding zelfstandig moeten leren wonen, een waardedrukkende invloed uitgaat. Naar het oordeel van het Hof heeft belanghebbende echter geen feiten of omstandigheden aangevoerd waaruit deze invloed zou kunnen worden afgeleid. Naar het oordeel van de Hoge Raad is deze overweging onvoldoende gemotiveerd, nu het Hof geen inzicht geeft in zijn gedachtegang. Ter onderbouwing van zijn stelling heeft belanghebbende ter zitting een kadastraal uittreksel van een vergelijkingspand en verkoopcijfer overgelegd. Nu het Hof in zijn uitspraak geen melding heeft gemaakt van (het overleggen van) dat stuk en evenmin van het voornoemde verkoopcijfer, is volgens de Hoge Raad onduidelijk of dat stuk in de oordeelsvorming is betrokken. De uitspraak kan daarom op grond van motiveringsgebreken niet in stand blijven. Verwijzing dient te volgen.

Hof Arnhem 25 oktober 2001, nr. 01/01027, M III, Belastingblad 2002, blz. 569
Belanghebbende stelt dat de waarde van de woning met 20% moet worden verminderd, omdat de woning overlast ondervindt van de bewoning van het naastgelegen pand door jongeren die onder psychiatrische begeleiding staan. Hoewel belanghebbende een waardedrukkend effect van ongeveer 20% niet aannemelijk heeft gemaakt oordeelt het Hof wél dat de bewoning van het naastgelegen pand een waardedrukkend effect heeft. Het Hof stelt de waarde van de woning in goede justitie vast op *f* 450.000. Dit houdt een waardevermindering in van *f* 25.000.

Hof Arnhem 31 juli 2002, nr. 01/02370, E IV, Belastingblad 2003, blz. 316
Belanghebbende stelt dat een waardedrukkend effect uitgaat van de volgende factoren: uitzicht op de begraafplaats, de tuin van de buren is één grote vuilnisbelt, de aanwezigheid van een woonwagenkampje en de ligging naast een sociëteit voor homoseksuelen met alle overlast van dien. De gemeente Apeldoorn betwist de aanwezigheid van de factoren niet, maar stelt dat deze niet waardedrukkend zijn. Het Hof acht aannemelijk dat de factoren een waardedrukkend effect hebben, te meer daar de gemeente er in haar rapport vanuit gaat dat de woning op goede stand is gelegen.

Hof Leeuwarden 8 november 2002, nr. 01/996, E III, Belastingblad 2003, blz. 193
Het Hof acht een waardedaling als gevolg van een *bodemdaling door waterwinning* in het gebied niet aannemelijk, nu deze zich ook bij de vergelijkingspanden zal voordoen. Het Hof volgt belanghebbende wel in haar redenering omtrent de waardedaling als gevolg van geparkeerde auto's voor de onroerende zaak, nu daardoor door de ambtenaar in zijn taxatierapport in het geheel niet op in is gegaan. Het Hof stelt deze waardedaling in goede justitie vast op *f* 11.000.

Hof Arnhem 19 februari 2003, nr. 01/03177, E XI, Belastingblad 2003, blz. 568
Belanghebbende stelt dat bij de vaststelling van de waarde onvoldoende rekening is gehouden met een erfdienstbaarheid op 30 m^2 van de voor het huis gelegen grond, zijnde het trottoir. Ook stelt hij dat het schilderwerk van de buitenkozijnen in een zeer slechte staat van onderhoud verkeert. De foto's in het taxatierapport zijn genomen in de zomer van het jaar 2002, maar belanghebbende meent dat de onderhoudstoestand op dat moment zo slecht was dat de taxateur er niet

van mocht uitgaan dat die toestand op de waardepeildatum voldoende was. Het Hof acht aannemelijk dat een waardedrukkend effect uitgaat van de erfdienstbaarheid en van de slechte onderhoudstoestand van het schilderwerk. Nu de erfdienstbaarheid inhoudt dat 30 m² van het perceel (het trottoir) volledig in gebruik is bij derden, houdt dat in dat het genot van de zaak, voor die 30 m² (nagenoeg) geheel is beperkt.

Hof Arnhem 26 maart 2003, nr. 02/00327, E X, Belastingblad 2003, blz. 854
Aan belanghebbende is door de gemeente Enschede voor het tijdvak 2001-2004 een waardebeschikking toegezonden. Op 13 mei 2000 heeft in Enschede de zogenoemde vuurwerkramp plaatsgehad. De woning van belanghebbende is gelegen in het rampgebied en was op 1 januari 2001 voor 52,2 percent gereed. Op 1 januari 2001 was in het rampgebied sprake van verwoeste huizen, stinkende restanten van verbrande panden, overlast van ratten en muizen en overlast van zwervers en junks die intrek hadden genomen in de leegstaande panden. De vergelijkingsobjecten zijn gelegen nabij een braakliggend terrein. Volgens het Hof kan het rampgebied niet op één lijn worden gesteld met een 'gewoon' braakliggend terrein. Aannemelijk is dat van de ligging van een woning in het rampgebied een aanmerkelijk grotere waardedruk uitgaat dan van een ligging van een woning in de omgeving van een braakliggend terrein.

Hof Arnhem 8 april 2003, nr. 01/03273, E I, Belastingblad 2003, blz. 849
In de grasstrook naast belanghebbendes perceel is een *hondenuitlaatplaats* aangewezen. Uit het taxatierapport blijkt niet of en in hoeverre de taxateur daarmee bij de waardebepaling rekening heeft gehouden. Het Hof schat de waardevermindering als gevolg van de aanwezigheid daarvan op de peildatum in goede justitie op ƒ 5 000.

Hof Amsterdam 23 april 2003, nr. 02/03112, E XVI, Belastingblad 2003, blz. 964
Het Hof oordeelt, gelet op de geringe afstand van een woning tot een *skatebaan*, de ligging daarvan ten opzichte van de woning en de omstandigheid dat belanghebbende een groot aantal buurtbewoners heeft kunnen bewegen protest aan te tekenen tegen de plaatsing van de skatebaan, dat het aannemelijk is dat sprake is van een zodanige mate van geluidsoverlast dat die van invloed is op de waarde van de woning. De door de gemeente aangedragen objecten zijn voldoende vergelijkbaar, maar die verkoopprijzen dateren alle van vóór plaatsing

van de skatebaan in juni 1999 zijn gerealiseerd. Ook liggen die objecten anders en verder van de geplaatste skatebaan.

Hof Leeuwarden 21 november 2003, nr. 1235/02, E V, FED 2003/664
Belanghebbende is eigenaar van een in 2000 gebouwde semi-bungalow. Het Hof oordeelt dat bij de waardevaststelling onvoldoende rekening is gehouden met de omstandigheid dat de bungalow is gelegen in een wijk met een *incomplete infrastructuur*. Deze overlast kent geen tijdelijk karakter nu het bouwproject nog circa vier jaar zal duren.

Hof Leeuwarden 20 februari 2004, nr. 1403/02, M II, Belastingblad 2004, blz. 551
Belanghebbende is van mening dat de WOZ-waarde te hoog is vanwege de *overlast van het naburige kippenbedrijf*. De gebruikte vergelijkingspanden bevinden zich op 10 kilometer afstand van de woning en hebben als naburige bedrijven veehouderijbedrijven. Volgens het Hof wordt de WOZ-waarde van de woning van belanghebbende negatief beïnvloed wordt door de hinder van het naburige kippenbedrijf. De ambtenaar maakt onvoldoende aannemelijk dat de vergelijkingspanden ook daadwerkelijk een onderbouwing vormen voor de waardebepaling van de woning van belanghebbende.

Hof 's-Gravenhage 3 augustus 2004, nr. 03/03484, E I, Belastingblad 2004, blz. 1122, FED 2004/448
Het Hof oordeelt dat de aanwezigheid van een niet ontplofte bom uit de Tweede Wereldoorlog potentiële kopers zal afschrikken. Het is daarom een waardedrukkende factor waarmee bij de waardebepaling rekening moet worden gehouden. Niet van belang is dat de kosten van opruiming niet voor rekening van belanghebbende zullen komen. De waardering van een onroerende zaak moet immers geschieden naar de staat waarin de zaak zich op de waardepeildatum bevindt, dus met inachtneming van de op die datum aanwezige gebreken.

Hof Arnhem 9 augustus 2004, nr. 02/03453, E XI, Belastingblad 2004, blz. 1227, FED 2004/534
De *overlast van een papegaaienverblijf* is ontstaan na 1 januari 1999, omdat het verblijf medio 1999 in gebruik is genomen. Het Hof oordeelt dat de geluidsoverlast als een bijzondere omstandigheid in de zin van artikel 19, eerste lid, onderdeel c, Wet WOZ moet worden aangemerkt. Belanghebbende heeft voldoende aannemelijk gemaakt dat de onroerende zaak een wezenlijke waardeverandering heeft ondergaan ten gevolge van de geluidsoverlast. Uit de wetsgeschiedenis

blijkt dat artikel 19, eerste lid, onderdeel c, Wet WOZ ziet op bijzondere omstandigheden die voor bepaalde nauwkeurig aan te wijzen objecten tot een grote waardedaling leiden. De bijzondere omstandigheid hoeft niet slechts op één object betrekking te hebben.

*Rechtbank 's-Gravenhage 5 januari 2006, nr. 05/5165, EK,
Belastingblad 2006, blz. 617*
In geschil is de waarde van een twee-onder-één kap woning. Nabij de
woning is in 2004 een pension gevestigd, voor verslaafden en mensen
met psychische problemen. De vestiging van het pension is een specifiek voor de woning geldende omstandigheid waarmee, op grond van
artikel 19, eerste lid, aanhef en onderdeel c, Wet WOZ, bij het vaststellen van de waarde van de woning rekening moet worden gehouden. De Rechtbank oordeelt dat de gemeente voldoende rekening gehouden met de ligging naast het pension. De Rechtbank oordeelt ook,
onder verwijzing naar het arrest van de Hoge Raad van 23 december
2005, nr. 41 172, dat de afzonderlijke elementen van de waardeop-
bouw niet op hun juistheid kunnen worden beoordeeld. Daarom gaat
de Rechtbank voorbij aan het verzoek van belanghebbende om hem
meer inzicht te verschaffen in de omvang van de waardevermindering
als gevolg van het pension.

*Rechtbank Leeuwarden 13 januari 2006, nr. 05/1545, EK,
Belastingblad 2006, blz. 293*
In geschil is de waarde van een woning. De woning is bereikbaar via
een half verhard particulier pad van 250 tot 300 meter, waarop ten behoeve van de onroerende zaak een recht van overpad is gevestigd.
Volgens de Rechtbank heeft het recht van overpad, gezien de onderhoudstoestand van het pad door het veelvuldig gebruik door land-
bouwverkeer en het feit dat belanghebbende hier geen zeggenschap
over heeft, een waardedrukkende invloed. Er kan niet worden opgemaakt of deze waardedrukkende invloed bij de vergelijking met de
vergelijkingspercelen is onderkend. Dat de vergelijkingsobjecten minder goed bereikbaar zijn, vindt de Rechtbank onvoldoende, omdat
deze objecten direct zijn gelegen aan de openbare (verharde) weg. De
Rechtbank vindt echter dat het waardeverschil tussen de woning en
de vergelijkingsobjecten als gevolg van de bereikbaarheid via het particuliere pad niet uitgaat boven de in artikel 26a Wet WOZ genoemde
drempel.

Rechtbank Leeuwarden 28 juni 2006, nr. 05/1565, Belastingblad 2006, blz. 1000
Belanghebbende is eigenaar van een woonboerderij. De boerderij bevindt zich aan een buiten de dorpskern gelegen doodlopende weg waarvan de laatste 600 meter onverhard is en slecht onderhouden. De Rechtbank ziet in de afgelegen ligging en de slecht onderhouden en deels onverharde toegangsweg een reden om de WOZ-waarde van de woonboerderij te verlagen. De ligging en bereikbaarheid zijn beduidend slechter dan die van de vergelijkingsobjecten. De specifieke ligging en bereikbaarheid beperken vermoedelijk het aantal potentiële kopers en daarmee logischerwijs ook de verkoopprijs.

Rechtbank Arnhem 17 juli 2006, nr. 06/378, EK, Belastingblad 2006, blz. 1262
De Rechtbank acht niet aannemelijk dat de parkeerplaats die belanghebbende in haar tuin heeft aangelegd een waardedrukkend effect heeft. Belanghebbende heeft evenmin aannemelijk gemaakt dat de bouw van een villa en de aanleg van een groenstrook – beiden gerealiseerd na de waardepeildatum – invloed hebben op de vastgestelde WOZ-waarde.

Rechtbank Middelburg 17 augustus 2006, nr. 05/1237, EK, Belastingblad 2006, blz. 1179
Belanghebbende stelt dat de ligging van zijn vrijstaande woning in een recreatiepark van invloed is op de waarde, omdat de ontsluiting niet veilig en doelmatig is. Het object ligt op circa 40 meter van een parkeermogelijkheid en op meer dan 100 meter van de openbare weg. Het is uitsluitend bereikbaar via een voetpad. De Rechtbank vindt dat aan het feit dat het object uitsluitend via een voetpad bereikbaar is, geen waardedrukkend effect toe komt. Het gaat immers niet gaat om een object voor permanente bewoning, maar om een op een park gelegen recreatiewoning. Hoewel op zichzelf voorstelbaar is dat potentiële kopers door de ligging en bereikbaarheid zullen worden afgeschrikt, is evenzeer mogelijk dat er kopers zijn die de wijze van ontsluiting van het object juist als aantrekkelijk ervaren. Dit betekent dat de ligging en daarmee samenhangende bereikbaarheid als subjectieve elementen zijn te beschouwen.

Hof Arnhem 15 november 2006, nr. 06/00214, MK I, Belastingblad 2007, blz. 92
In geschil is de WOZ-waarde van een vrijstaand woonhuis. In hoger beroep bevestigt het Hof de uitspraak van Rechtbank Zwolle/Lelystad. Volgens het Hof is de gesteldheid van de woning van belangheb-

bende, de situering nabij een vuilnisbelt en de ligging ten opzichte van diverse voorzieningen verdisconteerd in de in 2003 betaalde aankoopprijs. Het Hof acht het, gelet op de langdurige onderhandelingen, onwaarschijnlijk dat belanghebbende zich van deze factoren geen goede voorstelling heeft kunnen maken.

Rechtbank Amsterdam 26 januari 2007, nr. 06/2263, EK, Belastingblad 2007, blz. 506
In geschil is de WOZ-waarde van een woning in Amsterdam. De Rechtbank oordeelt dat de gemeente niet aannemelijk maakt dat zij bij het bepalen van de WOZ-waarde voldoende rekening heeft gehouden met de waardedrukkende invloed van de aanwezigheid van een loopbrug in de binnentuin. De Rechtbank verwerpt de stelling van de gemeente dat de waarde van de woning alsnog naar boven moet worden bijgesteld waarna vervolgens rekening kan worden gehouden met de aanwezigheid van de loopbrug. Dit is in strijd met een goede procesorde en vermindert bovendien in hoge mate de betrouwbaarheid van het eerder afgegeven taxatierapport.

Rechtbank 's-Gravenhage 13 juni 2007, nr. AWB 06/5275, EK, Belastingblad 2007, blz. 967
In geschil is de vraag of de ligging in de zogenoemde plofzone (veiligheidszone) van munitiebunkers van TNO een waardedrukkend effect heeft op de waarde van de woning van belanghebbende. Belanghebbende verwijst ter onderbouwing naar het oordeel van Raad van State dat de situatie niet veilig is. Hij stelt tevens dat geen bestemmingsplan is vastgesteld. De gemeente verwijst naar het taxatieverslag, waaruit op grond van verkoopcijfers van woningen binnen en buiten de veiligheidszone niet blijkt dat van de ligging binnen de zone een waardedrukkend effect uitgaat. De Rechtbank overweegt dat de op het taxatieverslag vermelde vergelijkingsobjecten qua type en onderhoudstoestand voldoende vergelijkbaar zijn met de woning. Ook voor deze woningen ontbreekt het bestemmingsplan. De gemeente heeft, gelet op de overgelegde matrix, voldoende aannemelijk gemaakt dat bij de waardering met de ligging in de veiligheidszone voldoende rekening is gehouden.

Rechtbank 's-Gravenhage 29 juni 2007, nr. 06/5791, EK, Belastingblad 2007, blz. 1042
Bij de waardebepaling is volgens belanghebbende onvoldoende rekening gehouden met de overlast van in de nabijheid wonende studenten. Belanghebbende stelt dat op het moment van aankoop van de woning in december 2002 geen sprake was van overlast, omdat de

overlast voornamelijk voorkomt in de zomer. De woning is verkocht op 2 april 2003 voor € 415.000. Belanghebbende stelt dat hij vanwege de onwetendheid betreffende de overlast te veel heeft betaald voor de woning. Volgens de gemeente is de overlast normaal in een studentenstad. De Rechtbank oordeelt dat uit het taxatierapport niet duidelijk wordt op welke wijze verkoopprijzen van de vergelijkingsobjecten zijn herleid tot de WOZ-waarde van belanghebbendes woning. De berekening van de gemeente aan de hand van de koopsom van de woning schiet voor dit doel te kort. Indien de belanghebbende een woning rondom de peildatum heeft gekocht, moet in de regel ervan worden uitgegaan dat de waarde in het economische verkeer van de woning overeenkomt met de koopsom. Dit is anders als aannemelijk wordt gemaakt dat de koopsom niet de waarde weergeeft (vergelijk HR 29 november 2000, nr. 35797, BNB 2001/52). De Rechtbank acht aannemelijk dat belanghebbende teveel voor de woning heeft betaald, omdat zij ten tijde van de aankoop geen weet had van de door studenten veroorzaakte overlast in andere seizoenen dan de winter. De gemeente weerspreekt het bestaan van de overlast niet. De koopprijs is volgens de Rechtbank tot stand is onder zodanige omstandigheden dat niet gezegd kan worden dat die prijs gelijk is aan de waarde in het economische verkeer van de woning. De Rechtbank bepaalt de waarde van de woning in goede justitie.

4.28 Waardedrukkende factoren – Riolering

Hof Amsterdam 25 november 1998, nr. 981655, E IX, Belastingblad 1999, blz. 13, FED 1999/391
Er zijn ernstige problemen met de *riolering*, zodat door belanghebbende een septictank is geplaatst. Vermindering van de waarde met de kosten van het plaatsen van de tank doet geen recht aan de waardeverminderende invloed. Het Hof acht de mededeling van belanghebbende dat slechts een speculant de woning voor de helft van de waarde zou willen kopen aannemelijk en vermindert de waarde met 50%.

Hof 's-Gravenhage 14 april 1999, nr. BK-98/00174, E VII, Belastingblad 2000, blz. 154
De waarde van een woning moet worden verlaagd door een defect aan het *riool*. Het waardedrukkend effect wordt in goede justitie op ƒ 5.000 geschat.

Hof 's-Hertogenbosch 13 januari 2003, nr. 00/01566, M III, Belastingblad 2004, blz. 207
Belanghebbende is gebruiker van een onroerende zaak die in het verleden is gebruikt als *vuilstortplaats*. Het Hof is het met belanghebbende eens dat het ontbreken van een aansluiting op het rioolnet en de opstelling van het Waterschap daarin, een belangrijke beperking inhouden van de gebruiksmogelijkheden van de onroerende zaak en dat die beperking niet uitsluitend samenhangt met de bedrijfsuitoefening door belanghebbende. De taxateur heeft onvoldoende rekening gehouden met de verschillen in de kwalitatieve objectkenmerken, zoals ligging, bouwaard en aansluiting op nutsvoorzieningen van de onroerende zaak en het vergelijkingsobject.

4.29 Waardedrukkende factoren - Servicekosten

Hof Amsterdam 13 maart 1998, nr. P96/1888, M IV, Belastingblad 1999, blz. 520
Bij de waardebepaling moet de waardedrukkende invloed die eventueel uitgaat van de rechtsvorm waarin het appartementengebouw wordt geëxploiteerd worden uitgeschakeld. Deze mogelijke invloed kan worden uitgeschakeld door uit te gaan van de verkoopprijzen van vergelijkbare woningen in flatgebouwen met een andere rechtsvorm.

Hoge Raad 23 februari 2000, nr. 34 900, Belastingblad 2000, blz. 251, BNB 2000/191
De verplichting tot het betalen van servicekosten, die zijn verbonden aan het lidmaatschap van een appartementsgebouw is geen zakelijke, maar een persoonlijke verplichting, waartegenover de bewoner van een appartement diensten ontvangt. Met deze aan het lidmaatschap verbonden verplichting wordt niet een resultaat bereikt dat in feitelijk en maatschappelijk opzicht zozeer overeenstemt met de toestand dat op de onroerende zaak een zakelijk recht is gevestigd, dat de verplichting gelijk te stellen zou zijn met een zakelijke verplichting, en dus zeker niet met een zakelijke verplichting waaraan voor de OZB een waardedrukkende invloed moet worden toegekend.

Hof Arnhem 14 april 2003, nr. 02/00285, E VI, Belastingblad 2003, blz. 1081
Belanghebbende stelt dat de in het taxatierapport vermelde objecten niet vergelijkbaar zijn met de onderhavige onroerende zaak, omdat door de hoge servicekosten de opbrengst van serviceflats lager is dan die van andere flats met een vergelijkbare inhoud. De gemeente Apel-

doorn verwijst naar het arrest van de Hoge Raad van 23 februari 2000, nr. 34 900, BNB 2000/191, en stelt dat de verplichting tot het betalen van servicekosten geen zakelijke maar een persoonlijke verplichting is, waaraan geen waardedrukkende invloed moet worden toegekend. Het Hof acht aannemelijk dat bij het tot stand komen van de aankoopprijzen van zijn appartement de maandelijks te betalen servicekosten een rol hebben gespeeld. Deze aankoopprijzen kunnen derhalve niet als een betrouwbaar aanknopingspunt worden aanvaard voor het vaststellen van de onderhavige WOZ-waarde.

Hof 's-Hertogenbosch 26 maart 2004, nr. 01/04065, E I, Belastingblad 2004, blz. 603
Het Hof is het met belanghebbende eens, dat maandelijks te betalen *servicekosten* een rol zullen spelen bij het totstandkomen van de aankoopprijzen van de appartementen, in die zin dat het hoge bedrag aan servicekosten de prijs van de onroerende zaak in negatieve zin beïnvloedt. Naar het oordeel van het Hof valt daaraan bij de waardebepaling in het kader van de Wet WOZ geen betekenis toe te kennen, omdat de verplichting tot het betalen van servicekosten geen zakelijke verplichting is, noch een daarmee gelijk te stellen verplichting, waaraan voor de toepassing van de Wet WOZ een waardedrukkende invloed moet worden toegekend. Het Hof vindt steun in HR 23 februari 2000, nr. 34 900, BNB 2000/191. Dat in dat arrest sprake was van een rechtsvorm van een coöperatieve vereniging, doet hieraan niet af.

Hoge Raad 9 september 2005, nr. 40 788, Belastingblad 2005, blz. 1079, BNB 2005/353
In geschil is de *waarde van woning in een servicecomplex*. In de woning is een beperkte keukenvoorziening aanwezig, zodat, behoudens in de magnetron, geen warme maaltijd kan worden bereid. De serviceflats in het servicecomplex worden uitsluitend aan oudere personen verkocht, die verplicht zijn een servicepakket af te nemen, onder meer een warmemaaltijdservice. De eigenaren van de serviceflats zijn, ongeacht het gebruik van de geleverde diensten, verplicht om de servicekosten te betalen. De gemeente voert in cassatie aan dat het Hof is uitgegaan van gerealiseerde verkoopcijfers van de serviceflats in het complex, zonder daarbij de waardedrukkende invloed van de verplichting tot het betalen van de servicekosten weg te denken. De Hoge Raad overweegt dat de verplichting tot het betalen van servicekosten een persoonlijke verplichting is en geen zakelijke en dat daarom de waardedrukkende invloed hiervan moet worden weggedacht (vgl. HR 23 februari 2000, nr. 34 900, BNB 2000/191). Het Hof heeft weliswaar geoordeeld dat de gemeente de gestelde waardedrukkende in-

vloed niet aannemelijk heeft gemaakt, maar heeft niet vastgesteld dat er in het geheel geen waardedrukkende invloed was. Het Hof heeft wel rekening gehouden met de beperkte keukenvoorziening, maar dat is al verdisconteerd in de gerealiseerde verkoopcijfers. Verwijzing volgt.

Rechtbank Arnhem 26 april 2007, nr. 06/4324, EK, Belastingblad 2007, blz. 749
Belanghebbende is eigenaresse van een appartementsrecht. Zij moet maandelijks servicekosten betalen aan de Vereniging van Diensten Bewoners van de serviceflat. De Rechtbank oordeelt dat bij het bepalen van de WOZ-waarde van *appartementen in een serviceflat*, geen rekening wordt gehouden met de verplichting tot het betalen van *servicekosten* (vgl. HR 9 september 2005, nr. 40 788, Belastingblad 2005/533). De gemeente heeft daarom terecht appartementen die niet behoren tot de serviceflat, gebruikt als referentieobjecten.

Hof Amsterdam 21 december 2007, nr. 06/00348 en 06/00356, MK I, Belastingblad 2008, blz. 274
Belanghebbende stelt dat de door de gemeente Zeist aangebrachte vergelijkingsobjecten niet vergelijkbaar zijn, omdat dit gangbare portiekflats betreffen, terwijl het complex waarin zijn woning zich bevindt ongeveer 50 jaar geleden is gebouwd als verzorgingshuis en dit invloed heeft op de bouwaard en de inrichting van het geheel. Voorts heeft belanghebbende gesteld dat de hogere servicekosten niet het verschil kunnen verklaren tussen de prijs die wordt betaald voor appartementen in het complex (€ 30.000 – € 40.000) en de WOZ-waarde die de gemeente heeft vastgesteld (€ 156.250). Wat dat laatste betreft is het Hof het met belanghebbende eens. Het Hof is van oordeel dat deze jaarlijkse last op de waardepeildatum maximaal een waardedruk van ca. € 30.000 kan bewerkstelligen. Voorts overweegt het Hof dat de toetredingsprocedure de groep van gegadigden voor het complex zodanig klein maakt dat de waarde in het economische verkeer daarvan in betekende mate invloed zal ondervinden. Het Hof acht de gemeente niet geslaagd in zijn bewijslast. Anderzijds heeft belanghebbende ook niet aannemelijk gemaakt dat de waarde € 30.000 is, omdat de verkoopprijzen van soortgelijke woningen als de onderhavige niet kunnen gelden als grondslag voor de WOZ-waarde, omdat de verplichtingen tot het betalen van servicekosten en de toetredingsprocedure persoonlijke verplichtingen zijn waarmee bij de waardevaststelling geen rekening kan worden gehouden. Slechts verplichtingen die de omvang van het genot beperken spelen daarbij een rol. Het Hof stelt de waarde in goede justitie vast op € 80.000.

Rechtbank Groningen 24 juni 2008, nr. 07/2320, EK, Belastingblad 2008, blz. 1078

Volgens vaste jurisprudentie moet aan verplichte afname van een servicepakket met bijbehorende betaling, ongeacht of deze servicekosten zien op kosten ten behoeve van de onroerende zaak of van de bewoner, geen waardedrukkende factor worden toegerekend, omdat sprake is van persoonlijke rechten. De heffingsambtenaar van de gemeente Groningen heeft om die reden terecht vergeleken met een object waarbij geen sprake is van betaling van servicekosten. De verplichte betaling van servicekosten verklaart volgens de Rechtbank niet het verschil tussen de vastgestelde waarde van € 97.000 en de verkoopprijzen van de appartementen uit de serviceflat die gemiddeld € 50.000 bedragen. De Rechtbank verwerpt belanghebbendes stelling dat er ballotagenormen gelden (leeftijd en gezondheid). Hiervan kan bezwaarlijk worden gezegd dat deze de groep van gegadigden dermate klein maakt dat de waarde daarvan in betekenende mate invloed zal ondervinden. De Rechtbank stelt de waarde in goede justitie vast op € 70.000.

4.30 Waardedrukkende factoren - Overig

Hof Amsterdam 5 juni 2003, nr. 02/05834, E V, Belastingblad 2003, blz. 899

Voor de bepaling van de waarde in het economische verkeer kan de overeengekomen koop-/aanneemsom uitgangspunt zijn (zie ook Hoge Raad 29 november 2000, BNB 2001/52). De stellingen van belanghebbende dat de aangebouwde ruimte in de verkoopbrochure als berging en niet als garage is aangeduid, dat het taxatierapport fouten bevat, dat de gemeenten aan de verkoop van grond in VINEX-wijken willen verdienen, dat de grondprijs te hoog is vastgesteld en dat de huizen aan de andere zijde van de straat een gunstiger ligging hebben, doen niet af aan het feit dat belanghebbende als gerede gegadigde kort voor de waardepeildatum de met de projectontwikkelaar overeengekomen bedragen wilde betalen. Uit vaste jurisprudentie blijkt dat bij de waardebepaling geen rekening moet worden gehouden met de kosten van overdracht die in de verkoopprijs zijn begrepen en die de verkoper voor zijn rekening heeft genomen (Hoge Raad 7 juni 1978, BNB 1978/185 en 19 februari 1997, BNB 1997/121). In dit geval heeft de projectontwikkelaar echter kosten moeten maken om de onroerende zaak over te dragen aan belanghebbende. Het Hof ziet aanleiding deze kosten te elimineren. Belanghebbende heeft de kosten van overdracht gesteld op 4%, inclusief 2% voor de kosten voor de makelaar. Uit het contract blijkt niet dat in de koopsom enige betaling is begrepen voor de kosten van de makelaar van belanghebbende als koper. Daarom houdt het Hof met die kosten geen rekening.

Hof Arnhem 25 juli 2003, nr. 02/00850, E III, Belastingblad 2004, blz. 265
In geschil is de WOZ-waarde van een vakantiebungalow. De gemeente Harderwijk heeft in september 1997 aangekondigd dat met ingang van 1 januari 1999 het gedogen van de permanente bewoning van vakantiebungalows beëindigd zou worden. Dit heeft veel aandacht gekregen in de regionale en landelijke pers. Dit heeft niet geleid tot een daling in de verkoopprijzen. Belanghebbende stelt dat kopers van recreatiewoningen niet hebben kunnen anticiperen op de beleidswijziging inzake permanente bewoning en dat deze wijziging eerst in oktober 1999 bekend is gemaakt. Hij heeft de vakantiebungalow in november 1999 aangekocht. Naar het oordeel van het Hof heeft de gemeente voldoende aannemelijk gemaakt dat de voorgenomen beleidswijziging voor 1 januari 1999 in ruime kring bekend was, dat gegadigden daarmee rekening konden houden en dat zulks niet in ten minste betekende mate een daling heeft meegebracht van het peil van de transactieprijzen ter plaatse.

Hof Arnhem 23 januari 2004, nr. 02/00772, M III, Belastingblad 2004, blz. 1111, FED 2004/224
Belanghebbende is eigenaar van een recreatiewoning, waarvoor een beheers- en boekingsovereenkomst geldt. De woning wordt door een B.V. voor rekening en risico van belanghebbende verhuurd. Hij heeft het recht de woning maximaal 42 dagen per jaar zelf te gebruiken. Belanghebbende stelt dat een waardedrukkend effect uitgaat van het feit dat hij niet vrij is de woning op elk moment zelf te bewonen of te verhuren. Het Hof oordeelt dat de beheers- en boekingsovereenkomst het woongenot niet vermindert. Er is geen sprake van een waardedrukkende werking. Volgens HR 25 november 1998, nr. 33 212, BNB 1999/18, gaat van een zakelijk werkende verplichting alleen waardedrukkende werking uit wanneer hierdoor het woongenot vermindert.

Hof Amsterdam 21 april 2004, nr. 03/00975, E X, Belastingblad 2004, blz. 877
Belanghebbende is eigenaar van een ongesplitst pand met vier woonlagen. De woningen mogen volgens de Huisvestingsverordening alleen worden verhuurd aan mensen met een huisvestingsvergunning. Hof Amsterdam oordeelt dat de gemeente bij de waardebepaling terecht is uitgegaan van vier woningen. Artikel 16, aanhef en onderdeel

c, Wet WOZ houdt in dat de woningen moeten worden gewaardeerd alsof ze gesplitst zijn. Niet van belang is dat het pand op korte termijn niet gesplitst kan worden. De gemeente hoefde bij de waardebepaling geen rekening te houden met de waardedrukkende invloed van de Huisvestingsverordening. Het is niet aannemelijk dat het aantal personen aan wie de woningen kunnen worden verhuurd of verkocht gering is. Het is van algemene bekendheid dat er in Amsterdam woningnood heerst en dat er lange wachttijden gelden voor personen die op zoek zijn naar een huurwoning.

Hof Leeuwarden 11 februari 2005, nr. 485/04, E V, Belastingblad 2005, blz. 562
Belanghebbende is van mening dat de gemeente Leeuwarden onvoldoende rekening heeft gehouden met de als desinvestering aan te merken aanpassingen voor het toegankelijk maken van de woning en tuin voor een rolstoel. Belanghebbende heeft een factuur van € 34.729,99 van de aanpassingen overlegd en een verklaring van de behandelend reumatoloog dat de aanpassingen medisch noodzakelijk zijn. Het geschil beperkt zich tot de omvang van de waardevermindering. Het Hof is van oordeel dat de heffingsambtenaar onvoldoende heeft weersproken de grief van belanghebbende dat ten onrechte geen rekening is gehouden met de negatieve invloed van de rolstoelaanpassingen. Het Hof stelt de waardevermindering in goede justitie vast op €25.000,–. Het Hof ziet niet in welk waardedrukkend effect uitgaat van de tuinaanpassingen en van de bad- en slaapkamer op de begane grond.

Hoge Raad 2 december 2005, nr. 39 631, Belastingblad 2006, blz. 3, FED 2006/17
Hoge Raad 2 december 2005, nr. 39 632, Belastingblad 2006, blz. 5, BNB 2006/56c*, FED 2006/18
In geschil is de waarde van een *paleis*. Dit is bij Besluit van 15 juli 1980, houdende aanwijzing van paleizen als bedoeld in artikel 4 Wet financieel statuut van het Koninklijk Huis (Stb. 1980, 435; hierna: het Besluit) aan de Koning tot gebruik ter beschikking gesteld. De Hoge Raad overweegt dat blijkens de memorie van toelichting bij artikel 17, tweede lid, Wet WOZ, een uitzondering geldt op de regel dat voor de waardebepaling moet worden uitgegaan van overdracht van de volle en onbezwaarde eigendom, indien - voorzover thans van belang - sprake is van 'door de wet gestelde beperkingen'. Deze uitzondering geldt slechts bij een wettelijke beperking die de genothebbende of gebruiker niet persoonlijk betreft en die derhalve het genot van de zaak en daardoor de waarde ervan, ongeacht de persoon van de zakelijk ge-

rechtigde of gebruiker, beperkt. De bij het Besluit aan het paleis gegeven bestemming is een uitvloeisel van de in artikel 4 Wet financieel statuut van het Koninklijk Huis opgenomen bepaling dat ten laste van het Rijk aan de Koning paleizen tot gebruik ter beschikking worden gesteld. Uit deze bepaling vloeit voor de Staat niet de verplichting voort om het paleis als paleis aan de Koning ter beschikking te stellen. Deze bestemming berust derhalve op een keuze van de Staat, die daarmee voldoet aan de op hem rustende verplichting tot het te zijnen laste ter beschikking stellen van een paleis. Deze bestemming is niet aan te merken als een door de wet gestelde beperking als hierboven bedoeld, nu het hier gaat om een verplichting die de Staat persoonlijk betreft en die niet, ongeacht de persoon van de zakelijk gerechtigde of gebruiker, het genot van deze zaak en daardoor de waarde ervan beperkt.

De Hoge Raad is van mening dat het Hof met juistheid heeft geoordeeld dat geen rekening kan worden gehouden met de door belanghebbende gestelde (feitelijke) onoverdraagbaarheid van de onroerende zaak en van de onbruikbaarheid daarvan voor derden.

Hof Leeuwarden 29 juni 2006, nr. 808/04, MK II, Belastingblad 2006, blz. 997
Belanghebbende is eigenaar van een semi-permanent geconstrueerd kantoorgebouw. De gemeente stelt ter zitting voor de waarde te verlagen in verband met het semi-permanente karakter. Het Hof vindt dat het semi-permanente karakter van de constructie voldoende is verdisconteerd in de door de gemeente voorgestelde waarde.

Rechtbank Groningen 31 oktober 2006, nr. 06/236, EK, Belastingblad 2007, blz. 545
In geschil is de WOZ-waarde van een twee-onder-één-kapwoning met garage in de gemeente Zuidhorn. De Rechtbank oordeelt dat het hoge *grondwaterpeil* een reden is om de vastgestelde WOZ-waarde te verlagen. Door het hoge grondwaterpeil staat er immers permanent water in de kruipruimte van de woning van belanghebbende. De gemeente maakt niet aannemelijk dat de situatie van de vergelijkingsobjecten op dit punt gelijk is. Uit het taxatierapport blijkt ook niet dat de gemeente de grondwaterstand heeft betrokken bij de waardebepaling.

Rechtbank 's-Gravenhage 9 november 2006, nr. 06/1397, EK, Belastingblad 2007, blz. 84
In geschil is de WOZ-waarde van een penthouse met garage in de gemeente Leidschendam-Voorburg. De Rechtbank oordeelt dat de omstandigheid dat de woning van belanghebbende ten opzichte van de

referenties over een inpandige garage beschikt, eerder een hogere dan een lagere waarde tot gevolg heeft. Gezien de eigen aankoopsom van belanghebbende in 2004 heeft de opening van de weg N14 eind 2003 geen waardedrukkend effect. Ook maakt belanghebbende niet aannemelijk dat de aanpassing voor rolstoelgebruikers waardeverminderend is.

Rechtbank Amsterdam 16 november 2006, nr. 06/1631, MK, Belastingblad 2007, blz. 270

In geschil is de WOZ-waarde van drie woningen in Amsterdam. De panden vallen onder de Huisvestingsverordening 1999. De Rechtbank oordeelt dat art. 17, tweede lid, er niet aan in de weg staat dat rekening wordt gehouden met de waardedrukkende invloed van een publiekrechtelijke regeling die – doordat niet elke potentiële koper de zaak zou mogen bewonen – de kring van gegadigden voor de verkrijging van die zaak beperkt. Evenmin staat die overdrachtsfictie eraan in de weg dat rekening wordt gehouden met de waardedrukkende invloed die uitgaat van publiekrechtelijke voorschriften die het door (veronderstelde) kopers van de zaak te verwachten genot beperken (Hoge Raad 28 mei 2004, BNB 2004/233). De Rechtbank oordeelt dat uit de Huisvestingsverordening geen beperking voortvloeit die de kring van gegadigden voor het verkrijgen van de woningen beperkt nu de Huisvestingsverordening geen voorwaarden stelt aan kopers van dergelijke woningen. Wel is het in de gemeente verboden om een in de Huisvestingsverordening aangewezen woonruimte in gebruik te nemen voor bewoning indien de koper niet over een huisvestingsvergunning in de zin van de Huisvestingswet beschikt. Aangezien als gevolg hiervan niet iedereen voor een dergelijke vergunning in aanmerking komt, dient te worden onderzocht of de Huisvestingsverordening het door kopers van de zaak te verwachten genot beperkt. De Huisvestingsverordening heeft een waardedrukkend effect, indien voor onder de Huisvestingsverordening vallende WOZ-objecten een lagere prijs wordt betaald dan voor (qua objectkenmerken) vergelijkbare objecten die daar niet onder vallen. De gemeente heeft hiertoe een aantal verkoopgegevens aangevoerd. De Rechtbank berekent dat het verschil tussen deze verkoopcijfers en de vastgestelde WOZ-waarden maximaal € 6.313 bedraagt. Dit verschil bevat onvoldoende aanknopingspunten om belanghebbendes stelling, dat van de Huisvestingsverordening een waardedrukkende invloed uitgaat, te onderbouwen.

Rechtbank Amsterdam 4 december 2006, nr. 06/1110 en 06/7819, EK, Belastingblad 2007, blz. 212
In geschil is de WOZ-waarde van een bovenwoning. Deze heeft geen eigen opgang en kan uitsluitend worden bereikt via de winkel. De Rechtbank oordeelt dat de gemeente Hilversum onvoldoende rekening heeft gehouden met het ontbreken van een eigen opgang bij de woning. Dat de bovenwoning uitsluitend via de winkel te bereiken is heeft een waardedrukkend effect.

Rechtbank Amsterdam 11 januari 2007, nr. 06/59, EK, Belastingblad 2007, blz. 414
In geschil is de WOZ-waarde van een woning. Belanghebbende voert aan dat er nog een procedure loopt over een erfdienstbaarheid die bestaat uit een vermeend *recht van overpad* ten laste van de woning. Belanghebbende was niet op de hoogte van een dergelijk recht omdat belanghebbende daarvan niet is gebleken uit informatie van het Kadaster, en meent dat de woning daardoor weinig waard en zelfs onverkoopbaar is. De Rechtbank overweegt dat erfdienstbaarheden kunnen ontstaan door vestiging en door verjaring (art. 5:72 BW). Het kan niet uitgesloten worden dat er, ondanks dat er geen aantekening van een lijdend erf in het registratiesysteem van het Kadaster opgenomen is, toch sprake is van een recht van overpad ten laste van de onroerende zaak. Er is volgens belanghebbende door de Rechtbank daarover nog geen uitspraak gedaan. Volgens de Rechtbank moet rekening worden gehouden met het waardedrukkende effect van de kans dat in die procedure het recht op overpad aanwezig wordt geacht. De Rechtbank stelt de Rechtbank het effect in goede justitie vast op € 6.000, rekening houdende met een kans van 50% dat in de procedure wordt vastgesteld dat een recht van overpad aanwezig is, over een gedeelte van 10% van het bij de woning behorende perceel.

Rechtbank Alkmaar 25 april 2007, nr. 06/498, EK, Belastingblad 2007, blz. 691
In geschil is de vraag of voldoende rekening is gehouden met het feit dat op de onroerende zaak een door de *gemeente gevestigd voorkeursrecht* rust. Ingevolge de Wet voorkeursrecht gemeenten kan een verkoper pas tot vervreemding overgaan nadat de gemeente in de gelegenheid is gesteld het desbetreffende goed te kopen. Uit het arrest van de Hoge Raad van 25 november 1998 (nr. 33 212, LJN AA2572) volgt, dat van een waardedrukkende invloed alleen sprake is indien de verplichting de omvang van het genot van de zaak beperkt, ongeacht de persoon van de zakelijk gerechtigde of gebruiker. Hieraan voldoet niet een beperking van de vervreemdingsbevoegdheid, zoals een

antispeculatiebeding, ongeacht of het beding is versterkt met een kettingbeding. De Rechtbank is van oordeel dat van een voorkeursrecht niet gezegd kan worden dat dit een beperking van de omvang van het genot van de onroerende zaak oplevert. Een voorkeursrecht levert slechts een beperking van de vervreemdingsbevoegdheid op.

Rechtbank Dordrecht 27 juli 2007, nr. 05/1358, Belastingblad 2007, blz. 1281
In geschil is de WOZ-waarde van een seniorenwoning. De Rechtbank oordeelt dat geen waardedrukkend effect uitgaat van het feit dat de woning een seniorenwoning is. De Rechtbank vindt het standpunt van de gemeente, dat seniorenwoningen eerder in waarde stijgen dan dalen, aannemelijk.

Hof Leeuwarden 17 augustus 2007, nr. 109/06, EK, Belastingblad 2007, blz. 1142
In geschil is de waarde van de woonboerderij van belanghebbende in de gemeente Nijefurd, die door de Rechtbank is verlaagd naar €'185.000. Het Hof acht het aannemelijk dat belanghebbende overlast ondervindt van de achter zijn woning gelegen windmolens en dat deze omstandigheid een negatieve invloed heeft op een verkoop van de onroerende zaak. Het Hof oordeelt dat de Rechtbank het waardedrukkend effect te hoog heeft ingeschat. Bij recreatief gebruik van de bij de onroerende zaak behorende grond, zowel visueel als audiologisch, overlast zal worden ondervonden van de windmolens, doch bij ander gebruik zal er niet of nauwelijks overlast zijn. Het Hof vernietigt de uitspraak van de Rechtbank en stelt de waarde in goede justitie vast op €220.000.

Rechtbank Amsterdam 25 mei 2007, nr. 06/576, EK, Belastingblad 2008, blz. 9
Belanghebbende is eigenaar van twee woningen. De eigendom van de eerste woning is bezwaard met een recht van erfdienstbaarheid dat de gebruiker van de tweede woning het recht van overpad naar de a-straat geeft. De eigendom van de tweede woning is voorts bezwaard met het recht van overpad dat de gebruiker van de eerste woning toegang tot de b-straat geeft. Beide rechten zijn in het Kadaster vermeld. Het waardedrukkend effect van het recht van overpad is in geschil. De Rechtbank oordeelt dat het recht van overpad door het in één hand komen van de eigendom van beide onroerende zaken als zodanig niet teloor is gegaan. In de registers van het Kadaster heeft geen doorhaling van het recht plaatsgevonden en evenmin is het van rechtswege komen te vervallen. Met het waardedrukkend effect van het recht van

overpad ten laste van het lijdende erf moet rekening worden gehouden. Overigens hebben partijen geen feiten of omstandigheden gesteld voor de conclusie dat de woningen permanent in een hand zijn gekomen, zodat de wederzijdse rechten respectievelijk lasten van overpad tegen elkaar wegvallen. Bij een afzonderlijke verkoop van de tweede woning zal een koper met succes het recht van overpad ten laste van de woning als lijdend erf kunnen inroepen.

Rechtbank 's-Gravenhage 25 juni 2007, nr. 06/1144, EK, Belastingblad 2008, blz. 69
Belanghebbende is eigenaar van een perceel grond met daarop een woning en een garage. De woning is bijna geheel gelegen in de gemeente Y, de garage staat geheel in de gemeente P. Belanghebbende voert aan dat indien de woning en de garage als één geheel zouden zijn getaxeerd en vervolgens gesplitst, dit zou leiden tot een lagere waarde van de garage. Volgens de Rechtbank heeft de heffingsambtenaar de waarde van de garage niet aannemelijk gemaakt. De Rechtbank neemt daarbij in aanmerking dat de garage in het taxatieverslag wordt vergeleken met gerealiseerde verkoopcijfers van losse garageboxen. De onroerende zaak is echter een woonhuis met garage dat ten opzichte van vergelijkbare objecten, behalve dat de onroerende zaak op het grondgebied van twee gemeenten ligt, geen bijzondere of afwijkende kenmerken heeft. Bij het vaststellen van de waarde van de woning en de garage moet daarom worden uitgegaan van de prijs welke voor de onroerende zaak als geheel bij aanbieding ten verkoop zou worden betaald. Die waarde dient vervolgens te worden gesplitst en te worden toegerekend.

Hof Amsterdam 11 oktober 2007, nr. 06/00285, E XII, Belastingblad 2008, blz. 139
In geschil is de WOZ-waarde van een woning, naar waardepeildatum 1 januari 2003, ad € 274.000. Belanghebbende heeft bij koopovereenkomst van 25 november 2002 de woning gekocht voor € 275.000. De datum van de akte is 15 januari 2003. De woning heeft langdurig te koop gestaan voor € 325.000, nadien verlaagt tot € 280.000. Belanghebbende heeft een bod op de woning uitgebracht, waarmee de verkoper akkoord is gegaan. Het Hof overweegt dat belanghebbende kennelijk de meestbiedende gegadigde was. Hieraan doet niet af dat belanghebbende vanwege tijdsdruk een hoger bod heeft uitgebracht dan hij zonder die druk zou hebben gedaan. Juist een gegadigde die handelt onder tijdsdruk zal immers veelal de meestbiedende gegadigde zijn. Onder verwijzing naar BNB 2001/52 overweegt het Hof dat belanghebbende noch de heffingsambtenaar feiten

of omstandigheden hebben gesteld en aannemelijk gemaakt waaruit volgt dat de prijs die belanghebbende voor de woning heeft besteed niet de waarde ervan weergeeft. Tijdsdruk kan niet als een zodanige omstandigheid gelden.

Hof Amsterdam 24 januari 2008, nr. 06/00480, E XII, Belastingblad 2008, blz. 406

Belanghebbendes recreatiewoning ligt op een terrein met 19 recreatiewoningen. Permanente bewoning van 16 daarvan, waaronder belanghebbendes woning, is niet toegestaan. In de loop van 2003 zijn er 3 verkocht, die vervolgens door de kopers als permanente woning in gebruik zijn genomen. Belanghebbende bewoont de woning niet permanent. Het Hof acht aannemelijk dat er op de peildatum gegadigden voor aankoop van de woning zouden zijn geweest die daarin permanent hadden willen gaan wonen en die ermee bekend waren dat dit door de gemeente bij andere woningen op het terrein werd gedoogd. Dergelijke gegadigden waren er immers ook voor de 3 verkochte woningen. Voorts is gesteld noch gebleken dat de woning niet voor permanente bewoning geschikt was en evenmin dat de gemeente, anders dan bij andere woningen op het terrein, permanente bewoning van de woning niet zou hebben gedoogd. De verkoopprijzen van de in 2003 verkochte woningen zijn dan ook terecht als uitgangspunt genomen voor de waardebepaling van de woning. Belanghebbendes stelling dat hij schade lijdt als gevolg van het niet handhaven van de planologische bestemming kan niet leiden tot verlaging van de waarde in een procedure voor de belastingrechter. Het hoger beroep is ongegrond.

Hof 's-Gravenhage 8 april 2008, nr. 06/00264, M I, Belastingblad 2008, blz. 572

Belanghebbendes perceel in de gemeente Nieuwkoop grenst aan water met waterkeringen dat in beheer is bij het hoogheemraadschap De Stichtse Rijnlanden. Belanghebbende stelt dat de tuin in beheer is bij het hoogheemraadschap, omdat er een aantal geboden en verboden in de keur van het hoogheemraadschap is opgenomen. Tevens moet hij voor de inrichting van de tuin toestemming hebben van het hoogheemraadschap. Ook moet hij voor bepaalde werkzaamheden toegang verlenen tot zijn tuin aan een meetploeg van het hoogheemraadschap. Volgens het Hof brengen de geboden en verboden gezien hun aard niet mee dat de tuin wordt beheerd door het hoogheemraadschap. Het Hof verklaart het hoger beroep van belanghebbende ongegrond. Nu zowel verweerder als belanghebbende de door hem verdedigde WOZ-waarde niet aannemelijk heeft gemaakt, stelt het Hof de waarde in goede justitie vast.

Rechtbank Middelburg 10 juli 2008, nr. 07/1238, EK, Belastingblad 2008, blz. 1073
In geschil is de WOZ-waarde van een *recreatiewoning* die alleen permanent mag worden bewoond, als gevolg van de "Gebruiksverordening tweede woningen Veere". Hieraan komt volgens de Rechtbank geen relevante betekenis toe, aangezien de referentieobjecten ook onder de werking van de Verordening vallen. De stelling dat van de eis van permanente bewoning een waardedrukkende invloed uitgaat, volgt de Rechtbank niet. Het is niet onaannemelijk dat een woning die permanent mag worden bewoond, meer waard is dan een woning waarin slechts recreatief mag worden gewoond. Het gaat om een gerenoveerde, vrijstaande woning in de kern op loopafstand van strand en zee. De rechtbank acht het aannemelijk dat er op 1 januari 2005 gegadigden zouden zijn geweest die permanent in de woning wilden wonen. Dat de markt voor woningen die permanent bewoond moeten worden, kleiner is dan de markt voor recreatiewoningen, is niet juist.

Hof Amsterdam 5 september 2008, nr. 07/00168, M I, Belastingblad 2008, blz. 1368
In geschil is de WOZ-waarde van een woning in de gemeente Bloemendaal. Het Hof oordeelt dat de gemeente ten onrechte geen rekening heeft gehouden met de invloed van de *dalende AEX-index*. Gelet op gemiddelde verkoopopbrengsten van objecten in de gemeente met een WOZ-waarde van meer dan € 1.000.000, acht het Hof aannemelijk dat het verloop van de AEX-index, welke zijn dieptepunt had in de periode van medio 2002 tot medio 2003, mede van invloed is geweest op de waarde van woningen in het marktsegment van woningen met een waarde van méér dan € 1.000.000, althans dat zich in de genoemde periode (medio 2002 tot medio 2003) een relevante waardedaling heeft voorgedaan in het marktsegment van met de woning vergelijkbare objecten. Volgens het Hof is rond de waardepeildatum van 1 januari 2003 sprake geweest van een waardedaling van 10% op jaarbasis.

5   Uitgezonderde objecten

5.1   Cultuurgronden

Hof Arnhem 20 oktober 1983, nr. 768/1981, M I, Belastingblad 1984, blz. 606
Belanghebbende is een stichting zonder winstoogmerk, die tot doel heeft het bevorderen van een doelmatige samenstelling en aanwending van mengvoeders voor vee, die worden bereid en verhandeld door in Nederland gevestigde coöperatieve landbouw aan- en verkoopverenigingen. Zij claimt de cultuurgrondvrijstelling voor 83.7 ha cultuurgrond die zij exploiteert.
In casu is echter geen sprake van bedrijfsmatige exploitatie. Van bedrijfsmatige exploitatie is alleen sprake wanneer met een duurzame organisatie van kapitaal en arbeid aan het productieproces wordt deelgenomen met het oogmerk om daarmede winst te behalen.

Hof Amsterdam 4 juni 1999, nr. P98/12, M IV, Belastingblad 1999, blz. 769
Ten behoeve van de landbouw *bedrijfsmatig geëxploiteerde cultuurgrond* valt onder de Uitvoeringsregeling uitgezonderde objecten Wet WOZ, tenzij een in artikel 19 van de Wet bedoelde omstandigheid is opgetreden, als gevolg waarvan de grond niet meer als cultuurgrond in voormelde zin is aan te merken. Een beheersovereenkomst en de wijze waarop daar in casu uitvoering aan wordt gegeven is niet een dergelijke omstandigheid.

Hof Amsterdam 11 juni 1999, nr. 97/01895, M IV, Belastingblad 1999, blz. 943
Het tweesoortige *gebruik van het perceel* (woning met garage en paardenstal, buitenbak en weiland) is geen reden om aan te nemen dat er sprake is van meer dan één onroerende zaak. De omstandigheid dat voor de inkomstenbelasting, de verontreinigingsheffing en de milieuwetgeving wel sprake is van twee onroerende zaken, doet daaraan niet af.
De weidegrond, die wordt gebruikt voor het buiten laten lopen en bijvoeren van de paarden is dienstbaar aan het uitoefenen van de manege en kan derhalve niet als bedrijfsmatig geëxploiteerde landbouwgrond onder de vrijstelling vallen.

Hoge Raad 28 juni 2002, nr. 36 895, Belastingblad 2002, blz. 760, BNB 2002/304, FED 2002/408

Belanghebbende stelt dat de waarde van het *agrarische bedrijfscomplex* te hoog is vastgesteld, omdat ten onrechte geen rekening is gehouden met de cultuurgrondvrijstelling. Het Hof heeft deze stelling verworpen. De Hoge Raad oordeelt dat het Hof terecht tot uitgangspunt heeft genomen dat alleen sprake is van cultuurgrond in de zin van de vrijstellingsbepaling, als de grond (primair) de functie heeft gewassen te voeden en te doen groeien (HR 24 september 1997, nr. 31 953, BNB 1997/378). Ook oordeelt de Hoge Raad dat het Hof het door belanghebbende overgelegde taxatierapport terecht buiten aanmerking heeft gelaten, omdat daarin een onjuiste waardepeildatum is opgenomen (februari 2000). Kennelijk heeft het Hof geoordeeld dat de waarde per 1 januari 1995 evenmin met behulp van een (voldoende betrouwbare) herrekening viel af te leiden uit het taxatierapport.

Hof Leeuwarden 16 augustus 2002, nr. 01/888, E V, Belastingblad 2002, blz. 1187

Belanghebbende stelt dat hij de grond aanwendt voor het fokken van paarden, het houden van pensionpaarden, het beleren van paarden en het geven van rijles aan ruiters. Hij wordt voor de inkomstenbelasting, noch voor de omzetbelasting als ondernemer aangemerkt. Ook is voor de werkzaamheden geen milieuvergunning vereist. Het Hof is van mening dat belanghebbende de grond niet bedrijfsmatig exploiteert, zodat de cultuurgrondvrijstelling niet van toepassing is. Dat de taxateur in de bezwaarfase van hetzelfde bureau is dat in een eerder stadium een taxatie heeft uitgevoerd van de woning is geen bezwaar.

Hof Amsterdam 26 november 2002, nr. 02/146 PV, E IV, Belastingblad 2003, blz. 694

In geschil is de waarde van een woning, waarbij asbest aanwezig is, waarvan de verwijdering niet direct noodzakelijk is. Bij de waardebepaling is rekening gehouden met de contante waarde van de kosten van verwijdering. Daarmee is volgens het Hof in voldoende mate rekening gehouden met het waardedrukkende effect van de aanwezigheid van asbest in de woning. Belanghebbende stelt dat de cultuurgrondvrijstelling van toepassing is. Hij stelt dat hij op zijn grond bloemkolen, eetaardappelen, anemonenzaad en gras/hooi heeft geteeld en dat hij een aantal paarden van particulieren in de kost heeft. In de winter lopen er geen paarden op de grond. In de overige periodes lopen de paarden op steeds wisselende gedeelten van de grond. Die gedeelten zijn wisselend van omvang. Het Hof is van oordeel dat belanghebbende een onderneming drijft en de grond bedrijfsmatig exploiteert. Vervolgens is van belang welk gedeelte van de grond onder de cultuurgrondvrijstelling kan worden gebracht. De teelt van aardappelen, anemonenzaad en gras en hooi kan naar het oordeel van het Hof worden aangemerkt als exploitatie ten behoeve van de landbouw. Het gedeelte van de grond dat dient voor het in de kost hebben van paarden wordt niet geëxploiteerd ten behoeve van de landbouw, aangezien deze activiteit niet is gericht op het laten groeien en voeden van gewassen. *(In Belastingblad staat vermeld dat het rolnummer van deze uitspraak 01/443 betreft. Dat is onjuist. Het rolnummer is 02/ 146 PV).*

Hof Leeuwarden 6 december 2002, nr. 01/792, E V, Belastingblad 2003, blz. 267
Ter zake van een *bosperceel* met een oppervlakte van 51.510 m^2 (hierna: het bosperceel) is bij beschikking een waarde vastgesteld. Als eigenaar van het bosperceel is belanghebbende reeds geruime tijd lid van A, één van de vijf bosgroepen in Nederland, die tezamen de Unie van B vormen. De bosgroepen zijn ten behoeve van (de bospercelen van) hun leden belast met het initiëren, adviseren en uitvoeren ten aanzien van allerlei specialistische aspecten van bosbeheer. A ondersteunt haar leden onder meer bij hun streven naar het verhogen van de rentabiliteit van het bosbeheer. Deze ondersteuning heeft in het geval van belanghebbende de laatste jaren (vooral) bestaan uit: het verzorgen van de aanvraag voor de beheerssubsidie en het coördineren van de houtverkoop uit dunning. De laatste dunning heeft plaatsgevonden in 1999, waarbij ruim 358 m^3 hout van het bosperceel is geoogst en verkocht voor een bedrag van *f* 9.456,92. In een type bos als dat van belanghebbende is het mogelijk met een interval van 7 à 8 jaar dergelijke dunningsingrepen uit te voeren. Daarnaast zal het beheer van A zich geleidelijk aan gaan richten op pleksgewijze verjonging, waarmee tevens wordt beoogd de houtoogst op lange termijn mogelijk te houden. Belanghebbende stelt zich op het standpunt dat de waarde van het bosperceel buiten aanmerking moet worden gelaten, omdat er sprake is van ten behoeve van de bosbouw bedrijfsmatig geëxploiteerde cultuurgrond. Het Hof acht aannemelijk dat er door A ten behoeve van het bosperceel van belanghebbende arbeid en kapitaal wordt aangewend – onder meer het met behulp van arbeidskrachten en gereedschap/machines van de bosgroep door middel van dunning, oogsten van hout en het verrichten van aanplant van bomen – waarbij het niet enkel gaat om activiteiten die nodig zijn om het bosbestand in stand te houden, maar die er ook op zijn gericht structureel zo veel mogelijk opbrengst uit de houtproductie voor belanghebbende te be-

halen. Dat er – zoals de heffingsambtenaar stelt – alleen maar sprake is vermogensbeheer kan het Hof niet onderschrijven.

Hof 's-Gravenhage 24 juli 2003, nr. 02/01310, E XII, Belastingblad 2003, blz. 1179
Belanghebbende stelt dat de woning door de agrarische bestemming onverkoopbaar is en dat de grond is vrijgesteld, omdat sprake is van bedrijfsmatig geëxploiteerde cultuurgrond. De bewijslast dat sprake is van bedrijfsmatig geëxploiteerde cultuurgrond rust op belanghebbende. De omstandigheid dat de grond volgens het vigerende bestemmingsplan de agrarische bestemming heeft is hiertoe onvoldoende.

Hof Arnhem 29 juli 2003, nr. 02/01658, E I, Belastingblad 2003, blz. 1171
Belanghebbende is eigenaar van een vrijstaand woonhuis met aangebouwde garage en vrijstaande schuur. Achter het huis ligt een perceel grond. Dit perceel heeft belanghebbende eind 2000 verkocht aan een projectontwikkelaar. De gemeente stelt dat de cultuurgrond in de waardering moet worden betrokken omdat er geen sprake is van bedrijfsmatige exploitatie. Hiervoor verwijst de gemeente naar een bepaling in de koopovereenkomst, die inhoudt dat het verkochte bij belanghebbende in gebruik is als weiland voor hobbypaarden c.q. pony's. Zonder deze dieren zou op het weiland een wildernis ontstaan. Het voorkomen hiervan valt onder vermogensbeheer, dat geen bedrijfsmatige exploitatie is. Belanghebbende stelt dat hij het perceel vanaf 1976 als cultuurgrond bedrijfsmatig heeft geëxploiteerd. In het vorige tijdvak is de cultuurgrond buiten de waardebepaling gebleven. Het perceel is nog steeds bij belanghebbende in gebruik en er rust planologisch een agrarische bestemming op. De gemeente betwist op zichzelf niet dat belanghebbende de grond vanaf 1976 als cultuurgrond bedrijfsmatig heeft geëxploiteerd en dat hij hiervan ook na de verkoop en overdracht het voortgezette agrarisch gebruik heeft. Naar het oordeel van het Hof wettigt de enkele omschrijving in de koopakte niet de daaraan door de gemeente verbonden gevolgtrekking dat de voormelde exploitatie reeds op de waardepeildatum 1 januari 1999 haar bedrijfsmatige karakter had verloren.

Hoge Raad 13 februari 2004, nr. 37 844, Belastingblad 2004, blz. 325, BNB 2004/158, FED 2004/94**
Belanghebbende is eigenaar en gebruiker van een *kwekerij*. Jaarlijks vindt gedurende de periode juni tot en met november chrysantenteelt in de grond plaats, en gedurende de periode december tot en met mei substraatteelt. Volgens de Hoge Raad is belanghebbende niet vrijge-

steld is van OZB, ondanks het feit dat later in het jaar chrysantenteelt in de grond plaatsvindt. De cultuurgrondvrijstelling is niet van toepassing op grond die niet het karakter heeft van grond die in hoofdzaak de functie heeft gewassen te voeden en te doen groeien.

Hof Leeuwarden 9 augustus 2004, nr. 1596/02, M II, Belastingblad 2004, blz. 1124
Het Hof oordeelt dat bij het bepalen van de WOZ-waarde van een landhuis de waarde van het perceel weiland buiten aanmerking moet worden gelaten. Het Hof gelooft de verklaring van belanghebbende dat het perceel weiland sinds 1995 door een maatschap wordt gebruikt. Het gaat dus om ten behoeve van de landbouw bedrijfsmatig geëxploiteerde cultuurgrond. Dat pas met ingang van 1 mei 2001 pachtcontracten zijn opgemaakt en de vergoeding voor het gebruik van het perceel daarvóór bestond uit een onderlinge verrekening, leidt niet tot een ander oordeel.

Hof 's-Hertogenbosch 15 april 2005, nr. 02/00870, E IX, Belastingblad 2005, blz. 741
Belanghebbende *doet een beroep op* de *cultuurgrondvrijstelling*. Het Hof stelt voorop dat de bewijslast dat er sprake is van bedrijfsmatig geëxploiteerde cultuurgrond rust op belanghebbende. Gesteld noch gebleken is dat inkomsten en uitgaven met betrekking tot de grond als ondernemingsbaten en -lasten zijn opgenomen in de aangifte inkomstenbelasting. Belanghebbende verklaart dat hij geen omzet in geld behaalt, maar dat groente en fruit in de vorm van ruilhandel onder meer aan vrienden en bekenden ten goede komt. Er vindt daarbij geen onderhandeling plaats over de prijs. Het Hof oordeelt dat, voor zover belanghebbende voordeel behaalt door middel van de exploitatie van de onderhavige grond, dit voordeel niet wordt behaald in het economische verkeer, doch veeleer zijn oorsprong vindt in de persoonlijke sfeer. Er is geen sprake van bedrijfsmatige exploitatie van de grond.

Hof Amsterdam 22 juni 2005, nr. 04/00064, E XIII, Belastingblad 2005, blz. 1184
Belanghebbende is eigenaar van vijf onroerende zaken en tevens gebruiker van twee daarvan. Hij doet voor één pand *een beroep op de cultuurgrondvrijstelling*. Hij verklaart zelf dat hij de grond niet bedrijfsmatig exploiteert. Het Hof oordeelt dat de cultuurgrondvrijstelling niet van toepassing is. Het door belanghebbende aan het tuincentrum verhuurde stukje grond wordt gebruikt voor opslag, hetgeen iets anders is dan bedrijfsmatige exploitatie.

Hof Arnhem 25 juli 2005, nr. 03/02553, M II, Belastingblad 2005, blz. 1087

Belanghebbende is een stichting die percelen grond verpacht ten behoeve van onderzoek in de agrarische sfeer. Belanghebbende is van mening dat op de gronden de cultuurgrondvrijstelling toegepast moet worden. Het Hof stelt voorop dat er sprake is van bedrijfsmatige exploitatie als met behulp van kapitaal en arbeid en door deelname aan het economisch verkeer voordeel wordt beoogd. Als het streven naar een optimaal resultaat ondergeschikt is aan andere met de exploitatie nagestreefde doeleinden, is er geen sprake van een bedrijfsmatige exploitatie (HR 5 april 1978, nr. 18 753, BNB 1978/114). Op grond van de pachtovereenkomsten, de huurovereenkomsten en de oprichtingsakten komt het Hof tot het oordeel dat de pachters/huurders niet de intentie en evenmin de mogelijkheid hadden tot bedrijfsmatige exploitatie van de percelen. Het Hof is van oordeel dat er veeleer sprake is van wetenschappelijk (contract)onderzoek, mede gericht op en ten behoeve van het wetenschappelijk onderwijs en de verbetering van de bedrijfsvoering van individuele boeren.De pachter accepteert dat een te realiseren voordeel verdampt teneinde wetenschappelijk onderzoek mogelijk te maken. Het streven naar een optimaal resultaat is dan ondergeschikt aan andere met de exploitatie nagestreefde doeleinden. Onder deze omstandigheden is er naar het oordeel van het Hof geen sprake van bedrijfsmatige exploitatie waarbij voordeel wordt beoogd, maar van onderzoek en onderwijs waarbij gepoogd wordt de daarmee samenhangende kosten zo veel als mogelijk te laten dekken door de als logisch gevolg van dit onderzoek en onderwijs gegenereerde baten. Belanghebbende stelt dat hij er naar streeft om verliezen te voorkomen met behulp van subsidies, aangevuld met vergoedingen voor contractonderzoek en andere opbrengsten. Deze rationele aanpak is volgens het Hof op zichzelf onvoldoende om te concluderen tot de voor de cultuurgrondvrijstelling noodzakelijke bedrijfsmatige exploitatie.

Hof Amsterdam 29 juli 2005, nr. 04/00277, E XII, Belastingblad 2005, blz. 1012

X is eigenaar van een perceel grond. De grond heeft op grond van het *bestemmingsplan* een *agrarische bestemming*. In een toekomstige bestemmingsplanwijziging wordt de bestemming gewijzigd in een bosbestemming. Het perceel ligt in een landinrichtingsgebied en is gelegen in een bufferzonegebied, bedoeld om als permanent bos te bestemmen. Het terrein bestaat hoofdzakelijk uit loofhoutbomen. Doordat er jarenlang geen verkoop meer uit de laanboomkwekerij plaatsvond, heeft zich uit het bomenrestant van de kwekerij een duurzaam en permanent bos ontwikkeld. Het bos bestaat uit meer dan 20-jarige eiken, beuken, essen, linden, haagbeuken, esdoorns e.a., waarvan de kruinen een gesloten geheel vormen. Het Hof stelt voorop dat een beroep op de cultuurgrondvrijstelling alleen kan slagen als belanghebbende aannemelijk maakt dat de grond bedrijfsmatig wordt geëxploiteerd. Belanghebbende stelt dat het perceel reeds jarenlang wordt beheerd en geëxploiteerd met het oogmerk om houtopbrengst te verkrijgen onder instandhouding van het bos. Gelet op de aard en de hoogte van de ontvangsten van belanghebbende, en op het incidentele karakter van de houtopbrengsten, acht het Hof niet aannemelijk dat sprake is van bedrijfsmatige exploitatie.

Hof 's-Hertogenbosch 4 augustus 2005, nr. 03/02677, E XIII, Belastingblad 2005, blz. 131
Belanghebbende is eigenaar van een woning en een aantal percelen grond. Een aantal percelen zijn bij anderen in gebruik en vallen onder de cultuurgrondvrijstelling. Een deel van een perceel is in gebruik als bos, en is niet vrijgesteld. In geschil is of het *perceel bos* onder de *cultuurgrondvrijstelling* valt. Het Hof oordeelt dat voor de cultuurgrondvrijstelling sprake moet zijn van bedrijfsmatige exploitatie. Gelet op de arresten van de Hoge Raad van 12 november 1980, nr. 20 136, BNB 1980/339 en van 30 januari 1980, nr. 19 613, BNB 1980/90, is pas sprake van bedrijfsmatige exploitatie indien met die exploitatie winst wordt beoogd en kan worden verwacht. Belanghebbende geeft zelf aan dat geen sprake is van een winstverwachting, zodat de vrijstelling niet van toepassing is. Belanghebbende beroept zich ook op het vertrouwensbeginsel, omdat het perceel voorheen wel was vrijgesteld. De gemeente stelde het vrij, omdat zij dacht dat het perceel onderdeel was van het tuinbouwbedrijf van belanghebbende. Dit bedrijf is echter al gestaakt in 2001. Belanghebbende behoefde niet te hebben beseft dat de vrijstelling vanaf dat moment niet meer van toepassing was.

Rechtbank Leeuwarden 11 januari 2006, nr. 05/1216, MK, Belastingblad 2006, blz. 161
In geschil is de vraag of bospercelen op grond van artikel 2, eerste lid, aanhef en onder a, dan wel onder c, van de Uitvoeringsregeling uitgezonderde objecten Wet waardering onroerende zaken vrijgesteld zijn. De Rechtbank oordeelt dat volgens de Hoge Raad (30 januari 1980, BNB 1980/90) alleen sprake is van bedrijfsmatige exploitatie, wanneer met een duurzame organisatie van kapitaal en arbeid aan het maatschappelijk productieproces wordt deelgenomen met het oogmerk om daarmee winst te halen. De bewijslast hiervoor rust op be-

langhebbende. De Rechtbank acht niet aannemelijk dat er ten behoeve van de bospercelen op duurzame wijze arbeid en kapitaal wordt aangewend, die er op is gericht winst uit die bospercelen te behalen en dat deze winst ook redelijkerwijs te verwachten is. De Rechtbank kan zich niet aan de indruk onttrekken dat het bij de activiteiten ter zake van de onderhavige twee bospercelen met name gaat om instandhouding van het bosbestand en dat die activiteiten er niet (mede) op zijn gericht zo veel mogelijk opbrengst uit houtproductie of anderszins uit bedrijfsmatige activiteiten te halen. De twee bospercelen worden niet beheerd door een rechtspersoon met volledige rechtsbevoegdheid, welke zich uitsluitend of nagenoeg uitsluitend het behoud van natuurschoon ten doel stelt. Reeds daarom voldoen de onderhavige bospercelen niet aan de in artikel 2, eerste lid, aanhef en onder c, van de Uitvoeringsregeling vermelde voorwaarden.

Rechtbank Middelburg 25 augustus 2006, nr. 05/1344, EK, Belastingblad 2007, blz. 79
In geschil is de WOZ-waarde van een *schapenfokkerij*. Volgens de Rechtbank heeft de gemeente de *cultuurgrondvrijstelling* juist toegepast. Er is een oppervlakte van tweeënhalf maal de ondergrond van de gebouwde eigendommen buiten de cultuurgrondvrijstelling gelaten. De ondergrond van gebouwde eigendommen is namelijk niet vrijgesteld. Een normale bereikbaarheid van deze opstallen houdt in dat ook de rondom gelegen grond en paden en wegen er naartoe niet worden gebruikt als cultuurgrond.

Rechtbank Haarlem 16 oktober 2006, nr. 05/6433, EK, Belastingblad 2007, blz. 81
In geschil is de toepassing van de cultuurgrondvrijstelling. Er is een perceel grond van ongeveer 7.000 m^2 in de waardering is betrokken. Belanghebbende stelt dat zij dit perceel grond om niet in bruikleen heeft gegeven aan een agrariër, haar vader, en dat daarvan een overeenkomst is opgesteld. De Rechtbank oordeelt dat belanghebbende geen informatie heeft verschaft op grond waarvan kan worden geoordeeld dat voor het perceel de cultuurgrondvrijstelling van toepassing is. Belanghebbende verklaart dat de gebruiksovereenkomst waarover is gesproken destijds is opgesteld voor dierziekte bestrijdingscontroles en niet voor heimelijke doeleinden in dit kader, en dat de gemeente bedoeld bewijs niet nodig heeft omdat vanaf de weg de agrarische bestemming, begrazing compleet met de voortdurende aanwezigheid van bedoelde schapen, altijd al was en nog heel duidelijk waarneembaar is te zien. De Rechtbank vindt dat de enkele omstandigheid dat

op het perceel grond schapen aanwezig zijn, onvoldoende is om een bedrijfsmatige exploitatie van de grond aan te nemen.

Rechtbank Zutphen 21 februari 2007, nr. 05/2058, EK, Belastingblad 2007, blz. 553
In geschil is de toepassing van de cultuurgrondvrijstelling voor een bosperceel. Belanghebbende stelt dat het perceel bedrijfsmatig wordt geëxploiteerd ten behoeve van de bosbouw. De Rechtbank overweegt dat gezien het gestelde in de arresten van de Hoge Raad van 12 november 1980, nr. 20 136, BNB 1980/339 en van 30 januari 1980, nr. 19 613, BNB 1980/90 en de uitspraak van het Hof Den Bosch van 4 augustus 2005, nr. 03/02677, eerst sprake is van bedrijfsmatige exploitatie van cultuurgrond indien met die exploitatie winst wordt beoogd en kan worden verwacht. Het enkele uitvoeren van werkzaamheden die nodig zijn om het bosbestand in stand te houden en het te gelde maken van het beschikbaar komende hout, indien de mogelijkheid daartoe zich voordoet, is niet voldoende om van bedrijfsmatige exploitatie te spreken. Op grond van de feiten wordt het perceel volgens de Rechtbank niet bedrijfsmatig gebruikt. Met name van belang is dat een exploitatieoverzicht ontbreekt, de toekomstige opbrengsten van het bosperceel niet nader zijn onderbouwd en het feit dat belanghebbende zich voor de inkomstenbelasting niet als ondernemer beschouwt.

Hof 's-Hertogenbosch 20 maart 2007, nr. 06/00138, M I, Belastingblad 2007, blz. 555
Belanghebbende is een *paardenfokker*. Hij beschikt over gewone stallen en loopstallen. De paddock is afgescheiden van het overige grasland. In geschil is ten eerste de vraag of de exploitatie van het bedrijf kan worden aangemerkt als het uitoefenen van landbouw, en ten tweede of voor de ondergrond van de drie paddocks en de stapmolen sprake is van cultuurgrond. Niet in geschil is dat de exploitatie van de paardenfokkerij bedrijfsmatig geschiedt. Volgens het Hof maakt „belanghebbende voldoende aannemelijk dat de activiteiten met de paarden zijn aan te merken als landbouw en overweegt daarbij dat de paarden, zoals ook ander vee, (deels) verblijven op de aan belanghebbende ter beschikking staande weilanden. Dat een deel van de paarden via uitscharing gedurende een bepaalde periode op een weiland elders graast, is daarbij niet van belang. Met betrekking tot de cultuurgrond overweegt het Hof dat de Hoge Raad in zijn arrest van 24 september 1997 (nr. 31 953) heeft bepaald dat slechts dan sprake is van cultuurgrond in de zin van de vrijstellingsbepaling, indien de grond (primair) de functie heeft gewassen te voeden en te

doen groeien. De paddocks en de ondergrond van de stapmolen zijn afgescheiden van het grasland. Op de ondergrond groeit geen gras en in de huidige bedrijfsvoering zal ook nimmer meer gras worden ingezaaid. Gezien het vorenstaande kunnen de paddocks en de ondergrond van de stapmolen naar het oordeel van het Hof niet worden aangemerkt als cultuurgrond. De betreffende (onder)grond heeft anders dan voorbijgaand een andere functie dan het voeden en doen groeien van gewassen gekregen.

Rechtbank Utrecht 6 juli 2007, nr. 06/1221, EK, Belastingblad 2007, blz. 1340

In geschil is of een perceeldeel bosgrond voor de cultuurgrondvrijstelling in aanmerking komt. Niet in geschil is dat belanghebbende als bosbouwonderneming staat geregistreerd bij het Bosschap, is ingeschreven bij het ministerie van Landbouw, Natuur en Voedselkwaliteit LNV), beschikt over bosbouwmachines waarvoor een milieuvergunning is afgegeven, en beschikt over een hinderwetvergunning voor het oprichten en in werking hebben van een bosbouw- en agrarisch bedrijf. De heffingsambtenaar stelt dat belanghebbende geen stukken heeft aangedragen op basis waarvan kan worden geconcludeerd dat er sprake is van een bedrijfsmatige exploitatie, en voert aan dat van deelname aan het maatschappelijke productieproces niet is gebleken en dat belanghebbende niet aannemelijk heeft gemaakt dat het bosperceel wordt geëxploiteerd met het oogmerk om winst te behalen. De Rechtbank overweegt dat er alleen sprake is van bedrijfsmatige exploitatie wanneer er met een duurzame organisatie van kapitaal en arbeid aan het maatschappelijke productieproces wordt deelgenomen met het oogmerk om daarmee winst te behalen. Niet langer is in geschil dat belanghebbende en haar familie op vaste basis en stelselmatig arbeid verrichten ten behoeve van het beheer en het onderhoud van het bosperceel, waartoe zij over de nodige financiële) productiemiddelen beschikken, zodat er een duurzame organisatie van kapitaal en arbeid is. Met betrekking tot de deelname aan het maatschappelijke productieproces en het oogmerk daarmee winst te behalen oordeelt de Rechtbank dat belanghebbende onvoldoende aannemelijk heeft gemaakt dat daarvan sprake is. De vraag of er sprake is van bedrijfsmatige exploitatie moet worden beantwoord aan de hand van de feitelijke wijze waarop de bosbouw wordt bedreven en is georganiseerd. De registraties zijn slechts indicatief, doch niet bepalend. Dat geldt eveneens voor het in bezit zijn van een hinderwetvergunning, die immers alleen iets zegt over de mogelijkheid om de daarmee vergunde activiteit te ontplooien. Er is geen bewijs geleverd waaruit de feitelijke bedrijfsmatige exploitatie aannemelijk wordt. De Rechtbank concludeert dat belanghebbende niet in aanmerking komt voor de cultuurgrond-vrijstelling.

Hof 's-Hertogenbosch 17 juli 2007, nr. 04/00619, E XIII, Belastingblad 2008, blz. 1317
In geschil is de vraag of de cultuurgrondvrijstelling van toepassing is. Uitgangspunt voor de vrijstelling is dat voor de betreffende percelen wordt bezien of sprake is van een bedrijfsmatige exploitatie. Gezien het gestelde in de arresten van de Hoge Raad van 12 november 1980, nr. 20 136, BNB 1980/339, en van 30 januari 1980, nr. 19 613, BNB 1980/90, is eerst sprake van bedrijfsmatige exploitatie van cultuur-grond indien met die exploitatie winst wordt beoogd en kan worden verwacht. Voor het bedrijfsmatig exploiteren is niet voldoende dat de grond een opbrengst geeft bij het exploiteren. Daartoe is tevens ver-eist dat, objectief bezien, winst is te verwachten.

5.2   Natuurschoonwetlandgoederen

Hof 's-Hertogenbosch 28 november 2000, nr. 98/01576, M I, Belastingblad 2001, blz. 451
In geschil is de bij beschikking vastgestelde *bestemmingswaarde* van een *landgoed* in de zin van de Natuurschoonwet 1928 met daarop een woonhuis uit de achttiende eeuw. Aan de op het landgoed rustende in-standhoudingsverplichting heeft de inspecteur een waardedrukkend effect van 20% toegekend. Belanghebbende stelt dat deze verplichting een afwaardering van het woonhuis met 100% tot gevolg moet heb-ben. Het Hof oordeelt dat uit het taxatierapport van de gemeente blijkt dat bij de vaststelling van de waarde van het woonhuis rekening is ge-houden met de onderhoudslasten. Uit de wetsgeschiedenis van de Wet WOZ blijkt verder niet dat naast de verplichting tot instandhouding van het landgoed eveneens rekening moet worden gehouden met de onderhoudslast van het woonhuis bij de vaststelling van de bestem-mingswaarde. Volgens het Hof is er terecht met een waardedrukkende invloed van 20% rekening gehouden.

Hof Arnhem 29 april 2003, nr. 02/1531, E IV, Belastingblad 2003, blz. 1086
In geschil is de waarde van een woning die deel uitmaakt van het op de voet van de Natuurschoonwet aangewezen landgoed dat voldoet aan de in artikel 1, derde lid, onderdeel b, van die wet bedoelde voor-waarden. Bij de waardebepaling heeft de gemeente rekening gehou-den met een instandhoudingsfactor van 80%. Volgens belangheb-

bende dient deze op 65% te worden gesteld. Het landgoed valt volgens de gemeente in de categorie 'normaal bos'. Voor 'normaal bos' wordt een instandhoudingsfactor gehanteerd van 80%. De gemeente heeft gesteld dat ook voor een naburig landgoed een instandhoudingfactor van 80% is gehanteerd. Belanghebbende heeft niet aannemelijk gemaakt dat bij de onderhavige waardebepaling in zijn nadeel is afgeweken van het door de gemeente bij de waardering van landgoederen gevoerde beleid. Het gelijkheidsbeginsel is niet geschonden.

Hof Amsterdam 11 juni 2004, nr. 02/04903, E XII, Belastingblad 2004, blz. 1260
Belanghebbende is erfpachter en gebruiker van een woning. De woning bevindt zich in het koetshuis van een kasteel, dat deel uitmaakt van een landgoed dat is gerangschikt onder de Natuurschoonwet 1928. Volgens het Hof is de waarde niet te hoog vastgesteld. Bij de waardering moet rekening worden gehouden met de regels van artikel 17, vierde lid, Wet WOZ. Het Hof benoemt voor de taxatie een deskundige. Deze deskundige heeft rekening gehouden met de regels van dat artikel door de opstallen met 20% af te waarderen. Het Hof acht de door de deskundige uitgebrachte taxatie deugdelijk en maakt deze tot de zijne.

Rechtbank 's-Gravenhage 21 april 2006, nr. 05/2719, EK, Belastingblad 2006, blz. 1065
In geschil is de *bestemmingswaarde van de opstallen*, oftewel de waarde die wordt bepaald door de waarde in het economische verkeer te vermenigvuldigen met een zogenoemde instandhoudingsfactor. Meer in het bijzonder is in geschil hoe de factor berekend dient te worden, waarbij partijen met name van mening verschillen over de factoren behorende bij de verschillende categorieën ongebouwd terrein en over de factor voor het landgoed in zijn geheel. Volgens de Rechtbank rust in deze de bewijslast op de gemeente dat de factor op de goede wijze is berekend en toegepast. De gemeente is hierin met overlegging van het door zijn taxateur toegepaste berekeningsoverzicht niet geslaagd.
Belanghebbende betoog dat de bestemmingswaarde dient te worden bepaald volgens de DUWOZ taxatie-instructie voor NSW-landgoederen en dat als gevolg hiervan voor vaststelling van de factor voor het gehele landgoed de depreciërende factor van de instandhoudingsverplichting voor ongebouwd vermenigvuldigd dient te worden met die voor gebouwd, overtuigt de Rechtbank evenmin. Genoemde taxatie-instructie is geen door een bevoegd orgaan vastgestelde regeling noch volgt de toepassing daarvan uit een door een bevoegd bestuursorgaan

vastgestelde beleidslijn. Wel heeft belanghebbende met de door hem overgelegde gegevens voldoende aannemelijk gemaakt dat in dit geval de factor voor ongebouwd op 0,614 dient te worden gesteld, terwijl de gemeente uitgegaan is van een factor 0,708. Voor het landgoed als geheel is de depreciërende factor voor ongebouwd verreweg het belangrijkst. De Rechtbank bepaalt de invloed hiervan op 75%. Partijen zijn het erover eens dat de factor voor gebouwd 0,94 bedraagt. De Rechtbank sluit zich hierbij aan. De factor voor het gehele landgoed moet worden bepaald op 0,7 (0,614 × 75% + 0,94 × 25%).

Rechtbank Utrecht 30 oktober 2006, nr. 05/4155, EK, Belastingblad 2007, blz. 469
De woning van belanghebbende maakt deel uit van een landgoed, als bedoeld in de Natuurschoonwet 1928. In geschil is de vraag of de bijgebouwen bij de woning in de waardering moeten worden betrokken. De Rechtbank overweegt dat in de Memorie van Toelichting bij de Aanpassingswet Wet WOZ (Tweede Kamer, vergaderjaar 1996-1997, 25 037, nr. 3) het volgende is opgenomen: "Bijgebouwen die dienstbaar zijn aan de hiervoor bedoelde landgoedwoning worden – tezamen met die woning – gewaardeerd op de bestemmingswaarde. Bijgebouwen zijn bijvoorbeeld koetshuizen en stallen. Indien deze niet dienstbaar zijn aan de vorenbedoelde woning, maar bijvoorbeeld bedrijfsmatig worden gebruikt dan wel bij derden in gebruik zijn, vallen deze niet onder de bijzondere waarderingsregel en worden deze gewaardeerd op de voet van artikel 17, tweede of derde lid." Gelet op de genoemde voorbeelden van bijgebouwen, vallen de beide bijgebouwen – die slechts een gering oppervlak hebben – onder het gebouwd eigendom dat tot woning dient. Dat in de bijgebouwen materialen voor onderhoud van het landgoed zijn opgeslagen, maakt dat niet anders. Koetshuizen en stallen, zoals genoemd in de Memorie van Toelichting, zullen immers veelal ook met name voor een dergelijk doel worden gebruikt.

Rechtbank Haarlem 4 september 2007, nr. 06/5446, EK, Belastingblad 2007, blz. 1323
Belanghebbende is eigenaar en gebruiker van een onroerende zaak op een landgoed, dat is aangewezen in het kader van de Natuurschoonwet 1928. Volgens de Rechtbank heeft de gemeente ten onrechte een dierenverblijf en de ondergrond van het landhuis in de WOZ-waarde betrokken. Het dierenverblijf behoort niet tot de onroerende zaak en de ondergrond is vrijgesteld op grond van de Uitvoeringsregeling uitgezonderde objecten. De objectafbakening is aldus onjuist. De Rechtbank acht de door de gemeente gebruikte verkoopcijfers van wonin-

gen onvergelijkbaar. Ook hanteert de gemeente in strijd met de waarde-instructie geen afzonderlijke factoren voor de instandhoudingsverplichting van 'gebouwd' en 'ongebouwd'.

Hoge Raad 25 april 2008, nr. 41 584, Belastingblad 2008, blz. 1187, BNB 2008/170*

Het geschil betreft de WOZ-waarde van een *woning die deel uitmaakt van een NSW-landgoed* en meer in het bijzonder of de waarde moet worden gecorrigeerd met een voor het landgoed als geheel te bepalen instandhoudingsfactor (standpunt belanghebbende) dan wel met een voor de woning te bepalen instandhoudingsfactor (standpunt heffingsambtenaar van de gemeente Hengelo).

De Hoge Raad deelt het standpunt van belanghebbende niet. De in art. 17, vierde lid, Wet WOZ omschreven instandhoudingsverplichting drukt de waarde van het landgoed als geheel (relatief) sterker dan die van de woning. Dit kan slechts worden verklaard doordat die verplichting de waarde van andere delen van het landgoed (relatief) sterker drukt dan die van de woning. Waar art. 17, vierde lid, Wet WOZ een voorschrift bevat omtrent de waardering van de woning, dienen slechts waardedrukkende omstandigheden die op die woning betrekking hebben in aanmerking te worden genomen. De Hoge Raad verklaart belanghebbendes beroep in cassatie ongegrond.

Rechtbank Middelburg 23 september 2008, nr. 08/17, EK, Belastingblad 2008, blz. 1314

Belanghebbendes landgoed is op de voet van de Natuurschoonwet 1928 (NSW) aangewezen. In geschil is de bestemmingswaarde van het landgoed. Meer in het bijzonder is in geschil de hoogte van de instandhoudingsfactor, respectievelijk welk percentage van de waarde in het economische verkeer geacht wordt de bestemmingswaarde te zijn. Uit een toelichting van de minister van Financiën op de bestemmingswaarde is op te maken dat de gemiddelde instandhoudingsverplichting op 20% (inhoudende een factor 0,80) wordt geschat en dat de last van de instandhouding, afhankelijk van de aard van de gronden waaruit het landgoed bestaat, zwaarder wordt. Bestaat een landgoed in overwegende mate uit bos- en natuurgronden en bevindt zich daarop een historische buitenplaats, dan drukt de last van instandhouding zwaarder tot veel zwaarder dan in het geval van het landgoed dat in overwegende mate bestaat uit cultuurgronden. In het eerste geval zal de waardedrukkende invloed op 30 tot 40% kunnen worden geschat. Ter zitting is onweersproken verklaard dat de gronden van het landgoed zich kenmerken door diversiteit hetgeen de reden is geweest om een instandhoudingsfactor van 0,75 toe te passen. De Rechtbank volgt dit standpunt.

5.3 Openbare land- en waterwegen en banen voor openbaar vervoer per rail

Hof Amsterdam 9 januari 1998, nr. P 95/1525, M IV, Belastingblad 2000, blz. 94
Op 1 januari van het belastingjaar huurde belanghebbende een terrein van de gemeente dat was ingericht als een met behulp van slagbomen afgesloten, bewaakt parkeerterrein. Belanghebbende werd als zodanig in de gebruikersbelasting betrokken. Na de overname door de gemeente wordt de indeling van het terrein aangepast, waarbij de hefbomen en het loket worden verwijderd en parkeermeters worden geplaatst. Naar het oordeel van het Hof maakt het terrein na de overname door de gemeente onderdeel uit van de openbare weg en valt het als zodanig onder de vrijstelling. Uit de overwegingen van het Hof blijkt dat het verwijderen van de hefbomen op zich niet leidt tot een bestemmingswijziging van het terrein. Een openbare weg verliest immers niet zijn karakter door het plaatsen van hefbomen, er kan bijvoorbeeld ook tol worden geheven ter zake van het gebruik van een openbare weg. Om die reden moet worden aangenomen dat in casu de omstandigheden van het geval doorslaggevend zijn geweest bij de oordeelsvorming van het Hof.

Hof Amsterdam 27 januari 2000, nr. P98/1849, M IV, Belastingblad 2000, blz. 435
De onderhavige uitspraak betreft een tussenuitspraak. Het in erfpacht uitgegeven water, dat deel uitmaakt van de passantenhaven, is – behoudens het water in de boxen die bestemd zijn voor overnachtingen – voor iedereen vrij toegankelijk en als zodanig aan te merken als een openbare waterweg in de zin van artikel 2, eerste lid, aanhef en onderdeel d, Uitvoeringsregeling uitgezonderde objecten Wet WOZ. Daaraan staat niet in de weg dat dit water door belanghebbende wordt geëxploiteerd. De hoofd- en hulpsteigers in de haven zijn uitsluitend en onmiddellijk dienstbaar aan de openbare vaarweg en worden als zodanig aangemerkt als bij de openbare vaarweg behorende kunstwerken in de zin van genoemd artikel 2. Door belanghebbende is niet aannemelijk gemaakt dat het perceel aan de oostelijke buitendijk een waterverdedigingswerk is. Evenmin is ter zake van dit perceel sprake van een kunstwerk bij de openbare vaarweg, aangezien het perceel niet uitsluitend dienstbaar is aan die openbare vaarweg. Belanghebbende

stelt dat de bedrijfswaarde moet worden gehanteerd als norm voor de vervangingswaarde. Het Hof verwerpt deze stelling. Van waardering naar de lagere bedrijfswaarde kan alleen sprake zijn indien het om een commercieel geëxploiteerde onroerende zaak gaat. In onderhavige geval is daarvan geen sprake, nu de exploitatie in beginsel een gemeentelijke verantwoordelijkheid is. Nu niet is vast komen te staan dat de waarde van de onroerende zaken niet tot een te hoog bedrag is vastgesteld en evenmin dat dat wel het geval is, zal het Hof verweerder alsnog in de gelegenheid stellen om een gemotiveerde waardebepaling over te leggen, waarbij rekening is gehouden met het voorgaande.

Hof 's-Gravenhage 23 augustus 2000, nr. BK-99/30954, M III, Belastingblad 2001, blz. 935
In geschil is of een *vuurtoren*, die als baken dient voor schepen op de Noordzee, dient te worden aangemerkt als een kunstwerk als bedoeld in artikel 2, eerste lid, aanhef en onderdeel d, van de Uitvoeringsregeling uitgezonderde objecten Wet WOZ. Naar het oordeel van het Hof moet voor het antwoord op de vraag wat onder kunstwerken moet worden verstaan worden gekeken naar de wetsgeschiedenis van de vrijstelling inzake openbare land- en waterwegen met inbegrip van kunstwerken in gemeentelijke verordeningen en de Gemeentewet en naar het spraakgebruik. Dit in aanmerking nemende, en mede gelet op de aard en de uiterlijke verschijningsvorm van de vuurtoren, alsmede de omstandigheid dat de vuurtoren, anders dan bijvoorbeeld sluizen en aquaducten, geen deel uitmaakt van de betreffende waterweg, en gesteld noch gebleken is dat de waterweg een onroerende zaak is, kan niet worden gezegd dat de vuurtoren een kunstwerk is. Daaraan doet niet af dat de vuurtoren een verkeersgeleidingsfunctie heeft.

Hoge Raad 21 september 2001, nr. 35 502, Belastingblad 2001, blz. 996, BNB 2001/378*, FED 2001/521
In geschil is de aanslag OZB 1996 terzake van het *NS-station* te Alkmaar. De middelen hebben met name betrekking op de reikwijdte van de vrijstelling. De Hoge Raad concludeert naar aanleiding van de middelen het volgende. Onder 'banen voor openbaar vervoer per rail' in de zin van de vrijstelling dienen te worden verstaan de spoorbanen zelf en de bestanddelen daarvan in de zin van artikel 3:4 van het BW alsmede al hetgeen nodig is om die banen als zodanig te kunnen laten functioneren, dat wil zeggen geschikt te doen zijn om daarop overeenkomstig de heden ten dage aan openbaar vervoer per rail te stellen eisen op een goede en veilige manier voertuigen te laten rijden. 'Met name zijn uitgezonderd van de vrijstelling delen die niet dezelfde

functie hebben als het voorwerp van de vrijstelling' (Kamerstukken II 1989/90, 21 591, nr. 3, blz. 25). Het is onvoldoende dat een voorziening er overwegend op is gericht de vervoerstaak in het algemeen behoorlijk te kunnen vervullen, zoals het geval is bij perrons en laad- en losinstallaties. Voor het antwoord op de vraag of sprake is van een openbare (land)weg in de zin van de vrijstelling, moet aansluiting worden gezocht bij de Wegenwet. Volgens de Wegenwet moet wanneer een wettelijke regeling de uitdrukking 'openbare weg' gebruikt, de rechter de bepalingen van de Wegenwet betreffende hetgeen onder 'openbare weg' moet worden verstaan toepassen (Kamerstukken II 1928/29, 75, nr. 3, blz. 1). Deze toepassing ligt meer voor de hand dan toetsing aan de hand van de vraag of sprake is van een weg die feitelijk voor openbaar vervoer openstaat, zoals het Hof heeft gedaan. Het Hof heeft met recht geoordeeld dat de rails en toebehoren (onder andere portalen met bovenleidingen, wissels, installaties voor spoorbaancommunicatie en de ondergrond van die zaken) onder de vrijstelling vallen. Het zijn naar hun aard onzelfstandige bestanddelen van de spoorbanen en voor zover dat niet het geval is zijn zij naar hun aard nodig om die spoorbanen als zodanig te kunnen laten functioneren. Het Hof heeft tevens geoordeeld dat hetzelfde voor de perrons geldt. Dat oordeel wordt terecht bestreden. De perrons zijn niet als bestanddeel aan te merken en tevens zijn perrons niet nodig om de spoorbanen als zodanig te kunnen laten functioneren. Zij vallen niet onder de spoorbanen zelf en kunnen evenmin aangemerkt worden als kunstwerken van die spoorbanen. De technische ruimten (zoals relaishuis, kantoor van verkeersleiding en dergelijke) zijn naar hun aard onzelfstandige onderdelen van de spoorbanen, of naar hun aard nodig om die spoorbanen als zodanig te kunnen laten functioneren. De in het stationscomplex aanwezige tunnel is weliswaar niet als kunstwerk van de spoorbanen aan te merken, maar kan wel worden gezien als een kunstwerk dat dienstbaar is aan het (voet)verkeer dat aan weerszijden gebruik maakt van de tunnel. Ten aanzien van de parkeerplaats en het voorplein dient het begrip openbare weg te worden uitgelegd in de zin van de Wegenwet. Hiervoor volgt verwijzing naar het Hof. De ondergrond van de fietsenstalling kan net als de fietsenstalling zelf niet als openbare weg worden aangemerkt. Het beroep in cassatie van de gemeente Alkmaar is gegrond.

Hoge Raad 2 november 2001, nr. 36 562, Belastingblad 2002, blz. 72, BNB 2002/6, FED 2002/128, FED 2001/606
In geschil is de waardering van het ontvangst- en toegangsgebouw voor voetgangers en fietsers van het *veer Breskens-Vlissingen*. Het Hof 's-Gravenhage heeft het gebouw aangemerkt als een bij de open-

bare landweg behorend kunstwerk en onder de vrijstelling laten vallen. De gemeente Oostburg die beroep in cassatie heeft ingesteld betwist met name de uitleg van het begrip kunstwerk. De Hoge Raad stelt ten eerste dat bij de uitleg van het begrip kunstwerk aangesloten dient te worden bij het spraakgebruik. Daarnaast dient getoetst te worden of het kunstwerk zodanig is verbonden met openbare land- dan wel waterwegen dat het aan het verkeer over die wegen dienstbaar is, en daardoor nodig is om die wegen als zodanig te kunnen laten functioneren. Het gebouw is te vergelijken met een brug in een verkeersweg omdat het onmisbaar is voor het vervoer. Het gebouw is op zodanige wijze op de openbare landweg afgestemd dat het daarvan naar de verkeersopvatting deel uitmaakt. Het gebouw is als zodanig dienstbaar aan het verkeer over de op de veerdienst aansluitende openbare landweg. Het gebouw vormt immers een voor dat verkeer onmisbare schakel tussen de bij het afvaarpunt eindigende openbare landweg en het veer zelf, dat op zijn beurt weer een onmisbare schakel vormt in de wegverbinding tussen Zeeuws Vlaanderen en Walcheren. Naar het oordeel van de Hoge Raad geeft deze redengeving geen blijk van een onjuiste rechtsopvatting. Het beroep in cassatie is ongegrond.

Hoge Raad 9 mei 2003, nr. 35 987, Belastingblad 2003, blz. 617, BNB 2003/270*, FED 2003/287
Belanghebbende stelt dat de waarde van de tot het luchtvaartterrein Schiphol behorende start- en landingsbanen zijn vrijgesteld, omdat ze moeten worden beschouwd als openbare landwegen. Het Hof heeft geoordeeld dat start- en landingsbanen naar de verkeersopvattingen en naar het spraakgebruik niet als landwegen kunnen worden beschouwd en dus niet zijn vrijgesteld. In cassatie oordeelt de Hoge Raad dat de term 'openbare landwegen', zoals blijkt uit het daarin afzonderlijk vermelden van 'openbare waterwegen', ziet op openbare wegen over land. Daaronder vallen niet voorzieningen dienstbaar aan het verkeer door de lucht, zoals de start- en landingsbanen. Belanghebbende stelt ook dat de start- en landingsbanen op grond van het gelijkheidsbeginsel vrijgesteld moeten te zijn. Het Hof heeft geoordeeld dat bij landwegen, waterwegen en railbanen enerzijds en start- en landingsbanen anderzijds geen sprake is van gelijke gevallen. De Hoge Raad bevestigt dit oordeel.

Hof Amsterdam 19 augustus 2003, nr. 02/01089, M IV, Belastingblad 2004, blz. 143
Belanghebbende verzorgt busdiensten vanaf het busstation nabij het spoorwegstation in Beverwijk. Volgens het Hof is het *busstation* vrijgesteld als openbare (land)weg, als bedoeld in artikel 2, eerste lid,

aanhef en sub d, Uitvoeringsregeling uitgezonderde objecten Wet WOZ. Het busstation is overeenkomstig de geldende publiekrechtelijke bestemming ingericht en functioneert ten behoeve van het openbaar vervoer. Het wordt gevormd door een weggedeelte dat de functie heeft om verkeer daarover voor een ieder mogelijk te maken en dat voor een ieder toegankelijk is. Dat met behulp van maatregelen ter plekke wordt geregeld dat de rijstroken aan weerszijden van en tussen de in- en uitstapplaatsen alleen door bussen en voetgangers worden gebruikt, doet daaraan niet af. De WOZ-waarde is nihil.

Hof 's-Gravenhage 30 juni 2004, nr. 02/01435, M III, Belastingblad 2004, blz. 923
Belanghebbende is eigenaar van een busstation voor regionaal personenvervoer. Het Hof oordeelt dat moet worden onderzocht of sprake is van een openbare weg in de zin van de Wegenwet (HR 21 september 2001, nr. 35 502, BNB 2001/378*). Daarvan is dit geval geen sprake. Het Hof verwerpt de stelling van belanghebbende dat een deel van het busstation een kunstwerk is. Voor dit begrip moet worden aangesloten bij de betekenis die vóór 1983 in gemeentelijke verordeningen voorkwam. Als voorbeelden worden daar genoemd: viaducten, aquaducten, bruggen, tunnels en sluizen. Een kunstwerk moet zodanig verbonden zijn met openbare landwegen, dat het aan het verkeer dienstbaar is en nodig is om die wegen te kunnen laten functioneren. Nu het busstation geen openbare landweg is, kan geen sprake zijn van een kunstwerk.

Hof Amsterdam 2 juni 2006, nr. 04/03320, MK I, Belastingblad blz. 875
Terzake van zes stationscomplexen van de Nederlandse Spoorwegen heeft belanghebbende beroep ingesteld tegen de vastgestelde waarden naar de waardepeildatum 1 januari 1999. Het Hof acht van belang dat de gemeente zich beroept op de Taxatiewijzer van de VNG en het LTO. Deze Taxatiewijzer is een richtsnoer die tot stand is gekomen na onderzoek en overleg door deskundige instanties. Belanghebbende geeft aan de normen van de Taxatiewijzer te onderschrijven. Bij toepassing van de Taxatiewijzer blijken drie objecten te hoog gewaardeerd zodat de waarde van deze objecten dient te worden verlaagd. De gemeente heeft wel ten onrechte de ondergrond van de trappen en overkappingen van de tunnel in de waardering betrokken. Nu het pad dat door de voetgangerstunnel voert de enige toegangsweg vormt tot de achter het station gelegen sportvelden, behoren ook de grond waarop zich de trappen en overkappingen van die toegangsweg bevinden tot de in genoemde bepaling bedoelde openbare landwegen. Ter zake

van de voetgangerstunnel oordeelt het Hof dat de tunnel niet nodig is om de in de nabijheid van het stationscomplex gelegen wegen als zodanig te laten functioneren. Aannemelijk is dat het gebruik van de tunnel door anderen dan personen die gebruik maken van de spoorwegvoorzieningen niet meer dan bijkomstig is. De waarde van dit object wordt niet verder verminderd.

Hoge Raad 6 oktober 2006, nr. 40 640, Belastingblad 2006, blz. 1265, BNB 2007/4*
Belanghebbende exploiteert een busmaatschappij en maakt gebruik van een busstation. Belanghebbende meent dat op dit *busstation* de *uitzondering voor landwegen* van toepassing is. De Hoge Raad oordeelt in navolging van Hof Amsterdam dat het busstation waar belanghebbende gebruik van maakt geen openbare weg is, zodat de WOZ-vrijstelling voor openbare landwegen niet van toepassing is. Het Hof heeft terecht vooropgesteld dat voor de beantwoording van de vraag of op het busstation de uitzondering voor openbare landwegen van toepassing is, moet worden onderzocht of er sprake is van een openbare weg in de zin van de Wegenwet (HR 21 september 2001, BNB 2001/378). Het Hof oordeelt vervolgens terecht dat de rechthebbende aan het busstation niet de bestemming openbare weg heeft gegeven.

5.4   Werktuigen

Hoge Raad 16 april 1980, nr. 19 727, BNB 1980/183
Stroomdraden dienen tot verplaatsing van elektrische stroom en zijn daarom te beschouwen als werktuigen in de zin van voormelde bepalingen. Aan het in de Verordening en het Besluit gestelde vereiste dat het werktuig met behoud van zijn waarde als zodanig verwijderd kan worden, is voldaan indien het werktuig na verwijdering zijn waarde als werktuig behoudt, ook al wordt die waarde lager doordat het werktuig niet meer met het onroerend goed verbonden is. Losse stroomdraden kunnen op zichzelf niet als gebouwde eigendommen worden aangemerkt.

Hoge Raad 2 maart 1994, nr. 29 559, Belastingblad 1994, blz. 303, BNB 1994/113, FED 1994/200
In een gebouw aanwezige *roltrappen* en (personen)*liften* zijn, ook als er tevens vaste trappen zijn, in hoofdzaak dienstbaar aan het gebouw in die zin dat zij het gebouw beter geschikt maken voor gebruik. Het

standpunt dat de roltrap en de lift werktuigen zijn is dus juridisch on-juist.

Hoge Raad 8 juli 1997, nr. 31 274, Belastingblad 1997, blz. 711, BNB 1997/294, FED 1997/767 (EPON-Nijmegen)
De van het complex deeluitmakende havenkranen zijn gezien hun omvang en constructie bestemd om duurzaam ter plaatse te blijven. Het zijn onroerende werktuigen die evenwel zijn aan te merken als zelfstandige gebouwde eigendommen. Daarom vallen de kranen niet onder de werktuigenvrijstelling. Het in de elektriciteitscentrale aanwezige ketelstatief met ketel alsmede de turbine en de generator zijn gezien hun omvang en constructie eveneens bestemd om duurzaam ter plaatse te blijven. Van onroerende werktuigen die in een gebouw zijn opgesteld kan echter niet gezegd worden dat zij op zichzelf zijn aan te merken als gebouwde eigendommen en dat zij dus buiten de vrijstelling vallen. Alleen buiten een gebouw opgestelde werktuigen kunnen als gebouwde eigendommen in de zin van de uitzondering op de vrijstelling worden aangemerkt.

Hof 's-Gravenhage 25 november 1998, nr. BK-96/02714, M II, Belastingblad 1999, blz. 284
Belanghebbende houdt zich bezig met de productie van hoogovencement. Zij beschikt daartoe over twee grote *cementmolens*, opgesteld in een gebouw, die speciaal zijn gefundeerd en 'lopen' op lagers die op een betonnen sokkel staan, waaraan zij met bouten zijn bevestigd. De molens zijn elk voorzien van smeerpompen, danularingen, een aandrijfas en elektrische aandrijfmotoren. In het gebouw bevindt zich tevens een Sepax-afscheider c.a. De Sepax is een trechter die boven de grond hangt in een stellage van staal en beton. Het geschil betreft de vraag of de cementmolens met aandrijving en de Sepax kunnen worden verwijderd met behoud van hun waarde als zodanig. Aan dit vereiste is voldaan indien het werktuig na verwijdering zijn waarde als werktuig behoudt, ook al wordt die waarde lager doordat het werktuig niet meer met de onroerende zaak verbonden is.
Op basis van overgelegde deskundigenrapporten neemt het Hof aan dat met betrekking tot de cementmolens met aandrijving en de Sepax aan het vereiste is voldaan, nu zij blijkens de rapporten demonteerbaar, verplaatsbaar en monteerbaar zijn waarbij de functionaliteit niet wordt beïnvloed indien zij op een andere locatie in bedrijf worden genomen.

Hoge Raad 30 juni 1999, nr. 34 314, Belastingblad 1999, blz. 688, BNB 1999/298

De vraag is aan de orde of de *asfaltmenginstallatie*, afgezien van de draagconstructie, funderingen, de betonvloer en de terreinverlichting, valt onder de werktuigenvrijstelling, zoals die in de Verordening OGB 1990 is opgenomen.

Het Hof oordeelt dat de asfaltmenginstallatie, met uitzondering van de draagconstructie, funderingen, de betonvloer en de terreinverlichting, valt onder de werktuigenvrijstelling. De Hoge Raad oordeelt dat uit de uitspraak van het Hof niet blijkt van een onderzoek naar de vraag welke gedeelten van de as-faltmenginstallatie waarop de vrijstelling naar zijn oordeel van toepassing is, zelf het werktuig vormen dat als een gebouwd eigendom moet worden aangemerkt.

Verwijzing volgt voor een onderzoek naar de vraag welke gedeelten van de asfaltmenginstallatie zelf het werktuig vormen, dat wil zeggen dat zij niet kunnen worden verwijderd zonder dat de uiterlijke herkenbaarheid van het werktuig/gebouwd eigendom als asfaltmenginstallatie verloren gaat.

Hoge Raad 7 juni 2000, nr. 34 985, BNB 2000/230, FED 2000/311

Bij de beantwoording van de vraag welke gedeelten van een als gebouwd eigendom aan te merken werktuig zelf dat werktuig vormen, is naar het oordeel van Hoge Raad beslissend of zij kunnen worden verwijderd zonder dat de uiterlijke herkenbaarheid van dat werktuig als dat specifieke werktuig verloren gaat. Hiermede toetst de Hoge Raad de uitkomst van de door het Hof aangelegde maatstaf dat voor de onderhavige vraag bepalend is dat de hiervoor genoemde gedeelten specifiek een productiefunctie vervullen, maar niet tevens een steunfunctie, aan zijn eigen maatstaf inzake de uiterlijke herkenbaarheid *(vergelijk Hoge Raad 30 juni 1999, nr. 34 314, Belastingblad 1999, blz. 688, BNB 1999/298).*

Hof 's-Gravenhage 6 december 2000, nr. 97/02149, M III, Belastingblad 2002, blz. 281

Aan belanghebbende zijn voor het belastingjaar 1995 wegens het eigendom en gebruik van zeven *windturbines* van het type Bouma 250 KW aanslagen eigenaren- en gebruikersbelasting opgelegd. De heffingsgrondslag van voornoemde onroerende zaken is, naar waardepeildatum 1 januari 1995, op basis van de gecorrigeerde vervangingswaarde op *f* 1.666.000 vastgesteld. De tegen de aanslagen gerichte bezwaren van belanghebbende zijn bij de bestreden uitspraak afgewezen. In beroepsfase is de reikwijdte van de werktuigenvrijstelling, de invloed van de investeringssubsidies op de vervangingswaarde en de functionele correctie in geschil. Voor beantwoording van de vraag welke gedeelten van een als gebouwd eigendom aan te merken werktuig zelf het werktuig vormen, is beslissend of zij kunnen worden verwijderd zonder dat de uiterlijke herkenbaarheid van dat werktuig, als dat specifieke werktuig, verloren gaat (HR 30 juni 1999, nr. 34 314, BNB 1999/298).

De Hoge Raad heeft in zijn arrest van 7 juni 2000, nr. 34 985, BNB 2000/230 beslist dat in redelijkheid niet kan worden betwijfeld dat de masten en de wiekenstellen met rotor van de windturbines niet kunnen worden verwijderd zonder dat de uiterlijke herkenbaarheid van de werktuigen/gebouwd eigendommen als windturbine verloren gaat. In dit verband stelt het Hof dat belanghebbende voldoende aannemelijk heeft gemaakt dat: hoofdkabel, twistbeveiliging, schakelkast, tandwielkastbevestiging, aeroremmen, tipdempingsmechanisme, generatorbevestiging en rondsel kunnen worden verwijderd met behoud van hun waarde als werktuig zonder dat de uiterlijke herkenbaarheid van de windturbines als zodanig verloren gaat. Het door de inspecteur ingenomen standpunt dat de windturbines niet kunnen werken zonder de desbetreffende onderdelen, is in het kader van de uiterlijke herkenbaarheid niet van belang. Beide partijen stellen dat de onderhavige windturbines – nu de exploitatie zonder subsidies niet rendabel kan zijn – niet in de commerciële sfeer zijn gebezigd. Naar het oordeel van het Hof kunnen beide opvattingen niet als juist worden aanvaard nu voor het antwoord op de vraag of sprake is van gebruik in de commerciële sfeer niet bepalend is of dat gebruik verliesgevend is doch of met dat gebruik in concurrentie wordt getreden op een markt. Vaststaat dat de opgewekte energie wordt aangeboden op de daarvoor bestaande markt en dat op de waardepeildatum in zijn algemeenheid een ieder die investeerde in windturbines recht kon doen laten gelden op overheidssubsidie. Belanghebbende verkeert daarmee in dezelfde positie als ieder andere exploitant van windturbines. Het vorenstaande brengt het Hof tot het oordeel dat de onderhavige onroerende zaken in de commerciële sfeer worden gebezigd. Met inachtneming van het vorenstaande dient de gecorrigeerde vervangingswaarde niet hoger te worden gesteld dan de bedrijfswaarde, de waarde die de onroerende zaak in economische zin voor de huidige eigenaar zelf heeft. Naar 's Hofs oordeel past in deze gedachtegang dat het bedrag van de ontvangen subsidies in mindering komt op de vervangingswaarde. In verband met de snelle technische ontwikkeling in deze branche stond tijdens de investering/bouw reeds vast dat de windturbines waren verouderd. Naar het oordeel van het Hof is derhalve naast de aftrek van de investeringssubsidies, nog plaats voor een in goede justitie vastgestelde functionele correctie van 20 percent. Het voorgaande heeft tot gevolg dat de in geding zijnde aanslagen worden verminderd naar een heffingsmaatstaf van ƒ 858.997.

Hof Arnhem 18 december 2000, nr. 00/1107, M I, Belastingblad 2001, blz. 416

Aan belanghebbende zijn door de gemeente voor het belastingjaar 1994 ter zake van het eigendom en het gebruik van een tweetal *windturbines* aanslagen OZB opgelegd. De vastgestelde heffingsmaatstaf betrof voor elke turbine ƒ 57.000.

Het tegen die aanslagen gemaakte bezwaar is bij uitspraak van B & W ongegrond verklaard. In beroep heeft het Hof deze uitspraak vernietigd en de heffingsmaatstaf verminderd naar ƒ 46.000. Belanghebbende heeft tegen de uitspraak van het Hof beroep in cassatie ingesteld. De Hoge Raad heeft bij arrest van 7 juni 2000, BNB 2000/230 deze uitspraak vernietigd. In dit arrest overwoog de Hoge Raad onder meer dat voor de beantwoording van de vraag welke gedeelten van een als gebouwd eigendom aan te merken werktuig zelf dat werktuig vormen, is beslissend of zij kunnen worden verwijderd zonder dat de uiterlijke herkenbaarheid van dat werktuig als dat specifieke werktuig verloren gaat (HR 30 juni 1999, BNB 1999/298). Het Hof, dat ten tijde van zijn uitspraak genoemd arrest niet kende, heeft een andere maatstaf gehanteerd. Met betrekking tot de masten en de wiekenstellen met rotor van de windturbines kan dit echter niet tot cassatie leiden, omdat in redelijkheid niet kan worden betwijfeld dat deze niet kunnen worden verwijderd zonder dat de uiterlijke herkenbaarheid van de werktuigen/ gebouwde eigendommen als windturbine verloren gaat. Dit geldt niet ten aanzien van de andere in geschil zijnde onderdelen van de windturbines, te weten de chassis met draaikrans en de besturingskasten. Verwijzing moet volgen, opdat wordt onderzocht of met verwijdering van deze gedeelten de uiterlijke herkenbaarheid van de turbines verloren zou gaan. In de onderhavige verwijzingsprocedure stelt belanghebbende dat verwijdering van de chassis met draaikrans en de besturingskasten niet ertoe zal leiden dat de uiterlijke herkenbaarheid van de turbines verloren gaat. Met betrekking tot de chassis met draaikrans betoogt de ambtenaar dat zonder dit onderdeel de rotor en de bladen niet aan de mast kunnen worden bevestigd. Bij het ontbreken van de chassis met draaikrans zal derhalve, aldus de ambtenaar, de windturbine als zodanig uiterlijk niet meer herkenbaar zijn. Het Hof acht dit betoog aannemelijk. Hieruit volgt dat de chassis met draaikrans niet binnen het bereik van de zogenaamde werktuigenvrijstelling valt. Met betrekking tot de besturingskast voert de heffingsambtenaar aan dat de turbine zonder deze kast nog wel als zodanig herkenbaar is doch dat, zodra de windturbine wordt blootgesteld aan de wind, deze kapot zou waaien. De rotor en de bladen zouden immers van de mast worden geblazen, waarmee de uiterlijke herkenbaarheid van de windturbine zou zijn verdwenen. Dit komt in wezen erop neer dat de besturingskast een steunfunctie vervult en uit dien hoofde tot het gebouwde eigendom moet worden gerekend. De vraag of een gedeelte van een windturbine al dan niet een steunfunctie vervult, is blijkens het verwijzingsarrest echter niet relevant. Beslissend is of de gedeelten van de windturbine kunnen worden verwijderd zonder dat de uiterlijke herkenbaarheid van de turbine als zodanig verloren gaat. Met inachtneming van het bovenstaande heeft het Hof de heffingsgrondslagen naar respectievelijk f 34.500 en f 53.000 verminderd.

Hof Amsterdam 6 augustus 2004, nr. 00/01993, M IV, Belastingblad 2004, blz. 1159
In geschil is de waarde van een *elektriciteitscentrale*. Het Hof oordeelt dat de werktuigenvrijstelling van toepassing is op onder meer stoomketels en hulpinrichtingen. Het in de Uitvoeringsregeling neergelegde vereiste aangaande verwijderbaarheid met behoud van waarde, houdt in dat het werktuig na verwijdering zijn waarde als werktuig behoudt, ook al wordt die waarde, doordat het werktuig niet meer met de zaak verbonden is, lager. Enige beschadiging staat niet in de weg aan toepassing van de vrijstelling, zolang het niet gaat om beschadiging van betekenis (MvT, Kamerstukken II, 1997/98, nr. 25 736, nr. 3, blz. 4). De gemeente gaat er ten onrechte vanuit dat het werktuigen na verwijdering hun waarde in bedrijfseconomische zin moeten hebben gehouden. Uit HR 15 april 1980, nr. 19 727, BNB 1980/183 volgt dat meer wordt gelet op de technische, fysieke toestand van het werktuig als zelfstandige zaak dan op de bedrijfseconomische waarde ervan. De noodzaak tot het demonteren vormt evenmin een beletsel voor toepassing van de vrijstelling.

Hof 's-Gravenhage 15 december 2004, nr. 01/02902, M III, Belastingblad 2005, blz. 373
In geschil is de waarde van een bierbrouwerij. In geschil is onder andere de vraag of de apollo's (vergistingstanks) en de condensoropstelling onder de werktuigenvrijstelling vallen. Volgens het Hof is voor de beantwoording van de vraag welke gedeelten van een als gebouwd eigendom aan te merken werktuig zelf dat werktuig vormen beslissend of zij kunnen worden verwijderd zonder dat de uiterlijke herkenbaarheid van dat werktuig als dat specifiek werktuig verloren gaat (HR 30 juni 1999, nr. 34.314, BNB 1999/298*). De apollo's en de condensoropstelling vormen zelf de werktuigen. Zij kunnen niet wor-

den verwijderd zonder dat de uiterlijke herkenbaarheid van deze specifieke werktuigen verloren gaat en dienen dus in de waardebepaling te worden betrokken. De randapparatuur kan wel worden verwijderd zonder dat de uiterlijke herkenbaarheid verloren gaat. Het gaat daarbij om leidingen, bruggen en de koelinstallaties, warmtewisselaars en de meet- en regelapparatuur.

Hoge Raad 20 mei 2005, nr. 37 728, Belastingblad 2005, blz. 704, BNB 2005/236, FED 2005/88*
In geschil is de waarde van een *gasaanlandings- en behandelingsstation*, dat bestaat uit grond met infrastructuur, gebouwen en installaties. De waarde is bepaald op basis van de gecorrigeerde vervangingswaarde. Belanghebbende meent dat naast de technische afschrijving, ook een functionele afschrijving moet worden toegepast. Ook is hij het niet eens met de toegepaste omvang van de werktuigenvrijstelling. De Hoge Raad oordeelt dat naast de technische afschrijving, geen plaats is voor een functionele afschrijving. De zich voordoende overcapaciteit van 10% leidt niet tot een functionele veroudering. Volgens de Hoge Raad berust het oordeel van het Hof over de werktuigenvrijstelling echter op een onjuist uitgangspunt. Het Hof is voor de beantwoording van de vraag in hoeverre de installaties moeten worden aangemerkt als werktuig, ten onrechte voorbijgegaan aan de stelling van belanghebbende dat de installaties op zichzelf werktuigen vormen, die verwijderbaar zijn met behoud van hun waarde als zodanig en niet op zichzelf als gebouwd eigendom zijn aan te merken. De zaak wordt verwezen.

Hoge Raad 20 mei 2005, nr. 38 915, Belastingblad 2005, blz. 954, BNB 2005/237, FED 2005/82*
Belanghebbende is eigenaar van twee in de gemeente Eemsmond gelegen objecten, een *gasaanlandings- en behandelingsstation* en een *gascompressorstation* en *afsluiterlocatie*. In discussie is de omvang van de werktuigenvrijstelling voor het belastingjaar 1995. Op dat moment gold artikel 305a (oud) Gemeentewet: 'In afwijking van artikel 3 wordt bij het bepalen van de maatstaf van heffing in elk geval buiten beschouwing gelaten de waarden van (...) tot de onroerende zaak behorende, daaraan al dan niet aard- of nagelvast verbonden, werktuigen die verwijderd kunnen worden met behoud van hun waarde als zodanig en niet op zichzelf als gebouwde eigendommen zijn aan te merken'. Het Hof is er vanuit gegaan dat niet van belang is dat die installaties in hun geheel demonteerbaar, verplaatsbaar en op een andere locatie monteerbaar zouden zijn. De Hoge Raad is van oordeel dat het Hof zijn oordeel heeft gevormd op een onjuist uitgangspunt. De Hoge

Raad stelt voorop dat er sprake is van een werktuig indien het gaat om een onroerend werktuig, dat verwijderbaar is met behoud van zijn waarde als zodanig, en dat niet op zichzelf als een gebouwd eigendom is aan te merken. De zaak wordt verwezen naar Hof Amsterdam dat in volle omvang opnieuw zal moeten onderzoeken of en zo ja in hoeverre, de werktuigenvrijstelling van toepassing is. De Hoge Raad merkt reeds op dat voor de beantwoording van de vraag welke gedeelten van een als gebouwd eigendom aan te merken werktuig – als hoedanig alleen buiten gebouwen opgestelde werktuigen kunnen worden aangemerkt – zelf dat werktuig vormen, beslissend is of die gedeelten kunnen worden verwijderd zonder dat de uiterlijke herkenbaarheid van dat werktuig als dat specifieke werktuig verloren gaat. *(In gelijke zin: Hoge Raad 20 mei 2005, nr. 37 728, Belastingblad 2005, blz. 704, BNB 2005/236*, FED 2005/88)*

Hoge Raad 29 september 2006, nr. 40 682, Belastingblad 2006, blz. 1219, BNB 2007/46c*

Belanghebbende exploiteert een *energiecentrale*. In geschil is de toepassing van de werktuigenvrijstelling. Aan het vereiste dat het werktuig met behoud van zijn waarde als zodanig verwijderd kan worden, is voldaan indien het werktuig na verwijdering zijn waarde als werktuig behoudt, ook al wordt die waarde, doordat het werktuig niet meer met de onroerende zaak is verbonden, lager (vgl. Hoge Raad 16 april 1980, nr. 19 727, BNB 1980/183). Dit vereiste houdt derhalve in dat het werktuig na verwijdering uit het gebouw nog als zodanig kan functioneren. Daarbij gaat het veeleer om de technische en fysieke toestand van het werktuig dan om de bedrijfseconomische waarde. Het Hof heeft in zijn uitspraak feitelijk - en in cassatie onbestreden - vastgesteld dat in het onderhavige geval voor verwijdering van de werktuigen in geen geval sloop van het desbetreffende gebouw noodzakelijk is. Daarvan uitgaande is – mede gelet op de door het Hof aldaar geciteerde passages uit de Kamerstukken – juist 's Hofs oordeel dat voor de toepasselijkheid van de werktuigenvrijstelling dan niet meer van belang is of door verwijdering van de werktuigen uit het gebouw waarin ze zijn geplaatst, het desbetreffende gebouw wordt beschadigd.

Het Hof heeft terecht geoordeeld dat het voor de toepassing van de werktuigenvrijstelling geen beletsel is dat een werktuig moet worden gedemonteerd teneinde het te kunnen verwijderen en vervolgens weer moet worden gemonteerd voor behoud van zijn waarde. Het werktuig behoudt immers aldus na verwijdering zijn waarde als werktuig, ook al verkeert het (tijdelijk) in gedemonteerde staat. Het Hof heeft terecht geoordeeld dat enige beschadiging van het werktuig bij verwijdering niet in de weg staat aan de toepassing van de onderhavige vrijstelling, zolang het niet gaat om een beschadiging van betekenis. Dit stemt overeen met het sedert 1 januari 2001 geldende artikel 220d, eerste lid, aanhef en letter j, van de Gemeentewet, waarin als vereiste voor de vrijstelling is opgenomen (onder meer) dat de werktuigen 'kunnen worden afgescheiden zonder dat beschadiging van betekenis aan die werktuigen wordt toegebracht'. Anders dan belanghebbende in cassatie betoogt, is 'het aanbrengen van onomkeerbare veranderingen zoals het verbreken van niet-losneembare verbindingen' niet zonder meer op te vatten als een beschadiging van betekenis in de hier bedoelde zin. Het Hof heeft kennelijk geoordeeld dat geen sprake is van een beschadiging van betekenis in de hier bedoelde zin, nu weliswaar niet-losneembare verbindingen zouden moeten worden verbroken en pijpleidingen zouden moeten worden doorgeslepen teneinde (een aantal van) de onderhavige werktuigen te kunnen demonteren met het oog op een verwijdering uit de gebouwen, maar die verbindingen en pijpleidingen in het kader van het wederom monteren van die werktuigen weer op relatief eenvoudige wijze kunnen worden hersteld.

5.5   Waterverdedigingswerken

Hoge Raad 3 juni 1998, nr. 33 394, Belastingblad 1998, blz. 571, BNB 1998/223, FED 1998/358
De vrijstelling voor waterverdedigingswerken is niet van toepassing op de onderhavige woon-/winkelpanden. Het gaat om panden, gebouwd in het talud aan de waterzijde van een winkelstraat te Dordrecht, die als dijk deel uitmaakt van de waterkering ter plaatse. De panden beschikken over een zogenaamde watergevel waaraan tevens vloedplanken kunnen worden vastgemaakt. Dit is onvoldoende om van waterverdedigingswerken te kunnen spreken.

Hof Arnhem 29 januari 2004, nr. 01/03246, E XI, Belastingblad 2004, blz. 522
Belanghebbende stelt dat zijn onroerende zaak deel uitmaakt van een waterverdedigingswerk dat beheerd wordt door (een rechtsvoorganger van) het Waterschap Rivierenland. Hij doet een beroep op de vrijstelling ingevolge artikel 2, aanhef en onderdeel f, Uitvoeringsregeling uitgezonderde objecten Wet WOZ. De ambtenaar heeft daar tegenover gesteld dat belanghebbende zelf het beheer verricht en het Waterschap slechts een toezichthoudende rol heeft bij het beheer en onderhoud door belanghebbende. Het Hof acht hierbij mede van belang dat de ambtenaar ter zitting een brief van het Waterschap Rivierenland heeft

overgelegd, waarin is vermeld dat de taak van het Waterschap is beperkt tot het toezicht houden op belanghebbendes perceel, welke werkzaamheid naar het oordeel van Hof minder vergaande plichten en/of bevoegdheden omvat dan 'beheren' en daarmee derhalve niet kan worden gelijkgesteld.

Rechtbank 's-Gravenhage 8 september 2006, nr. 06/734, EK, Belastingblad 2007, blz. 16
De woning van belanghebbende is gelegen aan een sloot en tegen een dijk aangebouwd. In geschil is de vraag of en in hoeverre het gedeelte van het perceel, gelegen tussen de kade en de sloot, met uitzondering van de ondergrond van de woning (hierna: de tussenliggende grond), wordt beheerd door organen, instellingen of diensten van publiekrechtelijke personen. Belanghebbende meent namelijk dat de grond is vrijgesteld, omdat sprake is van waterverdedigings- en waterbeheersingswerken die worden beheerd door organen, instellingen of diensten van publiekrechtelijke rechtspersonen. De Rechtbank leidt af dat het waterschap met betrekking tot de tussenliggende grond louter een toezichthoudende taak heeft. Dit is onvoldoende om te kunnen spreken van beheer van de tussenliggende grond door het waterschap. Beheer brengt verdergaande plichten en bevoegdheden mee dan bij toezicht het geval is. De gemeente heeft de toepassing van de vrijstelling terecht beperkt tot de kade.

Rechtbank 's-Gravenhage 24 april 2008, nr. 06/1013, MK, Belastingblad 2008, blz. 893
In geschil is de WOZ-waarde van een woning, waarvan het perceel grenst aan een sloot. Langs de sloot ligt een kade, die in het beheer is bij het Hoogheemraadschap. In geschil is de vraag of de heffingsambtenaar de vrijstelling van art. 220d, aanhef en onderdeel g, Gemeentewet juist heeft toegepast. De Rechtbank oordeelt dat aan de hand van de aard/omvang van de feitelijk door het Hoogheemraadschap met betrekking tot de overige grond verrichte handelingen, dient te worden bepaald of sprake is van beheer. Het louter uitoefenen van toezicht op de overige grond is niet aan te merken als beheer. Ook het voorkomen van een doorbraak van de waterkering of het herstellen van de waterkering na een doorbraak, is onvoldoende om van beheer te spreken. De Rechtbank neemt hierbij in aanmerking dat niet blijkt dat het risico op een doorbraak van de waterkering in de komende decennia meer dan verwaarloosbaar groot is, noch dat het voorkomen of herstellen van de gevolgen van een dergelijke doorbraak tot substantiële werkzaamheden met betrekking tot de overige grond zal leiden.

5.6   Kerken c.a.

Hoge Raad 4 december 1991, nr. 27 661, Belastingblad 1992, blz. 73, BNB 1992/47, FED 1992/56
Een gebouw waarvan ruimten zowel voor de *openbare eredienst* als voor andere doeleinden worden gebruikt, is in hoofdzaak bestemd voor de openbare eredienst indien het gebouw daarvoor voor ten minste 70% wordt gebruikt. Voor het antwoord op de vraag of het onderhavige object voor tenminste 70% voor de openbare eredienst wordt gebruikt, heeft het Hof zich terecht afgevraagd in welke mate de inhoud van het gebouw aan de onderscheidene gebruiksdoeleinden dient te worden toegerekend.

Hof Leeuwarden 21 maart 1997, nr. 463/96, M I, Belastingblad 1998, blz. 87
Belanghebbende stelt zich blijkens haar statuten ten doel de regelmatige beoefening van de vrijmetselarij. Zij gebruikt het onderhavige gebouw overeenkomstig dat doel als plaats van beleving en bezinning, terwijl het gebouw daarnaast wordt verhuurd aan andere loges in Friesland, die dezelfde doelstelling hebben. Naast bijeenkomsten van haar leden in besloten kring organiseert belanghebbende ook één à twee maal per maand bijeenkomsten waarbij ook belangstellende niet-leden welkom zijn. Laatstvermelde omstandigheid is onvoldoende om te kunnen spreken van een gebouw, dat in hoofdzaak is bestemd voor de openbare eredienst of voor het houden van openbare bezinningsbijeenkomsten van levensbeschouwelijke aard. De vrijstelling is dus niet van toepassing.

Hof Arnhem 9 juni 1998, nr. 95/1079, E I, Belastingblad 1999, blz. 50
Het geschil betreft de objectafbakening van een conferentieoord. Het Hof komt na berekening en herziening van de objectafbakening op de uitkomst dat 78% van het conferentieoord wordt gebruikt voor het houden van openbare bijeenkomsten op geestelijke grondslag. Derhalve is de vrijstelling van toepassing en dient de heffingsgrondslag te worden verminderd.

Hof Arnhem 28 augustus 2003, nr. 02/01165, Belastingblad 2003, blz. 1173
Aan belanghebbende is een aanslag OZB opgelegd. Belanghebbende stelt dat de onroerende zaak uitsluitend feitelijk beschikbaar wordt gesteld aan twee bij de Independent Order of Odd Fellows (IOOF) aangesloten loges. De IOOF is een levensbeschouwelijke organisatie,

vergelijkbaar met de Vrijmetselarij. De loges komen regelmatig een avond bij elkaar. De avond is opgebouwd uit twee delen, te weten de Tempelzitting en de Nazitting. De Tempelzittingen dragen een besloten karakter. Zij zijn uitsluitend bestemd voor leden van de betreffende loge, dan wel die van andere loges. De Nazittingen hebben een informeler karakter. Het sociale aspect staat centraal. Voor de Nazittingen kunnen desgewenst derden worden uitgenodigd, bijvoorbeeld voor het houden van een lezing of belangstellenden die eventueel geïnteresseerd zijn om toe te treden. Tussen partijen is uitsluitend in geschil of de kerkenvrijstelling van toepassing is. Bij de beantwoording van die vraag staat centraal of de onroerende zaak in hoofdzaak bestemd is voor het houden van een openbare bezinningsbijeenkomst van levensbeschouwelijke aard. Vast staat dat de Tempelzittingen uitsluitend bestemd zijn voor leden van de loges. De zittingen dragen derhalve een besloten karakter en zijn derhalve niet openbaar. Weliswaar dragen de Nazittingen een informeler karakter en kunnen derden worden uitgenodigd om deze bijeenkomsten bij te wonen, maar dit brengt naar het oordeel van Hof niet mee dat de Nazittingen geacht kunnen worden voor een ieder vrij toegankelijk te zijn. Nu de onroerende zaak nagenoeg uitsluitend wordt gebruikt voor Tempelzittingen en Nazittingen, is het Hof van oordeel dat de onderhavige onroerende zaak niet in hoofdzaak wordt gebruikt voor de openbare eredienst of voor het houden van openbare bezinningsbijeenkomsten van levensbeschouwelijke aard. Belanghebbende stelt zich op het standpunt dat ontzegging van de onderhavige vrijstelling aan haar moet worden beschouwd als een ongeoorloofde vorm van discriminatie op basis van levensovertuiging. Het Hof is van oordeel dat de besloten bijeenkomsten welke in de onroerende zaak worden gehouden feitelijk niet gelijk zijn te stellen aan openbare eredienstеn. Er is geen sprake van gelijke gevallen en dus ook niet van ongelijke behandeling van gelijke gevallen, zodat van discriminatie geen sprake is.

5.7 Werken die zijn bestemd voor de zuivering van riool- en ander afvalwater

Hoge Raad 9 mei 2003, nr. 37 517, Belastingblad 2003, blz. 697, BNB 2003/254c*, FED 2003/288
Aan belanghebbende, een stichting die is opgericht door zeven Westlandse gemeenten en de Westlandse tuinbouw- en bloemenveilingen, zijn wegens het eigendom en het gebruik van een waterzuiveringsinstallatie aanslagen onroerendezaakbelastingen opgelegd. Het doel van belanghebbende is onder meer de exploitatie van de zuiveringsinstal-

latie. In deze zuiveringsinstallatie wordt het afvalwater, dat bij de compostering van het tuinafval van de tuinbouwbedrijven vrijkomt, eerst gezuiverd waarna het water via een rioolpersleiding naar de installatie van het Hoogheemraadschap wordt geleid. In geschil is de vraag of het gelijkheidsbeginsel is geschonden door zuiveringswerken die worden beheerd door (organen, instellingen of diensten van) publiekrechtelijke rechtspersonen vrij te stellen en zuiveringswerken die worden beheerd door niet-publiekrechtelijke rechtspersonen wel in de heffing te betrekken. Het Hof heeft – na te hebben geoordeeld dat belanghebbende niet kan worden aangemerkt als een orgaan, instelling of dienst van een publiekrechtelijke rechtspersoon – geoordeeld dat deze bepalingen een ongerechtvaardigde ongelijke behandeling van gelijke gevallen inhouden en dat op grond van het gelijkheidsbeginsel de waarde van de waterzuiveringsinstallatie van belanghebbende buiten aanmerking moet blijven. Volgens de Hoge Raad moet bij de beantwoording van die vraag voorop worden gesteld dat die bepalingen niet iedere ongelijke behandeling van gelijke gevallen verbieden, doch alleen die welke als discriminatie moet worden beschouwd omdat een redelijke en objectieve rechtvaardiging ervoor ontbreekt. Hierbij verdient opmerking dat op fiscaal gebied aan de wetgever een ruime beoordelingsvrijheid toekomt. De Hoge Raad oordeelt vervolgens – verwijzend naar de kamerstukken en de door de Staatssecretaris daartegen vanuit het oogpunt van rechtsgelijkheid aangevoerde bezwaren – dat de Kamer klaarblijkelijk de ten gunste van een vrijstellingsmogelijkheid alleen voor door overheidslichamen beheerde zuiveringswerken aangevoerde argumenten van meer gewicht geacht dan de bezwaren van de Staatssecretaris daartegen. Niet kan worden gezegd dat de wetgever de grenzen van de hem toekomende ruime beoordelingsvrijheid heeft overschreden.

5.8   Uitzonderingen in het kader van de OZB

Hof 's-Gravenhage 19 december 2000, nr. BK-98/05063, E VIII, Belastingblad 2001, blz. 811
In geschil is de waarde van een perceel grond en het daarop gevestigde volkstuinhuisje. De waarde is vastgesteld op ƒ 23.000. De ambtenaar stelt dat belanghebbende geen belang heeft bij de procedure, daar de Verordening OZB een efficiencyvrijstelling van ƒ 25.000 kent. Om die reden worden ter zake van de onderhavige onroerende zaak geen aanslagen OZB en waterschapsomslagen opgelegd. Naar het oordeel van het Hof is deze stelling niet overtuigend. Immers, niet is komen vast te staan dat voor het gehele tijdvak geen heffing zal

plaatsvinden. Ook is het mogelijk dat de onroerende zaak door wijzigingen in waarde toeneemt, zodat wel belastingen zullen worden geheven. Om die reden ziet het Hof geen aanleiding belanghebbende de toegang tot de rechter te onthouden. Het Hof volgt partijen in de gehanteerde waarderingsmethode, zijnde de gecorrigeerde vervangingswaarde.

6   Waardevaststelling

6.1   Beschikking aan het begin van het tijdvak (artikel 22)

Hoge Raad 13 december 2000, nr. 35 640, Belastingblad 2001, blz. 544, BNB 2001/57c*, FED 2001/87
De woning van belanghebbende is in de zomer van 1996 verbouwd. De verbouwing is in de loop van 1996 gereed gekomen en is in 1997 gereed gemeld bij de gemeente. De gemeente is een wetsfictiege-meente waar op voet van artikel 41, eerste lid, van de Wet WOZ, 1 januari 1992 als waardepeildatum geldt. De verbouwing houdt in een wijziging in de zin van artikel 19, eerste lid, letter b, van de Wet WOZ. De waarde van de woning is bij beschikking (I) vóór de ver-bouwing vastgesteld op *f* 261.000 en is bij beschikking (II) na de ver-bouwing vastgesteld op *f* 346.000. Voor het Hof hebben partijen het standpunt ingenomen dat beschikking II geldt met ingang van 1 ja-nuari 1998. Het Hof heeft echter geoordeeld dat beschikking II geldt met ingang van 1 januari 1997. De Hoge Raad oordeelt dat het Hof ten onrechte is afgeweken van het gelijkluidende standpunt van partij-en, zodat de Hoge Raad de tweede beschikking zal wijzigen in die zin dat daarin uitdrukkelijk 1 januari 1998 als ingangsdatum geldt.
Belanghebbende stelt dat beschikking II geheel moet worden vernie-tigd, omdat voor het college geen mogelijkheid bestond op grond van de artikelen 19 en 25 van de Wet WOZ per 1 januari 1998 rekening te houden met de in 1996 voltooide verbouwing. Enerzijds had de ver-bouwing uitsluitend tot een waardevaststelling per 1 januari 1997 kunnen leiden en anderzijds kan een waardevaststelling op grond van de artikelen 19 en 25 volgens belanghebbende slechts een deel van het tijdvak betreffen en niet het gehele tijdvak. Een nieuwe waarde-vaststelling voor het gehele tijdvak kan naar zijn mening uitsluitend met toepassing van artikel 27 worden bereikt. De Hoge Raad oordeelt dat indien zich tussen de waardepeildatum en het begin van het tijd-vak waarvoor de waarde ingevolge artikel 22 wordt vastgesteld – in dit geval tussen 1 januari 1992 en 1 januari 1997 – een wijziging in de zin van artikel 19, eerste lid, voordoet, artikel 25 erin voorziet dat een nieuwe beschikking in de plaats van de oude treedt. Er is geen goede grond deze bepaling zo uit te leggen dat deze niet kan worden toegepast in gevallen waarin, zoals hier, de wijziging heeft plaatsge-

vonden vóór de waardevaststelling bij beschikking ingevolge artikel 22. Het valt niet in te zien waarom in die gevallen voor de gemeente uitsluitend de weg van de herzieningsbeschikking van artikel 27 zou openstaan. Evenmin behoeft, als de weg van artikel 25 wordt gekozen, te zijn voldaan aan de vereisten die artikel 27 stelt voor zo'n herzieningsbeschikking, te weten – kort samengevat – dat de wijziging een 'nieuw feit' vormt. Daarbij dient bedacht te worden dat de oorspronkelijke, op grond van artikel 22 gegeven, beschikking in een situatie als deze op zichzelf juist is, immers in overeenstemming met de maatstaf van artikel 18 (naar waarde en staat op de peildatum), terwijl artikel 27 is bedoeld voor 'herstel van onjuistheden', 'te lage waardevaststelling' en 'onregelmatigheden'. Opmerking verdient, aldus de Hoge Raad, dat ingeval een verbouwing of een dergelijke wijziging heeft plaatsgevonden vóór de waardevaststelling bij beschikking, zich bijzondere omstandigheden kunnen voordoen – te denken valt bijvoorbeeld aan mededelingen van de kant van de gemeente in verband met de waardevaststelling – die een beroep van de belastingplichtige rechtvaardigen op vertrouwen van zijn kant dat bij de waardevaststelling al rekening is gehouden met de wijziging en die in verband daarmee in de weg staan aan een nieuwe waardevaststelling op grond van die wijziging. Daarvan is in het onderhavige geval echter geen sprake.

Hoge Raad 24 januari 2001, nr. 35 752, Belastingblad 2001, blz. 547, BNB 2001/96, FED 2001/97
In geschil is waarde van een pand dat in 1995 casco is opgeleverd en dat op de taxatiedatum van 9 januari 1997 voor 75% gereed was. Ter zake van het tijdvak 1 januari 1997 tot en met 31 december 2000 is op 21 april 1997 een waardebeschikking op grond van artikel 22 van de Wet WOZ afgegeven. Het Hof heeft geoordeeld dat deze beschikking dient te worden aangemerkt als een beschikking in de zin van artikel 25 van de Wet WOZ. Naar het oordeel van de Hoge Raad kan daarvan echter geen sprake zijn. Ingevolge artikel 22 jo. artikel 18 van de Wet WOZ wordt de waarde bepaald naar de waardepeildatum en naar de staat waarin de onroerende zaak op de waardepeildatum verkeert. Ingevolge artikel 25 jo. artikel 19, eerste lid, aanhef en onder b en c, van de Wet WOZ wordt de waarde bepaald naar de waardepeildatum en naar de staat waarin die zaak verkeert bij het begin van het kalenderjaar volgende op dat waarin de waardeverandering zich heeft voorgedaan. Een ingevolge artikel 22, eerste lid, gegeven beschikking, waarbij de waarde van een onroerende zaak is bepaald naar de waarde op de waardepeildatum en naar de staat waarin de zaak op die datum verkeert, kan derhalve in de bezwaar- en beroepsprocedure

niet worden aangemerkt als een beschikking ingevolge artikel 25, eerste lid, waarin de waarde is bepaald met inachtneming van na de waardepeildatum plaats gehad hebbende waardeveranderingen. Indien een waardeverandering die het geven van een nieuwe beschikking rechtvaardigt, zich reeds heeft voorgedaan voordat een beschikking ingevolge artikel 22, eerste lid, is gegeven, verzet het systeem van de Wet WOZ zich niet ertegen dat wordt volstaan met een beschikking ingevolge artikel 25, eerste lid. Wel dient dan daarin te worden aangegeven naar welk tijdstip de staat van de onroerende zaak voor de waardering is beoordeeld, en dient het tijdstip met ingang waarvan de beschikking geldt, te worden vermeld.

Hof Arnhem 23 april 2002, nr. 99/3426, E IV, Belastingblad 2002, blz. 982
Aan belanghebbende zijn eerder twee WOZ-beschikkingen afgegeven voor een pand bestaande uit twee delen die elk een afzonderlijke onroerende zaak vormden. Na een nieuwe opname van de onroerende zaak is gebleken dat in de loop van het WOZ-tijdvak de objectafbakening is gewijzigd en dat thans sprake is van één onroerende zaak. Aan belanghebbende is hierop een beschikking afgegeven op grond van artikel 19 j° 25 van de Wet WOZ. Het Hof oordeelt dat een herziening van een onjuiste objectafbakening geen grond oplevert voor het vaststellen van een beschikking ex artikel 19 van de Wet WOZ. Indien een pand, dat in het verleden als twee onroerende zaken is aangemerkt, na een nieuwe opname met ingang van een bepaald jaar als één onroerende zaak wordt aangemerkt, dient voor die onroerende zaak een geheel nieuwe WOZ-beschikking op grond van artikel 22 van de Wet WOZ te worden genomen. Volledigheidshalve merkt het Hof op dat er geen sprake is van het opgaan van de ene onroerende zaak in de andere, maar dat de nieuwe onroerende zaak een andere is dan de beide eerder als onroerende zaak beschouwde deelobjecten. Het Hof verklaart het beroep gegrond en vernietigt de beschikking.

Hof Arnhem 5 juni 2002, nr. 01/02020, E II, Belastingblad 2002, blz. 977
Belanghebbende heeft de woning, waarvan de waarde in geschil is, op 15 juli 2000 gekocht voor een bedrag van ƒ 810.000. Tussen de aankoopdatum en 1 januari 2001 zijn aan de woning werkzaamheden verricht. De werkzaamheden bestonden uit de vervanging van de cv-ketel, het opknappen van de badkamer en zelf uitgevoerd binnenschilderwerk, hetgeen tot een uitgavenpost van ƒ 25.710 heeft geleid. De heffingsambtenaar neemt het standpunt in dat er sprake is van wijziging van de onroerende zaak als gevolg van verbetering, in de zin van

artikel 19, eerste lid, aanhef en onder b, van de Wet WOZ en dat de waarde van de woning derhalve dient te worden vastgesteld naar de staat bij het begin van het tijdvak, zijnde 1 januari 2001. Het Hof is echter evenals belanghebbende van mening dat de werkzaamheden, mede gelet op het ermee gemoeide bedrag, aan te merken zijn als onderhoud en niet als verbetering in de zin van genoemd artikel 19. Naar het oordeel van het Hof heeft de heffingsambtenaar niet of onvoldoende aannemelijk gemaakt dat zich een situatie als bedoeld in dat artikel heeft voorgedaan. De waarde van de woning dient daarom niet te worden bepaald naar de staat per 1 januari 2001, maar naar de staat op de waardepeildatum 1 januari 1999.

Hoge Raad 19 september 2003, nr. 37 843, Belastingblad 2003, blz. 1164, BNB 2003/368*, FED 2003/504
De woning van belanghebbende is opgeleverd in de loop van 1994. Op 1 januari 1997 was belanghebbende eigenaar en gebruiker van het pand. Ingevolge de verordening van de gemeente Wassenaar gold als waardepeildatum 1 januari 1994 (wetsfictiegemeente). Het Hof gaat ervan uit dat gewaardeerd moet worden naar de staat waarin het pand zich op 1 januari 1997 bevond, naar de waardepeildatum 1 januari 1994. Met wijzigingen in de toestand van de onroerende zaak na 1 januari 1995 kan slechts rekening worden gehouden door een wijzigingsbeschikking op de voet van artikel 25 met inachtneming van artikel 19. In die beschikking moet worden aangegeven naar welk van de waardepeildatum verschillend tijdstip de staat van de onroerende zaak is beoordeeld (HR BNB 2001/96*). De onderhavige beschikking, waarin alleen 1 januari 1994 als waardepeildatum is aangegeven, kan niet worden opgevat als een beschikking ex artikel 25.

Hof 's-Hertogenbosch 1 maart 2005, nr. 02/04231, E V, Belastingblad 2005, blz. 693
Belanghebbende heeft de onroerende zaak in maart 1999 gekocht. Na de aankoop, maar vóór 1 januari 2001 is de woning vergroot door een aanbouw. Bij beschikking is de waarde vastgesteld naar de toestand per 1 januari 2001. De beschikking vermeldt alleen de waardepeildatum, niet de toestandsdatum. Uit de beschikking kan niet worden afgeleid dat de waarde is bepaald met toepassing van artikel 19, eerste lid, Wet WOZ. Belanghebbende stelt daarom dat de waarde bepaald moet worden naar de toestand per 1 januari 1999. Het Hof stelt vast dat artikel 23 in een situatie als bedoeld in artikel 19, eerste lid, niet aangeeft dat het tijdstip waarnaar de staat van de onroerende zaak is beoordeeld, moet worden vermeld. In geval van een wijziging als bedoeld in artikel 19, tweede lid, stelt artikel 25 wel die eis. Het Hof

verwijst naar jurisprudentie van de Hoge Raad omtrent artikel 19 op grond van tekst tot 1999. Toen moest ook voor de situaties die nu onder artikel 19, eerst lid vallen, een beschikking op grond van artikel 25 worden genomen, waarbij het tijdstip waarnaar de staat van het object is beoordeeld moest worden aangegeven. Het Hof ziet onvoldoende reden om de reikwijdte van de jurisprudentie van de Hoge Raad te beperken tot gevallen van vóór de wetswijziging per 1 januari 1999. Volgens het Hof moet ook de het tijdstip waarnaar de staat van het object is beoordeeld op de beschikking worden vermeld. Nu dit niet is gebeurd verbindt het Hof hieraan de conclusie dat de waarde moet worden bepaald naar de staat per 1 januari 1999. Het Hof verwerpt het verweer van de gemeente dat de wetgever het kennelijk niet nodig vond dat het tijdstip waarnaar de staat van de onroerende zaak is beoordeeld zou worden vermeld. Het Hof is van oordeel dat het rechtszekerheidsbeginsel meebrengt dat slechts kan worden geheven naar de toestand op 1 januari 1999. Het geheel vernietigen van de beschikking gaat verder dan het rechtszekerheidsbeginsel vergt. Het Hof bepaalt de waarde naar de toestand op 1 januari 1999.

Hof Leeuwarden 1 september 2005, nr. 285/01, M II, Belastingblad 2005, blz. 1129
Belanghebbende is eigenaar van een *energiecentrale*. In geschil is de WOZ-waarde naar waardepeildatum 1 januari 1994. In 1996 is een nieuwe centrale gebouwd. In geschil is de vraag of bij het bepalen van de WOZ-waarde voor het eerste WOZ-tijdvak rekening mag worden gehouden met mutaties aan de onroerende zaak tussen 1 januari 1995 en 1 januari 1997. Onder toepassing van de wettekst 1997 stelt het Hof vast dat de bestreden WOZ-beschikking geen vermelding bevat van een, van de waardepeildatum afwijkende, datum waarnaar de staat van de onroerende zaak voor de waardebepaling is beoordeeld. Het Hof overweegt, onder verwijzing naar Hoge Raad 19 september 2003, nr. 37 843, BNB 2003/368*, dat bij het ontbreken van een dergelijke vermelding van een van de waardepeildatum afwijkende datum ervan moet worden uitgegaan dat de in de beschikking genoemde waarde is bepaald naar de toestand waarin de zaak verkeert op de waardepeildatum. Er mag dus geen rekening worden gehouden met mutaties van tussen 1 januari 1995 en 1 januari 1997.

Rechtbank Utrecht 22 maart 2006, nr. 05/1910, MK, Belastingblad 2006, blz. 686
Een nieuwbouwwoning is gewijzigd na 1 januari 2003 (en voor 1 januari 2005), dus voorafgaand aan het begin van het tijdvak. Op de WOZ-beschikking is vermeld dat de waarde is vastgesteld naar de

waardepeildatum 1 januari 2003. Niet is vermeld 1 januari 2005 als toestandsdatum. Hoewel deze laatste vermelding niet door de wetgever verplicht is gesteld, is de Rechtbank, in aansluiting op het arrest van de Hoge Raad van 24 januari 2001 (LJN: AA9625) en het arrest van Hof 's-Hertogenbosch van 1 maart 2005 (LJN: AT3322) evenwel van oordeel dat ook ingeval zich een waardeverandering als bedoeld in artikel 19, eerste lid, Wet WOZ heeft voorgedaan, aangegeven dient te worden naar welk tijdstip de staat van de onroerende zaak voor de waardering is beoordeeld. Nu in de WOZ-beschikking niet is vermeld naar welk tijdstip de staat van de onroerende zaak voor de waardering is beoordeeld, terwijl dat tijdstip evenmin valt af te leiden uit de vermelding van het tijdvak waarvoor de beschikking geldt, moet de beschikking aangemerkt worden als een beschikking ingevolge artikel 22, jo artikel 18, Wet WOZ. Daarbij geldt derhalve als uitgangspunt dat de waarde van een onroerende zaak wordt bepaald naar de waarde die de zaak op de waardepeildatum heeft naar de staat waarin de zaak op die datum verkeert. De WOZ-beschikking is genomen in strijd met het beginsel van rechtszekerheid.De Rechtbank verwerpt de stelling van de gemeente dat de woning op 1 januari 2003 nog niet was gebouwd, omdat dat niet hoeft te betekenen dat aan de onroerende zaak geen waarde zou kunnen worden toegekend. De omstandigheid dat het geautomatiseerde systeem van de gemeente het niet mogelijk maakt de toestandsdatum ook in een dergelijke situatie te vermelden moet voor rekening van de gemeente blijven.

Rechtbank Amsterdam 1 februari 2007, nr. 06/556, EK, Belastingblad 2007, blz. 639
Belanghebbende koopt in 2002 een woning die tussen 2003 en 2005 wordt opgeleverd. De WOZ-waarde voor het tijdvak 2005-2006, naar de waardepeildatum en de toestandsdatum 1 januari 2003, wordt vastgesteld op € 455.000. De gemeente staat in beroep een waarde van € 278.335 voor. Ook geeft de gemeente een mutatiebeschikking af, ex. art. 19, tweede lid. Daarbij wordt de WOZ-waarde per 1 januari 2003 naar de toestand op 1 januari 2005 bepaald op € 455 000 (tweede beschikking). De Rechtbank oordeelt dat de gemeente ten onrechte de tweede beschikking op grond van art. 19, tweede lid, heeft afgegeven. De oplevering van de woning heeft zich namelijk voorgedaan tijdens het WOZ-tijdvak 2001-2004. Deze heeft dus geen invloed op de onderhavige WOZ-waarde die geldt voor het tijdvak 2005-2006. De Rechtbank verlaagt de WOZ-waarde voor de eerste beschikking tot € 278 335.

Rechtbank 's-Gravenhage 9 augustus 2007, nr. 06/10395, EK, Belastingblad 2008, blz. 133
Belanghebbende is eigenaar van een grachtenpand. De gemeente heeft het pand gesplitst en geeft twee WOZ-beschikkingen af, met een totale waarde van € 814.700, naar waardepeildatum 1 januari 2003. In september 2005 komt de gemeente erachter dat belanghebbende het gehele pand verhuurt aan één gebruiker. De gemeente vernietigt daarom de beschikkingen en legt een nieuwe WOZ-beschikking op tegen een waarde van € 1.261.280, voor het pand als één geheel. Belanghebbende meent dat de gemeente de waarde bij de nieuwe beschikking niet hoger had mogen vaststellen dan de totale waarde van de twee eerdere beschikkingen. De Rechtbank oordeelt dat de gemeente de beschikkingen terecht heeft vernietigd en terecht voor het juist afgebakende object een nieuwe beschikking heeft afgegeven (HR 9 mei 2003, nr. 35 987, BNB 2003/270*). De nieuwe beschikking is aan te merken als eerste primitieve beschikking voor het nieuwe object. De gemeente is vrij om, zonder nieuw feit, de waarde van het object opnieuw vast te stellen en zo nodig te verhogen (Hof Amsterdam 7 december 2001, nr. 00/2756, V-N 2001/17.23).

6.2 Beschikking: mutatiebeschikking (artikel 25)

Hof Amsterdam 10 november 1998, nr. P98/450, E I, Belastingblad 1999, blz. 235
De onroerende zaak is in april 1995 gekocht en wordt voor de aanvang van het tijdvak verbouwd. De *waardestijging* als gevolg van een *verbouwing* betreft derhalve de waarde na verbouwing minus de aankoopsom. Op basis van deze gegevens moet worden berekend of wordt voldaan aan de 5% grens van artikel 19 van de Wet WOZ. Het is onjuist aan de verbouwing een zelfstandige waarde toe te kennen, anders dan het verschil tussen de waarde na verbouwing minus de aankoopsom.

Hof Amsterdam 11 november 1998, nr. 97/21601, Belastingblad 1999, blz. 363
De woning van belanghebbende is in maart 1994 op papier gekocht. De woning was op de waardepeildatum, 1 januari 1995, nog niet geheel gereed. De woning is in februari/maart 1995 opgeleverd. In casu is sprake van een wijzigingsgrond als bedoeld in artikel 19, eerste lid, onderdeel b, van de Wet WOZ (bouw) en is naar moet worden aangenomen de drempel van 5% met een minimum van ƒ 25.000 overschreden. De waarde moet derhalve worden bepaald op basis van de

fictie dat de woning op de waardepeildatum reeds bestond naar de toestand op 1 januari 1997. Op basis van marktprijzen moet de waarde worden gesteld op *f* 268.000. Waardering op basis van de lagere stichtingskosten zoals belanghebbende voorstaat is niet in overeenstemming met het wettelijke waardebegrip.

Hof Amsterdam 17 november 1999, nr. P97/21758, E XIV, Belastingblad 2000, blz. 923

In artikel 41, tweede lid, van de Wet WOZ is bepaald dat bij wets,,fictiegemeenten de waarde van een onroerende zaak wordt bepaald met inachtneming van artikel 19 van de Wet indien op of na 1 januari 1995 zich met betrekking tot die onroerende zaak feiten of omstandigheden als bedoeld in dat artikel hebben voorgedaan. In casu heeft zich in 1996 een feit als bedoeld in artikel 19 van de Wet voorgedaan, zodat de verweerder terecht de waarde van de woning heeft bepaald naar de staat ervan per 1 januari 1997. De staat van de woning per 1 januari 1997 wordt mede bepaald door onderhoudswerkzaamheden die vóór deze datum zijn verricht. De gemeente heeft terecht het effect van de onderhoudswerkzaamheden op de waarde van de woning in de waardevaststelling begrepen. Belanghebbende beroept zich op het arrest van de Hoge Raad van 29 november 1995 (nr. 30 898) waarin hij leest dat het plegen van onderhoud en het wegwerken van achterstallig onderhoud niet in de waardevaststelling mag worden betrokken. Deze lezing van het arrest is onjuist. Het arrest houdt slechts in dat onderhoudswerkzaamheden, die niet een verbetering opleveren, op zichzelf geen aanleiding vormen tot een tussentijdse verhoging van de waarde voor de OZB. In het onderhavige geval is er wél sprake van een verbetering van de woning die leidt tot een waardevaststelling naar de staat op een andere datum dan de waardepeildatum. Bij zo'n nieuwe waardevaststelling kan het waardevermeerderende effect van verrichte onderhoudswerkzaamheden niet buiten beschouwing blijven.

Hof 's-Gravenhage 10 december 1999, nr. BK 98/3264, E IX, Belastingblad 2000, blz. 616

Belanghebbende is eigenaar en gebruiker van een woning in een wetsfictiegemeente waar als waardepeildatum 1 januari 1992 geldt. In december 1996 is begonnen met de bouw van een NS-station. De aanleg van het parkeerterrein is in 1997 aangevangen. Belanghebbende kijkt vanuit zijn woning uit over het nieuwe NS-parkeerterrein, waar hij voorheen uitzag over een plantsoen. De aanleg van het parkeerterrein en de bouw van het station zijn omstandigheden als bedoeld in artikel 19 van de Wet WOZ. Om die reden dient de gemeente de waarde opnieuw vast te stellen naar waardepeildatum 1 januari 1992 en naar de staat van de woning op 1 januari 1998.

Hof Amsterdam 24 januari 2000, nr. 98/5160, E V, Belastingblad 2000, blz. 527
Bij het vaststellen van de waarde als gevolg van een omstandigheid zoals bedoeld in artikel 19 van de Wet WOZ dient de waarde vastgesteld te worden, los van de vraag of de eerder vastgestelde waarde juist is bepaald. Er dient dan ook niet te worden uitgegaan van een enkele verhoging van de eerder onherroepelijk vastgestelde waarde met enkel de waardevermeerdering ten gevolge van (in dit geval) verbouwing.

Hof Arnhem 24 februari 2000, nr. 98/2127, E I, Belastingblad 2002, blz. 523
De in Belastingblad opgenomen datum van deze uitspraak van 24 februari 2000 is onjuist. Dit moet zijn 25 oktober 2000. Onder deze datum is de uitspraak in dit boekje opgenomen.

Hof Amsterdam 27 september 2000, nr. 00/572, E IX, Belastingblad 2001, blz. 243
Belanghebbende is sinds 31 januari 1997 eigenaar van een kavel. Op de kavel is een half-vrijstaande woning gebouwd. De woning is op 7 januari aan belanghebbende opgeleverd. De bouw van de woning was reeds eind december 1997 voltooid. Aan belanghebbende zijn twee waardebeschikkingen afgegeven. Bij het afgegeven van de eerste waardebeschikking is de gemeente uitgegaan van een waarde van 70% gereed. Bij beschikking van 31 januari 1999 is de waarde van de woning naar de toestand per 1 januari 1999 vastgesteld. Bij de waardebepaling ingevolge artikel 17, tweede lid, van de Wet WOZ is de feitelijke toestand van de woning op een toestandsdatum, in casu 1 januari 1998, van doorslaggevende betekenis. Gelet op de tussen partijen vaststaande feiten is het Hof van oordeel dat de woning op 1 januari 1998 gereed was. De waardebeschikking van 31 januari 1999 heeft de gemeente derhalve ten onrechte doen gronden op een in artikel 19, eerste lid, onderdeel b, van de Wet WOZ genoemde omstandigheid op grond waarvan een nieuwe tussentijdse waardebeschikking kan worden afgegeven. De waarde van de eerste beschikking was niet zodanig laag dat het belanghebbende aanstonds duidelijk had moeten zijn dat deze niet kon zijn gebaseerd op de waarde van zijn woning in voltooide staat. Het Hof neemt daarbij in aanmerking dat noch uit de waardebeschikking zelf noch uit de bij die beschikking gevoegde bijsluiter kan worden opgemaakt dat de eerste waardebeschikking was

gegrond op de veronderstelling dat de woning voor 70% gereed was op 1 januari 1998.

Hoge Raad 21 februari 2001, nr. 35 877, Belastingblad 2001, blz. 587, BNB 2001/163, FED 2001/243
Belanghebbende kocht in 1994 een woning die ultimo 1995 is opgeleverd en in 1996 is betrokken. In afwijking van artikel 18 van de Wet WOZ is de waarde voor het eerste tijdvak, op grond van artikel 19, eerste lid, van de Wet WOZ, bepaald naar de staat van de woning op 1 januari 1996 en niet naar de staat op 1 januari 1995. In geschil is of belanghebbende terecht stelt dat de regelgeving betreffende de waardevaststelling voor woningen die gebouwd zijn na de waardepeildatum strijdig is met artikel 26 IVBPR, nu deze niet worden gewaardeerd ten tijde van de oplevering, maar naar de staat bij het begin van het volgende kalenderjaar. Op het beroep in cassatie van belanghebbende overweegt de Hoge Raad dat het oordeel van het Hof dat voor een ongelijke behandeling van gelijke gevallen die zich in dit systeem kan voordoen, de uitvoerbaarheid van de wetgeving een objectieve en een redelijke rechtvaardiging biedt, juist is. Het beroep is ongegrond.

Hof Arnhem 7 augustus 2001, nr. 00/1978, E VI, Belastingblad 2002, blz. 74
Belanghebbende heeft eind 1998 een koop/aannemingsovereenkomst afgesloten voor de bouw van een woning. Deze woning op is 12 juli 1999 opgeleverd en vanaf 31 juli 1999 in gebruik genomen. Bij beschikking, peildatum 1 januari 1995, wordt de waarde in het kader van de Wet WOZ vastgesteld op ƒ 250.000. De waarde wordt in uitspraak op bezwaar gehandhaafd. Het Hof oordeelt dat de beschikking vernietigd moet worden omdat bij het bepalen van de waarde per 1 januari 1995 rekening is gehouden met de aanwezigheid van de nieuwbouwwoning, terwijl die toen nog niet was gebouwd. Niet de artikelen 18 en 22 van de Wet WOZ, maar de artikelen 19 en 25 van de Wet WOZ hadden moeten worden toegepast. Daarnaast is de beschikking bekendgemaakt aan iemand waarvan niet is komen vast te staan dat hij aan het begin van het tijdvak (1 januari 1997) enig gebruiksrecht of genotsrecht als bedoeld in artikel 24, derde lid, van de Wet WOZ had.

Hof 's-Gravenhage 8 februari 2002, nr. 01/00196, M IV, Belastingblad 2002, blz. 571
Bij beschikking van 25 februari 1997 heeft de gemeente de waarde van een woning voor het tijdvak 1 januari 1997 tot en met 31 december 2000 vastgesteld op ƒ 210.000, berekend naar de voor de gemeen-

te Zaanstad als wetsfictiegemeente geldende waardepeildatum van 1
januari 1992. Tegen deze beschikking is toen geen bezwaar gemaakt.
In de loop van het jaar 2000 heeft belanghebbende vernomen dat de
betonnen vloer op de begane grond is aangetast door betonrot. Belanghebbende heeft bij brief van 17 november 2000 aan de gemeente
verzocht op grond van artikel 19, eerste lid, onderdeel c, van de Wet
WOZ (de bijzondere omstandigheid) een nieuwe beschikking af te geven, waarbij rekening wordt gehouden met een vermindering van de
vastgestelde waarde van de woning in verband met de geconstateerde
betonrot. Dit verzoek is bij de bestreden uitspraak afgewezen. Naar
het oordeel van het Hof stelt de gemeente terecht dat in het onderhavige geval met een waardeverandering ten gevolge van die bijzondere
omstandigheid pas met ingang van 1 januari 2001 rekening kan worden gehouden. Het beroep van belanghebbende op de toepassing van
artikel 19 van de Wet WOZ faalt derhalve. Het betoog van belanghebbende houdt echter tevens in dat de waarde van de woning voor het
WOZ-tijdvak 1 januari 1997 tot en met 31 december 2000 dient te
worden bepaald op de prijs die gegadigden – die bekend zouden zijn
met de toestand van de woning zoals die naderhand is gebleken – op
de waardepeildatum 1 januari 1992 bereid zouden zijn geweest te betalen. Dit impliceert volgens het Hof dat belanghebbende tevens bezwaar maakt tegen de bij de beschikking van 25 februari 1997 vastgestelde waarde voor het eerste WOZ-tijdvak. Belanghebbende stelt
echter niet eerder bezwaar te hebben kunnen maken, omdat de betonrot pas kort voor 17 november 2000 bekend is geworden. Gelet op
het bepaalde in artikel 6:11 van de Awb kan onder die omstandigheden naar 's Hofs oordeel redelijkerwijs niet worden geoordeeld dat
belanghebbende ten aanzien van het op 17 november 2000 ingediende
bezwaarschrift in verzuim is geweest en dient niet-ontvankelijkverklaring van het bezwaar tegen de beschikking wegens termijnoverschrijding achterwege te blijven.
Het Hof schat het waardedrukkend effect als gevolg van betonrot in
op f 15.000. Het beroep is gegrond.

*Hof Amsterdam 28 februari 2002, nr. 01/2806, E III, Belastingblad
2002, blz. 643*
De waarde van een woning is naar waardepeildatum 1 januari 1999
vastgesteld op f 363.000. In de uitspraak op het bezwaarschrift is de
waarde verminderd tot f 356.000. De woning is op 12 juli 1999 verkocht voor f 275.000. Belanghebbende heeft de woning gekocht op
18 mei 2000, voor f 385.000. Belanghebbende stelt dat de aankoopprijs van het object van 12 juli 1999 mede als uitgangspunt had moeten worden genomen voor de vaststelling van de waarde van het ob-

ject op 1 januari 1999. Ook stelt hij dat het object zich, toen hij deze
in het jaar 2000 verwierf, in een sterk vervuilde staat bevond en dat
hij daaraan in het jaar 2000 de nodige werkzaamheden heeft verricht.
In dat kader zijn in het jaar 2000 onder meer dakkapellen aangebracht, is het gehele huis van nieuwe vloeren voorzien en is een nieuwe keuken geplaatst. Naar het oordeel van het Hof dienen deze werkzaamheden op grond van het bepaalde in artikel 19, eerste lid, aanhef
en onder b, van de Wet WOZ, bij de waardering van de woning als
verbetering mede in aanmerking te worden genomen, met dien ver-
stande dat de waarde van het object daarbij dient te worden bepaald
naar de staat van deze woning bij het begin van het tijdvak dat loopt
van 1 januari 2001 tot en met 31 december 2004. In deze situatie kan
niet worden geoordeeld dat de waarde te hoog is vastgesteld. Dat verweerder bij de vaststelling van de waarde van het object, deze heeft
beoordeeld naar de staat per 1 januari 1999 doet, gelet op het bepaalde
in artikel 19, eerste lid, aanhef en onder b, van de Wet WOZ aan het
vorenstaande niet af. Evenmin ziet het Hof door in het onderhavige
geval de staat per 1 januari 2001 in de plaats te stellen van de staat
per 1 januari 1999 een belemmering in hetgeen is bepaald in artikel
8:69, eerste lid, van de Awb, aangezien het ingestelde beroep niet ertoe kan leiden dat de vastgestelde waarde wordt verhoogd. De stelling
dat een in 1999 gerealiseerde verkoopprijs mede in aanmerking had
moeten worden genomen faalt, aangezien de staat waarin het object
zich ten tijde van de transactie bevond niet representatief kan worden
geacht voor de staat waarin de woning zich per 1 januari 2001 bevond.

*Hof Arnhem 15 mei 2002, nr. 00/02190, E V, Belastingblad 2002, blz.
1143*
Aan belanghebbende is een mutatiebeschikking afgegeven op de voet
van de artikelen 19 en 25 van de Wet WOZ. Daarop is een ingangsdatum van de beschikking opgenomen. De datum van de staat waarnaar
de onroerende zaak is gewaardeerd (de toestandsdatum) is niet op de
beschikking opgenomen. In geschil is of de mutatiebeschikking moet
worden vernietigd, omdat daarin niet is vermeld naar welk tijdstip de
staat van de onroerende zaak voor de waardering is beoordeeld.Het
Hof oordeelt dat artikel 19, tweede lid, van de Wet WOZ, bepaalt dat
de waarde wordt bepaald naar de staat op 1 januari na het jaar van de
verbouwing. De mutatiebeschikking treedt vanaf dit tijdstip in werking en deze ingangsdatum wordt in de beschikking vermeld. Niet vereist is daarnaast nog te vermelden naar welk tijdstip de staat van de
onroerende zaak voor de waardering is beoordeeld. Dit tijdstip is immers gelijk aan de ingangsdatum.

Hoge Raad 14 juni 2002, nr. 36 747, Belastingblad 2002, blz. 865, BNB 2002/291 c, FED 2002/375

Belanghebbende is genothebbende van een recreatiewoning gelegen in een recreatiepark. In 1995 werden 22 van de 28 recreatiewoningen, die ingevolge de gebruiksbepalingen van de ter plaatse geldende bestemmingsplannen slechts voor recreatieve doeleinden mogen worden gebruikt, permanent bewoond, hetgeen door de gemeente werd gedoogd. Bij brief van 31 augustus 1995 heeft de gemeente de bewoners bericht 'met ingang van heden de recreatieve bestemming van de recreatiebungalows strikt te handhaven'. In geschil is de vraag of de wijziging van het gemeentelijke gedoogbeleid als een bijzondere omstandigheid als bedoeld in artikel 19, eerste lid, letter c, van de Wet WOZ kan worden aangemerkt. Het Hof heeft geoordeeld dat de wijziging van het gemeentelijke gedoogbeleid een aanmerkelijke waardedaling tot gevolg heeft. Het Hof verbindt daaraan de conclusie dat artikel 19, eerste lid, letter c en slot, van de Wet WOZ van toepassing is, zodat de waarde van de onderhavige onroerende zaak ingevolge artikel 18, tweede lid, van de Wet WOZ moet worden bepaald naar de staat van die zaak per 1 januari 1996. Tegen 's Hof uitspraak heeft het college van burgemeester en wethouders beroep in cassatie ingesteld. In zijn conclusie stelt A-G Ilsink dat een beleidswijziging als de onderhavige op één lijn moet worden gesteld met een bestemmingswijziging. Volgens hem heeft een dergelijke beleidswijziging, die werkelijk tot een aanmerkelijke waardedaling tot gevolg heeft, te gelden als een bijzondere omstandigheid. De Hoge Raad oordeelt dat uit de wetsgeschiedenis blijkt dat als een bijzondere omstandigheid kan worden aangemerkt de wijziging van een bestemmingsplan, indien deze bepaalde, nauwkeurig aan te wijzen objecten raakt. Volgens de Hoge Raad kan de wijziging van het gemeentelijke gedoogbeleid met betrekking tot de recreatiewoningen op één lijn worden gesteld met een bestemmingsplanwijziging als bedoeld in artikel 19, eerste lid, letter c, van de Wet WOZ. De uitspraak van het Hof kan echter niet in stand blijven, daar de wijze waarop het Hof betekenis heeft toegekend aan de verkoopcijfers innerlijk tegenstrijdig is en de uitspraak is derhalve onbegrijpelijk. Volgt vernietiging en verwijzing.

Hof Amsterdam 2 juli 2002, nr. 01/02816, E III, Belastingblad 2002, blz. 980

Belanghebbende heeft zijn woning op 15 september 1999 gekocht voor ƒ 340.000. De WOZ-waarde is vastgesteld op ƒ 394.000. Belanghebbende stelt dat de WOZ-waarde moet worden verlaagd naar ƒ 350.000. Ter zitting heeft de gemeente een stuk betreffende de staat van onderhoud van het object overgelegd, waarop de taxateur heeft aangetekend dat het object in september 1999 met achterstallig onderhoud is gekocht, dat het in 1999, 2000 en 2001 grotendeels is gerenoveerd (nieuwe keuken, badkamer, schilderwerk etc.) en dat de waarde van het object, gezien de verbeteringen in de woning die op 1 januari 2001 nog niet gereed waren, naar ƒ 375.000 verlaagd moet worden. Ter zitting verklaart de ambtenaar dat hij niet beweert dat zich omstandigheden als bedoeld in artikel 19, eerste lid, onderdeel b, van de Wet WOZ hebben voorgedaan en dat hij evenmin beweert dat het object allerlei grote veranderingen heeft ondergaan. Het Hof oordeelt dat het taxatieverslag de gemeente geen datum vermeldt, bevat geen informatie over de staat van het object en bevat ook geen informatie over bouwjaar, inhoud en perceelgrootte van de vergelijkingsobjecten. De gemeente weerlegt de stellingen van belanghebbende dat de referentiewoningen groter zijn ook niet. Naar het oordeel van het Hof heeft de ambtenaar niet aannemelijk gemaakt dat zich tussen de waardepeildatum en het begin van het tijdvak verbeteringen aan het object zijn aangebracht zoals bedoeld in artikel 19, eerste lid, aanhef en onderdeel b, van de Wet WOZ, welke zouden verklaren dat de waarde hoger moet worden vastgesteld dan de door belanghebbende gestelde ƒ 350.000.

Hof 's-Hertogenbosch 31 juli 2002, nr. 99/01015, E X, Belastingblad 2003, blz. 260
Aan belanghebbende is een WOZ-beschikking afgegeven. In 1997 is de woning gereed gekomen. Daarop heeft de gemeente, ingaande 1 januari 1998, een mutatiebeschikking afgegeven. In geschil is of de ambtenaar terecht de tweede beschikking aan de belanghebbende heeft gezonden. Belanghebbende stelt dat dat de tweede beschikking geen juridische bestaansgrond heeft. Deze stelling wordt door het Hof verworpen, nu uit Hoge Raad 24 januari 2001, nr. 35 752, BNB 2001/ 96 volgt, dat het de ambtenaar niet vrijstond in de beschikking op de voet van artikel 22 van de Wet WOZ, de eerste beschikking, een waarde op te nemen naar de staat van de onroerende zaak op een datum, die afwijkt van 1 januari 1995 en nu artikel 25 van de Wet WOZ de mogelijkheid biedt om ingeval van wijzingen in verband met een onroerende zaak een tweede beschikking op te leggen. Ingevolge Hoge Raad 13 december 2000, nr. 35 640, BNB 2001/57 stond het de ambtenaar, nu de beschikking voldoet aan de in de artikelen 19 juncto 25 van de Wet WOZ gestelde eisen, vrij de tweede beschikking af te geven zonder dat een nieuw feit noodzakelijk is. Voor een rechtens te beschermen vertrouwen is pas plaats als omstandigheden aanwezig zijn die bij de belanghebbende de indruk hebben kunnen wekken dat de ambtenaar zich bewust op het standpunt stelde dat de onroerende

zaak voor het gehele tijdvak van 1 januari 1997 tot en met 31 december 2000 zou zijn gewaardeerd. Belanghebbende heeft daarvoor geen bijzondere omstandigheden aangevoerd. Voor het in rechte te beschermen vertrouwen is meer vereist dan het enkele toezenden van een WOZ-beschikking.

Hof 's-Hertogenbosch 25 oktober 2002, nr. 00/00965, E X, Belastingblad 2003, blz. 258
Uit Hoge Raad 24 januari 2001, nr. 35 752, BNB 2001/96, blijkt dat bij een waardeverandering van de onroerende zaak de datum waarnaar is gewaardeerd en de ingangsdatum van de beschikking op de mutatiebeschikking moeten worden vermeld. De mutatiebeschikking kan niet gelden met ingang van de dagtekening daarvan. Een mutatiebeschikking geldt pas met ingang van het begin van het kalenderjaar volgende op dat waarin de waardeverandering zich heeft voorgedaan, ondanks dat de waardepeildatum dezelfde is als bij de primitieve beschikking. Met dit systeem is onverenigbaar dat een artikel 22-beschikking in de bezwaar- of beroepsprocedure wordt aangemerkt als een artikel 25-beschikking.

Hof Amsterdam 25 maart 2003, nr. 01/04424, E I, Belastingblad 2004, blz. 151
Naar het oordeel van het Hof heeft de gemeente niet aannemelijk gemaakt dat de werkzaamheden die na de peildatum van 1 januari 1999 tot 1 januari 2001 aan de woning van belanghebbende hebben plaatsgevonden, hebben geleid tot een wijziging van de woning noch tot een verandering van bestemming. Daarbij neemt het Hof in aanmerking dat van verbetering slechts sprake is indien aannemelijk is dat de werkzaamheden meer hebben ingehouden dan het verrichten van (achterstallig) onderhoud. Het verrichten van onderhoud is immers niet opgenomen in de bepalingen van artikel 19 Wet WOZ. Het Hof kan uit hetgeen in de gedingstukken is aangevoerd niet afleiden dat de werkzaamheden meer hebben ingehouden dan onderhoud.

Hof Amsterdam 28 maart 2003, nr. 02/2802, E XII, Belastingblad 2004, blz. 1221
In geschil is de door belanghebbende veronderstelde waardedrukkende invloed van de op de waardepeildatum op het naburige perceel gevestigde jeugddiscotheek. Vast staat dat de discotheek die op de waardepeildatum, 1 januari 1999, op het perceel naast belanghebbendes woning lag, voor de aanvang van het tijdvak (1 januari 2001) is gesloopt. Het Hof is van oordeel dat het afbreken van de discotheek is aan te merken als een specifiek voor de onroerende zaak geldende,

bijzondere omstandigheid in de zin van artikel 19, eerste lid, aanhef en onderdeel c, Wet WOZ. Op grond van genoemd artikel wordt de waarde dan bepaald naar de staat van de onroerende zaak bij het begin van het tijdvak, in casu 1 januari 2001, dus zonder de aanwezigheid van de discotheek. Met een eventuele waardeverminderende invloed behoeft dan geen rekening te worden gehouden.

Hof Arnhem 22 juli 2003, nr. 02/00029, E V, Belastingblad 2003, blz. 1088
Belanghebbende heeft in de twee jaar voorafgaand aan de ingangsda-tum van het tijdvak de luifel van de woning versterkt en een nieuwe badkamer aangebracht. De ambtenaar heeft daarop, met toepassing van artikel 19, eerste lid, Wet WOZ, de waarde bepaald naar de toe-stand aan het begin van het tijdvak. Op de beschikking is alleen de waardepeildatum 1 januari 1999 en niet de toestanddatum 1 januari 2001 vermeld. Het Hof oordeelt dat de wetgever dat ook niet verplicht heeft gesteld. Toch beveelt het Hof de gemeente aan op de beschik-king de toestanddatum te vermelden.

Hof Leeuwarden 20 augustus 2004, nr. 724/03, E III, Belastingblad 2004, blz. 1262
Vast staat dat na de oplevering van de onroerende zaak in december 2001, zich een waardeverandering heeft voorgedaan van tenminste 5% met een overschrijding van het minimum van € 11.345,–. De ge-meente was ingevolge artikel 19, tweede lid, Wet WOZ, gerechtigd een nadere waarde vast te stellen en bij beschikking bekend te maken. Aan de omstandigheid dat de gemeente op de eerste beschikking niet heeft vermeld dat de waarde slechts een deel van de waarde voor het gereed zijnde object betrof, kan belanghebbende niet het vertrouwen ontlenen dat geen nieuwe beschikking zou volgen.

Hof Leeuwarden 1 oktober 2004, nr. 04/00164, E VI, Belastingblad 2004, blz. 1314
Belanghebbende maakt bezwaar tegen de aanslag OZB 2003. Hij heeft geen bezwaar gemaakt tegen de WOZ-beschikking, omdat toen nog niet bekend was dat de bouwgrond sterk vervuild was. Het Hof oordeelt dat, nu belanghebbende geen bezwaar heeft gemaakt tegen de waardebeschikking en deze onherroepelijk vaststaat, de hoogte van de heffingsmaatstaf voor de OZB niet meer aan de orde kan ko-men. De gemeente hoeft geen mutatiebeschikking af te geven, aange-zien de waardevermindering de drempel van artikel 19, tweede lid, onderdeel c, Wet WOZ niet overschrijdt. Het beroep is echter wél ge-

grond, omdat de gemeente voornemens is de waarde ambtshalve te verminderen met 10%.

Hof Leeuwarden 14 januari 2005, nr. 615/04, E V, Belastingblad 2005, blz. 389
In 2001 is begonnen met de bouw van het appartement van belanghebbende, de voltooiing vond plaats in de loop van 2003. Belanghebbende heeft van de gemeente Smallingerland in 2003, respectievelijk 2004 een beschikking gekregen met als ingangsdatum 1 januari 2003, respectievelijk 1 januari 2004. Op 1 januari 2003 was het object 60% gereed. Het Hof oordeelt dat uit artikel 25 Wet WOZ volgt dat de toestandsdatum geldt als ingangsdatum van de nieuwe waardevaststelling. Het tijdstip van de ingangsdatum is gelijk aan dat van de toestandsdatum. De wet vereist niet dat naast de ingangsdatum tevens de toestanddatum in de waardebeschikking wordt vermeld. Het Hof is van mening dat belanghebbende uit de vermelde ingangsdatum van 1 januari 2003 had kunnen begrijpen, dat dit de waarde was van de in aanbouw zijnde onroerende zaak. Gelet hierop en de verklaring van belanghebbende dat hij zich ten tijde van de beschikking niet heeft verdiept in de staat waarnaar de woning was gewaardeerd, kan belanghebbende volgens het Hof aan de beschikking niet het in rechte te honoreren vertrouwen ontlenen dat de waarde van de woning in voltooide staat was vastgesteld.

Rechtbank Amsterdam 9 september 2005, nr. 05/679, Belastingblad 2006, blz. 82
De gemeente heeft naar waardepeildatum 1 januari 1999 en naar de toestand op 1 januari 2002 WOZ-beschikkingen afgegeven voor *meerdere objecten in één pand*. Belanghebbende voert aan dat al in 1999, nam het overlijden van de andere bewoonster van het pand, in het Kadaster is ingeschreven dat de appartementsrechten in het pand zijn samengevoegd tot één recht dat op zijn naam staat. De Rechtbank oordeelt dat belanghebbende onweersproken heeft gesteld dat hij de gemeente al in 1998 op de hoogte heeft gesteld van de samenvoeging van de appartementsrechten. Bovendien was de gemeente van het overlijden van de bewoonster op de hoogte, omdat dit uit de GBA volgt. De gemeente kon uit de akte van samenvoeging van de twee appartementsrechten opmaken dat een wijziging was opgetreden. Volgens de Rechtbank kon de gemeente de beschikking niet op artikel 19, tweede lid, Wet WOZ baseren, omdat de feiten zich hebben voorgedaan voor aanvang van het tijdvak. Dat de gemeente tijdens het tijdvak de wijzigingen heeft geconstateerd, komt geheel voor zijn rekening. Uit artikel 38 Wet WOZ volgt immers dat het college van bur-

gemeester en wethouders zorg draagt voor het verzamelen, opslaan en verstrekken van de gegevens betreffende de in de gemeente gelegen onroerende zaken en betreffende de waarde ervan, een en ander voor zover dit voor de uitvoering van de wet noodzakelijk is.

Hoge Raad 16 september 2005, nr. 39 658, Belastingblad 2005, blz. 1076, BNB 2005/344*, FED 2005/127
Belanghebbende heeft in 1996 een koop/aannemingsovereenkomst gesloten voor een te bouwen woning. De woning is opgeleverd in 1998. Aan X is in 1998 een WOZ-beschikking afgegeven, die gold voor het tijdvak 1997-2000. In 1999 is aan X een tweede WOZ-beschikking gestuurd, die gold voor de belastingjaren 1999 en 2000. Het Hof heeft geoordeeld dat de eerste beschikking geen artikel 22 beschikking is, maar een mutatiebeschikking in de zin van artikel 25 Wet WOZ. De Hoge Raad oordeelt dat het Hof ten onrechte de reguliere WOZ-beschikking heeft geconverteerd in een (mutatie-)beschikking. Daarmee staat ook de (mutatie-)beschikking op losse schroeven. Het is immers onduidelijk is of de waardestijging de drempel heeft overschreden. De Hoge Raad verwijst de zaak naar Hof Amsterdam.

Hof 's-Gravenhage 7 december 2005, nr. 01/02623, E IV, Belastingblad 2006, blz. 167
Belanghebbende was op 1 januari 2004 eigenaar en gebruiker van een nieuwbouwwoning. Met dagtekening 8 maart 2003 is een WOZ-beschikking met een waarde van € 249.400 naar waardepeildatum 1 januari 1999 en naar de toestand op 1 januari 2003 afgegeven. Op 31 maart 2004 zijn aanslagen OZB 2004 opgelegd naar een heffingsmaatstaf van € 288.000. In de uitspraak is het bezwaar afgewezen, omdat de waarde van € 249.400 de waarde van de onroerende zaak in aanbouw betrof, waarbij uitgegaan werd van een percentage gereed van 80%. Aangezien de onroerende zaak op 1 januari 2004 volledig gereed was bedroeg de waarde € 288.000. Bij de uitspraak was de, per abuis niet eerder verzonden, op 30 juni 2004 gedagtekende mutatiebeschikking gevoegd. Deze beschikking vermeldt de waarde van €'288.000 naar waardepeildatum 1 januari 1999 en vermeldt dat deze met ingang van 1 januari 2004 in de plaats treedt van de eerder genomen beschikking. Het Hof oordeelt dat op grond van artikel 30, eerste lid, Wet juncto artikel 5, eerste lid, tweede volzin, AWR de dagtekening van een WOZ-biljet geldt als dagtekening van de vaststelling van de daarop vermelde beschikking. De aanslagen zijn ten onrechte zijn opgelegd naar een heffingsmaatstaf van € 288.000.

Rechtbank Utrecht 10 januari 2006, nr. SBR 05/2609, Belastingblad 2006, blz. 343

De WOZ-waarde van een woning is voor het tijdvak 1 januari 2005 tot 1 januari 2007 vastgesteld naar de toestandsdatum 1 januari 2005 en waardepeildatum 2003. Tot verbeteringen zijn gerekend de aansluiting op het gasnet, de plaatsing van een combiketel inclusief radiatoren en leidingen alsmede een douchecel, het vervangen van zachtboardplafonds door gipskartonplaten en de aanleg van een (nieuwe) tuin. In geschil is de vraag of en, zo ja, tot welk bedrag een waardetoename als gevolg van deze werkzaamheden die zijn uitgevoerd in de periode tussen de waardepeildatum en begin van het tijdvak op de voet van artikel 19, eerste lid, aanhef en onderdeel b, en slotzinsnede, Wet WOZ mag worden meegenomen bij de waardebepaling. De Rechtbank oordeelt dat de vervangingen ontegenzeggelijk een (in ieder geval subjectieve) verhoging van het comfort van het object met zich meebrengen. Dit neemt niet weg dat de werkzaamheden mede gezien het bouwjaar van de woning veeleer in de sfeer van onderhoud zijn verricht, dan met het oog op verbetering van het object in de zin van artikel 19, eerste lid, Wet WOZ. De Rechtbank vindt steun voor haar oordeel in de uitspraak van Hof Arnhem van 5 juni 2002, Belastingblad 2002, blz. 977. De gemeente heeft aldus niet of onvoldoende aannemelijk heeft gemaakt dat zich in de betreffende periode verbeteringen in de zin van artikel 19, eerste lid, aanhef en onderdeel b, Wet WOZ hebben voorgedaan, zodat ten onrechte de waarde van de woning is bepaald naar de staat per 1 januari 2005.

Hof Amsterdam 16 maart 2006, nr. 04/02779, E III, Belastingblad 2006, blz. 417

De gemeente heeft een woonhuis met grond en een houten schuur aangemerkt als twee onroerende zaken in de zin van artikel 16 Wet WOZ. Belanghebbende heeft in 2003 haar intrek genomen in het woonhuis en de bewoning van de houten schuur beëindigd. Aan haar is voor 2004 een aanslag OZB opgelegd voor het eigendom en het gebruik van het woonhuis en voor het eigendom van de schuur. Belanghebbende stelt niet meer te kunnen worden aangeslagen voor de houten schuur aangezien de bewoning daarvan in 2003 is beëindigd.Het Hof oordeelt dat de grieven van belanghebbende mede betrekking hebben op de objectafbakening voor het jaar 2004 in de zin van in artikel 16 Wet WOZ. Het bezwaarschrift moet tevens worden aangemerkt als een verzoek om op de voet van artikel 28, eerste lid, Wet WOZ, in samenhang met artikel 25, eerste lid, Wet WOZ een beschikking te nemen inzake het naar de staat van het woonhuis en de houten schuur per 1 januari 2004 vaststellen van de waarde van die objecten.

Daarbij moet worden beslist of het woonhuis en de schuur naar de staat van die objecten per 1 januari 2004 als één object dan wel als twee objecten dienen te worden beschouwd. Het Hof gelast de gemeente op een verzoek van belanghebbende als bedoeld in artikel 28, eerste lid, Wet WOZ en gelet op het bepaalde in artikel 19, tweede lid, aanhef en onderdeel a, Wet WOZ, in samenhang met artikel 25, eerste lid, Wet WOZ, een beschikking te nemen tot het vaststellen van de waarde van het woonhuis naar de staat per 1 januari 2004.

Hoge Raad 28 april 2006, nr. 41 189, Belastingblad 2006, blz. 609, BNB 2006/233c*
Belanghebbende heeft een aanslag OZB 2003 ontvangen. Hij maakt bezwaar omdat in de loop van 2002 is gebleken dat de N381 in één van de varianten over zijn perceel zou komen te lopen, waarbij zijn woning moet worden gesloopt. Het bezwaar is tevens aangemerkt als verzoek om een mutatiebeschikking in de zin van artikel 19, tweede lid, onder c, Wet WOZ. In de uitspraak oordeelt de gemeente dat het nog niet zeker is dat voor de variant waarbij de woning gesloopt zal worden, zal worden gekozen en dat gezien deze zekerheid de waardedrukkende invloed per 1 januari 2003 te verwaarlozen is. In de uitspraak op bezwaar is vermeld dat er geen aanleiding bestaat een nieuwe, tussentijdse beschikking te nemen als bedoeld in artikel 19, tweede lid, Wet WOZ. De Hoge Raad oordeelt dat de passage over de nieuwe tussentijdse beschikking in de uitspraak op het bezwaar moet worden aangemerkt als een schriftelijke weigering om een beschikking te nemen op de voet van artikel 19, tweede lid, in verbinding met artikel 25 Wet WOZ. Deze schriftelijke weigering moet op grond van artikel 6:2, eerste lid, AWB worden gelijkgesteld met een voor bezwaar vatbare beschikking als bedoeld in artikel 25 Wet WOZ. Tegen die beschikking kon dus niet worden opgekomen bij het Hof, maar bij de gemeente door middel van een bezwaarschrift. Het Hof had derhalve het beroepschrift zo spoedig mogelijk moeten doorzenden aan het bevoegde orgaan, onder mededeling hiervan aan de afzender.

Rechtbank Roermond 5 juli 2006, nr. 05/1635, EK, Belastingblad 2006, blz. 1181
Belanghebbende is eigenaar en gebruiker van een woning waar op 5 april 2004 een politie-inval heeft plaatsgevonden. Volgens belanghebbende is zijn woning hierdoor besmet en de waarde gedaald. De Rechtbank stelt vast dat de inval een gebeurtenis is, die heeft plaatsgevonden in de twee jaren voorafgaand aan het begin van het tijdvak waarvoor de waarde van belanghebbendes woning is vastgesteld. De

vraag is of de inval een specifiek voor belanghebbendes woning geldende bijzondere omstandigheid is als bedoeld in artikel 19 Wet
WOZ. De Rechtbank is van oordeel dat het voorval niet als zodanig
kan worden aangemerkt. Anders dan bij een andere woning, waar een
levensdelict heeft plaatsgevonden, kleeft deze gebeurtenis niet zozeer
aan de woning, maar veeleer aan de persoon.

*Hof 's-Gravenhage 26 juli 2006, nr. 04/02230, EK VII, Belastingblad
2007, blz. 153*
Belanghebbende koopt in 2001 een *woning in aanbouw.* Op 1 januari
2002 is woning 30% gereed en medio 2002 wordt de woning opgeleverd. De gemeente stelt een eerste beschikking vast naar de staat op 1
januari 2002. Daarna stelt de gemeente een tweede beschikking stelt
de gemeente de waarde vast naar de staat op 1 januari 2003. In geschil
is de juistheid van de WOZ-waarde van de tweede beschikking. Het
Hof oordeelt dat de gemeente pas een mutatiebeschikking mag nemen
wanneer de 'normale' WOZ-beschikking onherroepelijk vaststaat.
Immers kan dan pas worden beoordeeld of de waardestijging de in
art. 19 genoemde drempel heeft overschreden. De gemeente mag aldus pas op het bezwaar tegen de tweede beschikking uitspraak doen
nadat de eerste beschikking onherroepelijk vaststaat.

*Rechtbank Zutphen 17 november 2006, nr. 06/681 en 06/1440, EK,
Belastingblad 2007, blz. 215*
In geschil is de WOZ-waarde van een woning, die is vastgesteld naar
de waardepeildatum 1 januari 2003 en naar de toestand op 1 januari
2005. Uit de tekst van de waardebeschikking is dat niet op te maken,
omdat daarin niet is vermeld dat de woning naar de toestand op 1 januari 2005 is gewaardeerd. De Rechtbank oordeelt dat het ontbreken
van informatie over het tijdstip waarnaar de staat van de woning is beoordeeld er niet toe leidt dat daarmee de beschikking niet kan worden
opgevat als een beschikking die is vastgesteld op de voet van art. 22.
Immers, in art. 23, dat voorschrijft welke gegevens in ieder geval in
de beschikking ex art. 22 moeten worden vermeld, staat de toestanddatum bij aanvang van het belastingtijdvak niet vermeld. Het niet vermelden van de toestanddatum op de beschikking kan nodeloos procedures oproepen. In dat kader is het wenselijk de toestanddatum wel
op de beschikking te vermelden. De wetgever heeft dit echter kennelijk niet nodig geoordeeld.

Hof 's-Hertogenbosch 7 februari 2007, nr. 05/00552, MK III, Belastingblad 2007, blz. 817

Aan belanghebbende is met dagtekening 30 april 2001 een WOZ-beschikking toegezonden, betreffende een vrijstaande woning met loods, met een waarde van € 230.066. De waardepeildatum is 1 januari 1999 en de beschikking betreft het tijdvak 1 januari 2001 tot en met 31 december 2004. De gemeente constateert dat op 7 januari 2003 de activiteiten waarvoor een bouwvergunning was verleend geheel waren gerealiseerd. Met dagtekening 31 maart 2003 wordt aan belanghebbende een nieuwe WOZ-beschikking toegezonden, waarin de waarde van de onroerende zaak, naar de waardepeildatum 1 januari 1999 voor hetzelfde tijdvak, wordt vastgesteld op € 484 000. De beschikking vermeldt dat de waardepeildatum 1 januari 1999 is, dat de waarde van onroerende zaak is vastgesteld naar deze waardepeildatum en dat de beschikking geldt met ingang van 1 januari 2003. Naar het oordeel van het Hof dient bij een mutatiebeschikking niet alleen op de voet van het derde lid van art. 25 het tijdstip met ingang waarvan de beschikking geldt te worden vermeld, maar dient daarin tevens te worden aangegeven naar welk tijdstip de staat van de onroerende zaak voor de waardering is beoordeeld. (HR 24 januari 2001, 35 752, BNB 2001/96, HR 19 september 2003, 37 843, BNB 2003/368 en HR 16 september 2005, 39 658, BNB 2005/344.) Met de vermelding op een beschikking ingevolge art. 25 Wet WOZ van het tijdstip waarnaar de staat van de onroerende zaak voor de waardering is beoordeeld, kan de belanghebbende begrijpen dat de waardering is gebaseerd op een staat van de onroerende zaak op een tijdstip, dat afwijkt van de waardepeildatum. Tevens biedt de vermelding op een beschikking ingevolge art. 25 Wet WOZ van het tijdstip waarnaar de staat van de onroerende zaak voor de waardering is beoordeeld, de belanghebbende de mogelijkheid te beoordelen of de in art. 19, tweede lid, Wet WOZ bedoelde grenzen zijn overschreden (BNB 2001/96). Volgens het Hof valt uit de tweede WOZ-beschikking niet op te maken naar welk tijdstip de staat van de onroerende zaak voor de waardering is beoordeeld. De beschikking moet worden vernietigd.

Rechtbank Amsterdam 23 februari 2007, nr. 06/4252, EK, Belastingblad 2007, blz. 543

In geschil is de WOZ-waarde van de woning op de waardepeildatum ad € 127.500. De gemeente stelt dat belanghebbende de woning 2 augustus 2002 heeft gekocht voor € 126.500. In de VVE-vergadering van 29 november 2004 is het achterstallige onderhoud voor de woning vastgesteld op € 11.000. Volgens de Rechtbank dient aldus de waarde van de woning op grond van art. 19, eerste lid, onderdeel c, te

worden bepaald naar de staat op 1 januari 2005. Het op die datum bekende achterstallig onderhoud dient derhalve in de waardering te worden betrokken. Nu de woning is gewaardeerd naar de staat op 1 januari 2003 heeft de gemeente hij een onjuist uitgangspunt gehanteerd. De
Rechtbank stelt de waarde van de woning vast op € 116.500.

*Rechtbank Haarlem 5 april 2007, nr. 06/6634, EK, Belastingblad
2007, blz. 1050*
In geschil is de WOZ-waarde van een bedrijfspand voor opslag en
distributie. In oktober 2005 is, zonder vergunning, op het dak van een
naburig pand een UMTS-zendmast geplaatst. Nu de beschikking voor
2006 hetzelfde luidt als de beschikking voor 2005, kan de beschikking niet anders worden aangemerkt dan als een herhalingsbeschik-
king op de voet van art. 29a Wet WOZ. Aldus is de in 2005 vastgestelde waarde in 2006 opnieuw bekendgemaakt. De plaatsing van de
UMTS-zendmast in oktober 2005 kan dus op die waardevaststelling
niet van invloed zijn. De gemeente heeft de waardebeschikking in bezwaar, zij het op andere gronden, dan ook terecht gehandhaafd. De
gemeente had het bezwaar tegen de WOZ-beschikking 2006 tevens
moeten opvatten als een verzoek tot het nemen van een mutatiebeschikking. De gemeente dient alsnog op dit verzoek te beslissen.

*Hof Amsterdam 8 februari 2008, nr. 06/00272, M I, Belastingblad
2008, blz. 345*
Belanghebbendes *woning* was op de waardepeildatum *in aanbouw*.
De WOZ-waarde is naar de staat ervan bij het begin van het waardetijdvak vastgesteld. Op de beschikking staat de *toestandsdatum* echter
niet vermeld. Dit is volgens het Hof niet strijdig met het rechtszekerheidsbeginsel, nog afgezien van de vraag welke gevolgen aan deze
constatering zouden moeten worden verbonden. In de beschikking is
immers vermeld voor welk tijdvak zij van toepassing is, zodat geen
onduidelijkheid bestaat over de periode waarover deze beschikking is
afgegeven. Van rechtswege of uit de feiten volgt of daarbij de staat
van de woning per de waardepeildatum, dan wel bij het begin van het
waardetijdvak, in aanmerking moet worden genomen. Indien de heffingsambtenaar in een dergelijk geval ook na een op dit punt gemaakt
bezwaar van belanghebbende in de uitspraak op bezwaar geen duidelijkheid verschaft over de in aanmerking genomen toestandsdatum is
in casu sprake van een motiveringsgebrek. Nu belanghebbende niet is
benadeeld door dit motiveringsgebrek laat het Hof in hoger beroep de
uitspraak op bezwaar met toepassing van art. 6:22 Awb in stand.

Hof 's-Gravenhage 13 mei 2008, nr. 06/00279, M I, Belastingblad 2008, blz. 1437
In geschil is de vraag of de gemeente terecht een mutatiebeschikking heeft afgegeven. Niet in geschil is dat bij de aankoop van de woning in 2004 op het pannendak niet goed aansloot tot aan de nok en dat de aannemer dit gebrek heeft hersteld en geen nieuw pannendak heeft aangelegd. Het Hof oordeelt dat, gelet op de aard en omvang van de door de aannemer verrichte werkzaamheden, sprake is van herstel in de oude toestand en geen sprake van een verbetering als bedoeld in art. 19, lid 1, onderdeel b, Wet WOZ. De waarde van de woning dient derhalve te worden vastgesteld naar de waardepeildatum 1 januari 2003 en naar de toestand op die datum.

Hof 's-Gravenhage 1 juli 2008, nr. 06/00235, M I, Belastingblad 2008, blz. 1147
In geschil is de vraag of de werkzaamheden aan de (in vrij slechte staat verkerende) woning tot een verbetering hebben geleid. De gemeente heeft een mutatiebeschikking in de zin van art. 19, aanhef en eerste lid, onderdeel b, Wet WOZ vastgesteld. Belanghebbende stelt dat slechts sprake is geweest van (groot) onderhoud. Het Hof oordeelt dat onderhoudskosten de uitgaven voor werkzaamheden zijn die dienen om de woning, zoals deze bij de stichting of na latere verandering bestond, in bruikbare staat te houden. Er is alleen sprake van een verbetering indien de woning door die verbetering wijzigt. De heffingsambtenaar heeft niet aannemelijk gemaakt dat sprake is van een zodanige verbetering.

6.3   Beschikking op verzoek van een nieuwe belanghebbende in de loop van het tijdvak (artikel 26)

Hof Amsterdam 10 december 2003, nr. 02/07012, E III, Belastingblad 2004, blz. 423
Belanghebbende is vennoot in een VOF. Hij maakt namens de VOF bezwaar tegen de aanslagen OZB. Hij verzoekt om herziening van de aanslagen, omdat de waarde van de onroerende zaken sterk afwijkt van de door de VOF recent betaalde overnamesom. Het Hof oordeelt dat de brief van belanghebbende van 31 mei 2002 is aan te merken als een verzoek om herziening van de WOZ-waarden als bedoeld in artikel 26, Wet WOZ. Doordat de gemeente tegelijkertijd met het vaststellen van de nieuwe WOZ-beschikkingen uitspraak heeft gedaan

op het bezwaar tegen de aanslagen OZB, is afbreuk gedaan aan de rechtsbescherming van artikel 26, Wet WOZ. Belanghebbende is daardoor niet in de gelegenheid gesteld namens de VOF bezwaar te maken tegen de nieuwe WOZ-beschikkingen. Het Hof vernietigt de uitspraak op bezwaar. Belanghebbende kan alsnog (namens de VOF) bezwaar maken tegen de nieuwe WOZ-beschikkingen.

Rechtbank Zwolle-Lelystad 7 juli 2006, nr. 05/991, MK, Belastingblad 2006, blz. 1183
Belanghebbende heeft voor het jaar 2003 een aanslag OZB ontvangen. De gemeente heeft de WOZ-waarde verlaagd naar aanleiding van het bezwaar van belanghebbende tegen deze aanslag. De Rechtbank oordeelt dat belanghebbende, gelet op artikel 26, eerste lid, Wet WOZ, zoals dat gold tot 1 januari 2005, binnen zes weken na de opgelegde aanslag had moeten verzoeken om een voor bezwaar vatbare beschikking. De gemeente had het bezwaarschrift moeten opvatten als een verzoek om een voor bezwaar vatbare beschikking. De uitspraak op bezwaar moet dan ook worden aangemerkt als een ten aanzien van belanghebbende genomen beschikking. Nu de Rechtbank de uitspraak aanmerkt als een WOZ-beschikking staat daartegen geen beroep open, maar bezwaar. De Rechtbank merkt het ingediende beroepschrift tegen de uitspraak aan als bezwaarschrift tegen de beschikking en zendt het conform het bepaalde in artikel 6:15 Awb door aan de gemeente.

Hoge Raad 17 november 2006, nr. 41 670, BNB 2007/32
Belanghebbende koopt in 2003 een woning. In de beschikking is vermeld dat de waardepeildatum 1 januari 1999 is, en dat zij geldt voor het tijdvak 31 juli 2003 tot en met 31 december 2004. Het Hof heeft het beroep ongegrond verklaard. Het heeft overwogen dat de waarde van de onroerende zaak is vastgesteld rekening houdende met de aanwezigheid van een biljart/vergaderzaal in een aangrenzend perceel. Van die aanwezigheid was echter in 1998 en bij de koop in 2003 nog geen sprake. De overweging geeft onvoldoende inzicht in de gedachtegang van het Hof. Kennelijk is de waardebeschikking waar het om gaat genomen op de voet van art. 26. Niet duidelijk is of het Hof de beschikking heeft opgevat als een ingevolge art. 26 genomen nieuwe beschikking a) als bedoeld in artikel 22, lid 1, of b) als bedoeld in artikel 25, lid 1, van die wet. In het eerste geval is zonder nadere motivering, welke ontbreekt, niet begrijpelijk waarom de waarde thans mag worden vastgesteld rekening houdende met de aanwezigheid van een biljart/vergaderzaal, terwijl van die aanwezigheid volgens het Hof in 1998 en bij de aankoop door belanghebbende van de onroerende zaak

(in 2003) nog geen sprake was. In het tweede geval heeft het Hof miskend dat in de beschikking ontbreekt een vermelding van, kort gezegd, een andere dan de gebruikelijke toestandspeildatum (vgl. HR 19 september 2003, nr. 37843, onderdeel 3.8, BNB 2003/368), en dat het derhalve bij de beoordeling van de juistheid van de vastgestelde waarde niet mocht uitgaan van de staat van de onroerende zaak op een latere datum dan 1 januari 1999. De Hoge Raad verwijst de zaak naar Hof Arnhem.

Hof Arnhem 12 februari 2008, nr. 06/00468, MK I, Belastingblad 2008, blz. 1434
Belanghebbende is in 2003 eigenaar van een biljartzaal en garage. Hij koopt in 2003 het naastgelegen café met een bovenwoning. Aan hem wordt in 2003 een WOZ-beschikking afgegeven naar waardepeildatum 1 januari 1999 voor het tijdvak van 31 juli 2003 tot en met 31 december 2004, voor het café met bovenwoning, inclusief de biljartzaal en de garage. In de beschikking is geen toestandspeildatum vermeld. Hof Leeuwarden verklaart het beroep van belanghebbende tegen de beschikking ongegrond. De Hoge Raad oordeelt in cassatie dat niet duidelijk is of het Hof de beschikking heeft opgevat als een art. 22-beschikking of een art. 25-beschikking en verwijst de zaak. Het Hof oordeelt in verwijzing dat de beschikking een art. 22-beschikking is. De gemeente heeft de waarde aannemelijk gemaakt.
(Dit is de verwijzingsuitspraak naar aanleiding van het hiervoor genoemde arrest van de Hoge Raad van 17 november 2006, nr. 41 670, BNB 2007/32)

6.4 Beschikking: herzieningsbeschikking (artikel 27)

Hof Amsterdam 28 december 1998, nr. P97/21852, E V, Belastingblad 1999, blz. 558
Na intrekking van de eerste beschikking ter herziening van een intoetsfout is een tweede beschikking genomen. In casu is geen sprake van een dermate kenbare fout dat deze aanleiding kan zijn tot het nemen van een beschikking op de voet van artikel 27 van de Wet WOZ. Daar de waarde te hoog is vastgesteld kiest het Hof voor een praktische oplossing en vermindert de waarde van de tweede beschikking.

Hof Arnhem 3 februari 1999, nr. 98/1683, E VI, Belastingblad 1999, blz. 591
Daar op de beschikking abusievelijk de waarde naar waardepeildatum 1 januari 1992 was opgenomen, is een herzieningsbeschikking genomen. In casu is sprake van een met een schrijf- of tikfout gelijk te stellen vergissing, een administratieve misslag, zodat de herzieningsbeschikking terecht is genomen.

Hof Amsterdam 27 september 1999, nr. 98/03949, Belastingblad 1999, blz. 949
Het Hof heeft geen bevoegdheid de waarde op een hoger bedrag vast te stellen, daar de enige mogelijkheid hiertoe een herzieningsbeschikking op grond van artikel 27 van de Wet WOZ is.

Hof 's-Gravenhage 22 december 1999, nr. BK-98/1489, E VII, Belastingblad 2000, blz. 862
Door een administratieve vergissing van de gemeente is op de waardebeschikking abusievelijk de waarde naar waardepeildatum 1 januari 1991 opgenomen. Op grond van artikel 27 van de Wet WOZ is aan belanghebbende, drie weken na de dagtekening van de foutieve beschikking, een herzieningsbeschikking verzonden. Uit de wetsgeschiedenis van artikel 27 van de Wet WOZ blijkt dat voor de vraag of de herziening van de waarde geoorloofd is, moet worden gekeken naar de normen die gelden ten aanzien van de navordering in de zin van artikel 16 van de AWR, met inbegrip van de verzachtende eisen voor navordering die op basis van de jurisprudentie is gevormd, namelijk de voor belanghebbende kenbare met een schrijf- of tikfout gelijk te stellen vergissing. In de onderhavige situatie heeft de inspecteur aannemelijk gemaakt dat sprake is van een met een voor belanghebbende kenbare met een schrijf- of tikfout gelijk te stellen vergissing, zodat herziening van de waarde geoorloofd is. Het moet voor belanghebbende, gelet op de aanslagen OZB 1994, 1995 en 1996 en de door middel van krantenberichten, folders en dergelijke door de gemeente verspreide informatie dat de WOZ-waarde zou stijgen ten opzichte van de waarde naar waardepeildatum 1 januari 1991, aanstonds kenbaar zijn geweest dat er sprake was van een vergissing.

Hof Arnhem 19 januari 2000, nr. 98/01101, E II, Belastingblad 2000, blz. 819
De Wet WOZ kent, naast de in artikel 25 en artikel 26 genoemde wijzigingsmogelijkheden, in artikel 27 een herstelmogelijkheid voor een te lage waardevaststelling. Aan de beperkte wijzigings- en herzieningsmogelijkheden in de Wet WOZ (artikel 25, 26 en 27) kan wor-

den ontleend dat de wet geen ruimte biedt voor andere vormen van wijziging of herstel van de waardevaststelling en evenmin aanknopingspunten voor een 'vervanging' van een afgegeven WOZ-beschikking door een nieuwe beschikking zoals in casu heeft plaatsgevonden.

Hof 's-Gravenhage 5 juli 2000, nr. 98/3121, E VII, Belastingblad 2001, blz. 113
Aan belanghebbende is met dagtekening 3 maart 1997 een WOZ-beschikking afgegeven met een vastgestelde waarde van *f* 167.000. Met dagtekening 24 maart 1997 is een herzieningsbeschikking afgegeven, waarbij de waarde is vastgesteld op *f* 217.000. Abusievelijk was de waarde van de onroerende zaak naar de vorige waardepeildatum op de eerste beschikking opgenomen. In geschil is of de inspecteur bevoegd was om de eerste beschikking te herzien. Naar het oordeel van het Hof mag een beschikking worden herzien indien enig feit doet vermoeden dat de waarde te laag is vastgesteld, mits dit feit het college niet bekend was of redelijkerwijs bekend had kunnen zijn en indien er sprake is van een voor de belanghebbende kenbare schrijf- of tikfout, dan wel een daarmee gelijk te stellen fout. Het Hof oordeelt dat het om een met een schrijf- of tikfout gelijk te stellen vergissing gaat. Deze vergissing had belanghebbende redelijkerwijs bekend kunnen zijn, nu de waarde ad *f* 167.000 op de aanslagen OZB 1992 tot en met 1996 was opgenomen en door de gemeente in de jaren 1996 en 1997 middels kranten en folders bekend was gemaakt dat de WOZ-waarde hoger zou uitvallen dan de oude waarde. Het beroep van belanghebbende is ongegrond.

Hof Arnhem 13 september 2000, nr. 99/1188, E VI, Belastingblad 2002, blz. 234
Belanghebbende is eigenaar van een camping. De waarde is naar de peildatum 1 januari 1990 bepaald op *f* 19 000 000. Na deze datum heeft belanghebbende nog aanzienlijke investeringen gedaan. Hij ontvangt medio februari 1997 een beschikking waarde onroerende zaak van *f* 10 030 000. De gemeente meldt in januari 1998 dat deze waarde abusievelijk te laag is vastgesteld. Op 23 november 1998 wordt een herzieningsbeschikking gegeven, waarbij de waarde wordt gesteld op *f* 17 250 000. In geschil is of voor belanghebbende kenbaar was dat de waarde van *f* 10 030 000 onjuist was. Belanghebbende bestrijdt dit omdat de bedrijfsresultaten landelijk gezien sterk onder druk stonden vanwege een hevige concurrentiestrijd. Voorts zijn aan belanghebbende niet de gegevens verstrekt die ten grondslag liggen aan de vastgestelde waarde zodat beoordeling niet mogelijk is. Het Hof

oordeelt dat belanghebbende ook zonder nader inzicht in de berekeningen aanstonds had moeten twijfelen aan de juistheid van de vermelde waarde.

Hof 's-Gravenhage 25 september 2001, nr. 98/05319, E III, Belastingblad 2002, blz. 231, FED 2001/638
De waarde van een woning is bij beschikking, die blijkens het biljet gold voor het tijdvak 1 januari 1997 tot en met 5 februari 1997, vastgesteld op ƒ 110.000. Belanghebbende heeft tegen deze waarde bezwaar gemaakt. In de uitspraak is de beschikking vernietigd. Tevens is een herzieningsbeschikking afgegeven met daarop een waarde van ƒ 157.000. De ambtenaar stelt dat de waarde van ƒ 110.000 al was vastgesteld voor de OZB, naar waardepeildatum 1 januari 1990. Door een verkeerde koppeling in de computer zijn de oude OZB-waarden echter op de WOZ-beschikkingen gedrukt. Het Hof is van oordeel dat de ambtenaar bij de eerste beschikking een met een schrijf- of tikfout gelijk te stellen vergissing heeft gemaakt, die niet voortvloeit uit een onjuist inzicht in de feiten. Voorts is het Hof van oordeel dat deze beschikking aanstonds kenbaar moet zijn geweest voor belanghebbende, aangezien deze zelf in zijn bezwaarschrift tegen de eerste beschikking schreef dat het daarop vermelde tijdvak waarschijnlijk niet juist is en de waarde van ƒ 110.000 ook al was gehanteerd voor de aanslagen OZB en van algemene bekendheid is dat de waarde van woningen in de periode 1990-1995 aanzienlijk is gestegen. Om die reden is de herzieningsbeschikking terecht afgegeven. Het beroep is ongegrond.

Hof 's-Hertogenbosch 2 oktober 2001, 99/01728, E X, Belastingblad 2002, blz. 236
De waarde is beschikking van 30 april 1997 vastgesteld op ƒ 86 000. Bij beschikking van 31 mei 1998 is de waarde nader vastgesteld op ƒ 278 000. De ambtenaar kon bij het vaststellen van de eerste beschikking redelijkerwijs op de hoogte zijn van het feit dat de waarde van de onroerende zaak veel hoger was dan ƒ 86 000. Naar het oordeel van het Hof is sprake van een ambtelijk verzuim, dat niet is aan te merken als een schrijf- of tikfout of daarmee gelijk te stellen administratieve vergissing. Om die reden kan de herzieningsbeschikking niet in stand blijven.

Hof Amsterdam 24 september 2002, nr. 01/03127, E XIII, Belastingblad 2003, blz. 504
De waarde is bij beschikking met dagtekening 29 april 2001 vastgesteld op ƒ 724.000. Met dagtekening 31 juli 2001 heeft de gemeente Huizen aan belanghebbende een herzieningsbeschikking afgegeven

naar een waarde van *f* 2.014.000. De gemeente stelt dat de fout is veroorzaakt, doordat de mutatie betreffende het gereed melden van de
onroerende zaak die in het gemeentelijke bestand was opgenomen, is
overschreven door het bestand van het taxatiebureau, waarin de mutatie niet was verwerkt. Het Hof is van oordeel dat deze fout is aan te
merken als een met een schrijf- of tikfout gelijk te stellen vergissing.
Gelet op het feit dat belanghebbende ter zitting heeft aangegeven dat
hij onmiddellijk begreep dat de waarde te laag was, oordeelt het Hof
dat het belanghebbende redelijkerwijs moest begrijpen dat de waarde
op een vergissing berustte.

*Hof Arnhem 16 januari 2003, nr. 01/2589, E IX, Belastingblad 2003,
blz. 503*
De waarde is bij beschikking met dagtekening 31 maart 2001 vastgesteld op *f* 486.000. Met dagtekening 11 april 2001 heeft de gemeente
Olst aan belanghebbende een herzieningsbeschikking afgegeven naar
een waarde van *f* 704.000,–. De gemeente stelt dat de fout is veroorzaakt, doordat een data-entry-medewerker onjuiste m^2- en m^3-prijzen
heeft ingevoerd. Het Hof stelt dat sprake is van een schrijf- of tikfout
of een daarmee gelijk te stellen vergissing. In geschil is derhalve nog
of de vergissing belanghebbende direct kenbaar kon zijn. Dat is volgens het Hof het geval, nu belanghebbende de woning 2 maanden
voor de waardepeildatum heeft gekocht voor *f* 750.000.

*Hof Amsterdam 14 maart 2003, nr. 02/00161, M IV, Belastingblad
2004, blz. 8*
Met betrekking tot een bedrijfsobject zijn twee beschikkingen afgegeven. Voorafgaand aan de eerste beschikking is door de heffingsambtenaar bij brief aan belanghebbende medegedeeld dat bij de eerste, nog
te ontvangen, beschikking een administratieve fout is gemaakt die
vergelijkbaar is met een tik- of schrijffout en dat hij voornemens is de
waarde te herstellen. De ambtenaar geeft vervolgens een herziening-
beschikking af. Het Hof oordeelt dat het uit de brief in combinatie
met de tweede beschikking voor belanghebbende voldoende kenbaar
is dat die beschikking een herzieningsbeschikking betreft. Herziening
is ondanks het ontbreken van een nieuw feit toch geoorloofd, indien
aan belanghebbende expliciet is medegedeeld dat de hem nog te bereiken beschikking onjuist is (HR 17 oktober 1990, nr. 26 299, BNB
1991/118). Aan deze voorwaarde is in het onderhavige geval voldaan.

Hof 's-Gravenhage 16 oktober 2003, nr. 02/4891, E XII, Belastingblad 2004, blz. 82

Belanghebbende heeft in 1997 een nieuwbouwwoning gekocht voor *f* 565.000. Daarbij heeft hij *f* 30.000 voor meerwerk en *f* 13.500 bouwrente betaald. De WOZ-waarde is vastgesteld op *f* 559.000 en is een jaar later herzien en vastgesteld op € 278.528. Het Hof oordeelt dat de waarde primair op een aanmerkelijk lager bedrag is vastgesteld dan de totale prijs die door belanghebbende voor de waardepeildatum is betaald. Het Hof acht aannemelijk dat het belanghebbende direct bij ontvangst van de eerste beschikking duidelijk was of had behoren te zijn, dat de waarde te laag was vastgesteld.

Hof 's-Gravenhage 26 november 2003, nr. 02/04190, E III, Belastingblad 2004, blz. 371

Aan belanghebbende is een beschikking afgegeven betreffende een (nieuwbouw)woning welke is opgeleverd op 13 december 2000. De gemeente heeft verklaard dat de beschikking is afgegeven omdat zich één van de in artikel 19, tweede lid, Wet WOZ bedoelde situaties heeft voorgedaan. Bij de vaststelling van de WOZ-beschikking is ten onrechte ervan uitgegaan dat de woning op 1 januari 2001 slechts voor 80% gereed was in plaats van 100%. Het Hof oordeelt dat zich geen omstandigheid heeft voor gedaan als bedoeld artikel 19, tweede lid, onderdeel b of c, Wet WOZ, zodat niet op die grond de beschikking kon worden afgegeven. Wel kan die omstandigheid aanleiding zijn voor het nemen van een nieuwe beschikking op de voet van artikel 27 Wet WOZ, indien aan de in dat artikel gestelde voorwaarden is voldaan.

Hof 's-Gravenhage 9 december 2003, nr. 03/00828, E VII, Belastingblad 2004, blz. 385

Belanghebbende is eigenaar van een appartement waarvan de WOZ-waarde wordt vastgesteld op *f* 330.000. Op 28 februari 2002 geeft de gemeente een mutatiebeschikking af met een waarde van *f* 522.279. Het Hof oordeelt dat de gemeente geen mutatiebeschikking mag afgeven nu de verandering van de waarde van de woning van belanghebbende zich heeft voorgedaan vóór aanvang van het tijdvak. De gemeente had een herzieningsbeschikking moeten afgeven. Het Hof merkt de beschikking aan als een herzieningsbeschikking omdat belanghebbende door de vormfout niet in zijn belangen is geschaad. In de beschikking staat immers vermeld dat 'tussentijdse aanpassing kan plaatsvinden (...) ingeval van een duidelijk te laag vastgestelde waarde'. Het Hof vernietigt de herzieningsbeschikking, omdat het voor belanghebbende niet onmiddellijk duidelijk behoefde te zijn dat de waarde onjuist was.

Hof Arnhem 1 december 2004, nr. 03/00522, M II, Belastingblad 2005, blz. 385
In geschil is de waarde van een complex, bestaande uit een woning, garage, kantoor, werkplaats, magazijn, shop en benzinepompstation. Begin 2001 geeft de gemeente een WOZ-beschikking af met een waarde van ƒ 220.000,–. In oktober 2001 wordt een herzieningsbeschikking afgegeven voor ƒ 608.000,–. De herziening vloeit voort uit het feit dat de gemeente de WOZ-beschikkingen pas controleert als deze zijn verzonden. De gemeente stelt dat de fout kenbaar was, omdat de WOZ-waarde naar de peildatum 1 januari 1994 al ƒ 235.000,– was. De vergissing is tot stand gekomen door verwisseling van WOZ-objectnummers. Volgens het Hof is geen sprake van een vergissing, omdat de gemeente bewust het risico van fouten aanvaardt door de taxaties slechts achteraf te controleren. Er is geen discrepantie tussen wat de heffingsambtenaar wilde en wat in de WOZ-beschikking is vastgelegd. Van een schrijf- of tikfout is geen sprake. De herzieningsbeschikking moet worden vernietigd.

Hof 's-Hertogenbosch 28 april 2005, nr. 03/642, E IX, Belastingblad 2005, blz. 1189
Belanghebbende heeft in maart 2001 een WOZ-beschikking ontvangen. Hij ontvangt drie maanden later een brief dat er twijfels zijn over de juistheid van de waarde en dat deze waarde op zijn juistheid zal worden gecontroleerd en waar nodig gecorrigeerd. In september 2002 geeft de gemeente een herzieningsbeschikking af. De gemeente stelt dat er sprake is van een voor belanghebbende kenbare schrijf- of tikfout, dan wel een daarmee gelijk te stellen vergissing. De gemeente overlegt echter geen feiten of omstandigheden waaruit blijkt waaruit de schrijf- of tikfout bestaat. De gemeente verklaart ter zitting dat niet kan worden nagegaan wat er is misgegaan, maar dat er misschien iets fout is gegaan bij het inlezen van de CD-rom die van het taxatiebureau is ontvangen. De gemeente slaagt daarmee volgens het Hof niet in de stelplicht. De herzieningsbeschikking wordt vernietigd.

Rechtbank Leeuwarden 26 oktober 2005, nr. 05/262, EK, Belastingblad 2005, blz. 1317
Belanghebbende heeft een herzieningsbeschikking ontvangen. De waarde was in eerste instantie te laag vastgesteld als gevolg van het onjuist invoeren van gegevens in het computersysteem. De gemeente stelt dat de WOZ-waarde mag worden herzien, omdat sprake was van

een administratieve fout. De Rechtbank oordeelt dat de gemeente geen bevoegdheid heeft tot herziening van de WOZ-beschikking, aangezien de te lage waardering het gevolg is van een verwijtbaar onjuist inzicht van de gemeente in de feiten die bepalend zijn voor de objectafbakening van de onroerende zaak. De gemeente kon redelijkerwijs bekend zijn met de juiste feiten.

Hof 's-Hertogenbosch 15 januari 2008, nr. 00/02941, E X, Belastingblad 2008, blz. 469
De gemeente heeft, doordat de data-entry typiste abusievelijk een 2 had ingevoerd in het veld "waarde" en deze waarde steeds in duizendtallen wordt ingebracht, een WOZ-waarde voor belanghebbendes woning (een fraai gelegen luxe vrijstaande woning met garages en een tennisbaan) ter hoogte van *f* 2.000 beschikt. De bij herzieningsbeschikking vastgestelde waarde van *f* 1.229.000 is bij uitspraak op bezwaar nader vastgesteld op *f* 800.000. Het Hof heeft geoordeeld dat, nu sprake is van een foutieve invoer hetgeen door de geautomatiseerde verwerking van de input heeft kunnen resulteren in een onjuiste waarde, er geen verwijtbaar onjuist inzicht van de heffingsambtenaar in de feiten / het recht is. Er is een vergissing die heeft geleid tot een discrepantie tussen wat de heffingsambtenaar wilde en wat in de beschikking is vastgelegd, zoals bijvoorbeeld een schrijf-, reken-, overname- of intoetsfout. Het was voor belanghebbende redelijkerwijs kenbaar dat bij de totstandkoming van de beschikking een fout was gemaakt. Derhalve is op grond van art. 27, eerste lid, eerste volzin, Wet WOZ navordering toegestaan. Het maakt niet uit dat belanghebbende niet kon weten dat deze fout was veroorzaakt door het intoetsen in het verkeerde vak van de taxatiekaart.

6.5 Beschikking op verzoek van een andere belastingplichtige (artikel 28)

Hof 's-Gravenhage 28 januari 2004, nr. 02/04085, E VII, Belastingblad 2004, blz. 672
Belanghebbende is krachtens erfrecht mede-eigenaar van een woning. De verstandhouding met de andere eigenaren is verstoord, zodat belanghebbende vreest geen kennis te kunnen nemen van de WOZ-beschikking. Hij neemt daarom contact op met de gemeente en verzoekt ook om een afschrift van de beschikking. De WOZ-beschikking wordt pas in februari 2001 afgegeven. Belanghebbende maakt in juni 2001 bezwaar. Het Hof oordeelt dat het verzoek van belanghebbende om een afschrift van de beschikking had moeten worden aangemerkt

als een verzoek om een 'belanghebbende'-beschikking op de voet van artikel 28 Wet WOZ. Ondanks dat belanghebbende niet bevoegd was om namens de erven bezwaar aan te tekenen, had het bezwaar toch in behandeling genomen moeten worden.

6.6 WOZ-beschikking, bezwaar en ambtshalve vermindering (artikel 29)

Hof Arnhem 25 februari 1999, nr. 97/22100, E III, Belastingblad 2000, blz. 618
De onroerende zaak omvat mede een perceel in de uiterwaarden van de Maas. Belanghebbende stelt dat de waarde te hoog is vastgesteld gelet op de gevolgen van de watersnood van 1995. Het Hof oordeelt dat de watersnood van 1995 zich eerst na de peildatum heeft voorgedaan. De door belanghebbende in verband daarmee voorgestane waardevermindering bedraagt minder dan ƒ 25 000. Gelet op artikel 19, eerste lid, onderdeel c, van de WOZ, behoefde het college daarmee bij de waardevaststelling geen rekening te houden. In het verweerschrift heeft de gemeente de waarde van het perceel echter verlaagd met ƒ 1.000 wegens bodemverontreiniging. Naar het oordeel van het Hof is de ontdekking van bodemverontreiniging in het perceel na de peildatum die evenwel ook op die datum al aanwezig moet zijn geweest, niet een omstandigheid die volgens artikel 19 kan leiden tot een nadere waardebepaling en waardevaststelling op grond van artikel 25. Deze artikelen zien immers slechts op waardeveranderingen die de onroerende zaak na de peildatum ondergaat. De ontdekking van zodanige verontreiniging na de peildatum kan de ambtenaar aanleiding geven de vastgestelde waarde te verminderen door ambtshalve een besluit te nemen als bedoeld in artikel 29, eerste lid, aanhef, van de WOZ. Deze vermindering is niet gebonden aan enig in artikel 19 genoemd minimum.

Hoge Raad 9 mei 2003, nr. 35 987, Belastingblad 2003, blz. 617, BNB 2003/270 c*, FED 2003/287
Indien na verwijzing blijkt dat de *objectafbakening* van de *Luchthaven Schiphol* onjuist is, doordat objecten te klein zijn afgebakend, zal het verwijzingshof de beschikkingen moeten vernietigen. Dit geval wijkt af van de situaties die aan de orde waren in de arresten van 27 september 2002, nrs. 34927 en 34928, BNB 2002/375 en 376 en 8 november 2002, nr. 36941, BNB 2003/46. In het onderhavige geval kan, anders dan in de gevallen waarop de genoemde arresten betrek-

king hebben, de onjuiste afbakening niet in bezwaar of beroep door de ambtenaar of de belastingrechter worden aangepast.

De ambtenaar van de gemeente kan wel voor het juist afgebakende object een nieuwe waardebeschikking geven. De aanslagen OZB die zijn vastgesteld naar de onjuiste waardebeschikkingen gelden als ten onrechte vastgestelde aanslagen in de zin van artikel 18a, lid 1, van de AWR, en zullen door de ambtenaar binnen acht weken na de vernietiging van de onjuiste waardebeschikkingen eveneens moeten worden vernietigd. Binnen de termijn van artikel 11, derde lid, van de AWR kunnen – eventueel tot behoud van rechten, indien tegen de aanvankelijk gegeven beschikkingen een rechtsmiddel is aangewend – voor het juist afgebakende object nieuwe aanslagen in de onroerendezaakbelastingen worden opgelegd (vgl. rechtsoverweging 3.4 van HR 8 juli 1992, nr. 28262, BNB 1992/311), hetzij naar de bij een – eventueel al tot behoud van rechten gegeven – nieuwe waardebeschikking vastgestelde waarde, hetzij naar de met toepassing van de vangnetregeling vastgestelde waarde. Als de termijn van artikel 11, derde lid, AWR is verstreken, kan naar aanleiding van een voor het juiste object gegeven nieuwe waardebeschikking op de voet van het bepaalde in artikel 18a, lid 3, van de AWR de te weinig geheven belasting worden nagevorderd. Daarbij is het volgende van belang. Uit artikel 18a, lid 2, van de AWR volgt dat de navorderingsaanslag moet worden opgelegd binnen acht weken nadat de nieuwe waardebeschikking onherroepelijk is geworden. In de wet is geen termijn opgenomen waarbinnen een nieuwe waardebeschikking moet worden afgegeven. Het rechtszekerheidsbeginsel brengt mee dat de nieuwe beschikking moet worden afgegeven binnen een redelijke termijn na de (onherroepelijke) vernietiging van de onjuiste waardebeschikkingen. Het bepaalde in de artikelen 4:13, tweede lid, en 4:14 Awb is van overeenkomstige toepassing. (Dit arrest is gewezen op het beroep in cassatie tegen de hiervoor opgenomen uitspraak van Hof Amsterdam van 27 januari 2000, nr. 97/22067, M IV, Belastingblad 2000, blz. 347)

Hof Amsterdam 11 februari 2004, nr. 02/6465, E XVII, Belastingblad 2004, blz. 743
Het Hof oordeelt dat artikel 2 Uitvoeringsbesluit Wet WOZ er niet aan in de weg staat een door de gemeente bij de vaststelling van de WOZ-waarde gemaakte fout te herstellen. Uit de toelichting blijkt immers dat dit artikel is geschreven om de rechtszekerheid te waarborgen.

Rechtbank Haarlem 21 maart 2008, nr. AWB 06/10462, MK,
Belastingblad 2008, blz. 657
Belanghebbende is eigenaar van een pand waarvan de WOZ-waarde
voor het tijdvak 2001-2004 (waardepeildatum 1 januari 1999) is vastgesteld op € 9.392.342. Hij komt hiertegen in bezwaar. De gemeente
verklaart dit in 2002 niet-ontvankelijk wegens termijnoverschrijding.
In februari 2006 verzoekt belanghebbende om ambtshalve verlaging
tot € 4.824.830. De gemeente verwijst naar de uitspraak op bezwaar
buit 2002 en weigert een nieuwe voor beroep vatbare uitspraak te
doen. Belanghebbende komt in beroep tegen deze weigering. De
Rechtbank verklaart het beroep niet-ontvankelijk. Volgens de Rechtbank is de brief van februari 2006 geen bezwaarschrift, omdat belanghebbende al in 2002 bezwaar heeft gemaakt tegen de beschikking.
Belanghebbende heeft in 2006 ook verzocht om ambtshalve vermindering. De gemeente heeft hierop geen inhoudelijke beslissing genomen. Daartegen staat echter geen bezwaar of beroep open.

6.7 Taxatiemarge (artikel 26a)

Rechtbank Roermond 25 november 2005, nr. 05/724, EK,
Belastingblad 2006, blz. 524
Belanghebbende heeft een WOZ-beschikking ontvangen. Na bezwaar
heeft de gemeente de vastgestelde waarde van € 453.690 verminderd
tot € 427.000. In het verweerschrift stelt de gemeente dat de opgemerkt dat de waarde moet worden bepaald op € 424.000. Op grond
van artikel 26a Wet WOZ acht de gemeente de bij de uitspraak vastgestelde waarde van € 427.000 echter de juiste, omdat de waarde van
€ 424.000 niet meer dan 4% daarvan afwijkt. De Rechtbank leidt uit
de stukken van de parlementaire behandeling van artikel 26a Wet
WOZ af dat het artikel beoogt beperkingen te stellen ten aanzien van
de bezwaar- en beroepsmogelijkheid inzake de vastgestelde waarde.
Bij een beperkt verschil tussen de vastgestelde waarde en de waarde
die eiser voorstaat, wordt de vastgestelde waarde – binnen aangegeven grenzen – verondersteld juist te zijn, om bezwaar- en beroepschriften gericht tegen kleine afwijkingen bij de waardevaststelling te
voorkomen. Die strekking verzet zich er naar het oordeel van de
Rechtbank tegen dat, wanneer in de loop van de procedure is gebleken dat een lagere waarde dan die door hem aanvankelijk is aangehouden de juiste is, in dat geval die oorspronkelijke waarde met een
beroep op dat artikel wordt gehandhaafd. De Rechtbank vermindert
de waarde naar € 424.000.

Rechtbank Haarlem 16 februari 2006, nr. 05/4100, EK, Belastingblad 2006, blz. 467

Belanghebbende heeft een WOZ-beschikking ontvangen, waarbij de WOZ-waarde is vastgesteld op € 331.000. In de uitspraak op het bezwaarschrift verlaagt de gemeente de waarde naar € 296.753. In de beroepsfase overlegt de gemeente een taxatierapport met daarin een waarde van € 289.796. Volgens de gemeente moet de waarde naar dit bedrag worden verlaagd. De Rechtbank vindt echter dat de drempel van artikel 26a Wet WOZ ook geldt in de beroepsprocedure. De verminderde waarde van € 296.753 wordt daarom geacht juist te zijn indien de waarde daarvan maximaal € 11.870,12 afwijkt. Volgens de Rechtbank maakt belanghebbende niet aannemelijk dat de waarde op een lager bedrag moet worden vastgesteld dan € 289.796. Daarom wordt de grens van artikel 26a Wet WOZ niet overschreden.

Rechtbank Breda 27 februari 2006, nr. 05/2654, EK, Belastingblad 2006, blz. 527

Belanghebbende heeft een WOZ-beschikking ontvangen, waarbij de WOZ-waarde is vastgesteld op € 361.000. In de uitspraak op het bezwaarschrift stelt de gemeente dat de waarde moet worden verminderd naar € 352.000, maar dat dit de drempel van artikel 26a Wet WOZ niet overschrijdt, zodat de waarde gehandhaafd moet worden. In beroep stelt de gemeente dat zij geen bezwaar heeft tegen verlaging van de waarde tot € 352.000, indien dat, ondanks het bepaalde in artikel 26a Wet WOZ, mogelijk zou zijn. De Rechtbank oordeelt dat de in bezwaar bepaalde waarde ad € 352.000 binnen de marge van artikel 26a Wet WOZ blijft, zodat de waarde op grond van voornoemde bepaling terecht gehandhaafd is op € 361.000. Omtrent de mogelijkheid om in afwijking van artikel 26a Wet WOZ de waarde toch te verlagen tot € 352.000 overweegt de Rechtbank dat uit de toelichting, de kamerbehandeling en de brief van de Staatssecretaris van Financiën bij het Amendement Fierens volgt, dat met de invoering van artikel 26a Wet WOZ slechts is beoogd een voorziening te treffen om bezwaar- en beroepschriften voor kleine afwijkingen bij de waardevaststelling te voorkomen en dat het niet de bedoeling van de wetgever is geweest om verweerder de bevoegdheid te ontzeggen de waarde te verminderen binnen de in dat artikel genoemde marge. De Rechtbank verklaart het beroep gegrond en vermindert de WOZ-waarde tot € 352.000.

Rechtbank Arnhem 6 maart 2006, nr. 05/3740, EK, Belastingblad 2006, blz. 520

In geschil is de vraag of een verschil in waarde van € 1.000 in aanmerking dient te worden genomen als dit veroorzaakt wordt door een onjuist bouwjaar van de aanwezige dakkapel. De Rechtbank oordeelt dat op grond van artikel 26a Wet WOZ de bij beschikking vastgestelde waarde van € 313.000 wordt geacht juist te zijn indien de waarde in het economische verkeer niet meer dan € 12.520 daarvan afwijkt. Het door belanghebbende gestelde verschil is kleiner dan dit bedrag. Niet valt in te zien waarom artikel 26a Wet WOZ niet zou gelden als er een fout is gemaakt in de vaststelling van de feitelijke situatie van de onroerende zaak. De Rechtbank is van oordeel dat de wetsgeschiedenis daarvoor geen aanknopingspunten biedt.

Rechtbank Haarlem 13 april 2006, nr. 05/4250, EK, Belastingblad 2006, blz. 680

Belanghebbende heeft een WOZ-beschikking ontvangen, waarbij de WOZ-waarde is vastgesteld op € 518.516. In de uitspraak op het bezwaarschrift handhaaft de gemeente de waarde. In de beroepsfase overlegt de gemeente een taxatierapport, waarin de waarde naar de toestand per 1 januari 2005 is bepaald, omdat tussen de waardepeildatum en het begin van het tijdvak een aanbouw is gerealiseerd. De waarde is volgens het taxatierapport van de gemeente € 516.396. Belanghebbende stelt dat zijn bezwaar gegrond moeten worden verklaard en had een nieuwe beschikking moeten worden genomen. Artikel 26a Wet WOZ was dan niet van toepassing geweest. De Rechtbank oordeelt dat de gemeente pas in de bezwaarfase toepassing heeft gegeven aan artikel 19, eerste lid, Wet WOZ en is uitgegaan van de toestand van de woning per 1 januari 2005. Uit de wettelijke bepalingen volgt dat de waarde van de woning wordt vastgesteld naar de staat op 1 januari 2005. Daaraan doet niet af dat verweerder aanvankelijk abusievelijk uitging van de staat op 1 januari 2003. Nu het in de bezwaarfase duidelijk is geworden dat voor de beschikking uitgegaan had moeten worden van de toestand van de woning per 1 januari 2005, diende verweerder daarmee bij zijn uitspraak op bezwaar rekening te houden. De gemeente kon de beschikking daarom aanvullend motiveren door aan te geven dat, gelet op de toestand van de woning per 1 januari 2005, de waarde van de woning op € 516.396 diende te worden gesteld. Uitgaande van deze waarde heeft de gemeente met inachtneming van artikel 26a Wet WOZ terecht beslist dat de drempel niet werd overschreden.

Rechtbank Breda 9 mei 2006, nr. 05/3949, EK, Belastingblad 2006, blz. 872

De door de Rechtbank vastgestelde waarde van € 300.000 wijkt meer dan 4% af van de in de oorspronkelijke WOZ-beschikking vastgestelde waarde van € 355.000, zodat artikel 26a niet aan verlaging van de waarde in de weg staat. De omstandigheid dat de gemeente bij de uitspraak op bezwaar de waarde reeds had verlaagd tot € 309.000 doet daar niet aan af.

Rechtbank 's-Gravenhage 9 mei 2006, nr. 05/7665, EK, Belastingblad 2006, blz. 1132

De gemeente heeft drie in plaats van twee dakkapellen gewaardeerd, waardoor de WOZ-waarde van de woning € 3.000 te hoog is. De Rechtbank overweegt het volgende. Ingevolge artikel 26a Wet WOZ wordt een vastgestelde waarde van een onroerende zaak geacht juist te zijn indien de waarde daarvan niet meer dan € 10.000 of zo dat meer is 4 % afwijkt van de bij beschikking vastgestelde waarde. Nu de waarde niet meer dan € 10.000 afwijkt van de bij beschikking vastgestelde waarde, moet deze waarde op grond van artikel 26a Wet WOZ juist worden geacht. De omstandigheid dat de waardeafwijking zijn oorzaak vindt in een taxatiefout doet daaraan niet af.

Rechtbank Arnhem 29 mei 2006, nr. 05/4862, EK, Belastingblad 2006, blz. 870

De Rechtbank is van oordeel dat artikel 26a Wet WOZ moet worden toegepast ten aanzien van de door de gemeente vastgestelde waarde bij de primaire beschikking en niet de waarde die in de uitspraak op bezwaar is vastgesteld. Redengevend hiervoor acht de Rechtbank dat in artikel 26a Wet WOZ is opgenomen dat moet worden gekeken naar de op de voet van hoofdstuk IV van de Wet WOZ bij beschikking vastgestelde waarde. De uitspraak op bezwaar kan niet als een dergelijke beschikking worden aangemerkt.

Hof Amsterdam 2 juni 2006, nr. 04/03320, MK I, Belastingblad blz. 875

Het Hof overweegt dat in de onderhavige procedure, die handelt over het tweede WOZ-tijdvak, geen betekenis toekomt aan het bepaalde in artikel 26a Wet WOZ. Uit de parlementaire totstandkomingsgeschiedenis leidt het Hof af dat niet werd beoogd dat de bepaling reeds toepassing zou vinden ten aanzien van beschikkingen die zijn gegeven voor het tijdvak 2001 tot en met 2004.

Rechtbank Haarlem 20 juli 2006, nr. 05/5522, EK, Belastingblad 2006, blz. 1258

De Rechtbank Haarlem oordeelt dat bij de vraag of in de beroepsfase de drempel van artikel 26a Wet WOZ wordt overschreden moet worden gekeken naar de primair beschikte waarde en niet naar de waarde die bij de uitspraak op bezwaar is vastgesteld. In artikel 26a Wet WOZ wordt immers gesproken over de 'op de voet van hoofdstuk IV van de Wet WOZ bij beschikking vastgestelde waarde'.

Rechtbank Arnhem 21 augustus 2006, nr. 05/3289, EK, Belastingblad 2007, blz. 564

De WOZ-waarde is vastgesteld op € 231.000 en is in bezwaar gehandhaafd. In beroep staat de gemeente een waarde voor van € 225.000. Volgens de Rechtbank heeft de gemeente deze waarde voldoende aannemelijk gemaakt. Nu deze waarde niet meer dan € 10.000 afwijkt van de bij beschikking vastgestelde waarde van € 231.000, wordt deze laatste waarde geacht juist te zijn.

Rechtbank Haarlem 10 oktober 2006, nr. 06/996, EK, Belastingblad 2006, blz. 1380

De gemeente verdedigt dat de drempel van artikel 26a Wet WOZ ook in beroep dient te worden toegepast. In dat geval zou de bepaling van de waarde van de woning niet leiden tot aanpassing van de WOZ-waarde. De Rechtbank verwerpt dit standpunt. Dit artikel noemt immers de uitspraak op bezwaar niet, hoewel dit, zoals blijkt uit artikel 29 Wet WOZ, op andere plaatsen in de wet wel gebeurt. Nu niet alleen het artikel, maar ook de uiterst summiere wetsgeschiedenis niet naar de uitspraak op bezwaar verwijzen, heeft artikel 26a naar het oordeel van de Rechtbank alleen betrekking op de oorspronkelijk bij beschikking vastgestelde waarde.

Rechtbank Haarlem 2 november 2006, nr. 06/989 en 06/8053, MK, Belastingblad 2007, blz. 155

De Rechtbank is van oordeel dat de drempel van art. 26a in de beroepsfase moet worden berekend op basis van de bij de uitspraak op bezwaar vastgestelde waarde. Dit blijkt uit de wettekst en de systematiek van de Wet WOZ. Het gevolg van deze uitleg is dat eisers die in de bezwaarfase een waardeverlaging hebben gekregen wat betreft hun kans op een geslaagd beroep in een ongunstigere positie verkeren dan eisers aan wie de gemeente in bezwaar (ten onrechte) niet is tegemoetgekomen. Volgens de Rechtbank heeft de wetgever deze consequentie - die rechtstreeks volgt uit de wettekst - aanvaard.

Rechtbank Alkmaar 18 april 2007, nr. 05/3394, EK, Belastingblad 2007, blz. 752

De heffingsambtenaar van de gemeente Hoorn heeft de waarde van de onroerende zaak van belanghebbende vastgesteld op € 233.625 en na bezwaar verminderd tot € 210.000. De heffingsambtenaar concludeert tijdens de zitting tot een waarde van € 208.765. De Rechtbank overweegt dat deze laatste waarde juist is en verder dat uit art. 26a Wet WOZ volgt dat een met een beschikking volgens hoofdstuk IV van de wet vastgestelde waarde geacht wordt juist te zijn, als de volgens hoofdstuk III bepaalde - werkelijke - waarde daarvan niet meer dan € 10.000,- afwijkt. Deze regel moet worden toegepast op de waarde die in de uitspraak op bezwaar is vastgesteld. Het besluit waartegen belanghebbende bezwaar heeft gemaakt is een waardevaststellingsbeschikking als bedoeld in hoofdstuk IV. Bij de uitspraak op bezwaar heeft de heffingsambtenaar het bezwaar gegrond verklaard en een nieuwe waarde vastgesteld. Dit strookt met art. 7:11 van de Awb, waarin kort gezegd staat dat als de gemaakte heroverweging in de bezwaarprocedure daartoe aanleiding geeft, een nieuw besluit wordt genomen. De uitspraak op bezwaar is dus een nieuwe waardevaststellingsbeschikking als bedoeld in hoofdstuk IV waarop art. 26a ook van toepassing is. Dit komt geheel overeen met de bedoeling van de wetgever, die met art. 26a heeft beoogd te voorkomen dat voor kleine afwijkingen bij de waardevaststelling bezwaar en beroep wordt ingesteld. De Rechtbank verwijst hierbij naar de parlementaire behandeling van het amendement Brief van de Staatssecretaris van Financiën, Kamerstukken II, 2004-2005, 29 612, nr. 15) die heeft geleid tot invoering van dit artikel. De juist geachte waarde van € 208.765 wijkt minder dan € 10.000 af van de bij de uitspraak op bezwaar vastgestelde waarde, zodat deze laatste waarde voor juist moet worden gehouden.

Hof Arnhem 18 juli 2007, nr. 06/00196, M II, Belastingblad 2007, blz. 982

De Rechtbank heeft enerzijds de heffingsambtenaar van de gemeente Apeldoorn niet geslaagd geacht in het bewijs van de waarde van € 427.000 en anderzijds niet aannemelijk geoordeeld dat het object bij verkoop op of omstreeks de peildatum hooguit € 321.000 zou hebben opgebracht, zoals belanghebbende heeft gesteld. Omdat de Rechtbank beide partijen er niet in geslaagd acht de waarde aannemelijk te maken, heeft zij de waarde in goede justitie verminderd tot € 415.000. Terecht voert de heffingsambtenaar aan dat de Rechtbank heeft miskend dat de door haar bepaalde waarde minder dan 4% afwijkt van de vastgestelde waarde, die in dat geval volgens art. 26a

Wet WOZ geacht wordt juist te zijn. Het beroep had ongegrond moeten worden verklaard.
De uitspraak van de Rechtbank kan niet in stand blijven. De rechtsregel van art. 26a en wellicht ook die van art. 18, eerste lid, Wet WOZ zijn geschonden. Het Hof wijst de zaak terug naar de Rechtbank om opnieuw te worden behandeld.

Hof Amsterdam 6 december 2007, nr. 06/00121, E XI, Belastingblad 2008, blz. 463
Belanghebbende is eigenaar van een woning. De WOZ-waarde is vastgesteld op € 318 000. De gemeente heeft ten onrechte een berging met een waarde van € 5.000 in de waardering betrokken. De gemeente laat de WOZ-waarde in stand, met een beroep op art. 26a Wet WOZ. De Rechtbank is het met de gemeente eens. Het Hof oordeelt in hoger beroep dat ook duidelijke fouten in de waardevaststelling vallen onder de werking van art. 26a Wet WOZ. Uit de wetsgeschiedenis valt niet af te leiden dat art. 26a Wet WOZ geen betrekking heeft op een waardeafwijking die zijn oorzaak vindt in taxatiefouten.

Hoge Raad 15 februari 2008, nr. 43 934, Belastingblad 2008, blz. 400, BNB 2008/99*, FED 2008/40
De gemeente heeft de waarde vastgesteld op € 335.000 en bij uitspraak op bezwaar verlaagd naar € 309.000. De Rechtbank heeft de waarde verder verminderd tot € 300.000. De Hoge Raad oordeelt dat het in de rede ligt om waar in art. 26a wordt gesproken over 'een op de voet van dit hoofdstuk bij beschikking vastgestelde waarde' daaronder te verstaan de waarde zoals die is vastgesteld bij een voor bezwaar vatbare beschikking. Een verlaging van de bij beschikking vastgestelde waarde bij uitspraak op bezwaar of bij rechterlijke uitspraak - onder verbetering van de waardevaststelling in de oorspronkelijke beschikking - kan derhalve niet gelden als de op de voet van hoofdstuk IV bij beschikking vastgestelde waarde, bedoeld in art. 26a Wet WOZ. Het bepaalde in dat artikel brengt evenwel niet mee dat het de heffingsambtenaar niet geoorloofd zou zijn om een bij beschikking vastgestelde waarde binnen die marge te verlagen, bijvoorbeeld in het kader van een compromissoire oplossing van een geschil. De waarde is door de Rechtbank terecht verminderd.

Hof 's-Gravenhage 22 april 2008, nr. 06/00222, M I, Belastingblad 2008, blz. 691
Partijen zijn het na de uitspraak op bezwaar bij compromis eens geworden over de waarde van de woning op de waardepeildatum. De gemeente heeft vervolgens, bij ambtshalve gegeven kennisgeving, be-

langhebbende laten weten dat art. 26a Wet WOZ verhindert dat de bij beschikking vastgestelde waarde (€ 99.000) wordt verminderd tot de in compromis overeengekomen waarde (€ 95.000). Het Hof oordeelt dat het bepaalde in art. 26a Wet WOZ niet mee brengt dat het de gemeente niet geoorloofd is een bij beschikking vastgestelde waarde binnen de marge van art. 26a Wet WOZ te verlagen, bijvoorbeeld in het kader van een compromissoire oplossing van een geschil (HR 15 februari 2008, nr. 43.934 (LJN: BC4335). Dit is echter niet verplicht. Nu belanghebbende niet heeft gesteld dat het compromis inhield dat de gemeente de beschikking, met voorbijgaan aan art. 26a Wet WOZ, zou wijzigen en ook overigens geen feiten heeft gesteld op grond waarvan de gemeente tot zodanige aanpassing van de beschikking gehouden is, slaagt zijn hoger beroep niet. De beleidsregels nopen hier ook niet toe.

6.8   Onderbouwing (taxatieverslag)

Hof 's-Gravenhage 9 september 1998, nr. BK-97/01155, E IX, Belastingblad 1999, blz. 137
Een vóór de peildatum gezonden informatiebrief, getiteld "kennisgeving uitkomst taxatie" met daarop de uitkomst van de taxatie in het kader van de OZB, wordt aangemerkt als beschikking.

Hoge Raad 30 september 1998, nr. 33 765, Belastingblad 1999, blz. 369
Een verlaging van de waarde van een in de vaststellingsovereenkomst genoemd object leidt niet automatisch tot een evenredige verlaging van de waarde van de onroerende zaak.

Hof Amsterdam 7 oktober 1998, nr. 33763, Belastingblad 1998, blz. 879
Teneinde een geschil over de door de gemeente voor de OZB gehanteerde waarde van een aantal vergelijkbare panden te beslechten, is een overeenkomst tussen de gemeente en belanghebbende vastgesteld. Daarin werd bepaald dat twee taxateurs in onderling overleg zouden beoordelen of het nabij gelegen object een representatief vergelijkingsobject vormt voor de overige panden, waaronder dat van belanghebbende.
Indien het object vergelijkbaar was, zou dit worden getaxeerd. Nu de getaxeerde waarde van het betreffende pand lager ligt dan de door de gemeente vastgestelde waarde dient ingevolge de overeenkomst de waarde van alle tot het complex behorende woningen naar rato van

deze verlaging en met inachtneming van de onderhavige verschillen te worden verlaagd. De gemeente is in casu aan het compromis gebonden.

Hof Amsterdam 23 oktober 1998, nr. P98/00691, Belastingblad 1999, blz. 192
De woning is in de beroepsfase niet opnieuw getaxeerd. De referentiewoning is 18 maanden na de peildatum verkocht en is derhalve niet vergelijkbaar. Het Hof verlaagt de waarde naar de waarde zoals belanghebbende die voorstaat.

Hof Amsterdam 23 oktober 1998, nr. 97/21922, E IX, Belastingblad 1999, blz. 236
Het taxatierapport van de hertaxatie in de beroepsfase ontbreekt en het *opnameformulier van de hertaxatie* bevat fouten. Het Hof verlaagt de waarde naar de waarde zoals belanghebbende die voorstaat.

Hof Amsterdam 15 januari 1999, nr. 98/1316, E XII, Belastingblad 2000, blz. 394
Belanghebbende stelt dat verweerder heeft verzuimd hem genoegzaam te informeren over de factoren die van belang zijn voor de waardebepaling van zijn woning. In dit verband acht het Hof van belang dat het aan belanghebbende toegezonden taxatieverslag niet aangeeft op welke wijze die factoren zijn gerelateerd aan de niet in dat verslag vermelde waardebepalende factoren van het referentieobject. In de bestreden uitspraak heeft verweerder die evenmin vermeld. Dit kan er echter niet toe leiden het beroep gegrond te verklaren, nu de bij beschikking vastgestelde waarde juist is. Wel gelast het Hof verweerder de griffierechten aan belanghebbende te vergoeden en veroordeelt het Hof verweerder in de kosten van het geding.

Hof 's-Gravenhage 26 februari 1999, nr. BK-96/01598, E IX, Belastingblad 1999, blz. 690
Belanghebbende stelt dat op willekeurige wijze uitvoering is gegeven aan de uitvoering van de OZB omdat de taxaties onzorgvuldig zijn geweest. Het Hof oordeelt dat zelfs indien deze beweringen juist zijn, dit niet tot gevolg kan hebben dat de aanslagen ten onrechte zijn opgelegd.

Hof 's-Gravenhage 24 maart 1999, nr. BK-97/03596, E VII, Belastingblad 2000, blz. 247
Gelet op de verschillen en overeenkomsten tussen de verkoopprijzen van de vergelijkingsobjecten en de waarde van belanghebbendes wo-

ning, kan niet worden gezegd dat de vastgestelde waarde van de woning in een juiste verhouding staat tot de overgelegde verkoopprijzen. De door belanghebbende aangevoerde taxatie in het kader van een boedelscheiding in december 1994 brengt niet mee dat de waarde in het economische verkeer voor de OZB per 1 januari 1995 op die waarde moet worden gesteld, omdat gesteld noch gebleken is dat die taxatie ook de waarde per 1 januari 1995 weergeeft. Bovendien kan deze niet als maatstaf voor de waardebepaling dienen, omdat belanghebbende met betrekking tot die taxatie geen inzicht heeft verschaft in de daarbij in aanmerking genomen feiten en omstandigheden.

Hoge Raad 21 april 1999, nr. 33 359, Belastingblad 1999, blz. 623
De eerste mondelinge behandeling heeft door een andere raadsheer plaatsgevonden dan de tweede. Nu de inhoud van de eerste mondelinge behandeling in de uitspraak als ingelast is aangemerkt, kan niet worden geoordeeld dat niet alle argumenten zijn meegewogen. Gelet op het doel van de taxatie (het verkrijgen van financiering) kon worden volstaan met een lagere waarde. Uit het rapport blijkt niet dat rekening is gehouden met gerealiseerde verkoopcijfers van vergelijkbare panden.

Hof 's-Gravenhage 28 april 1999, BK-97/03769, E IX, Belastingblad 1999, blz. 699
De door de taxateur in het vooruitzicht gestelde waarde is door de gemeente op geen enkele wijze weersproken. Voor belanghebbende bestond derhalve geen aanleiding te veronderstellen dat deze waarde niet de waarde in het economische verkeer vertegenwoordigt. Belanghebbende beroept zich terecht op het vertrouwensbeginsel.

Hof Arnhem 14 oktober 1999, nr. 98/1352, E I, Belastingblad 2000, blz. 731
In de bezwaarfase is van de zijde van de ambtenaar geen taxatierapport overgelegd. Wel heeft de ambtenaar in die fase twee vergelijkingspanden genoemd ter ondersteuning van zijn standpunt. Eerst ter zitting bij het Hof is alsnog een taxatierapport aangeboden. Het Hof heeft het taxatierapport niet tot de gedingstukken gerekend nu dat eerst ter zitting is ingediend en belanghebbende daarvan geen kennis heeft kunnen nemen.

Hof Arnhem 29 oktober 1999, nr. 98/1201, E VIII, Belastingblad 2000, blz. 528
Indien er sprake is van meer dan één genothebbende krachtens eigendom als waarvan in dit geval sprake is, laat de wet de ambtenaar de

keuze aan wie hij de bekendmaking richt. Een tweede bekendmaking aan de mede-eigenaar kon dan ook achterwege blijven. Belanghebbende heeft een taxatierapport uit 1993 overgelegd. Naar zijn mening kan dit, na een correctie van 10% voor de verstreken tijd tot aan de peildatum, dienen als onderbouwing van de door hem voorgestane waarde. Het Hof verwerpt deze stelling, nu bij deze berekening geen rekening is gehouden met de verkoopprijzen die op of rond de peildatum voor min of meer vergelijkbare woningen in dezelfde buurt zijn gewaardeerd.

Hof 's-Gravenhage 3 november 1999, nr. BK-98/2466, E II, Belastingblad 2000, blz. 500
Tijdens de hertaxatie heeft de taxateur een waarde ad ƒ 197.000 berekend. In de uitspraak op het bezwaarschrift is de waarde verlaagd en nader vastgesteld op ƒ 220.000. Belanghebbende mag aan de uitlatingen van de taxateur een rechtens te beschermen vertrouwen ontlenen, nu deze laatste geen mededeling heeft gedaan van het feit dat zijn taak slechts bestaat uit het uitbrengen van een waardeadvies en belanghebbende dit niet wist of kon weten. Onder deze omstandigheden mocht belanghebbende erop vertrouwen dat met de taxatie de waarde van de woning daadwerkelijk en definitief was beoordeeld.

Hof Arnhem 30 november 1999, nr. 98/1688, E I, Belastingblad 2000, blz. 529
Belanghebbende heeft voor de waardebepaling in het kader van de Wet WOZ een met behulp van de Nationale Taxatielijn opgemaakt taxatierapport overgelegd. Een dergelijk taxatierapport is naar het oordeel van het Hof niet bruikbaar, omdat het niet is gebaseerd op een in- en uitwendige opname door een taxateur en geen gegevens bevat van referentieobjecten. Het door de gemeente overgelegde taxatierapport kan naar het oordeel van het Hof evenmin dienen als basis voor de waardebepaling, nu onvoldoende gegevens worden verstrekt van de daarin vermelde referentieobjecten die een verantwoorde vergelijking mogelijk maken tussen de woning van de belanghebbende en de referentieobjecten. Nu een deugdelijk taxatierapport ontbreekt is het Hof genoodzaakt de waarde te bepalen op basis van de beschikbare gegevens.

Hof Amsterdam 23 februari 2000, nr. 99/01045, E XIV, Belastingblad 2000, blz. 613
Belanghebbende stelt dat de taxateurs die de woning in de bezwaarfase en in de beroepsfase hebben getaxeerd niet kwalificeren, omdat zij niet WOZ-gediplomeerd zijn. Gelet op de inhoud van het taxatier-

apport en de ter zitting gegeven toelichting omtrent de werkzaamheden van de betrokkenen heeft het Hof geen reden om aan de deskundigheid van de taxateur te twijfelen. Geen rechtsregel schrijft immers voor aan welke voorwaarde moet worden voldaan om bij een rapport te kunnen spreken van de deskundigheid van de taxateur.

(Opmerking: het taxatierapport in de beroepsfase was ná 1 januari 1999 opgesteld door een niet-gediplomeerde WOZ-taxateur. De WOZ-gediplomeerde taxateur die ter zitting aanwezig was heeft aldaar verklaard zich te kunnen vinden in het door de niet-gediplomeerde taxateur opgestelde taxatierapport.)

Hof Amsterdam 5 april 2000, nr. 98/5298, E IV, Belastingblad 2000, blz. 822
Belanghebbende is van mening dat het taxatierapport van verweerder niet als bewijs mag worden gebruikt, aangezien de daarvoor benodigde informatie zonder instructie en toezicht van het Hof in de beroepsfase is verzameld, dan wel tarief is ingebracht. Teneinde bewijs van de door hem vastgestelde waarde te leveren, staat het de gemeente in beginsel vrij om eerst in de beroepsfase een taxatierapport van de desbetreffende woning te doen opmaken en te overleggen.

Hoge Raad 19 april 2000, nr. 35 212, Belastingblad 2000, blz. 494, BNB 2000/195, FED 2000/205
Het Hof heeft geoordeeld dat het beroep van belanghebbende ongegrond is, omdat belanghebbende er niet in is geslaagd om met behulp van een taxatierapport of een daarmee op één lijn te stellen productie aannemelijk te maken dat de waarde van de onroerende zaak minder is dan die van de referentiewoning. Naar het oordeel van de Hoge Raad is het oordeel van het Hof onjuist, daar niet belanghebbende, maar de gemeente aannemelijk moet maken dat er geen verschillen zijn tussen de onroerende zaak en de referentiewoning, dan wel dat deze verschillen geen invloed hebben op de waarde, dan wel dat de door haar vastgestelde waarde op andere gronden juist is.

Hof Arnhem 8 mei 2000, nr. 98/02161, E VIII, Belastingblad 2000, blz. 880
Belanghebbende heeft ter zitting bezwaar gemaakt tegen het gebruik van het taxatierapport. Het Hof zal het taxatierapport niet in zijn oordeel betrekken. De ambtenaar en de door hem aangewezen personen ontlenen hun bevoegdheid tot binnentreden van de woning ten behoeve van de waardering van die woning op grond van de Wet WOZ, aan de bepalingen van de AWR. Het Hof leidt uit het arrest van de Hoge Raad van 10 februari 1988 (BNB 1988/160) af, dat het rapport

berust op onbevoegd door de ambtenaar verkregen gegevens. Naar het oordeel van het Hof maakt belanghebbende niet aannemelijk dat de waarde van de onroerende zaak te hoog is vastgesteld. Er kan geen doorslaggevende betekenis worden toegekend aan de koopsom in 1988, noch aan de taxatie door de Belastingdienst naar de situatie per 1 januari 1992, daar die gebeurtenissen zich te lang vóór de onderhavige waardepeildatum hebben voorgedaan, terwijl het toepassen van een percentage van de algemene prijsontwikkeling op die waarden onvoldoende recht doet aan de werkelijke prijsontwikkeling ter plaatse.

Hof Amsterdam 29 mei 2000, nr. 98/02092, M IV, Belastingblad 2001, blz. 500, FED 2000/353
Nu de taxatie is gebaseerd op gegevens die zijn vergaard bij derden, met name huurprijzen voor vergelijkbare kantoorruimten en de kapitalisatiefactor bij een verkoop van vergelijkbare, verhuurde panden, kan de klacht van belanghebbende dat de taxateur van de verweerder op onrechtmatige wijze bewijs heeft verzameld door zonder toestemming van belanghebbende het onderhavige kantoorgebouw binnen te treden buiten behandeling blijven. Belanghebbende is dan immers door het gestelde onrechtmatige optreden van de taxateur niet in haar processuele positie geschaad.

Hof 's-Gravenhage 31 mei 2000, nr. 98/3692, E II, Belastingblad 2002, blz. 524
Belanghebbende heeft gesteld dat de WOZ-waarde van zijn onroerende zaak ƒ 515.000 bedraagt en onderbouwt deze waarde door middel van een taxatierapport. Het Hoofd financiën van de gemeente bestrijdt dit taxatierapport niet inhoudelijk, maar stelt dat het taxatierapport geen expliciete toetsing aan marktgegevens bevat. Het Hof oordeelt dat belanghebbende met het door hem in geding gebrachte taxatierapport aannemelijk heeft gemaakt dat de waarde van onderhavige onroerende zaak op de peildatum ƒ 515.000 bedroeg. Het Hof geeft aan dat in het taxatierapport van belanghebbende in tegenstelling tot het taxatierapport dat door de gemeente is overlegd wel rekening is gehouden met geluidsoverlast en achterstallig onderhoud. Voorts maakt het taxatierapport van belanghebbende een gedegen en betrouwbare indruk. Het Hof oordeelt bovendien dat alhoewel er het taxatierapport van belanghebbende geen expliciete toetsing aan marktgegevens bevat er van uit mag worden gegaan dat deze taxatie is gebaseerd. Het Hof vernietigt de uitspraak waarvan beroep en de waarde voor de onroerende zaak wordt vastgesteld op ƒ 515.000.

Hof Arnhem 29 juni 2000, nr. 98/3804, E VII, Belastingblad 2001, blz. 761

Belanghebbende stelt dat het door de gemeente opgestelde taxatierapport buiten aanmerking moet worden gelaten, omdat het 'onrechtmatig verkregen bewijs' is. Zijns inziens is hem niet gewezen op de mogelijke bewijsrechterlijke gevolgen van het verschaffen van toegang tot de woning. Het Hof verwerpt dit betoog. Geen rechtsregel verplicht de ambtenaar of de taxateur die de waarde ander onderzoekt ertoe degene die vrijwillig meewerkt te wijzen op deze gevolgen, nog daargelaten dat deze in de in het fiscale geldende vrije bewijsleer, te weinig bepaalbaar zijn om in een algemeen luidende 'cautie' te worden vervat. Nu niet is gebleken dat belanghebbende de taxateur onvrijwillig toegang heeft verschaft, ziet het Hof geen aanleiding het taxatierapport, mede gelet op het arrest van de Hoge Raad van 10 februari 1988 (BNB 1988/60) als bewijsmiddel buiten aanmerking te laten.

Hof 's-Hertogenbosch 1 november 2000, nr. 98/01862, E IX, Belastingblad 2001, blz. 412, V-N 2001, 27.15

Belanghebbende stelt dat de waarde van de woning op een te hoog bedrag is vastgesteld. Ter onderbouwing van de waarde is door de ambtenaar een taxatierapport overgelegd. Belanghebbende verwijst naar een (mondelinge) overeenkomst met een medewerker van RS waarin de waarde voor het belastingjaar 1993 op een lager bedrag is vastgesteld. Naar het oordeel van het Hof kan aan de akkoordverklaring door een medewerker van RS geen gewicht worden toegekend omdat deze betrekking had op de waarde per 1 januari 1993 en omdat omtrent de onderbouwing van die waarde destijds geen gegevens zijn overgelegd.

Hof 's-Gravenhage 16 november 2000, nr. BK-97/03291, E VI, Belastingblad 2001, blz. 411, FED 2001/151

In geschil is de waarde van een woning. De inspecteur stelt dat de taxateur van belanghebbende hem een compromisvoorstel heeft aangeboden, hetgeen door hem is aanvaard. Belanghebbende ontkent dat een compromis is gesloten. Het Hof verwerpt het beroep van de inspecteur op het compromis, aangezien hij niet aannemelijk heeft gemaakt dat de taxateur als gemachtigde namens belanghebbende kon optreden en dat belanghebbende op de hoogte was van het compromis. De inspecteur heeft tevens verklaard de woning meerdere malen te hebben getaxeerd. Van deze taxaties zijn door hem echter geen bewijs overgelegd. Belanghebbende heeft zijn woning in het kader van de Wet WOZ laten taxeren door een taxateur, werkzaam bij een NVM makelaar. Het Hof acht deze taxatie betrouwbaar. Daaraan doet het gegeven dat de taxatie is verricht op basis van oppervlakte en inhoud, zonder vergelijkingsobjecten, niet af. De door belanghebbende voorgestane waarde moet als juist worden aangemerkt.

Hof 's-Gravenhage 16 november 2000, nr. BK-98/03356, E VI, Belastingblad 2001, blz. 370

In geschil is de waarde van een appartement. De taxateur heeft bij de berekening van de WOZ-waarde combi-appartementen, en twee-. drie- en vijfkamerappartementen als vergelijkingsobjecten gehanteerd. Hij is uitgegaan van een kavelwaarde van *f* 70.000. Belanghebbende heeft onweersproken gesteld dat deze kavelwaarde ver uitgaat boven de kavelwaarde van de door de taxateur gehanteerde vergelijkingsobjecten. De taxateur heeft voor deze afwijking geen verklaring en stelt dat hij zijn taxatie heeft gebaseerd op een andere taxatie, waarvan hij niet weet waar die op is gebaseerd. Gelet op het voorgaande acht het Hof het taxatierapport geen betrouwbare grondslag voor de vaststelling van de waarde. Het appartement is volgens het Hof het meest vergelijkbaar met één van de vergelijkingsobjecten, een appartement dat geen zolder heeft. De verkoopdatum van dit appartement is echter ongeveer een jaar vóór de waardepeildatum gelegen. Gelet op de omstandigheid dat het appartement geen zolder heeft en uitgaande van de verkoopprijs van dit appartement, vermeerderd met een waardestijging van 5% op jaarbasis, acht het Hof de door belanghebbende voorgestane waarde van zijn woning reëel.

Hoge Raad 6 december 2000, nr. 35 681, Belastingblad 2001, blz. 224, BNB 2001/53, FED 2000/698*

Het Hof heeft geoordeeld dat belanghebbende tegenover het in de beroepsfase opgemaakte taxatierapport van de gemeente niet aannemelijk heeft gemaakt dat de waarde op een te hoog bedrag is vastgesteld. Belanghebbende stelt dat met het taxatierapport geen rekening mocht worden gehouden, omdat de taxateur slechts heeft gevraagd om een gesprek en belanghebbende geen toestemming heeft gegeven voor een taxatie. Deze stelling is door het Hof verworpen, omdat belanghebbende met bezichtiging en het maken van foto's van zijn huis door de taxateur heeft ingestemd. Dit oordeel geeft, gelet op artikel 30 van de Wet WOZ in verbinding met artikel 50 van de AWR en HR 10 februari 1988 (BNB 1988/160) geen blijk van een onjuiste rechtsopvatting. Geen rechtsregel verbood de taxateur om zijn, met toestemming van belanghebbende verkregen, bevindingen achteraf neer te leggen in een rapport, en geen rechtsregel verbood de gemeente zich op dat taxatierapport te beroepen.

Hof Amsterdam 11 juni 2002, nr. 01/4080, E XIII, Belastingblad 2003, blz. 269
Op de gemeente rust de last om aannemelijk te maken dat de waarde van de woning op een juist bedrag is vastgesteld. De gemeente Schagen heeft geen taxatierapport overgelegd, maar heeft verwezen naar een aantal verkoopcijfers van op of rond de peildatum. De gemeente heeft geen inzicht gegeven in de objectkenmerken van de vergelijkingspanden. Daarom kan het Hof zich geen beeld vormen van de vergelijkbaarheid van de panden. De gemeente heeft de juistheid van de vastgestelde waarde niet aannemelijk gemaakt. Het Hof volgt daarom de waarde die belanghebbende voorstaat.

Hof Arnhem 31 juli 2002, nr. 01/2345, E IV, Belastingblad 2003, blz. 313
In geschil is de aan belanghebbende toegezonden WOZ-beschikking met betrekking tot zijn woning. De heffingambtenaar heeft op de zitting een taxatierapport overgelegd waarin de onderhoudstoestand van de woning als 'goed' wordt omschreven. Aangezien de bezwaren van belanghebbende hoofdzakelijk betrekking hebben op de in zijn ogen slechte onderhoudstoestand van de woning en de taxateur de woning niet inwendig heeft opgenomen, kent het Hof echter voor de waardebepaling geen betekenis toe aan de inhoud van het rapport.

Hof Amsterdam 24 oktober 2002, nr. 01/03621 PV, M V, Belastingblad 2003, blz. 272 , FED 2003/91
Op de gemeente rust de last aannemelijk te maken dat de waarde niet op een te hoog bedrag is vastgesteld. Naar het oordeel van het Hof heeft de gemeente aannemelijk gemaakt dat de waarde niet te hoog is vastgesteld door bij het verweerschrift een taxatierapport te voegen met daarin een verwijzing naar verkopen van vergelijkbare woningen in de nabije omgeving en het bieden van inzicht in de relevante verschillen. De bepalingen van het contract tussen de gemeente en het taxatiebureau geven aan dat het taxatiebureau financieel belang zou kunnen hebben bij de uitkomst van taxaties. Een dergelijk belang zou kunnen leiden tot onjuistheden bij het bepalen van de waarde. Gelet op de verwijzing naar verkopen van vergelijkbare woningen, welke verkopen door belanghebbende niet zijn betwist, acht het Hof echter niet aannemelijk dat in dit geval van een onjuiste taxatie sprake is.

Hof Leeuwarden 13 februari 2003, nr. 1118/02, E II, Belastingblad 2004, blz. 520
Belanghebbende is eigenaar en gebruiker van een woning. In geschil is de WOZ-waarde van de woning. Anders dan belanghebbende ken-

nelijk meent, kunnen de afzonderlijke elementen van de taxatieopbouw niet apart op hun juistheid beoordeeld worden. Slechts de vastgestelde eindwaarde is van belang. De taxatieopbouw vormt alleen een hulp-/controlemiddel bij de waardevaststelling.

Hof Arnhem 11 maart 2003, nr. 01/02668, M III, Belastingblad 2003, blz. 495
Aan belanghebbende is door de gemeente Harderwijk een beschikking afgegeven in het kader van de Wet WOZ. Belanghebbende stelt dat de gemeente Harderwijk prijsafspraken heeft gemaakt met taxatiebureaus. Het feit dat prijsafspraken zijn gemaakt tussen gemeenten en de door hen ingeschakelde taxatiebureaus is bevestigd in een recent rapport van de Waarderingskamer. Naar aanleiding van dit rapport merkt de staatssecretaris op dat prijsafspraken tussen gemeenten en taxatiebureaus niet wenselijk worden geacht. Het Hof verwijst naar de memorie van toelichting bij de Awb waarin aandacht is besteed aan de rechtsbetrekking burger-bestuur. Daarbij is opgemerkt dat de betrekking tussen burger en bestuur is te beschouwen als een rechtsbetrekking tussen weliswaar naar hun aard verschillende partijen, maar toch als een rechtsbetrekking waarin beide partijen in een wederkerige relatie staan, zodat zij rekening moeten houden met de positie en de belangen van de andere partij. Voor een waardevaststelling inzake de Wet WOZ betekent dit dat de burger erop moet kunnen vertrouwen dat een ambtenaar bij vaststelling zorgvuldig, objectief en onpartijdig te werk gaat en hiervoor alle relevante informatie verzamelt. Dit geldt tevens in gevallen waarin sprake is van deskundig advies. Door het maken van prijsafspraken komt een objectieve vaststelling van de waarde onder druk te staan, omdat taxatiebureaus bij de uitkomst van een nadere taxatie een zeker financieel belang hebben. Het Hof laat het oordeel van de taxateur omtrent de waarde buiten beschouwing en stelt de waarde in goede justitie vast.

Hof Arnhem 24 maart 2003, nr. 02/01250, E VII, Belastingblad 2003, blz. 505
Belanghebbende is eigenaar en gebruiker van een recreatiewoning, gelegen in een park in de gemeente Harderwijk. In het kader van de Wet WOZ is aan belanghebbende een beschikking afgegeven. Belanghebbende stelt dat de gemeente prijsafspraken heeft gemaakt met taxatiebureaus en dat bij de waardebepaling geen rekening is gehouden met de beleidswijziging inzake de permanente bewoning van de recreatiewoningen. Het Hof verwijst naar de Memorie van toelichting bij de Awb waarin aandacht is besteed aan de rechtsbetrekking burger-bestuur. Voor een waardevaststelling inzake de Wet WOZ bete-

kent dit volgens het Hof dat de burger erop moet kunnen vertrouwen dat een ambtenaar bij vaststelling zorgvuldig, objectief en onpartijdig te werk gaat en hiervoor alle relevante informatie verzamelt. Dit geldt tevens in gevallen waarin sprake is van deskundig advies. Door het maken van prijsafspraken komt een objectieve vaststelling van de waarde onder druk te staan, omdat taxatiebureaus bij de uitkomst van een nadere taxatie een zeker financieel belang hebben. Het Hof ziet reeds hierom aanleiding om het oordeel van de taxateur omtrent de waarde buiten beschouwing te laten. Het Hof merkt echter hierbij uit-drukkelijk op (r.o. 15) dat dit oordeel niet meebrengt dat de ook in het taxatierapport (en – kennelijk in navolging daarvan – in het verweer-schrift) vermelde gegevens (zoals inhoud, oppervlakte en verkoopprij-zen) van belanghebbendes zaak en de ter vergelijking opgevoerde ob-jecten buiten aanmerking moeten worden gelaten. Daaruit blijkt dat de waarde niet te hoog is. Met betrekking tot de beleidswijziging in-zake de permanente bewoning merkt het Hof op dat dit voornemen reeds voor de waardepeildatum bekend was, zodat potentiële gegadig-den daarmee rekening konden houden. Het beroep is ongegrond. Het Hof acht echter, gelet op de tussen de gemeente en het taxatiebureau gemaakte afspraken, begrijpelijk dat belanghebbende het oordeel van de onafhankelijke rechter heeft gezocht. Het Hof vindt hierin aanlei-ding om het griffierecht aan belanghebbende te vergoeden.

Hof Arnhem 28 maart 2003, nr. 02/00254, E III, Belastingblad 2003, blz. 847
Belanghebbende heeft de inhoud van de woning bepaald. Daarbij is hij uitgegaan van de inhoud van de daadwerkelijk voor de bewoning gebruikte ruimten. Dat is volgens het Hof onjuist, omdat deze meet-methode niet kan leiden tot een waardebepaling van het gehele pand. De door de gemeente gehanteerde bruto-methode leidt wel tot de vast-stelling van de gehele inhoud van het pand. De omstandigheid dat zo-wel de eerste taxatie als de hertaxatie is uitgevoerd door een taxateur van hetzelfde taxatiebureau, brengt niet mee dat daarom aan de her-taxatie geen betekenis kan worden toegekend.

Hof Arnhem 24 april 2003, nr. 02/01661, E X, Belastingblad 2003, blz. 1079
De gemeente Nijmegen heeft aan het verweerschrift een 'taxatierap-port' gehecht dat bestaat uit vier computeruitdraaien uit een automati-seringssysteem met opschrift 'taxaties woningen'. Eén uitdraai heeft betrekking op het pand van belanghebbende; de drie andere uitdraaien zien op de vergelijkingsobjecten. Uit de omstandigheid dat belang-hebbende niet heeft gereageerd op deze gegevens, kan niet worden

geconcludeerd dat deze panden – wegens het ontbreken van tegenspraak – als vergelijkingsobjecten kunnen dienen (vergelijk HR 8 juli 1986, nr. 23 683, BNB 1986/307 en HR 13 mei 1992, nr. 27 986, BNB 1992/239). Op de gemeente rust de last aannemelijk te maken dat de drie genoemde panden als vergelijkingspanden kunnen dienen. Naar het oordeel van het Hof is de gemeente daarin niet geslaagd. De computeruitdraaien acht het Hof niet toereikend.

Hof Leeuwarden 3 juli 2003, nr. 321/02, E V, Belastingblad 2003, blz. 1122
Bij de vaststelling van de WOZ-waarde van de woning is uitgegaan van vijf referentieobjecten. De gemeente stelt dat het taxatieverslag voldoet aan hetgeen daarover in de instructie waardebepaling Wet WOZ is bepaald. Volgens de gemeente is de verstrekte informatie toereikend en voldoet die aan de daaraan gestelde eisen om de taxatie inzichtelijk te maken. Volgens het Hof is de gemeente er niet in geslaagd de waarde aannemelijk te maken. De taxatieopbouw is weliswaar slechts een hulp-/controlemiddel bij de waardevaststelling en de afzonderlijke elementen van de taxatieopbouw kunnen niet apart op hun juistheid beoordeeld worden, maar door het ontbreken van deze taxatieopbouw is niet inzichtelijk wat de gevolgen van deze verschillen tussen de referentieobjecten en de onroerende zaak van belanghebbende zijn voor de waardevaststelling.

Hof Arnhem 8 juli 2003, nr. 02/1275, E I Belastingblad 2003, blz. 1035
Gelet op de uitgangspunten die in het verkeer tussen burgers en bestuursorganen hebben te gelden en in de Algemene wet bestuursrecht zijn vastgelegd, moet de burger erop kunnen vertrouwen dat een ambtenaar zorgvuldig, objectief en onpartijdig te werk gaat, alle relevante gegevens verzamelt en, indien hij zich laat adviseren door een ter zake kundige, zich ervan behoort te vergewissen dat deze eveneens zorgvuldig en onpartijdig zijn/haar mening vormt en zich daarbij baseert op objectieve en controleerbare gegevens. Door het maken van prijsafspraken met het taxatiebureau, waarbij de vergoeding van de kosten van een hertaxatie afhankelijk is van de uitkomst daarvan in relatie tot de aanvankelijk vastgestelde waarde, heeft de gemeente Putten miskend dat bij een nadere taxatie door hetzelfde taxatiebureau de objectiviteit van de heroverweging van de waarde onder druk komt te staan doordat dat bureau bij de uitkomst van de taxatie een eigen financieel belang heeft.

Hof Arnhem 5 augustus 2003, nr. 02/01188, E IV, Belastingblad 2003, blz. 1166, FED 2003/884

In geschil is de WOZ-waarde van een vrijstaande woonboerderij. De waarde van het object is in eerste instantie bepaald door een onafhankelijke taxateur. In de bezwaarfase is het object nader beoordeeld door een onafhankelijke taxateur van een ander taxatiebureau. De gemeente heeft in beide gevallen het oordeel van de taxateur gevolgd. Geen van beide partijen heeft een taxatierapport overgelegd. Het Hof merkt op dat overlegging van een taxatierapport de meest voor de hand liggende methode is om bewijs te leveren. Aan verhandelingen in een verweerschrift over onderwerpen die op het terrein van een deskundige liggen, die niet worden ondersteund door een rapport van een deskundige, kent het Hof slechts beperkte bewijskracht toe. Dat is niet anders indien in het verweerschrift gegevens over vergelijkingsobjecten zijn opgenomen, omdat het Hof zonder het oordeel van een deskundige niet in staat is de waarden van verschillende objecten in een juiste onderlinge verhouding te brengen. Bij gebrek aan betere gegevens valt het Hof terug op het standpunt van belanghebbende.

Hof Arnhem 3 november 2003, nr. 02/01516, E VIII, Belastingblad 2004, blz. 381

Belanghebbende stelt dat zijn woning vanwege het achterstallige onderhoud niet vergelijkbaar is met de vergelijkingsobjecten. Door een verwijzing in het taxatierapport naar een persoon die zich van de werkelijke situatie niet op de hoogte heeft gesteld, heeft de gemeente het tegendeel van deze stelling niet aannemelijk gemaakt.

Hof Arnhem 27 januari 2005, nr. 04/01019, M III, Belastingblad 2005, blz. 560

Deze uitspraak is gewezen in de verwijzingsprocedure naar aanleiding van het arrest van de Hoge Raad van 11 juni 2004, nr. 39 467. De omstandigheden dat de door belanghebbende overgelegde taxatierapporten zijn opgemaakt met een ander doel en dat in de door belanghebbende overgelegde taxatierapporten geen verkoopgegevens van vergelijkbare objecten zijn opgenomen, vormen naar het oordeel van het Hof op zich onvoldoende aanleiding om aan die taxaties geen gewicht toe te kennen of om daaraan minder gewicht toe te kennen dan aan het door de gemeente overgelegde taxatierapport (HR 14 november 2003, nr. 38.399, BNB 2004/48c*). Het Hof overweegt dat de taxatie van 28 januari 1999 dicht bij de waardepeildatum heeft plaatsgevonden. De taxatie van de gemeente is ruim drie en een half jaar ná de waardepeildatum uitgevoerd. Hoewel deze taxatie is gedaan naar de waardepeildatum, wijkt de daadwerkelijke opnamedatum daarvan zozeer af, dat het Hof reden ziet om minder gewicht toe te kennen aan het door de ambtenaar overgelegde taxatierapport.

Hoge Raad 23 december 2005, nr. 41 172, Belastingblad 2006, blz. 232

In geschil is de WOZ-waarde van een woning. Belanghebbende berekent zelf een waarde, waarbij hij aan de elementen van de taxatieopbouw zelfstandige betekenis toekent. In beroep oordeelt het Hof dat afzonderlijke elementen van een taxatieopbouw niet apart op hun juistheid kunnen worden beoordeeld. De taxatieopbouw is slechts een hulp- of controlemiddel bij de waardevaststelling. De gemeente hoeft geen gegevens te verstrekken over eerdere of toekomstige waardevaststellingen, noch gegevens over de waardering van andere objecten.

Rechtbank Arnhem 18 januari 2006, nr. 05/2594, EK, Belastingblad 2006, blz. 522

In geschil is de WOZ-waarde van een woning. Belanghebbende verwijst naar een taxatierapport, dat is opgemaakt voor een nalatenschap. De Rechtbank oordeelt dat aan dit taxatierapport minder bewijskracht toekomt dan aan het WOZ-taxatierapport van de gemeente. Er moet worden aangenomen dat de te betalen successierechten kunnen hebben geleid tot een relatief lage waarde.

Rechtbank Maastricht 31 mei 2006, nr. 05/1734, EK, Belastingblad 2006, blz. 996

In een procedure over de WOZ-waarde van zijn woning overlegt belanghebbende, zelf beedigt WOZ-taxateur, een taxatierapport. De Rechtbank oordeelt dat een taxatierapport dat door belanghebbende zelf is opgemaakt niet geschikt is ter onderbouwing van de WOZ-waarde. Hoewel er geen reden is om aan de deskundigheid van belanghebbende als WOZ-taxateur te twijfelen, kan de Rechtbank er niet aan voorbijgaan dat hij – juist in de hoedanigheid van belanghebbende – belang heeft bij de uitkomst van het geschil en daarom niet een onpartijdige deskundige is.

Rechtbank Groningen 9 juni 2006, nr. 05/1413, EK, Belastingblad 2006, blz. 1175

Tussen partijen is in geschil of twee eigendommen op hetzelfde adres een samenstel vormen in de zin van artikel 16, aanhef en onder d, Wet WOZ. De taxateur van de gemeente heeft het pand, in het kader van de waardevaststelling van het vorige tijdvak, in 2004 bezocht en inpandig opgenomen. De gemeente kan desgevraagd geen gegevens overleggen van de bevindingen van die taxateur. De huidige taxateur heeft ter zitting desgevraagd verklaard dat hij de woning alleen uitpandig heeft bezichtigd en opgenomen. Nu de objectafbakening in geschil is en gegevens over de inpandige opname van 11 juni 2004 kennelijk niet voorhanden zijn, had het naar het oordeel van de Rechtbank op de weg van de gemeente gelegen de woning van eisers inpandig te bezichtigen en op te nemen. De verwijzing door de gemeente naar het vorige tijdvak acht de Rechtbank onvoldoende reden te komen tot het oordeel dat er (ook thans) sprake is van een samenstel. In dit kader merkt de Rechtbank op dat het gaat om de waardevaststelling per waardepeildatum 1 januari 2003 en dat het vorige tijdvak in deze procedure niet van belang is.

Rechtbank Groningen 16 juni 2006, nr. 05/1586, EK, Belastingblad 2006, blz. 1138
Belanghebbende overlegt ter zitting een taxatierapport. De Rechtbank oordeelt dat het taxatieverslag niet tien dagen voor de zitting is ingediend, zodat het buiten beschouwing dient te blijven.

Hoge Raad 14 juli 2006, nr. 41 228, Belastingblad 2006, blz. 993, BNB 2006/297*
Naar het oordeel van de Hoge Raad heeft Hof Amsterdam ten onrechte dan wel onvoldoende gemotiveerd geoordeeld dat de opsteller van een taxatierapport zich nimmer zou mogen verlaten op informatie die een collega-taxateur heeft vergaard. Verder heeft het Hof bepaalde bedragen ten onrechte als bedragen in euro's aangemerkt, terwijl vaststond dat het om bedragen in guldens ging. De Hoge Raad verwijst de zaak naar Hof 's-Gravenhage.

Hoge Raad 8 september 2006, nr. 40 310, BNB 2006/307
Volgens de Hoge Raad heeft Hof Arnhem mogelijk ten onrechte bewijskracht ontzegd aan het door de gemeente ingebrachte taxatierapport. Het oordeel van het Hof dat geen enkele bewijskracht kan worden toegekend aan de rapportage door een taxateur van constateringen die een collega-taxateur bij inpandige opname heeft gedaan, is onjuist. Dit geldt ook als die constatering betrekking heeft op gesteld achterstallig onderhoud en/of bouwkundige gebreken. De feitenrechter behoort in een dergelijk geval, zoals ten aanzien van ieder bewijsmiddel, de aannemelijkheid te beoordelen van de gerapporteerde bevinding van de collega-taxateur. De Hoge Raad verwijst de zaak naar Hof 's-Hertogenbosch.

Rechtbank Haarlem 19 september 2006, nr. 06/2958, EK,
Belastingblad 2006, blz. 1372
Ter zitting is de Rechtbank gebleken dat de gemeente beschikt over
taxatiekaarten die inzicht geven in de gehanteerde prijzen per vierkante en kubieke meter voor woningen die in dezelfde groep vallen
als de woning. Had de gemeente deze gegevens overgelegd bij het indienen van de stukken, dan was de Rechtbank in staat geweest de
juistheid van de waardering, althans voor zover het betreft de door de
gemeente gehanteerde prijzen en staffels, te toetsen. Indien beeldma-
teriaal zou zijn overgelegd, had de Rechtbank kunnen beoordelen in
hoeverre de gemeente rekening heeft gehouden met andere gegevens
die van invloed kunnen zijn op de waarde, zoals de ligging, het type
woning en de staat van het onderhoud. Met betrekking tot overige,
eventueel waardebepalende, omstandigheden is de Rechtbank van
oordeel dat de gemeente het op haar weg had moeten zien liggen een
inhoudelijke reactie te geven naar aanleiding van de door belanghebbende aangevoerde gronden, zelfs wanneer deze omstandigheden objectief gezien a prima vista niet van invloed zijn op de waarde. Door
slechts te stellen dat met deze omstandigheden rekening is gehouden,
heeft de gemeente niet aannemelijk gemaakt dat zij de aangevoerde
gronden op hun merites heeft beoordeeld.

Rechtbank Zwolle-Lelystad 7 november 2006, nr. 05/1727, EK,
Belastingblad 2007, blz. 431
De Rechtbank oordeelt dat het de heffingsambtenaar vrij staat om in
iedere fase van de procedure nieuwe vergelijkingsobjecten aan te dragen. Dat ontslaat de gemeente niet van de verplichting te motiveren
om welke reden deze nieuwe vergelijkingsobjecten tot een andere dan
de primair vastgestelde waarde leiden. Nu dit achterwege is gebleven
en dit voor belanghebbende (mede) aanleiding is geweest voor het instellen van beroep, ziet de Rechtbank hierin aanleiding de gemeente
op te dragen het griffierecht te vergoeden.

Rechtbank Leeuwarden 16 februari 2007, nr. 06/812, EK,
Belastingblad 2007, blz. 646
De gemeente Franekeradeel heeft de waarde van een agrarisch bedrijf,
bij uitspraak op bezwaar nader vastgesteld op € 571.000. De gemeente stelt dat agrarische objecten moeilijk te onderbouwen zijn en verwijst naar de taxatiewijzer van Stichting Kenniscentrum WOZ. De
Rechtbank oordeelt dat de gemeente wel heeft gesteld, maar niet met
gegevens heeft onderbouwd dat de gehanteerde kengetallen betrekking hebben op transacties van onroerende zaken die rond de waardepeildatum zijn verkocht. De gemeente heeft ook niet inzichtelijk kun-

nen maken in hoeverre regionale verschillen in de waarde van de objecten tot uitdrukking komen. Evenmin heeft de Rechtbank inzicht kunnen verkrijgen in welke mate ook bijvoorbeeld de ligging, de bouwaard en eventueel andere objectkenmerken de waarde mede hebben bepaald. De Rechtbank verklaart het beroep gegrond en stelt in goede justitie de waarde vast op € 475.000.

Rechtbank Haarlem 27 februari 2007, nr. 06/4381, EK, Belastingblad 2007, blz. 1276
De Rechtbank overweegt dat door de heffingsambtenaar geen door een deskundige opgemaakt taxatierapport is overgelegd, maar is volstaan met een intern opgemaakt taxatieverslag. Uit dit verslag noch uit de overige stukken blijkt dat rekening is gehouden met de overlast van een tennispark. Ook blijkt niet in welke mate rekening is gehouden met de verschillen in bouwjaar, inhoud, kaveloppervlakte en dergelijke. Aan verhandelingen in een verweerschrift over onderwerpen die op het terrein van een deskundige liggen, maar die niet worden ondersteund door een rapport van een deskundige kent de Rechtbank in dit soort zaken slechts een beperkte bewijskracht toe. Dit geldt in het bijzonder voor de mate waarin verschillen in objectkenmerken tot verschillen in de waarde moeten leiden. Gelet op het bovenstaande geven de gerealiseerde verkoopprijzen onvoldoende steun aan de door de heffingsambtenaar verdedigde waarde. De gehanteerde prijzen per m^3 en/of m^2 ontbreken, noch zijn grondstaffels overgelegd. Terecht spreekt belanghebbende in dit verband over een blackbox berekeningsmethodiek.

Hof Leeuwarden 6 april 2007, nr. 06/52, M II, Belastingblad 2007, blz. 1157
In geschil is de WOZ-waarde van een verwaarloosde woning. De gemeente onderbouwt de waarde met een taxatie opgesteld door een gemeentelijke taxateur. Belanghebbende eist een taxatie door een onafhankelijke taxateur. Het Hof geeft aan dat slechts bijzondere omstandigheden aanleiding kunnen geven te twijfelen aan de juistheid van een taxatie uitgevoerd door een taxateur in dienst van de gemeente. Die zijn niet gesteld noch gebleken zodat het Hof niet gehouden is een onafhankelijke taxateur aan te wijzen.

Hoge Raad 14 maart 2008, nr. 41 490, Belastingblad 2008, blz. 563, BNB 2008/129
Het Hof geeft de voorkeur aan de taxatie van de gemeente, omdat daarin vergelijkingsobjecten staan vermeld. Zonder nadere motivering valt niet in te zien waarom dit van gewicht is voor de keuze voor het

ene of het andere rapport. Bovendien staan ook in belanghebbendes rapport referentieobjecten vermeld. De Hoge Raad verwijst de zaak.

Hof Amsterdam 11 april 2008, nr. 06/00535, M I, Belastingblad 2008, blz. 625
Anders dan de Rechtbank is het Hof van oordeel dat de gemeente, ter voldoening aan de op hem rustende bewijslast, niet gehouden om belanghebbendes woning inpandig op te nemen. In het belastingrecht is sprake van een vrije bewijsleer. Daarbij past het voorschrijven van een verplichte inpandige opname van een onroerende zaak niet, ook niet indien de door de gemeente bij beschikking vastgestelde waarde door een belanghebbende in bezwaar en beroep wordt betwist. Dat de belastingrechter, in het kader van de in belastingzaken geldende vrije waardering van de bewijsmiddelen, aan een taxatierapport dat is opgesteld zonder een voorafgaande inpandige opname om die reden mogelijk minder bewijskracht toekent dan aan een taxatierapport dat is opgemaakt na een inpandige opname, komt voor risico van de gemeente. Het Hof verklaart het door de gemeente ingestelde hoger beroep gegrond.

6.9   Gelijkheidsbeginsel

Hof Amsterdam 29 maart 2000, nr. P98/03609, E XIV, Belastingblad 2000, blz. 827
Uit het taxatierapport blijkt dat een onroerende zaak als die van belanghebbende wel te verkopen en te leveren is, zodat belanghebbende zich niet met vrucht kan beroepen op de stelling dat hij in het economische verkeer niets met het object kan doen. Ondergrond en opstal vormen immers één onroerende zaak. Of de opstal als zodanig bij het kadaster geregistreerd is, is voor de WOZ-waarde van de onroerende zaak niet van belang. De enkele omstandigheid dat ten aanzien van belanghebbende de beschikking is genomen terwijl ten aanzien van andere bewoners van de twee recreatieparken geen WOZ-beschikkingen genomen zijn, is geen reden om anders te oordelen. Het gelijkheidsbeginsel leidt niet tot vernietiging van de beschikking of tot vermindering van de vastgestelde waarde tot nihil, aangezien de beschikking als zodanig niet leidt tot betalingsverplichtingen en voorts de omstandigheid dat personen die in vergelijkbare omstandigheden verkeren niet door de enkele omstandigheid dat met betrekking tot hun woning niet bij beschikking een waardevaststelling heeft plaatsgevonden aan de heffing van de met de beschikking samenhangende belastingen kunnen ontkomen.

Hof Amsterdam 29 januari 2002, nr. 01/2454, E I, Belastingblad 2002, blz. 645
Belanghebbende is eigenaar en gebruiker van de onroerende zaak. De waarde van de onroerende zaak is bij WOZ-beschikking naar de waardepeildatum 1 januari 1999 vastgesteld op ƒ 513.000. De gemeente heeft de beschikking ambtshalve verminderd tot ƒ 412.000. In geschil is de hoogte van de vastgestelde waarde. Belanghebbende stelt dat de waarde van de onroerende zaak tussen de ƒ 330.000 en ƒ 340.000 bedraagt. Het Hof stelt voorop dat op de gemeente de last rust om aannemelijk te maken dat de waarde van de woning niet te hoog is vastgesteld. Ter zitting heeft de gemeente een overzicht overgelegd van 44 met elkaar vergelijkbare hoekwoningen. De vergelijkingswoningen A-straat 5 en 7 – aan de hand waarvan de waarde tot stand is gekomen – komen niet op dit overzicht voor. Uit het overzicht blijkt dat 38 van de 44 woningen een lagere inhoudsprijs per kubieke meter hebben dan de andere 6, waaronder de onderhavige woning. Het Hof oordeelt dat wanneer in een meerderheid van de gevallen – namelijk bij 38 van de in totaal 44 vergelijkbare objecten – de WOZ-waarden zonder passende redengeving zijn berekend naar een lagere prijs per kubieke meter dan de prijs per kubieke meter van de onderhavige woning, ook de waarde van de onderhavige woning tegen die gemiddelde kubieke meterprijs dient te worden berekend. Het Hof stelt de waarde vast op ƒ 375.600.

Hof Amsterdam 9 oktober 2002, nr. 01/04325, E XVI, Belastingblad 2003, blz. 895
De wijk waarin de woning van belanghebbende gelegen is bestaat uit 160 identieke woningen. Belanghebbende overlegt gegevens waaruit blijkt dat van 44 identieke woningen de WOZ-waarde is verminderd. Daaraan ontleent het Hof het vermoeden dat in een meerderheid van de met belanghebbende vergelijkbare gevallen een juiste wetstoepassing achterwege is gebleven. Het Hof verwerpt de stelling van verweerder dat belanghebbende gegevens had moeten overleggen van 81 woningen.

Hof Leeuwarden 23 mei 2003, nr. 99/30230, E I, Belastingblad 2003, blz. 1077
De woning van belanghebbende is gelegen in een appartementencomplex. De appartementen zijn in twee fasen opgeleverd. Bij de eerste fase zijn 46 en bij de tweede fase zijn 32 appartementen opgeleverd. De WOZ-waarden van de appartementen die bij de tweede fase zijn opgeleverd, waaronder de woning van belanghebbende, zijn bepaald inclusief het bedrag van de omzetbelasting en de waarde van de erf-

pacht. In geschil is het antwoord op de vraag of het gelijkheidsbeginsel is geschonden. Het Hof oordeelt dat de strekking van de meerderheidsregel is dat een beroep op het gelijkheidsbeginsel onder omstandigheden ook moet slagen als de behandeling van andere belastingplichtigen, waarop de belanghebbende zich beroept, niet berust op een beleid of op een oogmerk tot begunstiging, maar voortvloeit uit de door de gemeente gemaakte fouten (HR 5 oktober 1994, nr. 29 839, BNB 1995/7). Voor toepassing van de meerderheidsregel is pas plaats, indien de ongelijke behandeling niet is terug te voeren op een beleid (HR 27 juli 1999, nr. 34 548, BNB 2000/237). De door de gemeente gevolgde werkwijze bij verzending van de waardebeschikkingen zonder voorafgaande toepassing van de correctie (bijtelling van de omzetbelasting en de waarde van de erfpacht) is aan te merken is als een uit beleidsmatige overwegingen voortgesproten werkwijze. Het beleid voor appartementen uit de eerste fase moet ook gelden voor appartementen uit de tweede fase.

Hof Arnhem 19 september 2003, nr. 01/02535, E VII, Belastingblad 2003, blz. 1287
Belanghebbende is eigenaar en gebruiker van een ligplaats in de haven. De waarde van deze onroerende zaak is bepaald aan de hand van een staffel. Op grond van de staffel worden ligplaatsen die verschillen in oppervlakte, maar in één klasse liggen gelijk worden gewaardeerd. Aannemelijk is echter dat een grotere oppervlakte gepaard gaat met een hogere waarde. Dat wordt bevestigd door dit de prijzen die aanvankelijk voor de verschillende ligplaatsen golden. Het beleid van de gemeente Noordoostpolder ter zake van de waardering van de ligplaatsen leidt dat ongelijke gevallen gelijk worden behandeld. Het gelijkheidsbeginsel is geschonden.

Hoge Raad 24 juni 2005, nr. 38 183, Belastingblad 2005, blz. 853, BNB 2005/275c*, FED 2005/107
De gemeente Harderwijk heeft bij de waardering van *stacaravans* onderscheid gemaakt tussen stacaravans die wel of niet zijn geplaatst op percelen eigen grond. Stacaravans die zijn geplaatst door huurders zonder dat een opstalrecht is gevestigd, zijn niet als onroerende zaak beschouwd. Dit betreft 343 gevallen, tegen 318 gevallen waar de stacaravans als onroerend wel in de waardering zijn betrokken. De Hoge Raad oordeelt dat de bedoeling van de bouwer om gebouwen of werken al dan niet duurzaam met de grond te verenigen slechts relevant is, indien en voorzover die bedoeling kenbaar is uit bijzonderheden van aard en inrichting van die gebouwen of werken. De omstandigheid dat de stacaravanchalets zijn geplaatst op gehuurde grond – wel-

ke omstandigheid niet kenbaar is uit aard en inrichting van de stacara-vanchalets – zegt daarom niets over de naar buiten kenbare bedoeling van de bouwer of degene die opdracht tot plaatsing heeft gegeven, om de stacaravanchalets duurzaam ter plaatse te laten blijven. Bij de waardering van het samenstel is niet van belang of de stacaravan is geplaatst op gehuurde dan wel eigen grond. Het Hof heeft geoordeeld dat de meerderheidsregel van toepassing is. De Hoge Raad is echter van mening dat voor toepassing van de meerderheidsregel geen plaats is indien de ongelijke behandeling is terug te voeren op een beleid.De Hoge Raad overweegt dat het hier niet gaat om een ongelijkheid die voortkomt uit een bewust begunstigend beleid dat is gevoerd ten op-zichte van een bepaalde groep, maar om een ongelijkheid die het ge-volg is van een beleid dat berustte op een onjuiste opvatting van het wettelijk begrip onroerend. Wanneer beleid dat berust op een onjuiste rechtsopvatting naar zijn bedoeling slechts is gevoerd ten aanzien van een bepaalde groep belastingplichtigen (in het onderhavige geval: be-lastingplichtigen ter zake van stacaravanchalets op gehuurde grond) en aannemelijk is, zoals te dezen, dat het zonder die onjuiste rechtsop-vatting achterwege zou zijn gebleven, kunnen belastingplichtigen die niet tot die bepaalde groep behoren (zoals belanghebbende, eigenaar van een stacaravanchalet dat niet op gehuurde grond staat) niet met vrucht een beroep doen op toepassing, over een tijdvak of met betrek-king tot een tijdstip vóórdat van de onjuistheid van die rechtsopvat-ting was gebleken, van het gelijkheidsbeginsel als beginsel van be-hoorlijk bestuur (vgl. HR 5 februari 1997, nr. 31 312, BNB 1997/160, onderdeel 3.10). Het gelijkheidsbeginsel brengt immers niet mee dat het betrokken bestuursorgaan het ten aanzien van een bepaalde groep van gevallen met een specifiek kenmerk gevoerde, op een met dat kenmerk verband houdende onjuiste rechtsopvatting berustende be-leid, ook toepast op niet tot die groep behorende maar voor het overi-ge voor de toepassing van de wet wel gelijke gevallen. De WOZ-be-schikking blijft in stand.

*Hoge Raad 8 juli 2005, nr. 39 850, Belastingblad 2005, blz. 793, BNB 2005/398**
De woning van belanghebbende ligt in de gemeente Velsen in een rij van zes woningen. Hiervan zijn vier panden identiek aan de woning van belanghebbende. Van de vijf identieke panden zijn drie panden per abuis te laag gewaardeerd. Belanghebbende beroept zich op het gelijkheidsbeginsel. Volgens de gemeente is geen sprake van schen-ding van het gelijkheidsbeginsel, omdat voor de toepassing van de meerderheidsregel moet worden gekeken naar vergelijkbare wonin-gen, en niet naar identieke woningen. Het Hof oordeelt dat op grond

van de meerderheidsregel de WOZ-waarde van de woning moet worden verlaagd. Volgens het Hof moet, voor de toepassing van de meerderheidsregel, de relevante groep worden gevormd door objecten die identiek zijn. Daaraan doet niet af dat de woningen op grond van artikel 17, tweede lid, Wet WOZ, mogen worden gewaardeerd aan de hand van vergelijkbare woningen, die niet per definitie identiek behoeven te zijn. De Hoge Raad bevestigt het oordeel van het Hof. Voor de toepassing van de meerderheidsregel moeten alle woningen in de vergelijking worden betrokken, die het kenmerk of de kenmerken gemeen hebben ten aanzien waarvan de voor de waardebepaling van belang zijnde fout is gemaakt en zich daarom onderscheiden van andere woningen (HR 17 juni 1992, nr. 26 777, BNB 1992/294).Voor de toepassing van de meerderheidsregel wordt de relevante groep gevormd door objecten die identiek zijn, die gelegen zijn binnen het hele ambtsgebied van de desbetreffende gemeente en niet door objecten die vergelijkbaar zijn.

Hoge Raad 8 juli 2005, nr. 39 953, Belastingblad 2005, blz. 795, BNB 2005/299*

Belanghebbende stelt dat het *gelijkheidsbeginsel is geschonden.* Hij stelt dat de meeste andere identieke woningen in zijn straat lager zijn gewaardeerd, die identiek zijn aan zijn woning. De gemeente stelt dat van de 30 woningen in de straat, er 22 te laag zijn gewaardeerd. Volgens de gemeente is geen sprake van een meerderheid van vergelijkbare gevallen. Er zijn namelijk nog 79 woningen in de directe buurt van de straat vergelijkbaar met de woning van belanghebbende, terwijl bovendien circa 55.000 woningen binnen de gemeente net zoals de woning van belanghebbende onder de categorie 'repeterende woningbouw' vallen. Het Hof volgt het standpunt van de gemeente. De Hoge Raad vernietigt het oordeel van het Hof. Voor de toepassing van de meerderheidsregel moeten alle woningen in de vergelijking worden betrokken, die het kenmerk of de kenmerken gemeen hebben ten aanzien waarvan de voor de waardebepaling van belang zijnde fout is gemaakt en zich daarom onderscheiden van andere woningen (HR 17 juni 1992, nr. 26 777, BNB 1992/294).Voor de toepassing van de meerderheidsregel wordt de relevante groep gevormd door objecten die identiek zijn, die gelegen zijn binnen het hele ambtsgebied van de desbetreffende gemeente en niet door objecten die vergelijkbaar zijn.

Rechtbank Haarlem 11 juli 2006, nr. 05/5344, EK, Belastingblad 2006, blz. 1169

Belanghebbende is eigenaar van een houten recreatiewoning op in erfpacht uitgegeven grond in een vakantiepark. De Rechtbank oordeelt dat de door de gemeente gehanteerde vergelijkingsobjecten qua ligging, omvang en wijze waarop rechten ter zake zijn verleend goed vergelijkbaar zijn. De gemeente stelt dat bij de vergelijkingsobjecten de grondwaarden per abuis buiten beschouwing zijn gelaten. Dit komt doordat in de administratie van de gemeente de overgang van HAR-VO, een huurcontract voor de duur van het opstalrecht, naar erfpacht niet is verwerkt. Volgens de Rechtbank is in een meerderheid van de vergelijkbare gevallen (drie van de vier) de waarde van de grond buiten beschouwing gelaten. Toepassing van het gelijkheidsbeginsel leidt daarom tot een waardering waarbij eveneens geen rekening wordt gehouden met de waarde van de grond.

Rechtbank Zwolle-Lelystad 27 juli 2006, nr. 05/1688 en 095/1688, EK, Belastingblad 2006, blz. 1333
De Rechtbank is van oordeel dat de door de gemeente aangevoerde vergelijkingsobjecten als vergelijkingsobjecten kunnen dienen. Deze objecten geven steun aan de door de gemeente verdedigde waarden. Dat de WOZ-waardering van deze objecten aanzienlijk lager is uitgevallen is het gevolg van het feit dat bij de waardering abusievelijk niet de bedrijfsruimten zijn meegenomen, maar deze ruimten zitten wel in de verkoopprijs. De gemeente heeft hierbij aangevoerd dat het ten aanzien van de te lage WOZ-waardering van de referentieobjecten gaat om een incidentele fout. Ter onderbouwing hiervan heeft de gemeente op verzoek van de Rechtbank ter zitting een overzicht overgelegd waaruit blijkt dat de waardering in het kader van de WOZ bij de combinaties van woningen en bedrijfsruimten in de straat in 12 van de 20 gevallen op beide panden ziet. Nu de gemeente in het merendeel van de gevallen juist heeft gehandeld, is de Rechtbank van oordeel dat hier sprake is van een incidentele fout die de gemeente niet hoeft door te zetten. Het beroep van de gemeente op het gelijkheidsbeginsel kan dan ook niet slagen.
(De vermelding in Belastingblad van de zaaknummers is onjuist, dit moet zijn 05/1687 en 05/1688)

Hoge Raad 6 oktober 2006, nr. 40 443, BNB 2007/3
Belanghebbende stelt dat het Hof zijn beroep op de *meerderheidsregel* ten onrechte heeft verworpen. Uit de arresten van de Hoge Raad van 8 juli 2005, nr. 39850, BNB 2005/298 en nr. 39953, BNB 2005/299, volgt dat voor de toepassing van de meerderheidsregel in een geval als het onderhavige de vergelijking moet worden beperkt tot woningen die identiek zijn, in die zin dat de onderlinge verschillen naar het oordeel van de feitenrechter verwaarloosbaar zijn. Zowel ter ondersteuning als ter weerlegging van een beroep op de meerderheidsre-

gel zal gewezen kunnen worden op alle identieke panden die gelegen zijn binnen het ambtsgebied van het betrokken bestuursorgaan, dat wil zeggen binnen de grenzen van de desbetreffende gemeente. Belanghebbende heeft zijn beroep op de meerderheidsregel voor het Hof ondersteund met de stelling dat meerdere vergelijkbare objecten te laag zijn gewaardeerd. Het Hof heeft dat beroep verworpen. Uit hetgeen het Hof heeft overwogen blijkt echter niet of het Hof daarbij van de juiste rechtsopvattingen is uitgegaan. Indien dat wel zo zou zijn, is het oordeel dat de omstandigheid dat mogelijk enkele andere onroerende zaken in dezelfde buurt te laag zijn gewaardeerd onvoldoende is voor de conclusie sprake is van strijd met het gelijkheidsbeginsel, onvoldoende gemotiveerd. Het Hof heeft immers niets vastgesteld omtrent het al of niet identiek zijn van de door belanghebbende genoemde objecten en de woning van belanghebbende en omtrent de grootte van de relevante groep identieke woningen. De Hoge Raad verwijst de zaak naar Hof 's-Hertogenbosch.

Hof 's-Gravenhage 22 april 2008, nr. 06/00280, EK, Belastingblad 2008, blz. 1365
In geschil is de WOZ-waarde van belanghebbendes woning in de A-laan. Ter zitting heeft de heffingsambtenaar van de gemeente Leidschendam-Voorburg verklaard dat de woningen in de A-laan, waaronder de referentieobjecten, stelselmatig te laag zijn gewaardeerd door een gemaakte fout. Hieruit volgt dat in de met de situatie van belanghebbende vergelijkbare gevallen een juiste waardering achterwege is gebleven, zodat het gelijkheidsbeginsel meebrengt dat ook voor de woning van belanghebbende een lagere waardering moet worden gehanteerd. Daaraan doet niet af dat, naar de heffingsambtenaar heeft gesteld, bij de te lage waardering van referentieobjecten een oogmerk van begunstiging ontbreekt.

7   Subjecten

7.1   Eigenaar

*Hof 's-Gravenhage 21 september 2000, nr. 98/01159, E VII, FED
2001/10*
Belanghebbende heeft de woning in 1996 gekocht. Daarbij is blijkens
de akte aan de verkoper een recht van gebruik en bewoning geleverd.
Op 1 januari 1997 woonden de verkopers nog in de woning. Belanghebbende had derhalve op 1 januari 1997 het bloot eigendom van de
woning. Het Hof oordeelt dat bij de beantwoording van de vraag wie
van de onroerende zaak het genot heeft krachtens eigendom, bezit of
beperkt recht, aansluiting moet worden gezocht bij het bepaalde in artikel 220, onderdeel b, Gemeentewet en het bepaalde in het arrest van
de Hoge Raad van 18 april 1990, (BNB 1990/197). Als genothebbende
bende moet worden aangemerkt degene die de aan een zakelijk recht
ontleende bevoegdheid heeft om de onroerende zaak te gebruiken
overeenkomstig de bepalingen van dat recht. In dit geval is dat degene
die het recht van gebruik en bewoning uitoefent en niet de bloot eigenaar.

*Hof 's-Gravenhage 14 februari 2002, nr. 01/01267, E VI, FED 2002/
329*
Aan belanghebbende is een aanslag OZB opgelegd voor het eigendom van een onroerende zaak. Op 1 januari 2001 had belanghebbende samen met zijn broer het onverdeelde eigendom van deze zaak.
Op grond van het bepaalde in artikel 253, eerste lid, van de Gemeentewet en de beleidsregels van de gemeente voor het aanwijzen van
een belastingplichtige in een keuzesituatie is de aanslag aan belanghebbende opgelegd, de oudste in leeftijd. De stelling van belanghebbende dat de onroerende zaak eigendom is van de V.O.F. is onjuist.
Een firma is geen rechtspersoon, doch een contract, dat als zodanig
geen onroerende zaken kan bezitten. De zakelijke gerechtigdheid van
de onroerende zaak wordt tevens niet beïnvloed door de hoogte van
het aandelenvermogen van de beide broers in de vennootschap. De
stelling van belanghebbende dat hij wordt gediscrimineerd naar leeftijd wordt verworpen. Weliswaar vindt een ongelijke behandeling
plaats op grond van leeftijd, maar deze vindt zijn objectieve en redelijke rechtvaardiging in een efficiënte belastingheffing. In situaties als

deze zouden de overige in de beleidsregels neergelegde criteria niet
tot het aanwijzen van een persoon leiden.

*Hof 's-Gravenhage 12 augustus 2002, nr. 01/02233, E VIII, FED
2002/718*
Belanghebbende is op 1 januari van het belastingjaar mede-eigenaar
van een aantal onroerende zaken. Aan hem zijn voor deze onroerende
zaken, op één biljet verenigd, aanslagen OZB opgelegd. Hij stelt dat
het niet redelijk is dat één eigenaar moet betalen voor de mede-eige-
naren en dat het in verband met de privacy niet redelijk is dat alle onroerende zaken op één aanslagbiljet worden vermeld. Het Hof oordeelt dat de gemeente bij situaties van mede-eigendom de aanslag
ingevolge artikel 253, eerste lid, van de Gemeentewet, op naam van
één van de eigenaren mag stellen. Het opleggen van de aanslagen op
grond van de volgorde in het Kadaster is naar het oordeel van het Hof
niet in strijd met artikel 253 van de Gemeentewet en artikel 1 van de
Verordening OZB. De omstandigheid dat de aanslagen op één biljet
zijn verenigd betekent evenmin dat sprake is van schending van een
rechtsbeginsel.

*Rechtbank Groningen 12 juni 2006, nr. AWB 05/1568, EK,
Belastingblad 2006, blz. 1189*
De gemeente heeft aan belanghebbende een aanslag OZB opgelegd
ter zake van bedrijfspand waarin een vennootschap onder firma is gevestigd. Vennoten van deze vennootschap zijn belanghebbende en
zijn vennoot. Zij zijn gezamenlijk eigenaar van het bedrijfspand. Per
5 april 2004 heeft het Kadaster een wijziging doorgevoerd in die zin
dat niet langer de vennootschap onder firma, maar de beide vennoten
als zakelijk gerechtigde van het object worden aangemerkt. In geschil
is of de aanslag terecht op de naam van belanghebbende is gesteld.
Voor het geval ter zake van hetzelfde voorwerp van de belasting of
hetzelfde belastbare feit twee of meer personen belastingplichtig zijn,
bepaalt artikel 253, eerste lid, Gemeentewet dat de belastingaanslag
ten name van een van hen kan worden gesteld. Het derde lid van dit
artikel bepaalt dat de belastingschuldige die de belastingaanslag heeft
voldaan hetgeen hij meer heeft voldaan dan overeenkomt met zijn belastingplicht kan verhalen op de overige belastingplichtigen naar
evenredigheid van ieders belastingplicht. De Rechtbank overweegt
dat de Hoge Raad in het arrest van 9 april 1958, NJ 1958, 331, heeft
uitgesproken dat een vennootschap onder firma rechtspersoonlijkheid
mist. Tevens is van belang dat bij belastingheffing in het algemeen
niet de maatschap daarin wordt betrokken maar de individuele maten
worden belast voor ieders aandeel in de maatschap. Hieruit volgt dat

de gemeente op goede gronden de vennootschap onder firma niet als genothebbende krachtens eigendom in de zin van de Verordening heeft aangemerkt. Het is dan ook terecht dat de onderhavige aanslag niet op naam van de vennootschap onder firma is gesteld. De gemeente heeft gewezen op de door het college van burgemeester en wethouders vastgestelde 'beleidsregels voor het aanwijzen van een belastingplichtige in een keuzesituatie'.

Voorzover belanghebbende ter zitting het standpunt heeft ingenomen dat tenaamstelling op de oudste in jaren discriminatie op grond van leeftijd inhoudt is de Rechtbank van oordeel dat geen sprake van discriminatie als bedoeld in artikel 1 Grondwet en artikel 26 IVBPR. Redengevend hiervoor is in de eerste plaats, wederom, dat de aangewezen belastingplichtige de verhaalsmogelijkheid heeft van artikel 253, derde lid, Gemeentewet en in de tweede plaats dat het leeftijdscriterium pas aan de orde komt als vier andere criteria geen uitsluitsel geven. Weliswaar is het leeftijdscriterium in de onderhavige context willekeurig van aard, maar dat zou voor enig ander criterium ook gelden. Het aanwijzen van de oudste betrokkene dient dan ook een legitiem doel, te weten de juiste toepassing van wettelijke bepalingen. Het maken van onderscheid naar leeftijd is passend in die zin dat dit pas aan de orde komt als andere criteria geen uitkomst bieden en is voorts proportioneel aangezien diegene die als belastingplichtige wordt aangewezen geen schade lijdt. De Rechtbank verwijst in dit verband naar het arrest van de Hoge Raad van 8 oktober 2004, NJ 2005, 117 (LJN: AP0424). Ook is naar het oordeel van de Rechtbank niet gebleken dat sprake is van willekeur en kan niet worden geoordeeld dat bovengenoemde beleidsregels kennelijk onredelijk zijn.

7.2 Gebruiker

Hof Amsterdam 9 februari 1998, nr. 97/20486, E VIII, Belastingblad 1998, blz. 433
Een gestoffeerd en gedeeltelijk gemeubileerd appartement is op de peildatum in de verkoop. Erflaatster heeft het appartement in december 1994 verlaten en is in januari 1995 overleden. De erfgenamen hebben een plaatselijke makelaar op 22 december 1995 opdracht gegeven het appartement te verkopen. Onder deze omstandigheden wordt het appartement mede gebruikt om het daarin aanwezige meubilair en de stoffering te koop aan te bieden. Het appartement wordt derhalve door de erfgenamen gebruikt.

Hof Amsterdam 13 maart 1998, nr. P97/1366, M IV, Belastingblad 1999, blz. 625

Belanghebbende wordt als *gebruiker* aangemerkt van twee *hockeyvelden*. Daaraan doet niet af dat de velden niet in de winterstop en derhalve niet op de peildatum 1 januari worden gebruikt. Het incidentele gebruik van de velden door anderen moet worden aangemerkt als een gedoogde inbreuk op het gebruiksrecht van belanghebbende en niet als een zelfstandig gebruiksrecht. Nu blijkens de uitspraak 625 m^2 in aanmerking is genomen, en de aanslag betrekking heeft op 940 m^2, moet worden geconcludeerd dat de aanslag geen betrekking heeft op het object waarvoor belanghebbende belastingplichtig is.

Hof Arnhem 20 oktober 1998, nr. 97/0379, E VI, Belastingblad 1999, blz. 399, FED 1998/811

In de onderhavige onroerende zaak is tot april 1993 door belanghebbende een *drukkerij* geëxploiteerd. Toen is de drukkerij door de gemeente gesloten omdat de vereiste milieuvergunningen ontbraken. Het pand is nog steeds ingericht als drukkerij, belanghebbende heeft toegang tot het pand en in het pand is een ingang om toegang te verschaffen aan boven het pand verblijvende bewoners.

Niet gesteld of gebleken is dat het belanghebbende niet vrij zou staan om, met voorbijgaan aan het gebruik als drukkerij, enige vorm van gebruik van de zaak te maken. De onroerende zaak wordt derhalve gebruikt, in ieder geval als opslag van drukkerijbenodigdheden.

Hof 's-Gravenhage 20 november 1998, nr. BK-97/20191, Belastingblad 1999, blz. 400

Erflaatster is overleden op 18 december 1995. Nu het uitruimen en schoonmaken van de woning reeds op 1 februari 1996 voltooid was kan niet worden aangenomen dat de woning door de erfgenamen is gebezigd voor opslag van de nalatenschap van de erflaatster. De gebruikersaanslag 1996 is ten onrechte opgelegd.

Hof Amsterdam 27 oktober 1999, nr. 99/0352, E VIII, Belastingblad 2000, blz. 98

Het aanhouden van een woning met het oog op een voorgenomen verkoop tezamen met het buurpand kan niet als gebruik in de zin van de Verordening worden aangemerkt. Daaraan doet niet af dat de eigenaren om kraken te voorkomen meubilair in de woning hebben geplaatst en de aansluitingen op gas en elektra hebben gehandhaafd.

Hof 's-Gravenhage 26 januari 2000, nr. 98/02639, E VII, FED 2000/647

Ingevolge artikel 220 van de Gemeentewet en de Verordening kan OZB worden geheven van degenen die bij het begin van het kalenderjaar onroerende zaken, al dan niet krachtens bezit, beperkt of persoonlijk recht, gebruiken. Hieruit vloeit voort, dat de belastingen zuivere tijdstipbelastingen zijn, hetgeen inhoudt dat degene die op 1 januari van een jaar het gebruik van een onroerende zaak heeft, voor het gehele belastingjaar belasting verschuldigd is. De wettelijke bepalingen laten niet toe daarvan af te wijken. Het vorenstaande brengt mee dat geen verrekening wordt toegepast ingeval dat het gebruik van de onroerende zaak in de loop van het kalenderjaar eindigt.

Hof Arnhem 28 maart 2000, nr. 98/3686, E V, Belastingblad 2000, blz. 779

Belanghebbende is eigenaar van een *recreatiebungalow*. Bij de aankoop van de bungalow heeft belanghebbende zich jegens de verkoper verplicht om met de exploitant een beheersovereenkomst aan te gaan met betrekking tot de verhuur van de bungalow. Naar het oordeel van het Hof blijkt uit de exploitatieovereenkomst dat belanghebbende als eigenaar het huurrisico loopt. Het genot dat belanghebbende van de onroerende zaak heeft strookt derhalve met artikel 220b van de Gemeentewet. Derhalve dient belanghebbende te worden aangemerkt als gebruiker, in die zin dat hij de bungalow volgtijdig ter beschikking heeft gesteld.

Hof 's-Gravenhage 7 juni 2000, nr. 98/1159, Belastingblad 2000, blz. 884, FED 2000/371

Op grond van artikel 24 van de Wet WOZ wordt de beschikking bekend gemaakt aan degene die aan het begin van het tijdvak het genot heeft van de onroerende zaak krachtens eigendom, bezit of beperkt recht en/of degene die op dat tijdstip de onroerende zaak al dan niet krachtens eigendom, bezit of beperkt recht gebruikt. Ingevolge HR 18 april 1990, nr. 26 607, BNB 1990/197 dient als genothebbende in de zin van die bepaling te worden aangemerkt degene die de aan een zakelijk recht ontleende bevoegdheid heeft om de onroerende zaak te gebruiken overeenkomstig de bepalingen van dat recht. In de onderhavige situatie dient de beschikking derhalve bekend te worden gemaakt aan degene die het recht van gebruik en bewoning heeft en niet aan de bloot eigenaar.

Hof 's-Gravenhage 22 augustus 2000, nr. BK-99/00456, E VIII, Belastingblad 2001, blz. 1220
In geschil is de vraag of de onroerende zaak door belanghebbende wordt gebruikt. De woning is door belanghebbende aangekocht ter voorkoming van overlast van een nieuwe bewoner voor de ouders van belanghebbende, die naast de woning wonen. Naar het oordeel van het Hof is volgens de jurisprudentie sprake van gebruik indien de woning aan belanghebbende ter beschikking staat. Hiervan is sprake indien de woning door hemzelf wordt aangewend. Ook het ter beschikking van de ouders houden kan tot het ter beschikking van belanghebbende houden worden gerekend. De stelling van belanghebbende, dat de door de vorige bewoner achtergelaten huisraad niet zonder meer kan worden gebruikt, doet daaraan niet af, daar de aanwezigheid van huisraad niet doorslaggevend is.

Hof 's-Gravenhage 29 november 2000, nr. BK-98/01897, E VII, Belastingblad 2001, blz. 414
Belanghebbende verhuurt een onroerende zaken. Het pand wordt bewoond door vier personen die een gezamenlijke badkamer, toilet en keuken gebruiken. Het bewonersbestand wisselt regelmatig. In feite is sprake van kamerverhuur. Belanghebbende moet onder die omstandigheden, naast eigenaar, tevens als gebruiker worden aangemerkt. De beschikking is terecht ten name van belanghebbende gesteld.

Hoge Raad 7 februari 2001, nr. 35 865, Belastingblad 2001, blz. 456, BNB 2001/113, FED 2001/130
In geschil is of de koper (een B.V.) van een *vakantiehuisje* voor de OZB en de rioolrechten kan worden aangemerkt als gebruiker. De verkoper van het vakantiehuisje is de exploitant daarvan, die het heeft verhuurd voor drie jaar. De Hoge Raad oordeelt dat het oordeel van het Hof juist is. Het door de verkoper verhuren van de zaak voor eigen rekening en risico aan derden, moet uit hoofde van het door haar verkregen exclusieve recht daartoe, worden aangemerkt als het ter beschikking stellen van de zaak aan die derden door haar en niet door belanghebbende.

Hof 's-Gravenhage 9 mei 2001, nr. BK-99/01968, E II, Belastingblad 2001, blz. 711, FED 2001/418
Belanghebbende is eigenaar van een *suite in een hotelcomplex*. De suite maakt deel uit van het hotelcomplex. De exploitatie van het hotelcomplex is in handen van exploitant Q II B.V. Volgens een tussen exploitant en belanghebbende gesloten overeenkomst houdt belanghebbende de suite volledig bestemd ten behoeve van het hotelbedrijf

van exploitant. De exploitatie van de hotelsuite geschiedt voor rekening en risico van de gezamenlijke hotelsuite-eigenaren. De huuropbrengsten worden tussen de eigenaren verdeeld via een pool.
Aldus heeft belanghebbende aan exploitant het exclusieve recht verleend om de suite aan derden of aan hemzelf te verhuren. Naar het
oordeel van het Hof houdt 'gebruik' van een onroerende zaak in dat
de gebruiker zich rechtstreeks te zijn behoeve van die zaak zelf be-
dient of kan bedienen. Er moet sprake zijn van een feitelijk beschikken over de onroerende zaak voor eigen gebruiksdoeleinden, waardoor de gebruiker een zekere uit het gebruik voortvloeiende feitelijke
zeggenschap over de zaak heeft. Hiervan is in onderhavig geval geen
sprake.

*Hof Amsterdam 21 juni 2001, nr. 00/1545, E X, Belastingblad 2001,
blz. 833*
In geschil is de aanslag voor het gebruik inzake de OZB. De onderhavige woning is gelegen in een gebouw dat voor de ingrijpende verbouwing in gebruik was als asielzoekerscentrum. Thans bestaat het
gebouw uit een aantal appartementen, voorzien van een eigen ingang,
sanitair, kook- en wasgelegenheid. Belanghebbende huurt de woning,
zonder schriftelijk contract, vanaf 1999. Belanghebbende betaalt een
all-in huurprijs en is van mening dat het niet gebruikelijk is alle bewoners zelfstandig in de heffing te betrekken.
Vaststaat dat belanghebbende de woning in gebruik heeft en dat de
woning over een woonkamer, een slaapkamer, een eigen kookgelegenheid, sanitair en wasgelegenheid beschikt. Volgens vaste rechtspraak is dan sprake van een onroerende zaak in de zin van artikel 16,
aanhef en letter c, van de Wet WOZ en de aanslag is daarmee in overeenstemming met de Verordening opgelegd. In de Verordening is opgenomen dat bij volgtijdig gebruik van de onroerende zaak de aanslag
opgelegd moet worden aan degene die de onroerende zaak ter beschikking stelt. Van volgtijdig gebruik is volgens vaste jurisprudentie
sprake indien een onroerende zaak kortstondig aan wisselende gebruikers wordt verhuurd. Belanghebbende heeft de woning sinds 1 januari
1999 onafgebroken in gebruik. Van volgtijdig gebruik is dan ook geen
sprake. Belanghebbendes verwijzing naar de huur van huisjes van
Center Parcs heeft het Hof opgevat als een beroep op het gelijkheidsbeginsel. Het Hof acht hierbij het volgende van belang. Een juiste
wetstoepassing wordt als gevolg van de toepassing van het gelijkheidsbeginsel opzij gezet indien een verweerder gelijke gevallen on-
gelijk behandelt, in die zin dat hij een begunstigend, niet-gepubliceerd
beleid voert en hij daarvan ten nadele van een bepaalde belastingplichtige is afgeweken. Center Parcs verhuurt in de gemeente waar

verweerder bevoegd is belasting te heffen, geen huisjes. Belanghebbende heeft ook niet aannemelijk gemaakt dat verweerder met betrekking tot andere bedrijven die op vergelijkbare wijze als Center Parcs huisjes verhuren, een begunstigend beleid voert en dat verweerder daar ten nadele van belanghebbende van is afgeweken. Om die reden kan belanghebbendes beroep op het gelijkheidsbeginsel niet slagen. Het Hof voegt daar nog aan toe dat belanghebbendes situatie ook niet gelijk is aan degene die bij Center Parcs of een soortgelijke onderneming een vakantiehuisje huurt. De laatste huurt incidenteel, voor een korte, vooraf overeengekomen periode als vakantieganger een gemeubileerde woning; hij schrijft zich niet in op het desbetreffende adres en hij wenst niet te gaan wonen in het vakantiehuisje. Belanghebbende staat daarentegen op het adres van de woning ingeschreven in het bevolkingsregister, hij huurt de woning duurzaam en voor een onbepaalde tijd en woont ook aldaar. Dat een all-in huurprijs wordt betaald is niet van belang. Evenmin is van belang of belanghebbende zijn huurovereenkomst schriftelijk heeft vastgelegd.

Hof Leeuwarden 3 augustus 2001, nr. 2/99, E I, Belastingblad 2001, blz. 1073

In geschil zijn de aan belanghebbende voor het belastingjaar 1998 opgelegde aanslagen OZB en afvalstoffenheffing. Belanghebbende is eigenaar van een appartementsrecht in de gemeente Vlieland. Hij heeft het appartementsrecht gekocht van Strandhotel A Vlieland B.V. en stelt de onroerende zaak in 1998 ter beschikking aan het Strandhotel, die de onroerende zaak ter beschikking stelt aan derden. In de koopakte wordt melding gemaakt van een tegelijkertijd met de koop van het appartementsrecht tussen de verkoper en belanghebbende gesloten dienstverleningsovereenkomst. Voorts wordt vermeld dat de door de verkoper ontvangen huuropbrengsten uit het betreffende appartementsrecht aan belanghebbende worden uitbetaald, nadat daarop onder meer in mindering zijn gebracht kosten van schoonmaak, energie en eventuele toeristenbelasting, voorzover deze kosten niet rechtstreeks in rekening zijn gebracht. Belanghebbende stelt dat hij niet kan worden aangemerkt als gebruiker van de onroerende zaak. De ambtenaar heeft de uitspraak van het Hof Leeuwarden van 20 mei 1999 overgelegd, betreffende het beroep van dezelfde belanghebbende, inzake dezelfde geschilpunten van het jaar 1997. Op grond van de feiten acht het Hof niet aannemelijk geworden dat de dienstverleningsovereenkomst, waarvan de inhoud niet tot de gedingstukken behoort, eigen gebruik van belanghebbende in 1997 uitsluit. Belanghebbende heeft niet gesteld en ook overigens is niet aannemelijk geworden dat deze overeenkomst sedert 1997 is gewijzigd. Het Hof

neemt derhalve aan dat ook in het jaar 1998 eigen gebruik van de onroerende zaak door belanghebbende mogelijk was. Op grond van deze
omstandigheid alsmede het feit dat verhuur van het appartement voor
rekening en risico van belanghebbende plaatsvindt is het Hof van oordeel dat niet geconcludeerd kan worden dat belanghebbende in het
onderhavige jaar niet als gebruiker kan worden aangemerkt.

*Hof 's-Gravenhage 9 oktober 2001, nr. 00/02704, E I, Belastingblad
2002, blz. 246*
Aan belanghebbende is een aanslag OZB 2000 opgelegd voor het gebruik van een woning, daar belanghebbende op 1 januari 2000 in de
GBA stond ingeschreven. Belanghebbende stelt dat de aanslag niet in
stand kan blijven, omdat hij de woning op 1 januari 2000 niet gebruikte. Hij voert in dit verband aan dat hij op 17 december 1999 met-
terwoon is vertrokken. Daartoe overlegt hij een factuur van het ver-
huisbedrijf. Hij stelt tevens dat hij als gevolg van ziekte in het gezin
eerst op 5 januari 2000 is uitgeschreven uit de GBA. Ook stelt belanghebbende dat hij de sleutels van de woning op 18 december 1999
heeft ingeleverd, dat hij in december voor de laatste maal huur heeft
betaald en dat de woning op 5 januari 2000 notarieel is overgedragen
aan de koper en dat hij reeds in zijn nieuwe woonplaats OZB heeft
voldaan voor het gebruik van zijn nieuwe woning. Het Hof oordeelt
dat de gemeente aan de inschrijving in de GBA het bewijsvermoeden
mag ontlenen dat deze in overeenstemming is met de feitelijke situatie. Indien belanghebbende echter aannemelijk maakt dat hij de woning niet op 1 januari van het belastingjaar gebruikte, kan de aanslag
niet in stand blijven. Het Hof acht de verklaring van belanghebbende
geloofwaardig. Daaraan doet niet af dat belanghebbende de energie-
en wateraansluiting voor eigen rekening heeft laten doorlopen, teneinde schade door vorst te vermijden. De aanslag wordt vernietigd.

*Hof 's-Gravenhage 19 oktober 2001, nr. 00/01027, E VII, FED 2002/
58*
Aan belanghebbende is ter zake van het gebruik van de woning een
aanslag OZB 2000 opgelegd. Belanghebbende stelt dat zij niet als gebruiker kan worden aangemerkt, daar de woning van 16 juli 1998 tot
en met 15 juni 2000 bij een makelaar te koop heeft gestaan. In die periode heeft belanghebbende in de woning meubels laten staan, om
krakers te weren. Belanghebbende kwam slechts sporadisch in de woning. Belanghebbende woonde op 1 januari 2000 op een ander adres.
Naar het oordeel van het Hof kan niet worden gezegd dat belanghebbende de woning bewust leeg liet staan met de bedoeling deze voor
haarzelf ter beschikking te houden. Dit lag ook niet in de rede nu be-

langhebbende onoverkomelijke problemen met haar buren had. Naar het oordeel van het Hof moet worden gesproken van leegstand, zodat de aanslag niet in stand kan blijven.

Hof 's-Gravenhage 30 oktober 2001, nr. 00/02582, E II, Belastingblad 2002, blz. 241
Op 22 december 1999 is aan belanghebbende een *nieuwbouwwoning* opgeleverd. Nadien is de woning behangen, is een keuken geplaatst en zijn kastenwanden gemonteerd. Op 17 januari 2000 heeft belanghebbende zijn inboedel verhuisd naar de nieuwe woning en heeft hij zich ingeschreven in de gemeente. Aan belanghebbende is een aanslag OZB opgelegd voor het gebruik van de woning. Belanghebbende stelt dat hij de woning op 1 januari 2000 nog niet gebruikte. Naar het oordeel van het Hof maakte de koper van de woning deze na oplevering voor zichzelf gereed om haar beter aan zijn persoonlijke wensen te laten beantwoorden. Onder verwijzing naar het arrest van de Hoge Raad van 8 januari 1997, nr. 31 887, BNB 1997/84 oordeelt het Hof dat tijdens de gereedmaking van de woning ook sprake van feitelijk gebruik. De aanslag is terecht aan belanghebbende opgelegd.

Hof 's-Gravenhage 31 januari 2002, nr. 99/30253, E X, Belastingblad 2002, blz. 577
De woning is opgeleverd op 10 december 1998. Belanghebbende heeft meteen na de levering een aanvang gemaakt met de verbouwing van de woning, die in februari 1999 is voltooid. Belanghebbende stelt dat de verbouwing zeer voortvarend is uitgevoerd en dat op 1 januari 1999 feitelijk nog alleen de gevel rechtop stond. De gemeente stelt dat de woning desalniettemin toch aan belanghebbende ter beschikking stond. Het Hof stelt dat belanghebbende op 1 januari 1999 niet kon worden aangemerkt als gebruiker, omdat de woning vanaf 10 december 1998 tot na de verbouwing niet geschikt was voor bewoning.

Hof Arnhem 8 mei 2002, nr. 01/00075, E VI, Belastingblad 2002, blz. 773
Belanghebbende heeft een aanslag OZB ontvangen met betrekking tot het pand waarin door hem een kamer wordt gehuurd. Het Hof oordeelt dat, hoewel er geen sprake is van zelfstandige woonruimte, het de gemeente vrij staat om aan één van de feitelijke gebruikers van een pand de aanslag OZB op te leggen. Ter zake van de aanslag afvalstoffenheffing oordeelt het Hof dat blijkens de Verordening op de heffing en invordering van de afvalstoffenheffing, ingeval een gedeelte van een perceel in gebruik is afgestaan, degene die het gedeelte in gebruik heeft afgestaan als belastingplichtige gebruiker wordt aangemerkt. De

aanslag afvalstoffenheffing is derhalve ten onrechte aan belanghebbende opgelegd.

Hoge Raad 22 november 2002, nr. 37 361, BNB 2003/3, FED 2002/ 699
Belanghebbende is eigenaar van twee recreatiewoningen. De woningen worden via verhuurorganisaties verhuurd. In 1998 sloten deze organisaties *verhuurovereenkomsten* met recreanten. De eigenaar had geen bemoeienis met de verhuur, het risico van meer of mindere huuropbrengst bleef echter wel bij hem. Ook droeg hij de aan de woningen verbonden lasten. In het geschil op de vraag of belanghebbende in het kader van de OZB terecht als gebruiker was aangemerkt, oordeelde het Hof dat belanghebbende niet degene was die de woningen voor volgtijdig gebruik ter beschikking had gesteld. De Hoge Raad oordeelde echter dat - gelet op de hiervoor genoemde feiten - belanghebbende wel als degene aan te merken was die de recreatiewoningen voor volgtijdig gebruik ter beschikking had gesteld.

Hof 's-Gravenhage 28 november 2003, nr. 03/00772, E XI, Belastingblad 2004, blz. 383, FED 2004/224
Belanghebbende koopt op 28 september 2000 een onroerende zaak. Het doel is om de onroerende zaak als projectontwikkelaar te slopen, de grond te saneren, een nieuw pand te realiseren en vervolgens door te verkopen. Op 1 januari 2001 is het pand deels gesloopt en dus onbruikbaar. Het Hof vernietigt de aanslag OZB 2001 voor het gebruik, nu de onroerende zaak, gelet op de verregaande sloopwerkzaamheden, onbruikbaar is. Dat op 1 januari 2001 nog verdere sloopwerkzaamheden plaatsvinden, is onvoldoende om te kunnen spreken van enige vorm van gebruik van de onroerende zaak.

Hof Leeuwarden 3 september 2004, nr. 2178/02, M II, Belastingblad 2004, blz. 1215
Belanghebbende is eigenaar van meerdere percelen grond, die zij beschikbaar houdt voor uitgifte als bedrijventerrein. Het Hof oordeelt dat het beschikbaar houden van grond voor uitgifte als bedrijventerrein moet worden gezien als gebruik. Omdat de percelen allen eigendom zijn van belanghebbende en gegroepeerd rond de haven liggen, vormen deze percelen naar omstandigheden beoordeeld een samenstel als bedoeld in artikel 16, onder d, Wet WOZ.

Hof 's-Gravenhage 8 september 2004, nr. 03/02416, E II, Belastingblad 2005, blz. 198

Belanghebbende is sinds 15 november 2000 eigenaar van het in de gemeente Den Haag gelegen pand. Het pand is in bewoonde staat aangekocht met de bedoeling het te verhuren aan derden. Nadat de vorige bewoner het pand omstreeks 19 december 2001 had verlaten, is het gerenoveerd om het geschikt te maken voor de verhuur. De renovatie was op 1 januari 2003 nog gaande. Omstreeks februari 2003 is een huurovereenkomst gesloten, ingaande op 14 maart 2003. Tussen 19 december 2001 en 14 maart 2003 is het pand niet bewoond geweest. Op grond van deze feiten neem het Hof aan dat het pand op 1 januari 2003 werd aangehouden ter renovatie in verband met verhuur aan derden. Dit brengt niet mee dat belanghebbende het pand op die datum bezigde ter bevrediging van eigen behoeften. Er was dus geen sprake van gebruik.

Hof 's-Gravenhage 31 augustus 2005, nr. 03/03774, E VII, Belastingblad 2005, blz. 1091

Belanghebbende heeft een stuk *bouwgrond* uitsluitend aangehouden voor *beleggingsdoeleinden*. Volgens het Hof wordt onder gebruik, in de zin van de Gemeentewet en de Verordening, verstaan het metterdaad bezigen van een onroerende zaak ter bevrediging van de eigen behoefte. Daarvan is in het onderhavige geval geen sprake nu het aanhouden van een perceel voor handels- of beleggingsdoeleinden op zich zelf zodanig metterdaad bezigen niet oplevert (HR 22 juli 1985, nr. 22 649, VN 1985/2132). De parlementaire geschiedenis van de Wet van 27 april 1994, Stb. 419 (Herziening materiële belastingbepalingen), waarbij in artikel 220 van de Gemeentewet het begrip 'feitelijk gebruik' is gewijzigd in 'gebruik', levert geen aanknopingspunten op voor de veronderstelling dat het arrest niet meer van toepassing zou zijn.

Rechtbank Middelburg 6 december 2005, nr. 05/580, EK, Belastingblad 2006, blz. 87

Aan belanghebbende zijn aanslagen OZB en rioolrechten opgelegd. Hij stelt dat hij weliswaar de huurder van het pand is, maar niet de feitelijke gebruiker. In de beroepsfase overlegt de gemeente een ingevuld WOZ-informatieformulier van de eigenaar van het object. Op het formulier zijn bij de vraag wie huurder/gebruiker van het object is, de namen van belanghebbende en bedrijf B vermeld. Volgens de Rechtbank kan belanghebbende op basis van het formulier niet als gebruiker worden aangemerkt. Het formulier geeft geen antwoord op de vraag welk bedrijf als huurder dan wel als gebruiker is te beschouwen

en het is dan ook niet uit te sluiten dat de eigenaar heeft willen aangeven dat belanghebbende huurder was en bedrijf B gebruiker. Het feit
dat belanghebbende de huurovereenkomst heeft ondertekend, maakt
het voorgaande niet anders en ditzelfde geldt voor het feit dat belanghebbende eenmalig een eerdere belastingaanslag heeft voldaan.

*Rechtbank Rotterdam 30 maart 2006, nr. 05/6043, EK, Belastingblad
2006, blz. 752*
Belanghebbende is eigenaar van een *voormalig winkelpand*. Hij heeft
het pand een periode gerenoveerd, maar is tijdens de renovatie ge-
stopt. Hij is op zoek naar een geschikte koper of huurder. De Rechtbank oordeelt dat ten onrechte een aanslag OZB gebruik is opgelegd.
Belanghebbende houdt het pand immers ter beschikking voor een toekomstige gebruiker. Aldus is geen sprake van gebruik in de zin van
het metterdaad bezigen van de onroerende zaak ter bevrediging van
de eigen behoefte. Hieraan doet niet af dat een groot deel van de omliggende panden wordt bewoond en dat natuurlijke leegstand onver-
mijdelijk is. Het is onjuist dat bij langdurige leegstand en het stil leggen van een renovatie de eigenaar als gebruiker moet worden
aangemerkt.

*Hof Amsterdam 14 april 2006, nr. 05/00288, M I, Belastingblad
2006, blz. 690*
Belanghebbende heeft in 2003 een huis gekocht, dat hij in 2005 weer
heeft verkocht. Het huis is nooit bewoond geweest. Wel heeft de ther-
mostaat in de woning aangestaan en is de tuin onderhouden door een
hoveniersbedrijf. Het Hof oordeelt dat belanghebbende kan worden
aangemerkt als gebruiker, omdat hij het huis heeft aangehouden in het
kader van zijn voornemen daarop een nieuwe woning voor bewoning
door hemzelf te stichten. Zo heeft hij maatregelen genomen om de
tuin in stand te laten. De aanslag OZB voor het gebruik is terecht opgelegd.

*Hof Amsterdam 28 april 2006, nr. 04/4441, M I, Belastingblad 2006,
blz. 750*
Belanghebbende, een projectontwikkelingsmaatschappij, is eigenaar
van een voor verhuur bestemd kantoorgebouw. Op 1 januari 2003
was het kantoorgebouw voor circa 75% gereed. De oplevering heeft
medio 2003 plaatsgevonden. In februari 2005 stond het leeg in afwachting van verhuur. In geschil is of belanghebbende terecht als gebruiker op 1 januari 2003 is aangemerkt. Het Hof oordeelt dat zich op
1 januari 2003 de situatie voordeed dat belanghebbende een voor verhuur bestemd kantoorgebouw bouwde of liet bouwen. Onder die om-

standigheden sprake van gebruik van het object door belanghebbende op 1 januari 2003. Immers, op die datum gebruikte belanghebbende de grond en de daarmee toen reeds duurzaam verenigde werken voor het stichten van een kantoorgebouw. De omstandigheid dat het kantoorgebouw na voltooiing bestemd is om te worden verhuurd, en dus door anderen dan belanghebbende zal worden gebruikt, doet daaraan niet af. Evenmin is op de peildatum van betekenis dat het kantoorgebouw later, na de voltooiing, heeft leeggestaan en belanghebbende gedurende de periode van leegstand niet als gebruiker wordt aangemerkt.

Hof 's-Gravenhage 15 augustus 2006, nr. 04/04299, E VIII, Belastingblad 2006, blz. 1187
Belanghebbende is zowel eigenaar van een parkeergarage als van het daarboven gelegen complex met koop- en huurappartementen. De parkeerplaatsen zijn per plaats omlijnd en genummerd. De garage is niet openbaar. Niet verhuurde parkeerplaatsen mogen worden gebruikt door bezoekers van de bewoners van de appartementen. Op 1 januari 2004 waren 53 van de 332 parkeerplaatsen niet verhuurd. Aan belanghebbende zijn voor alle parkeerplaatsen aangeslagen OZB-gebruik opgelegd. Na bezwaar zijn de aanslagen gehandhaafd. In geschil is of belanghebbende ten aanzien van de verhuurde parkeerplaatsen terecht is aangeslagen voor OZB-gebruik. Afgezien van enige frictieleegstand op 1 januari 2004 zijn de parkeerplaatsen aan de huurders of kopers van de appartementen via individuele huurovereenkomsten verhuurd. Het Hof overweegt dat ten aanzien van de verhuurde parkeerplaatsen de huurder de gebruiker is en niet belanghebbende. De aanslag OZB-gebruik moet ten aanzien van de verhuurde parkeerplaatsen dan ook aan de huurder worden opgelegd.

Hof Leeuwarden 9 maart 2007, nr. 960/04, M II, Belastingblad 2007, blz. 433
De gemeente Groningen heeft de aanslag voor het gebruik opgelegd aan belanghebbende. Hij is de langst ingeschrevene in de bovenwoning met drie kamers. Het Hof oordeelt dat de aanslag ten onrechte aan belanghebbende is opgelegd. Er is geen sprake is van een 'huishouden' waarvan de gemeente één lid kan aanwijzen als belastingplichtige. Volgens het Hof is sprake van kamerverhuur, zodat de aanslag had moeten worden opgelegd aan de verhuurder van de kamers.

Rechtbank Middelburg 21 mei 2007, nr. 06/752, EK, Belastingblad, blz. 821
In geschil is de aanslag OZB voor het gebruik. Belanghebbende was tot 15 december 2004 eigenaar en gebruiker van de woning. De juridische eigendom van de woning is per 15 december 2004 overgedragen aan een derde. Volgens een adreswijziging van 29 december 2004 is belanghebbende op 22 december 2004 verhuisd. Deze adreswijziging is door de gemeente van een stempel '31 januari 2005' voorzien en per die datum in de GBA opgenomen. De heffingsambtenaar stelt dat nu uit de GBA blijkt dat belanghebbende op 1 januari 2005 nog gebruiker was van de woning. Degene die op 1 januari staat ingeschreven op een bepaald adres, ontvangt voor dat adres de gebruikersheffingen. De afdeling burgerzaken houdt de datum van ontvangst van het verhuisformulier als verhuisdatum aan, wat uit de wet volgt. Naar het oordeel van de Rechtbank mag de heffingsambtenaar aan de inschrijving in de GBA het bewijsvermoeden ontlenen dat deze inschrijving in overeenstemming is met de feitelijke situatie inzake het gebruik van de woning door belanghebbende, tenzij belanghebbende bij betwisting het tegenovergestelde aannemelijk maakt. Belanghebbende heeft met de nota van de notaris en het verhuisbericht aannemelijk gemaakt dat zij en haar gezin op 22 december 2004 naar een ander adres zijn verhuisd. Het is aannemelijk dat zij feitelijk niet meer over deze woning kon beschikken.

Hof 's-Gravenhage 1 mei 2007, nr. 06/00308, M I, Belastingblad 2007, blz. 1054
Belanghebbende heeft het recht van opstal van een *hangar* die bestemd is voor het stallen van vliegtuigen. De hangar is verdeeld in drie hallen, die grotendeels op contractbasis voor perioden variërend van één tot vijf jaar worden verhuurd aan onder meer A, B, C en D. In geschil is de vraag of belanghebbende als gebruiker kan worden aangemerkt. Volgens het Hof is belanghebbende terecht aangemerkt als gebruiker, aangezien een beperkt (zakelijk) recht heeft met betrekking tot de hangar. Hij verhuurt delen hiervan aan onderscheiden bedrijven.

Hof Leeuwarden 27 juli 2007, nr. 952/04, E II, Belastingblad 2007, blz. 984
In geschil is de vraag of belanghebbende als gebruiker van een woning moet worden aangemerkt. Volgens het Hof is belanghebbende ten onrechte als gebruiker aangemerkt. Volgens het Hof is niet aannemelijk gemaakt dat de woning op 1 januari 2004 was gemeubileerd. Dat belanghebbende volgens het nutsbedrijf van 1999 tot 2007 de

voorschotnota's heeft voldaan, leidt niet tot de conclusie dat hij op 1 januari 2004 gebruiker was. De hoogte van die voorschotnota's zou wel kunnen verduidelijken of hij de woning voor zichzelf ter beschikking heeft gehouden. Gelet op de verhuurgeschiedenis van de woning en gelet op het feit dat belanghebbende nooit is ingeschreven op het adres, vindt het Hof het aannemelijk dat de woning na groot onderhoud op 1 januari 2004 leegstond met de bedoeling om deze woning opnieuw te verhuren.

Rechtbank 's-Gravenhage 28 augustus 2007, nr. 06/8043, EK, Belastingblad 2008, blz. 523
Belanghebbende is eigenaar van een tussenwoning met een winkelruimte op de begane grond. Uit de overgelegde huurovereenkomst blijkt dat belanghebbendes zoon het hele pand huurt. De Rechtbank heeft (onder meer) overwogen dat ingevolge art. 220b, eerste lid, aanhef, en onderdeel b, van de Gemeentewet gebruik door degene aan wie een deel van de onroerende zaak in gebruik is gegeven, wordt aangemerkt als gebruik door degene die dat deel in gebruik heeft gegeven. Er is sprake van één onroerende zaak in de zin van art. 16 Wet WOZ. De winkelruimte is in gebruik bij belanghebbendes echtgenote en het woongedeelte wordt bewoond door zijn zoon. De Rechtbank neemt in aanmerking dat de winkelruimte niet van ondergeschikte betekenis is. De Rechtbank acht het niet aannemelijk dat belanghebbendes zoon het gehele pand huurt en de winkelruimte door de zoon (opnieuw) aan belanghebbendes echtgenote in gebruik is gegeven. Ter zitting is gebleken dat de huurovereenkomst met de zoon is aangegaan in verband met de Wet inkomstenbelasting 2001. Het staat de zoon aldus niet vrij om de winkelruimte zelf te gaan gebruiken of aan een willekeurige derde in gebruik te geven. De aanslag gebruikersbelasting is derhalve terecht aan belanghebbende opgelegd.

8   Bezwaar- en beroepsprocedures

8.1   De bezwaarprocedure

Hof Arnhem 17 augustus 2000, nr. 98/3083, E VI, Belastingblad 2001, blz. 436
De beschikking is genomen door het Hoofd Financiële en Interne zaken van de gemeente Elst. Belanghebbende stelt dat het Hoofd niet bevoegd was om de beschikking namens het college van B & W te nemen, omdat een geldig mandaatbesluit ontbreekt. Naar het oordeel van het Hof faalt dit betoog, omdat het college in de procedure voor het Hof heeft verklaard dat het inhoudelijk volledig achter de - namens hem - door het Hoofd genomen beschikking staat. Alsdan ziet het Hof, mede gezien artikel 6:22 van de Awb, geen aanleiding de onderwerpelijke beschikking op die grond te vernietigen.

Hoge Raad 13 december 2000, nr. 35 346, Belastingblad 2001, blz. 228, BNB 2001/56c*, FED 2001/86
Belanghebbende heeft beroep ingesteld tegen de uitspraak op bezwaarschrift inzake de WOZ-beschikking van het object a-straat 1. In de beroepsfase vernietigt B & W van Haren de WOZ-beschikking ambtshalve en neemt twee nieuwe WOZ- beschikkingen voor de objecten a-straat 1 en a-straat 1-ond. Hof Leeuwarden heeft het beroep niet-ontvankelijk verklaard, omdat belanghebbende geen procesbelang meer heeft daar de beschikking is vernietigd. Tegen de twee nieuwe WOZ- beschikkingen heeft belanghebbende geen bezwaar gemaakt. De Hoge Raad oordeelt dat de ambtshalve vernietiging op grond van artikel 29 van de Wet WOZ niet door de ambtenaar is gedaan, maar door B & W. De beschikking is derhalve door een onbevoegde vernietigd, omdat deze bevoegdheid sinds 1 januari 1998 aan de ambtenaar is geattribueerd. Naar het oordeel van de Hoge Raad had B & W, dat verantwoordelijk is voor de uitvoering van de Wet WOZ, de ambtenaar echter een aanwijzing kunnen geven tot vernietiging van de beschikking, waarna de ambtenaar de beschikking zou hebben vernietigd. Daar belanghebbende derhalve niet is in zijn belangen is geschaad, wordt er vanuit gegaan dat de eerste beschikking feitelijk is vernietigd. De Hoge Raad oordeelt vervolgens dat de vernietiging van de eerste beschikking geen grond oplevert om het beroep niet-ontvankelijk te verklaren. Het beroep was immers terecht ingesteld (HR 8 december 1999, BNB 2000/40). Bovendien heeft het

Hof niet onderkend dat de artikelen 6:19 en 6:18 van de Awb van toe-passing zijn. Dit houdt in dat het beroep geacht wordt mede te zijn ge-richt tegen een nieuw besluit dat na vernietiging van het eerste besluit is genomen, tenzij het nieuwe besluit geheel aan het bezwaar of be-roep tegemoet komt. De nieuwe WOZ-beschikkingen zijn aan te mer-ken als nieuwe besluiten in de zin van artikel 6:19 van de Awb en ko-men niet tegemoet aan het bezwaar van belanghebbende. Om die reden wordt het beroep geacht mede te zijn gericht tegen de nieuwe beschikkingen, en is het beroep van belanghebbende ten onrechte niet-ontvankelijk verklaard. De Hoge Raad vernietigt de uitspraak en verwijst de zaak door naar Hof Arnhem.

Hoge Raad 10 januari 2001, nr. 35 683, Belastingblad 2001, blz. 360, BNB 2001/93, FED 2001/68
Het aanslagbiljet is terecht naar het door belanghebbende opgegeven 'fiscaal correspondentieadres' verzonden, zolang belanghebbende niet te kennen geeft dat hij dergelijke stukken rechtstreeks wil ontvangen.

Hoge Raad 8 februari 2002, nr. 36 234, BNB 2002/138, FED 2002/94
De Hoge Raad bevestigt zijn eerdere uitspraak dat ingeval bij de vast-stelling van de aanslag een mandaatverlening ontbreekt en uit het aan-slagbiljet niet blijkt dat de aanslag door een ander is opgelegd, ervan moet worden uitgegaan dat de aanslag door het hoofd van de eenheid is opgelegd (BNB 1999/303). De Hoge Raad voegt hieraan toe dat dit ook geldt indien de aanslag in feite is vastgesteld door een ander dan het hoofd van de eenheid. Vervolgens oordeelt de Hoge Raad dat arti-kel 10:3, derde lid, van de Awb ertoe strekt te waarborgen dat ingeval een bevoegdheid niet door degene aan wie die bevoegdheid is geattri-bueerd, maar krachtens mandaat namens deze wordt uitgeoefend, in de bezwaarschriftenprocedure een zorgvuldige heroverweging van het aldus genomen primaire besluit plaatsvindt. Deze strekking brengt mee dat ook ingeval degene aan wie een bevoegdheid is geattribu-eerd, de feitelijke uitoefening van die bevoegdheid, al dan niet op grond van een schriftelijk mandaat, overlaat aan een ander, de her-overweging in de bezwaarschriftenprocedure moet geschieden door een ander dan degene die in feite het primaire besluit heeft genomen. Bij overtreding van dit voorschrift moet worden geoordeeld dat de be-slissing op het bezwaarschrift onbevoegd is genomen, aldus de Hoge Raad. Nu belanghebbende gemotiveerd heeft gesteld dat artikel 10:3, derde lid, van de Awb was geschonden, had het Hof derhalve moeten onderzoeken wie in feite de aanslag heeft opgelegd en wie van de in de bezwaarfase bij de zaak betrokken ambtenaren in feite de uitspraak

op het bezwaar heeft gedaan. Aangezien niet blijkt dat het Hof een dergelijk onderzoek heeft verricht, kan de uitspraak niet in stand blijven en moet verwijzing volgen.

Hof Leeuwarden 19 april 2002, nr. BK 130/02, Belastingblad 2002, blz. 620
Belanghebbende heeft het Hof verzocht om in het kader van de WOZ-procedure een voorlopige voorziening in de zin van artikel 8:81 van de Awb te treffen. Deze voorziening behelst een verbod van de gemeente Skarsterlân om in de beroepsfase een nader onderzoek in te stellen naar de in de WOZ-beschikking opgenomen waarde van de onroerende zaak, dan wel een hogere waarde vast te stellen, dan wel dat het Hof de (on)afhankelijkheid van het taxatiebureau ten opzichte van de heffingsambtenaar dient te beoordelen. Ter zake van het eerste deel van het verzoek is het Hof van oordeel dat, gelet op het arrest van de Hoge Raad van 10 februari 1988 (BNB 1988/160), belanghebbende niet verplicht is in de beroepsfase een taxateur van de zijde van de heffingsambtenaar toegang te verlenen tot de onroerende zaak. Ook staat het belanghebbende vrij om wel of niet mee te werken aan een in de beroepsfase namens de heffingsambtenaar te verrichten hertaxatie. Het door belanghebbende gevraagde verbod voegt hieraan niets toe. Voorts kan een beroepsprocedure niet tot een hogere waarde en daarmee tot een nadeliger resultaat voor belanghebbende leiden. Met betrekking tot het laatste onderdeel van het verzoek is het aan het Hof om in de hoofdzaak te oordelen welke waarde toegekend dient te worden aan de in de beroepsfase tot stand gekomen taxatie van de zijde van de heffingsambtenaar. Belanghebbende heeft in deze fase van het geschil vooralsnog geen belang bij zijn verzoek, omdat de bewijslast ter zake van de in de WOZ-beschikking opgenomen waarde berust bij de heffingsambtenaar. Het verzoek tot het treffen van een voorlopige voorziening wordt afgewezen.

Hoge Raad 3 mei 2002, nr. 36 889, Belastingblad 2002, blz. 730, BNB 2002/318, FED 2002/287
Artikel 30, vierde lid, van de Wet WOZ (oud) bepaalde dat B&W van Dronten met betrekking tot de uitvoering van de Wet WOZ en de regelingen ingevolge deze wet een of meer gemeenteambtenaren kan aanwijzen die in zijn plaats treden. Hof Arnhem oordeelt dat met betrekking tot de aan B&W toekomende bevoegdheid om op bezwaarschriften te beslissen een zodanige aanwijzing heeft plaatsgevonden bij besluit van 22 juli 1997. Deze uitleg is volgens de Hoge Raad niet onbegrijpelijk, ook niet in het licht van de omstandigheid dat in de bijlage bij dat besluit de mandatering van deze bevoegdheid is opge-

nomen onder het kopje 'Belastingverordeningen'. Belanghebbende bestrijdt dat het Hoofd van de afdeling Financiën bevoegd was om uitspraak te doen op het door hem ingediende bezwaarschrift tegen de waardevaststelling per 1 januari 1995.
(De in Belastingblad opgenomen datum bij dit arrest van 26 april 2002 is onjuist. Dit moet zijn 3 mei 2002).

Hof Arnhem 28 oktober 2002, nr. 02/02896, E VIII, Belastingblad 2003, blz. 136
Aan A is als eigenaar van een pand een waardebeschikking afgegeven. Deze beschikking is gedagtekend 27 april 2001. Aan B is als gebruiker van het pand een waardebeschikking afgegeven. Deze beschikking is eveneens gedagtekend 27 april 2001. Belanghebbenden hebben tezamen één bezwaarschrift ingediend tegen de beschikkingen. De ambtenaar heeft ten name van belanghebbenden op dit bezwaarschrift één uitspraak gedaan. Belanghebbenden zijn tegen deze uitspraak tezamen in beroep gekomen. Het beroep van belanghebbenden is in één geschrift vervat. Uit de formulering van artikel 23, eerste lid en 24a, eerste lid, AWR moet worden afgeleid dat het niet mogelijk is voor twee belastingplichtigen om in één geschrift bezwaar te maken tegen twee verschillende beschikkingen. De ambtenaar heeft ten onrechte in één geschrift uitspraak gedaan. De ambtenaar had het bezwaarschrift van belanghebbenden moeten splitsen en belanghebbenden zonodig in de gelegenheid moeten stellen de verzuimen te herstellen op grond van artikel 6:6 Awb. Het Hof vernietigt de uitspraak en verwijst de zaak terug naar de ambtenaar opdat deze het bezwaarschrift alsnog splitst en op beide bezwaarschriften afzonderlijk opnieuw uitspraak doet.

Hof Arnhem 24 januari 2003, nr. 03/00035, E VII, Belastingblad 2003, blz. 1063
De gemeente Steenwijk heeft één uitspraak gedaan op 28 bezwaarschriften, die door 28 verschillende belanghebbenden zijn ingediend. Daarvan zijn 27 belanghebbenden in beroep gekomen. Nu noch de Awb, noch de AWR de mogelijkheid biedt om op bezwaarschriften, door verschillende belanghebbenden ingediend, één uitspraak te doen, dient de bestreden uitspraak te worden vernietigd.

Hof Leeuwarden 16 januari 2004, nr. 02/1409, M II, Belastingblad 2004, blz. 380
Belanghebbende is eigenaar van een recreatiecentrum met camping en groepsaccomodatie. Hij is van mening dat de gemeente in de uitspraak op bezwaar ten onrechte spreekt over 13 bunkers en 4 recrea-

tiewoningen in plaats van 17 recreatiewoningen en van personeels-voorziening in plaats van tweede bedrijfswoning. Volgens het Hof is het niet van belang of enkele genoemde onderdelen anders worden betiteld dan belanghebbende wenst. Het moet voor belanghebbende duidelijk zijn welke onderdelen van de onroerende zaak de gemeente bedoelt.

Hoge Raad 12 augustus 2005, nr. 39 826, Belastingblad 2005, blz. 971, BNB 2005/328
Belanghebbende stelt voor het Hof dat in strijd met de Awb op het door hem ingediende bezwaarschrift is beslist door dezelfde ambtenaar als degene die de WOZ-beschikking heeft opgemaakt. Het Hof oordeelde dat degene die in feite de waardebeschikking heeft vastgesteld een ander is, dan degene die in feite de uitspraak op het bezwaar heeft gedaan (HR 8 februari 2002, BNB 2002/138). Volgens het proces-verbaal van de zitting van het Hof heeft de gemeente verklaard dat de bestreden uitspraak is ondertekend door de heffingsambtenaar en dat deze weliswaar tevens de afgegeven beschikking heeft opgemaakt, maar dat de uitspraak feitelijk door een andere ambtenaar is gemaakt. De Hoge Raad oordeelt dat daarmee niets is gezegd over wie in feite de waardebeschikking heeft opgemaakt. Daarom is het oordeel van het Hof onbegrijpelijk.

Rechtbank Utrecht 20 september 2006, nr. 05/3489, EK, Belastingblad 2006, blz. 1336
De bestreden uitspraak op bezwaar is in mandaat genomen door het hoofd van de afdeling Gemeentebelastingen. In het Mandaatbesluit heffing en invordering van de directeur van de Dienst Burgerzaken en Gemeentebelastingen (de heffingsambtenaar) van de gemeente van 17 december 2004 is het hoofd van de afdeling Gemeentebelastingen ge-mandateerd om namens hem op te treden met betrekking tot de uit-voering van de Wet WOZ, met uitzondering van (onder meer) het vaststellen van de WOZ-waarde. De bevoegdheid uitspraak op be-zwaar te doen is vervolgens in het Mandaatbesluit heffing en invorde-ring van 27 december 2004 in ondermandaat gegeven aan het hoofd Heffingen van de Dienst Burgerzaken en Gemeentebelastingen. De Rechtbank stelt vast dat de bevoegdheid om uitspraak te doen op een bezwaarschrift wel is gemandateerd aan het hoofd van de afdeling Gemeentebelastingen, maar de bevoegdheid om de (primaire) WOZ-waarde vast te stellen niet. De bestreden uitspraak op bezwaar is dan ook bevoegd gedaan. Het mandaatbesluit voldoet ook aan het be-paalde in artikel 10:3, derde lid, van de Awb dat een mandaat tot het beslissen op een bezwaarschrift niet wordt verleend aan degene die

het primaire besluit krachtens mandaat heeft genomen. De ambtenaar voert aan dat hij niet bevoegd was om de eerdere uitspraak op bezwaar, waarbij het bezwaar niet-ontvankelijk is verklaard, in te trekken. De ambtenaar heeft de Rechtbank in overweging gegeven het beroepschrift te beschouwen als te zijn gericht tegen de ingetrokken uitspraak. De Rechtbank ziet in de AWR en de Awb geen beletsel om ten voordele van de belanghebbende een besluit tot niet-ontvankelijkverklaring in te trekken. De Rechtbank acht daarbij ook van belang dat indien de ambtenaar de uitspraak niet had ingetrokken, die uitspraak door de Rechtbank zou zijn vernietigd en de ambtenaar alsnog zou zijn opgedragen voor de tweede keer, inhoudelijk te beslissen op het bezwaarschrift. Uit het systeem van de Awb volgt dan ook reeds dat het voor de tweede maal beslissen op hetzelfde bezwaarschrift niet voor onmogelijk moet worden gehouden.

Rechtbank Dordrecht 25 april 2008, nr. 07/747, MK, Belastingblad 2008, blz. 897
De WOZ-taxateur heeft, naar aanleiding van het bezwaarschrift, belanghebbendes woning bezocht en op basis daarvan geconcludeerd dat de WOZ-waarde goed is vastgesteld. Deze bevindingen zijn neergelegd in de 'akkoordverklaring'. Naar aanleiding van het gesprek met de taxateur heeft belanghebbende besloten dat zij het bezwaar intrekt, waarna zij de akkoordverklaring heeft ondertekend. Na ontvangst van de bevestiging van de intrekking heeft belanghebbendes zoon te kennen gegeven, dat belanghebbende terugkomt van deze verklaring en dat zij alsnog een uitspraak op haar bezwaar wenst. De rechtbank komt de door gemeente Leerdam gevolgde werkwijze bij de hertaxatie, mede gelet op de ter zitting gegeven toelichting, niet onjuist voor. Niet gebleken is dat belanghebbende ten tijde van de intrekking van het bezwaar in een situatie van dwaling, dwang of druk verkeerde. Op grond van het voorgaande is de rechtbank van oordeel dat de door belanghebbende getekende akkoordverklaring moet worden opgevat als een schriftelijke intrekking van het bezwaarschrift. Door deze intrekking is de bij beschikking vastgestelde WOZ-waarde onherroepelijk vast komen te staan. De Awb voorziet niet in een bedenktijd zoals door belanghebbende is gewenst. De heffingsambtenaar was, gelet op het systeem van de Awb, niet bevoegd een uitspraak op het bezwaar te doen, nu het was ingetrokken.

Rechtbank Arnhem 2 september 2008, nr. 08/36, EK, Belastingblad 2008, blz. 1432
In geschil is de WOZ-waarde van een woning. Belanghebbende heeft het gestelde achterstallige onderhoud onvoldoende onderbouwd. Ook

heeft belanghebbende de taxateur niet in zijn woning willen binnenla-
ten, terwijl deze hier in de beroepsfase wel om heeft verzocht, juist
om te kunnen onderzoeken in hoeverre de staat van onderhoud een
waardedruk geeft. Hierdoor heeft de heffingsambtenaar zich geen
beeld kunnen vormen van de ernst van deze problematiek. Het is gebruikelijk dat in de beroepsfase een taxatie wordt uitgevoerd, het ge-
tuigt juist van behoorlijk bestuur dat de taxateur de woning inpandig
wilde opnemen. Belanghebbendes weigering om dit toe te laten, moet
voor zijn risico blijven.

8.2   Bezwaarprocedure: informatieverstrekking

*ABRvS 17 september 2003, nr. 200300659/1, Belastingblad 2003, blz.
1301*
In artikel 40 van de Wet WOZ is een bijzondere regeling voor openbaarmaking vervat, die geacht moet worden een lex specialis te zijn
ten opzichte van de WOB en die een uitputtend karakter heeft, zodat
die regeling de bepalingen van de WOB opzij zet, nu met dit artikellid
is beoogd een specifiek op de bescherming van het waardegegeven
als belastinggegeven toegesneden regeling inzake openbaarmaking en
geheimhouding te treffen. Gezien het feit dat het waardegegeven een
element is dat een rol speelt bij de vaststelling van een belasting-
schuld, en daarmee als privacygevoelig geldt, is uitdrukkelijk beoogd
dat openbaarheid geen regel zal zijn. Dit volgt naar het oordeel van de
Afdeling uit de geschiedenis van de totstandkoming van de in artikel
40 van de Wet WOZ vervatte regeling.

*ABRvS 11 augustus 2004, nr. 200306466/1, Belastingblad 2004, blz.
998*
In artikel 40 Wet WOZ is een bijzondere regeling voor openbaarmaking vervat met een uitputtend karakter, zodat indien het verzoek om
informatie gegevens betreft als bedoeld in deze bepaling die regeling
de bepalingen van de Wob opzij zet. Blijkens de memorie van toelichting bij de Wet WOZ (Kamerstukken II, 1992/93, 22 885, nr. 3, p. 27)
heeft de wetgever met gegevens in de zin van artikel 40, tweede lid,
Wet WOZ bedoeld, de gegevens die direct verband houden met de ingevolge deze wet vastgestelde waarde, waarbij nadrukkelijk het aan
het waardegegeven onderliggende taxatierapport is genoemd.

Hoge Raad 21 april 2006, nr. 41 185, Belastingblad 2006, blz. 572, BNB 2006/231

Belanghebbende verzoekt, naast de hem reeds verstrekte waardegegevens van de vergelijkingspanden (drie waardegegevens van vergelijkbare woningen uit de directe omgeving, drie waardegegevens van andere categorieën woningen en drie waardegegevens van woningen op andere locaties) om meer waardegegevens. De gemeente wijst dit verzoek af, omdat het geen door belanghebbende geselecteerde woningen bevatte. De Hoge Raad oordeelt in cassatie dat artikel 40 Wet WOZ er toe strekt dat de belastingplichtige bepaalde waardegegevens kan verkrijgen, waarover hij wenst te beschikken om te kunnen controleren of sprake is van een juiste waardevaststelling van zijn onroerende zaak. Het verzoek moet dus betrekking hebben op bepaalde, door de belanghebbende aangewezen onroerende zaken. Dit is ook opgenomen 'instructie gerechtvaardigd belang' van de Waarderingskamer, welke spreekt over 'door de verzoeker geselecteerde woningen'. De Hoge Raad merkt wel op dat de gemeente, voor het verzoek af te wijzen omdat het niet gespecificeerd is, op grond van het zorgvuldigheidsbeginsel de belanghebbende in de gelegenheid dient te stellen het verzoek binnen een daartoe door hem gestelde termijn te specificeren.

Hof Arnhem 31 januari 2008, nr. 07/00074, M II, Belastingblad 2008, blz. 1425

Belanghebbende verzoekt om *openbaarmaking van een register* waarin alle in het verleden vastgestelde WOZ-waarden en gegevens van woningen in de gemeente Almere zijn opgenomen. Voor zover dit verzoek is gestoeld op art. 40 Wet WOZ hoeft dit niet gehonoreerd te worden. Voor zover het is gestoeld op art. 7:4 Awb is eveneens terecht inzage geweigerd. Het Hof merkt het register niet aan als op de zaak betrekking hebbende stukken, nu niet dan wel onvoldoende is komen vast te staan dat het register in zijn volle omvang door de ambtenaar in deze zaak is gebruikt.

Hof Arnhem 22 februari 2008, nr. 07/00074, M II, Belastingblad 2008, blz. 518

Belanghebbende verzoekt om openbaarmaking van een register waarin alle in het verleden vastgestelde WOZ-waarden en gegevens van woningen in de gemeente zijn opgenomen. Voor zover dit verzoek is gestoeld op art. 40 Wet WOZ hoeft dit niet gehonoreerd te worden. Voor zover het is gestoeld op art. 7:4 Awb is eveneens terecht inzage geweigerd. Het Hof merkt het register niet aan als op de zaak betrekking hebbende stukken, nu niet dan wel onvoldoende is komen vast te staan dat het register in zijn volle omvang door de ambtenaar in deze zaak is gebruikt. Het hoger beroep is ongegrond.

8.3   Bezwaarprocedure: horen

Hof Amsterdam 24 februari 1999, nr. P98/1795, E IX, Belastingblad 2000, blz. 314
Belanghebbende stelt dat de uitspraak op het bezwaarschrift nietig is, nu hij niet voorafgaand is gehoord. Het Hof oordeelt dat deze grief faalt, daar op grond van artikel 25 van de AWR juncto artikel 30 van de Wet WOZ een belastingplichtige slechts indien hij of zij daarom verzoekt, gehoord wordt. Nu belanghebbende geen verzoek heeft gedaan, mocht verweerder terecht menen dat belanghebbende daaraan geen behoefte had.

Hoge Raad 18 april 2003, nr. 37 790, Belastingblad 2003, blz. 1135, BNB 2003/267*
Volgens de Hoge Raad kan de belastingrechter aan de schending van de hoorplicht in de bezwaarfase in beginsel voorbij gaan indien de belastingplichtige door de gang van zaken niet is benadeeld. Het Hof moet zijn oordeel dan wel motiveren. De enkele redengeving dat het gebrek al is hersteld doordat de belastingplichtige zijn bezwaren in beroep schriftelijk heeft kunnen uiteenzetten, is onvoldoende. Als de belastingplichtige is benadeeld, moet het Hof de uitspraak op bezwaar vernietigen. Daarna kan het Hof de zaak terugwijzen met opdracht de belastingplichtige alsnog te horen, of zelf in de zaak voorzien.

Hof Amsterdam 23 april 2003, nr. 02/04596, E XVI, Belastingblad 2003, blz. 1136
De omstandigheid dat belanghebbende, ondanks zijn verzoek, niet in de bezwaarfase is gehoord, leidt niet tot vernietiging van de uitspraak. Het niet-horen van belanghebbende moet worden aangemerkt als een aan de uitspraak klevend verzuim. Bij de beantwoording van de vraag of de uitspraak met toepassing van artikel 6:22 Awb in stand kan worden gelaten, dient de overweging te worden betrokken dat artikel 7:5 Awb geen dode letter mag zijn en dat belanghebbende niet is gebaat bij een herhaling van zetten (HR 18 april 2003, nr. 37.790). Het Hof oordeelt dat aan het gebrek kan worden voorbijgegaan, omdat belanghebbende door deze gang van zaken niet is benadeeld. Belanghebbende heeft zijn bezwaren in beroep schriftelijk en mondeling kunnen uiteenzetten. Er bestaat bovendien geen verschil van mening omtrent de feiten en de waardering, maar slechts over de daaraan te verbinden

conclusies. Er is wel aanleiding om de gemeente te gelasten het betaalde griffierecht te vergoeden.

Rechtbank 's-Gravenhage, nr. AWB 06/5859, MK, Belastingblad 2008, blz. 655
Belanghebbende, die in bezwaar verzocht heeft om te worden gehoord, stelt in beroep dat de inspecteur ten onrechte geen hoorzitting heeft belegd die voldoet aan de eisen die de Awb daaraan stelt. De inspecteur heeft aangevoerd dat belanghebbendes gemachtigde vóór het doen van uitspraak op bezwaar wel telefonisch is gehoord. De Rechtbank heeft geoordeeld dat de wetgever met de in de Awb geregelde hoorplicht in de bezwaarfase niet het oog heeft gehad op telefonisch horen en dat, indien het bestuursorgaan in weerwil hiervan de belanghebbende toch telefonisch wil horen, de belanghebbende daarmee uitdrukkelijk moet instemmen. Nu dit niet het geval is geweest, is niet voldaan aan de wettelijke plicht om belanghebbende in de bezwaarfase desgevraagd te horen. Aan dit verzuim wordt alleen voorbij gegaan indien belanghebbende hierdoor niet is benadeeld. De enkele redengeving dat het verzuim reeds is hersteld doordat belanghebbende zijn bezwaren in beroep schriftelijk heeft kunnen uiteenzetten en mondeling heeft kunnen toelichten is alleen toereikend, indien tevens is vastgesteld dat omtrent de van belang zijnde feiten en de waardering daarvan tussen de partijen (uiteindelijk) geen verschil van mening bestaat en het geschil betrekking heeft op een aangelegenheid waarbij de inspecteur geen beleidsvrijheid toekomt. De Rechtbank verklaart het beroep gegrond.

8.4   (Hoger) beroep

Hof 's-Gravenhage 8 september 1999, nr. BK-98/01434, E III, Belastingblad 2000, blz. 517
Ter zake van twee naast elkaar gelegen tussenwoningen die bij belanghebbende in eigendom zijn heeft de gemeente twee WOZ-beschikkingen genomen. In de uitspraak op het bezwaar heeft de gemeente de beide beschikkingen vernietigd en aangekondigd dat één nieuwe beschikking zal worden genomen ter zake de twee woningen, als zijnde een samenstel in de zin van artikel 16, onderdeel d, van de Wet WOZ. Deze beschikking is later genomen naar het saldo van de waarde van de afzonderlijke onroerende zaken. Op voet van het bepaalde in artikel 6:19 van de Awb wordt het beroep geacht mede te zijn gericht tegen het nieuwe besluit, inhoudende de vaststelling van de waarde van het samenstel. Anders dan het Hof – dat aanvankelijk

de artikelen 6:18 en 6:19 van de Awb over het hoofd had gezien – ter zitting aan partijen te kennen heeft gegeven, kan een aparte bezwaarprocedure voor het nieuwe besluit dus achterwege blijven.

Hoge Raad 21 december 2001, nr. 36 256, Belastingblad 2002, blz. 139, BNB 2002/83, FED 2002/38
In geschil is de waarde die middels een WOZ-beschikking door de gemeente 's-Gravenhage is vastgesteld op ƒ 150.000, welke waarde na bezwaar is gehandhaafd. Het Hof heeft de waarde vastgesteld op ƒ 130.000. Op het beroep in cassatie concludeert de Hoge Raad dat de uitspraak van het Hof en de gedingstukken geen andere gevolgtrekking laten dan dat belanghebbende de waarde op ƒ 135.000 vastgesteld wenste te zien. Door de waarde op een lager bedrag vast te stellen is het Hof buiten de rechtsstrijd getreden. Het beroep in cassatie is gegrond. De waarde wordt door de Hoge Raad vastgesteld op ƒ 135.000.

Hoge Raad 26 april 2002, nr. 36 963, BNB 2002/193, FED 2002/264
Het Hof heeft geoordeeld dat het Hoofd van de centrale afdeling financiën bevoegd was zich ter zitting te laten vertegenwoordigen. Belanghebbende keert zich tegen dat oordeel met het betoog dat uit het aanwijzingsbesluit, waarbij B&W het Hoofd hebben aangewezen als de gemeenteambtenaar, bedoeld in artikel 231, tweede lid, letter b, van de Gemeentewet, en hem tevens op de voet van artikel 1, tweede lid, van de Wet WOZ hebben belast met de uitvoering van de Wet WOZ, niet blijkt dat aan die ambtenaar tevens de bevoegdheid is verleend om zich ter zitting te laten vertegenwoordigen. Het betoog van belanghebbende berust kennelijk, mede gelet op de verwijzing naar de artikelen 3:64 en 7:404 van het BW, op de opvatting dat bij dat aanwijzingsbesluit B&W het Hoofd volmacht of opdracht hebben verleend om namens hen bepaalde bevoegdheden uit te oefenen. Die opvatting is echter onjuist. Een ambtenaar die op de voet van de eerder vermelde bepalingen van de Gemeentewet en de Wet WOZ is aangewezen, ontleent zijn bevoegdheden rechtstreeks aan de wet. Het onderdeel faalt derhalve. De Hoge Raad verklaart het beroep ongegrond.

Hoge Raad 27 september 2002, nr. 37 003, Belastingblad 2003, blz. 137, BNB 2002/379
De Hoge Raad heeft duidelijk gemaakt dat het Hof geen acht mag slaan op stukken die door een van de partijen zijn overgelegd zonder dat aan de wederpartij van die stukken een afschrift is verstrekt of zonder dat deze partij in de gelegenheid is gesteld schriftelijk dan wel mondeling van haar gevoelen omtrent die stukken te doen blijken.

Het Hof had belanghebbende de gelegenheid moeten bieden om zich te beraden over de nadere analyse van de gemeente die was gebruikt ter vaststelling van de WOZ-waarde van de vergelijkingsobjecten, hetzij door een schorsing van de behandeling van de zaak hetzij door zich ervan te vergewissen dat belanghebbende voor de bepaling van haar standpunt aan zodanige schorsing geen behoefte had.

Hoge Raad 22 november 2002, nr. 38 210, BNB 2003/66, FED 2002/ 703
In de onderhavige procedure heeft belanghebbende bezwaar gemaakt tegen de door de gemeente vastgestelde waarde. De gemeente heeft zijn bezwaar ongegrond verklaard. Tegen de uitspraak op zijn bezwaarschrift is belanghebbende in beroep gegaan bij het Hof. Het Hof heeft de gemeente in het gelijk gesteld. In de mondelinge uitspraak heeft het Hof daarvoor als motivering aangevoerd dat de gemeente de waarde gemotiveerd heeft onderbouwd met de verkoopcijfers van twee vergelijkbare woningen. Belanghebbende heeft het Hof verzocht de mondelinge uitspraak te vervangen door een schriftelijke. In de schriftelijke uitspraak, waarin de gemeente logischerwijs in het gelijk wordt gesteld, voert het Hof als motivering voor zijn oordeel nogmaals dat de gemeente de waarde met de verkoopcijfers van twee woningen gemotiveerd heeft onderbouwd. De verkoopcijfers die het Hof in de schriftelijke uitspraak noemt zijn echter andere dan die het Hof in de mondelinge uitspraak noemde. In cassatie oordeelt de Hoge Raad dat het Hof in de schriftelijke uitspraak zijn bij de mondelinge uitspraak gegeven motivering wezenlijk heeft gewijzigd. Daartoe had het Hof volgens de Hoge Raad niet de vrijheid. Daarom verwijst de Hoge Raad de zaak naar een ander Hof voor een hernieuwde behandeling van de zaak in volle omvang.

Hoge Raad 20 december 2002, nr. 37 044, Belastingblad 2003, blz. 377, BNB 2003/93, FED 2003/14
De waarde is bij beschikking vastgesteld op ƒ 452.000. In de uitspraak op het bezwaarschrift heeft de gemeente de waarde nader vastgesteld op ƒ 382.000. Na de mondelinge behandeling neemt de taxateur het object nogmaals op. Aan de hand van deze hertaxatie neemt de gemeente het standpunt in dat de waarde nader moet worden vastgesteld op ƒ 314.000. Belanghebbende verdedigt een waarde van ƒ 252.000. De Hoge Raad oordeelt dat het Hof in strijd met het standpunt van partijen heeft geoordeeld dat de aanvankelijk vastgestelde waarde van ƒ 452.000 juist is. Met dat oordeel heeft het Hof miskend dat de gemeente in de uitspraak op het bezwaarschrift de waarde na-

der heeft vastgesteld op ƒ 382.000. Daarmee is het Hof buiten de rechtsstrijd van partijen getreden.

Hoge Raad 20 december 2002, nr. 37 677, Belastingblad 2003, blz. 382, BNB 2003/92, FED 2003/27
Belanghebbende stelt in cassatie dat hij in zijn procespositie is geschaad, omdat hij niet in de gelegenheid is gesteld om adequaat te reageren op de door de gemeente Leiden ter zitting overgelegde stukken. De Hoge Raad verwerpt deze stelling. De Hoge Raad oordeelt dat uit de stukken die belanghebbende al voor de zitting ter beschikking stonden blijkt dat de ter zitting overgelegde gegevens niet zodanige informatie over de waardering of de vergelijkingspanden bevatten dat belanghebbende in zijn procespositie is geschaad.

Hoge Raad 7 februari 2003, nr. 37 625, Belastingblad 2003, blz. 315, BNB 2003/127, FED 2003/119
Voor het Hof heeft belanghebbende aangevoerd dat zich, nadat beroep bij het Hof was ingesteld, onaangekondigd een taxateur aan de deur heeft gemeld, dat de taxateur geen toegang heeft gekregen tot de woning, dat hem de openbare weg is gewezen en dat de taxateur vervolgens van een afstand van tientallen meters enkele foto-opnamen heeft gemaakt. Dat behoefde het Hof er niet van te weerhouden zijn beslissing te doen steunen op het door deze taxateur opgestelde taxatierapport. Naar het oordeel van de Hoge Raad beroept belanghebbende zich ten onrechte op het arrest van de Hoge Raad van 10 februari 1988, nr. 23925, BNB 1988/160. Een situatie als daarin behandeld, dat gedurende de loop van een rechtsgeding een van de procespartijen buiten de rechter om door middel van een dwangmiddel die andere partij heeft gedwongen aan bewijsvoering mee te werken, heeft zich in de onderhavige procedure niet voorgedaan. Het stond de taxateur vrij om belanghebbende toestemming te vragen de woning te bezichtigen en hetgeen belanghebbende heeft aangevoerd houdt niet in dat de taxateur onbevoegd gegevens heeft verkregen.

Hoge Raad 19 december 2003, nr. 39 294, Belastingblad 2004, blz. 78, BNB 2004/105, FED 2004/22, FED 2004/55
Het Hof heeft geoordeeld dat belanghebbende zijn standpunt dat de woningen zich ten opzichte van de vergelijkingsobjecten in zodanig slechtere staat bevinden dat de waarde van de woningen naar beneden moet worden bijgesteld, niet aannemelijk heeft gemaakt. Het Hof miskent daarmee dat op de gemeente de bewijslast rust aannemelijk te maken dat vergelijkingsobjecten vergelijkbaar zijn.

Hoge Raad 14 oktober 2005, nr. 40 299, BNB 2005/378
Voor een woningbouwvereniging is bij beschikkingen de waarde van 733 in de gemeente Oostflakkee gelegen onroerende zaken, voor het tijdvak 1 januari 2001 tot en met 31 december 2004 vastgesteld. Na bezwaar is de woningbouwvereniging in beroep gekomen tegen de vastgestelde waarde van 395 woningen. Het Hof heeft in zijn uitspraak geoordeeld dat beide partijen, ieder voor zich, hun standpunten omtrent de waarde van de woningen geloofwaardig hebben geschraagd met de door hen overgelegde taxatierapporten en de in verband daarmee gebezigde argumenten. Vervolgens heeft het Hof geoordeeld dat een redelijke toepassing van artikel 17, eerste en tweede lid, van de Wet WOZ onder deze omstandigheden meebrengt dat het Hof ter beslechting van het geschil de waarde van elk van de woningen in goede justitie schat en dat als waarde moet worden aangenomen een waarde die tussen de door partijen geschatte waarden ligt. De Hoge Raad overweegt dat de bewijslast met betrekking tot de waarde als bedoeld in artikel 17, tweede lid, Wet WOZ rust op de heffingsambtenaar. Slechts indien de heffingsambtenaar niet aan de op hem rustende bewijslast heeft voldaan, komt de vraag aan de orde of de belanghebbende de (eventueel) door hem verdedigde waarde aannemelijk heeft gemaakt. Indien ook dat laatste niet het geval is, kan de rechter – desgeraden na inwinning van een deskundigenbericht – zelf tot een vaststelling in goede justitie van de waarde komen. Volgens de Hoge Raad blijkt uit de uitspraak van het Hof niet dat het bovenstaande is miskend.

Rechtbank Breda 24 januari 2006, nr. 05/3213, EK, Belastingblad 2006, blz. 420
De gemeente heeft op één biljet aanslagen OZB en WOZ-beschikkingen afgegeven. Belanghebbende maakt in één geschrift bezwaar. De gemeente doet het bezwaar tegen de OZB af, maar houdt het bezwaar tegen de WOZ-beschikkingen aan. De Rechtbank vindt dat het de bedoeling van de wetgever is geweest om één bezwaarprocedure te creëren die zowel de WOZ-beschikking als de OZB-aanslag omvat. Artikel 30, tweede, derde en vierde lid, Wet WOZ, moet zo worden uitgelegd dat de gemeente één uitspraak op bezwaar moet te doen als de OZB-aanslag en de WOZ-beschikking in één geschrift moeten worden bekendgemaakt. Omdat belanghebbende stelt dat de gemeente niet is ingegaan op de grieven tegen de WOZ-beschikking, wijst de Rechtbank de zaak terug naar de gemeente. De gemeente moet een nieuwe uitspraak doen op het bezwaar over zowel de OZB als de WOZ-beschikkingen.

Rechtbank Rotterdam 30 maart 2006, nr. 05/2711, Belastingblad 2006, blz. 782

Namens de gemeente is toegelicht dat bij de primaire besluiten aan de belanghebbende het taxatieverslag wordt toegezonden. Het zou te duur zijn om bij iedere uitspraak op bezwaar een taxatierapport te maken. De taxatie is echter al wel gedaan als het primaire besluit wordt verzonden. De Rechtbank ziet niet in dat de gemeente niet uiterlijk in bezwaar inzage in deze gegevens heeft kunnen verstrekken, terwijl die gegevens wel bij het nemen van de primaire WOZ-beschikking zijn betrokken. Het enkele overleggen van die gegevens, vereist immers nog niet dat de gemeente – eerder dan in de beroepsfase – een taxatierapport opstelt.

Hoge Raad 6 oktober 2006, nr. 41 037, Belastingblad 2006, blz. 1215, BNB 2007/28*

Hof 's-Hertogenbosch heeft de waarde vastgesteld op het gemiddelde van de door partijen voorgestane waarden. Indien het Hof oordeel van het Hof berust op de gedachte, dat wanneer het niet ervan overtuigd is, dat het taxatierapport van de ene partij een betere benadering vormt van de waarde dan dat van de andere, de waarde moet worden gesteld op het gemiddelde van deze twee, is de beslissing onjuist. Als dat niet zo is, ontbreekt elke motivering voor de vastgestelde waarde. De Hoge Raad verwijst de zaak naar Hof 's-Gravenhage.

Hof 's-Hertogenbosch 21 juni 2007, nr. 06/0036, M III, Belastingblad 2007, blz. 1053

De Rechtbank heeft geoordeeld dat zowel belanghebbende als de gemeente de WOZ-waarde niet aannemelijk hebben gemaakt. De Rechtbank heeft het beroep gegrond verklaard en de heffingsambtenaar opgedragen een nieuw besluit te nemen met inachtneming van de uitspraak van de rechtbank. Het Hof oordeelt als volgt. Wanneer een heffingsambtenaar er niet in slaagt de waarde van een onroerende zaak aannemelijk te maken, moet de rechter zelf - desgeraden na inwinning van een deskundigenbericht of na gebruikmaking van overige onderzoeksbevoegdheden - komen tot een waardevaststelling (HR 6 oktober 2006, nr. 41 037, BNB 2007/28). Terugwijzing van de zaak naar de bezwaarfase behoort in beginsel niet plaats te vinden, tenzij belanghebbende in zijn processuele belangen zou worden geschaad. De enkele omstandigheid dat de uitspraak op bezwaar niet of onvoldoende is gemotiveerd, levert daar in beginsel onvoldoende grond voor op. Het Hof concludeert dat de waarde voldoende aannemelijk is gemaakt en het beroep gegrond is. De betwiste uitspraak wordt vernietigd en de uitspraak op bezwaar bevestigd.

Rechtbank Arnhem 17 augustus 2007, nr. 06/5472, EK, Belastingblad 2007, blz. 1203

De heffingsambtenaar van de gemeente Culemborg heeft bij beschikking van 31 maart 2005 de waarde van de woning van belanghebbende vastgesteld op € 393.000 en in hetzelfde geschrift ook de aanslagen OZB 2005 bekend gemaakt. De heffingsambtenaar heeft belanghebbendes bezwaar alleen als een bezwaar tegen de OZB-aanslagen 2005 aangemerkt. Uit het bezwaarschrift blijkt niet dat belanghebbende geen bezwaar heeft gemaakt tegen de vastgestelde beschikking, zodat de heffingsambtenaar dit bezwaar in strijd met art. 30, derde lid, Wet WOZ niet tevens heeft opgevat als een bezwaar tegen de vastgestelde waarde. De heffingsambtenaar heeft bij uitspraak op bezwaar de aanslagen gehandhaafd. Belanghebbende heeft hierop gereageerd in een brief aan B&W. Gelet op de inhoud van de brief had B&W op grond van art. 6:15, eerste lid, van de Awb deze brief als beroepschrift tegen de uitspraak op bezwaar inzake de aanslagen OZB en de daarin impliciet vervatte weigering van de heffingsambtenaar om een besluit te nemen op het bezwaar tegen de vastgestelde waarde, moeten doorsturen naar de rechtbank. Zowel B&W als de heffingsambtenaar hebben dit nagelaten.

Rechtbank Arnhem 22 februari 2008, nr. 07/3292 EK, Belastingblad 2008, blz. 1439

De Rechtbank oordeelt dat de inhoud van de woning van belanghebbende onjuist is bepaald en vermindert de WOZ-waarde. Ook hecht de Rechtbank eraan op te merken dat hoewel op de heffingsambtenaar geen wettelijke verplichting rust ter zitting te verschijnen zij het ten zeerste betreurt dat de heffingsambtenaar, weliswaar met kennisgeving aan de Rechtbank, zonder opgaaf van redenen niet ter zitting is verschenen. Een dergelijke proceshouding acht de Rechtbank in strijd met de regels van fatsoen ten opzichte van een belastingplichtige. Van de heffingsambtenaar mag immers worden verwacht dat hij ter zitting het door hem ingenomen standpunt nader toelicht en waar nodig onduidelijkheden bij de belastingplichtige wegneemt. Door niet ter zitting te verschijnen wordt schade toegebracht aan het vertrouwen dat een belastingplichtige in de overheid behoort te hebben.

Rechtbank Alkmaar 12 maart 2008, nr. 07/1908, MK, Belastingblad 2008, blz. 631

Belanghebbende stelt in beroep dat de WOZ-waarde van zijn panden te laag is vastgesteld. Volgens hem heeft de gemeente belang bij een lage WOZ-waarde, in verband met een voorkeursrecht dat op de panden is gevestigd. De lage waarde is nadelig bij verkoop in het kader van de Wet voorkeursrecht gemeenten, dan wel bij verkoop aan een projectontwikkelaar. De Rechtbank oordeelt dat belanghebbende niet aannemelijk maakt dat hij belang heeft bij een hogere WOZ-waarde. De WOZ-waarde is niet relevant in het kader van de Wvg. Daarin zijn geen aanknopingspunten te vinden dat de WOZ-waarde relevant is. Het beroep is niet-ontvankelijk wegens een gebrek aan belang.

8.5   Beroep in cassatie

Hoge Raad 8 augustus 2003, nr. 38 623, Belastingblad 2003, blz. 1199, BNB 2003/359c*, FED 2003/447
Belanghebbende stelt dat de regel dat alleen advocaten de zaak in cassatie mondeling kunnen toelichten, in strijd is met artikel 6 EVRM. Daarom wraakt hij alle leden van de Hoge Raad.De Hoge Raad oordeelt dat het verzoek tot wraking van alle leden van de Hoge Raad deels niet-ontvankelijk is. Een wrakingsverzoek kan alleen de rechters betreffen die de zaak behandelen. De Hoge Raad wijst het wrakings-verzoek af, voorzover dat betrekking heeft op raadsheren die met de behandeling van het beroep in cassatie van belanghebbende zijn belast. Een rechter kan slechts worden gewraakt op grond van feiten en omstandigheden waardoor de rechterlijke onpartijdigheid schade zou kunnen lijden. Dat alleen advocaten de zaak in cassatie mondeling kunnen toelichten valt daar niet onder.

8.6   Proceskosten

Hof Leeuwarden 21 april 2000, nr. 477/98, M II, Belastingblad 2001, blz. 32
In geschil is de hoogte van de proceskostenvergoeding, door de gemeente Stadskanaal te betalen aan belanghebbende. De gemeente stelt dat, nu het in geding zijnde pand bestaat uit een flatgebouw met zestig identieke appartementen, het niet reëel is om voor alle appartementen het volle tarief te berekenen in het taxatierapport, zoals door belanghebbende is verzocht. Het Hof oordeelt, dat de taxatiekosten noodzakelijkerwijze moesten worden gemaakt, dat een wijze van taxeren zoals door de gemeente wordt voorgestaan een extra procesrisico met zich mee zou brengen en dat een normaal taxatietarief verminderd met 25% in rekening is gebracht. Derhalve dienen de taxatiekosten integraal in de proceskostenveroordeling te worden opgenomen.

Rechtbank Arnhem 2 maart 2006, nr. 05/3680, Belastingblad 2006, blz. 581

In geschil is de *proceskostenvergoeding* voor het door belanghebbende in beroep ingediende taxatierapport.Het rapport is opgesteld door een NVM-makelaar. Belanghebbende heeft een factuur ontvangen van € 547,40, zijnde 1% van de getaxeerde waarde. De Rechtbank oordeelt dat voor de kosten van deskundigen de Wet tarieven in strafzaken geldt. De hoogte van de vergoeding is te vinden in het Besluit tarieven strafzaken, te weten ten hoogste € 81,23 per uur. De gemeente beroept zich op dit uurtarief. Volgens de gemeente is het redelijk om aan te nemen dat de door eiser ingeschakelde NVM-makelaar 4 uur heeft besteed aan de taxatie en het rapport. Zo komt de gemeente op een maximaal te vergoeden bedrag van (4 × € 81,23 + BTW =) € 386,65. Volgens de Rechtbank is het factuurbedrag in beginsel niet bovenmatig, omdat een tarief van 1% van de getaxeerde waarde gebruikelijk is voor een NVM-taxatie. Aangenomen moet worden dat het moeilijk is om voor een lager bedrag een dergelijke taxatie te verkrijgen. Belanghebbende heeft derhalve in redelijkheid kosten gemaakt tot het gefactureerde bedrag. De Rechtbank is van oordeel dat een dergelijke factuur in beginsel geheel voor vergoeding in aanmerking komt, tenzij duidelijk is dat daardoor een hoger uurtarief zou worden vergoed dan het maximale uurtarief van € 81,23 volgens het Bpb. In het onderhavige geval komt het gefactureerde bedrag exclusief BTW neer op (€ 460,00 gedeeld door € 81,23 =) 5,66 uur. De Rechtbank acht het aannemelijk en niet onredelijk dat een dergelijk aantal uren gemoeid is geweest met het taxeren van de woning van eiser, te meer nu het gaat om een rapport van 8 pagina's.

Rechtbank Amsterdam 4 juni 2007, nr. 07/270, EK, Belastingblad 2007, blz. 1088

De heffingsambtenaar van de gemeente Wijdemeren heeft de waarde van belanghebbendes woning na bezwaar verlaagd naar € 338.000. In beroep is de waarde door de Rechtbank in goede justitie verlaagd naar € 319.500.

Belanghebbende heeft ter onderbouwing van zijn standpunt een taxatierapport op laten maken door zijn werkgever, een taxatiebureau. Belanghebbende heeft gesteld dat hij de kosten van het taxatierapport aan zijn werkgever moet betalen op een no-cure no-paybasis. De Rechtbank acht niet aannemelijk dat deze kosten geheel dan wel gedeeltelijk door belanghebbende worden voldaan. Deze kosten komen volgens de Rechtbank niet voor vergoeding in aanmerking.

Hof Amsterdam 2 augustus 2007, nr. 05/00354, M I, Belastingblad 2007, blz. 1344
In beroep en hoger beroep heeft belanghebbende gesteld dat bij de waardebepaling is uitgegaan van onjuiste oppervlakteberekeningen van zijn panden. De heffingsambtenaar van de gemeente Uithoorn heeft aan de hand van de ingediende bouwtekeningen en informatie-brochures de oppervlakten berekend. Het Hof oordeelt dat belanghebbendes bewering onvoldoende is onderbouwd. De heffingsambtenaar heeft verzocht belanghebbende te veroordelen in de proceskosten tot een bedrag van € 1. Hij heeft daarvoor aangevoerd dat het van weinig respect van belanghebbende jegens hem, de heffingsambtenaar, ge-tuigt dat de gemachtigde van belanghebbende tegen het einde van de mondelinge behandeling bij de Rechtbank reeds informeerde naar de mogelijkheid beroep in te stellen tegen de komende waardevaststellingen en het belanghebbende duidelijk moest zijn dat de waardering van de panden correct was. Het Hof ziet onvoldoende aanleiding voor een dergelijke veroordeling en verklaart het hoger beroep van belang-hebbende ongegrond.

Rechtbank Arnhem 11 september 2007, nr. 07/987, EK, Belastingblad 2008, blz. 77
De Rechtbank oordeelt dat belanghebbende recht heeft op een proces-kostenvergoeding, ondanks dat zij pas in de beroepsfase een taxatier-apport heeft laten opmaken. Nu de taxaties te hoog bleken te zijn, vloeide de noodzaak om beroep in te stellen niet uitsluitend voort uit de handelwijze van belanghebbende.

Rechtbank Alkmaar 11 oktober 2007, nr. 05/2100 en 05/2106, MK, Belastingblad 2008, blz. 576
De Rechtbank overweegt dat de gemeente de uitspraken op bezwaar niet goed heeft gemotiveerd. Dit is aanleiding om belanghebbende een vergoeding toe te kennen van het griffierecht en de kosten van tijdverzuim door het bijwonen van de zitting en de heen- en terugreis. Het beroep is gegrond, maar de Rechtbank laat de bestreden uitspra-ken op bezwaar geheel in stand.

Rechtbank Alkmaar 14 november 2007, nr. 06/1182, EK, Belastingblad 2008, blz. 207
De Rechtbank sluit zich aan bij het ter zitting bereikte compromis en verlaagt de WOZ-waarde van de woning. Belanghebbende heeft bo-vendien recht op een vergoeding van de reiskosten, de verletkosten (vier uren wegens het bijwonen van de zitting en de heen- en terug-reis) en het griffierecht. Het opstellen van het beroepschrift en de be-

studering van de stukken zijn voorbereidende handelingen, waarvan de kosten van de tijd die hiermee gemoeid is, niet voor vergoeding in aanmerking komen. Dit geldt ook voor de portokosten en de kosten van het tijdverzuim vanwege de aanwezigheid van belanghebbende bij de taxatie van zijn woning door de gemeente.

Rechtbank Roermond 10 december 2007, nr. 07/57, 07/58 en 07/59, EK, Belastingblad 2008, blz. 301
Het hanteren van een beleid voor de vergoeding van de kosten van de bezwaarfase, waarin de zwaarte van een zaak louter wordt bepaald via het financiële belang, is kennelijk onredelijk. De hoogte van het belastingbedrag is niet bepalend voor de bewerkelijkheid en gecompliceerdheid van een zaak en kan niet als maatstaf worden gebruikt voor de werkbelasting van de rechtsbijstandverlener en de daarmee samenhangende kosten.

Rechtbank Alkmaar 10 januari 2008, nr. 06/2325, EK, Belastingblad 2008, blz. 465
Nu het inschakelen van één makelaar/taxateur als deskundige in deze zaak redelijk wordt geacht, worden (ook) de kosten van 1 van de 2 door belanghebbende overgelegde taxatierapporten vergoed, waarbij is uitgegaan van 3 uur tijd en een uurtarief van € 150. De geclaimde kosten voor het opnemen van 2 dagen voor de taxaties komen niet voor vergoeding in aanmerking, omdat verletkosten als gevolg van tijdverzuim voor voorbereidende handelingen op grond van het Besluit niet voor vergoeding in aanmerking komen. Ook de geclaimde kosten voor het (vruchteloos) opnemen van 1 dag om de taxateur van de gemeente zijn woning inpandig te laten opnemen komen niet voor vergoeding in aanmerking, omdat deze taxatie dient ter onderbouwing van het standpunt van de heffingsambtenaar en dus geen kosten zijn die gemaakt zijn voor belanghebbendes procesvoering.

Rechtbank Breda 31 januari 2008, nr. 06/4036, EK, Belastingblad 2008, blz. 486
Belanghebbende heeft voor 1.706 objecten een WOZ-beschikking ontvangen. Tegen de waarde van 816 objecten is bezwaar aangetekend. Partijen hebben in de daarop volgende beroepsprocedure een compromis gesloten. Per saldo is de waarde van 712 objecten verminderd. Belanghebbende heeft gebruik gemaakt van deskundige bijstand door een taxateur. Belanghebbende verzoekt om kostenvergoeding, daarin inbegrepen een bedrag aan taxatiekosten voor een second opinion. De Rechtbank oordeelt dat belanghebbende niet aannemelijk heeft gemaakt dat sprake is van bijzondere omstandigheden als be-

doeld in art. 2 van het Besluit proceskosten bestuursrecht. Dat de heffingsambtenaar alvorens het uitreiken van de beschikking niet in overleg wilde treden is daarvoor onvoldoende. Inzake de kosten van de taxaties overweegt de Rechtbank dat de hoogte van de vergoeding via het Besluit tarieven in strafzaken is bepaald op € 81,23 per uur. Het aantal uren is niet gemaximeerd, maar de redelijkheidstoets geldt hierbij wel. De kosten van de second opinion komen volledig voor vergoeding in aanmerking nu een lager uurtarief is gehanteerd dan het maximale uurtarief. De overige taxatiekosten komen slechts voor vergoeding in aanmerking naar rato van het aantal objecten waarvan de waarde is verminderd. Het aantal in rekening gebrachte uren is niet onredelijk gezien het aantal getaxeerde objecten.

Hof 's-Gravenhage 8 april 2008, nr. 07/00187, M I, Belastingblad 2008, blz. 1229
Belanghebbende is in bezwaar en beroep gekomen, waarbij een advocaat, die mede-eigenaar en mede-gebruiker is, als gemachtigde voor belanghebbende optrad. De Rechtbank heeft geoordeeld dat de advocaat als een derde in de zin van art. 1, onderdeel a, van het Besluit kan worden aangemerkt. De omstandigheid dat hij ook een belang heeft bij de uitkomst van de bezwaarprocedure en dat hij zelf om een waardebeschikking bij de heffingsambtenaar van de gemeente Leiden had kunnen verzoeken, maakt dit niet anders, en evenmin dat hij op grond van art. 26a, tweede lid, AWR als derde-belanghebbende mede beroep had kunnen instellen. Nu niet in geschil is dat de verleende rechtsbijstand beroepsmatig is verleend, betekent het voorgaande dat het oordeel van de Rechtbank juist is.

Rechtbank Arnhem 17 april 2008, nr. 07/3066, EK, Belastingblad 2008, blz. 1226
In geschil is of de heffingsambtenaar terecht heeft geweigerd om de kosten die voor belanghebbende zijn verbonden aan het inschakelen van haar vastgoeddeskundige te vergoeden. Belanghebbende is aan haar taxateur naar het oordeel van het Hof geen vergoeding verschuldigd voor het taxatierapport, omdat hij bij haar in dienst is. De omstandigheid dat belanghebbende de taxateur salaris betaalt voor alle werkzaamheden die hij verricht, en dat op grond daarvan aan de werkzaamheden van de taxateur een uurtarief kan worden verbonden, al dan niet ten behoeve van interne doorbelasting van kosten, kan echter niet gelijkgesteld worden met de situatie waarin het Besluit voorziet in een vergoeding voor het uitbrengen van een deskundigenverslag.

Hof 's-Gravenhage 15 juli 2008, nr. 07/00062, M I, Belastingblad 2008, blz. 1208

In geschil is onder meer of belanghebbende recht heeft op vergoeding van kosten, omdat hij zich heeft laten bijstaan door X. Naar belanghebbende onweersproken heeft gesteld, is X regelmatig betrokken bij de WOZ-problematiek en heeft zich door middel van studie en een cursus in deze materie gespecialiseerd. De bijstand die is verleend is, gelet op de aard en inhoud van de ingediende stukken en gelet op de aard van de door hem verrichte proceshandelingen, aan te merken als rechtsbijstand in de zin van voornoemd besluit. Ook indien veronderstellenderwijs ervan wordt uitgegaan dat de gevolgde studie en cursus geen juridische onderwerpen zouden bevatten en hij evenmin in de praktijk een juridische scholing heeft gehad, leidt dit niet tot het oordeel dat voor de door hem verleende bijstand geen vergoeding wegens rechtsbijstand dient te worden verleend. Indien de besluitgever met de voorwaarde van juridische scholing zou hebben bedoeld een generieke eis te stellen dat de scholing ook juridische onderdelen dient te bevatten, heeft hij daarmee de grenzen van zijn regelende bevoegdheid overschreden. Het wettelijk systeem waarbij in het belastingrecht, waar het veelal handelt om financiële verplichtingen die een persoon ten opzichte van de overheid heeft, geen verplichte procesvertegenwoordiging wordt geëist, verdraagt zich niet met het stellen door een besluitgever van specifieke scholingseisen ten aanzien van beroepsmatig optredende procesgemachtigden.

Hof Amsterdam 15 augustus 2008, nr. 07/00150, M I, Belastingblad 2008, blz. 1466

Belanghebbende heeft zijn zoon gemachtigd. Deze verleent juridisch en strategisch advies. Hij heeft zijn vader voor het pro forma bezwaarschrift en de motivering daarvan, een factuur gestuurd. Het Hof oordeelt dat niet aannemelijk is geworden dat belanghebbende zijn zoon anders dan op grond van hun familierelatie heeft ingeschakeld. Het Hof acht de factuur onvoldoende bewijs voor het tegendeel, omdat niet is komen vast te staan dat deze factuur daadwerkelijk in handen is gesteld van belanghebbende en voorts geen inzicht is verschaft in de betaling daarvan. Dat de zoon beroepsmatig aan anderen rechtskundig bijstand verleent, maakt dit niet anders.

Hof Arnhem 3 september 2008, nr. 07/00442, M I, Belastingblad 2008, blz. 1524

De gemeente en belanghebbende komen in hoger beroep tot een compromis. Belanghebbende trekt het beroep in en verzoek om kostenvergoeding voor de procedure bij de Rechtbank. De gemeente stelt dat hij dit bij de Rechtbank had moeten indienen, en dat dit in hoger beroep niet meer kan. Het Hof oordeelt dat, anders dan voor de kosten in verband met de behandeling van een bezwaarschrift, de voorwaarde dat om een proceskostenvergoeding moet worden verzocht voordat uitspraak is gedaan, niet geldt in de beroepsprocedure. Dat belanghebbende - als zelfstandige - geen inkomsten heeft gederfd door het bijwonen van de zitting, is volgens het Hof ook niet juist. Het Hof kent belanghebbende een vergoeding van € 53,09 per uur vanwege gederfde inkomsten; het maximum uurtarief volgens het Besluit.

Hof Amsterdam 13 oktober 2008, nr. 07/00323, MK I, Belastingblad 2008, blz. 1526
De Rechtbank kent belanghebbende in beroep een proceskostenvergoeding toe van € 483, te weten 1,5 punt voor het schrijven van een bezwaarschrift door zijn gemachtigde in een zaak van zwaar gewicht, alsmede anderhalve punt in verband met meerdere samenhangende zaken, met een waarde per punt van € 161. De Rechtbank kent aldus 1,5 + 1,5 × € 161 toe. De gemeente Haarlemmermeer gaat hiertegen in hoger beroep, omdat de Rechtbank de vergoeding verkeerd zou hebben berekend. Het Hof oordeelt dat de Rechtbank een te hoge proceskostenvergoeding heeft toegekend. Het Hof stelt de vergoeding vast op € 362,25, namelijk 1 punt (aantal proceshandelingen) × 1,5 (gewicht van de zaak) x 1,5 (meer dan vier samenhangende zaken) × € 161.

9   Kostenverrekening

Rechtbank Rotterdam 22 februari 2006, nr. 05/2916, MK, Belastingblad 2006, blz. 625
Het college van de gemeente Westvoorne heeft beroep ingesteld tegen het besluit van de Waarderingskamer om het bezwaar tegen het besluit omtrent vangnetregeling Wet WOZ ongegrond te verklaren. Het beroep is gericht tegen het niet accorderen van kosten in verband met het opstellen van de kostenverrekening, kosten ten behoeve van de interne organisatie en bedragen in verband met de maximering van uurtarief. Het college stelt dat de Waarderingskamer zich ten onrechte niet uitsluitend heeft laten leiden door de resultaten van het benchmark-onderzoek, maar zelf criteria heeft ontworpen. Vooral de aftopping van het uurtarief is in strijd met de redelijkheid op individueel niveau, waardoor ten onrechte volledig voorbij gegaan is aan de wettelijke mogelijkheid van integrale kostenverrekening. De Rechtbank stelt voorop dat de wetgever de Waarderingskamer een grote mate van beoordelingsvrijheid heeft gelaten omtrent hetgeen onder redelijkheid verstaan dient te worden. De Rechtbank beperkt zich hierom tot de vraag of de Waarderingskamer bij het nemen van het besluit niet onredelijk of anderszins in strijd met een geschreven of ongeschreven rechtsregel of met een algemeen rechtsbeginsel heeft gehandeld. De Rechtbank is van oordeel dat kosten gemaakt om de waarderingskosten met de afnemers te verrekenen, terecht buiten aanmerking zijn gelaten. De Rechtbank acht het oordeel van de Waarderingskamer dat de kosten van interne organisatie niet zijn aan te merken als specifiek voor de waardering gemaakt, niet onredelijk. De stelling van het college dat ten onrechte naast de resultaten van het benchmark-onderzoek gebruik is gemaakt van andere informatie wordt door de Rechtbank verworpen, omdat uit de toelichting niet meer blijkt dan dat de resultaten in de beoordeling betrokken moeten worden. De aftopping van het uurloon op basis van een gemiddelde van 140 gemeenten komt de Rechtbank niet onredelijk voor. Hetgeen het college aanvoert kan naar het oordeel van de Rechtbank niet worden aangemerkt als een voldoende onderbouwing van de redelijkheid van het door haar gehanteerde hogere uurtarief. Het beroep wordt ongegrond verklaard.

Rechtbank Roermond 17 september 2007, nr. 05/2072, BESLU K1, MK, Belastingblad 2008, blz. 743
B&W heeft in het kader van de zogenoemde vangnetregeling ruim € 2,9 miljoen gedeclareerd. De Commissie BOK van de Waarderingskamer heeft een bedrag van ruim € 1,9 miljoen geaccordeerd en

het bezwaar tegen dit besluit ongegrond verklaard. De Rechtbank oordeelt dat de door de Waarderingskamer gekozen beoordelingssystematiek van de in redelijkheid gemaakte kosten een redelijk uitgangspunt is en dat de uitkomsten daarvan niet leiden tot willekeur of strijd met het gelijkheidsbeginsel. De maximeringstoets die daarbij wordt uitgevoerd is op zichzelf niet onredelijk. Wel zijn daarbij echter onjuiste gegevens gebruikt, en het gebruik van juiste gegevens zal in casu tot een voor de gemeente meer gunstige uitkomst leiden. Voorts acht de Rechtbank het laakbaar dat de Waarderingskamer lang in de procedure heeft volgehouden dat is uitgegaan van correcte bedragen terwijl zij wist dat deze niet juist waren. Aan het besluit van de Waarderingskamer kleeft een motiveringsgebrek en een zorgvuldigheidsgebrek. De Rechtbank draagt de Waarderingskamer op een nieuw besluit te nemen.

Register op datum

2000

2001

2003

2004

2006

2007

Trefwoordenregsiter